普通高等教育"九五"国家级重点教材

中国古代文学作品选
Zhongguo Gudai Wenxue Zuopinxuan

第六卷
（第二版）

主　　编　郁贤皓
副 主 编　钟振振　张采民
本卷主编　江庆柏　孙书磊
本卷撰稿人
　　诗歌：陈少松　词：朱德慈
　　戏曲、弹词：孙书磊　文：江庆柏
　　小说：陈敏杰　沈新林

高等教育出版社·北京

内容简介

六卷本《中国古代文学作品选》是国家"九五"规划重点教材。全书约240万字,选录了文学史上各个时期的重要作家的代表作品及历代传诵的名篇佳作。选编者特别注意选录了那些在文学史上代表某种流派和风格的、对某种文体的发展有重要影响而被前人忽视的佳作。此次修订,包括更换个别篇目,补充新的研究成果,调整编排次序,订正个别错误等,使全书更加完善,更具实用性和前瞻性。

全书重视选文和注释的科学性,作品原文均从校勘完善的通行文本中选录,注释中吸收了古代文学研究和古籍整理的新成果,同时力求做到准确、简明。"选评"精录前人对本作品的评论,供教师和学生作参考;部分作品后面附有"备考",归纳学术界对本作品有争议的问题和观点,以启发学生的深层思考。

本书可作为汉语言文学专业本科和研究生的教学用书,亦适合古代文学爱好者阅读。

图书在版编目(CIP)数据

中国古代文学作品选. 第6卷/郁贤皓主编;江庆柏,孙书磊分册主编. ——2版. ——北京:高等教育出版社,2015.8(2024.11重印)

ISBN 978-7-04-042764-6

Ⅰ.①中… Ⅱ.①郁… ②江… ③孙… Ⅲ.①中国文学-古典文学-高等学校-教材 Ⅳ.①I212.01

中国版本图书馆 CIP 数据核字(2015)第 102682 号

策划编辑 刘纯鹏	责任编辑 刘纯鹏	封面设计 张志奇	版式设计 于 婕
责任校对 刘 莉	责任印制 刘思涵		

出版发行	高等教育出版社	网 址	http://www.hep.edu.cn
社 址	北京市西城区德外大街4号		http://www.hep.com.cn
邮政编码	100120	网上订购	http://www.landraco.com
印 刷	高教社(天津)印务有限公司		http://www.landraco.com.cn
开 本	787 mm×960 mm 1/16		
印 张	20.25	版 次	2003年6月第1版
字 数	370千字		2015年8月第2版
购书热线	010-58581118	印 次	2024年11月第15次印刷
咨询电话	400-810-0598	定 价	39.20元

本书如有缺页、倒页、脱页等质量问题,请到所购图书销售部门联系调换
版权所有 侵权必究
物 料 号 42764-00

再 版 说 明

本书是前国家教育委员会设立的"普通高等教育面向二十一世纪国家级重点教材"建设项目,主要是由南京师范大学文学院部分教师共同完成的。全书由郁贤皓担任主编,钟振振、张采民担任副主编。

一、本书是综合性大学、师范院校汉语言文学专业"中国古代文学"课的基本教材,也可作为相关专业的参考用书。

二、全书分为先秦部分、秦汉魏晋南北朝部分、隋唐五代部分、宋辽金部分、元明部分、清代部分,共六卷。每卷中的作品按文体及时代先后分别排列。

三、本书所选作品以各个时期各种体裁的重要作家的代表作品为主,并以思想性、艺术性的统一为标准,同时注意到作品题材和风格的多样性,对那些思想性略差,但艺术性很高或在文学发展史上有特殊意义的作品也酌量选录。为了给教师在授课时有选择的馀地和扩大学生的课外阅读量,因此所选作品数量较教学所需为多。

四、本书在每一位作者或每一部专书的第一篇作品前有简明扼要的作者介绍或专书介绍。在每一篇作品前有"解题",介绍作品的写作背景、主旨、艺术特点等。作品的注释力求准确、简明、扼要。前后重复的词语典故,在不同篇中一般都分别作注,以便学生阅读。有些作品还附有前人精当的评论和备考(对某一个问题不同的见解),以供学生研读时参考。

五、作品均选自善本及精校精印本,作品的正文尽量保持所用版本的原貌。异体字及重要的异文,在注释中加以说明。

六、本书在编写过程中,吸收了许多前人的研究成果,由于是教材,不便一一注明,特此致谢。

本书2003年6月正式由高等教育出版社出版(六卷,简体字本),此后又出版了简编本(上、下册)和繁体字本(六卷)。这套教材出版十馀年来,受到了专家的一致好评和全国兄弟院校师生的普遍欢迎,至今已先后重印了20馀次。在使用的过程中,部分院校的任课教师在充分肯定本教材的基础上,也提出了一些中肯的意见与建议。因此,有必要对本教材进行一次认真的修订,使之更加完善。

此次修订工作,主要包括以下几个方面:

一、近代文学不属于古代文学的范围,因此这次删去了原有的近代文学部分。

二、更换了部分篇目，使之更能体现时代和文学发展的特色。

三、近十多年来又取得了一些新的研究成果，因此有必要把这些新成果补充、吸收到本教材中来。

四、订正了一些疏漏与错误。

五、对文字进行了必要的修改与加工。

原来参加本书编写工作的有：

第一卷主编：张采民。诗歌部分：张采民、张石川。历史散文部分：谢秉洪。诸子散文部分：徐克谦、周蔚。神话部分：王青。

第二卷主编：鲁同群、顾复生。上卷诗歌部分：顾复生。辞赋部分：鲁同群。散文部分：赵生群、方向东。下卷诗歌、骈文、小说部分：王青。辞赋部分：鲁同群。散文部分：王青、方向东。

第三卷主编：郁贤皓。隋代诗歌部分：张采民。唐代诗歌部分：郁贤皓、薛亚军、胡振龙。散文部分：郁贤皓、曹丽芳。张启超。词部分：高锋。传奇部分：陈敏杰。变文部分：黄征。

第四卷主编：钟振振、程杰。诗歌、散文部分：程杰、王文岭。词部分：钟振振、崔铭、康震、赵望秦、刘蔚、龚岚、许隽超。话本部分：沈新林。

第五卷主编：陈书录。上卷诗歌部分：朱崇才。杂剧、散曲部分：王星琦。下卷诗歌、散文部分：陈书录、司马周。散曲部分：王星琦。戏曲部分：王星琦、孙书磊。小说部分：沈新林。

第六卷主编：江庆柏。诗歌部分：陈少松。散文部分：江庆柏。词部分：朱德慈。戏曲部分：孙书磊。文言小说部分：陈敏杰。白话小说部分：沈新林。

参加本书此次修订工作的有：

第一卷：张采民、徐克谦、谢秉洪。第二卷：鲁同群、王青。第三卷：郁贤皓、胡振龙、高锋、陈敏杰。第四卷：钟振振、程杰。第五卷：陈书录、王星琦、沈新林。第六卷：江庆柏、孙书磊、陈少松、朱德慈、陈敏杰、沈新林。全书由总主编郁贤皓审定。

此次再版，各卷又增加了几个分册主编，即：第一卷，徐克谦；第二卷，王青；第三卷，胡振龙；第五卷，王星琦；第六卷，孙书磊。

本书此次再版，得到了高等教育出版社的大力支持与合作，特别是迟宝东、云慧霞及责任编辑刘纯鹏等同志付出了大量的心血，在此表示诚挚的谢意。由于编写及修订人员水平的限制，本书可能还存在一些错误与不足，恳请专家和读者给予批评指正。

2013 年 9 月 10 日

目　　录

一、诗歌 ……………………………………………………………（1）

钱谦益 ……………………………………………………………（1）
金陵秋兴八首（1）　次草堂韵，己亥七月初一作（选一）（1）

吴伟业 ……………………………………………………………（3）
圆圆曲（3）　悲歌赠吴季子（9）　过淮阴有感（选一）（11）

顾炎武 ……………………………………………………………（12）
精卫（13）　又酬傅处士次韵（选一）（13）
雨中至华下王山史家（14）　友人来坐中，口占二绝（选一）（15）

吴嘉纪 ……………………………………………………………（16）
临场歌（16）　绝句（17）　卖书祀母（18）

朱彝尊 ……………………………………………………………（18）
云中至日（19）　玉带生歌（并序）（19）

屈大均 ……………………………………………………………（23）
摄山秋夕（23）　云州秋望（24）　读陈胜传（25）

王士禛 ……………………………………………………………（26）
再过露筋祠（26）　秦淮杂诗（选二）（27）　真州绝句（选二）（28）
冶春绝句（选二）（29）

查慎行 ……………………………………………………………（30）
初入黔境，土人皆居悬岩峭壁间，缘梯上下，与猿猱无异，
睹之心恻，而作是诗（31）　中秋夜洞庭对月歌（31）
自湘东驿遵陆至芦溪（32）

郑　燮 ……………………………………………………………（33）
潍县署中画竹呈年伯包大中丞括（33）　竹石（33）

袁　枚 ……………………………………………………………（34）
同金十一沛恩游栖霞寺望桂林诸山（34）　马嵬（选一）（36）
雨过湖州（37）　鸡（37）

蒋士铨 ……………………………………………………………（38）
岁暮到家（38）　题王石谷画册（选一）（39）

赵　翼 ………………………………………………………………………（39）
　　后园居诗（40）　论诗（选一）（40）
黎　简 ………………………………………………………………………（41）
　　小园（41）　村饮（42）
黄景仁 ………………………………………………………………………（42）
　　后观潮行（43）　癸巳除夕偶成（44）　都门秋思（选一）（45）
　　圈虎行（45）
张问陶 ………………………………………………………………………（47）
　　出栈（选一）（47）　斑竹塘车中（48）
张维屏 ………………………………………………………………………（48）
　　三元里（49）
龚自珍 ………………………………………………………………………（51）
　　夜坐（51）　咏史（52）　西郊落花歌（53）　猛忆（55）
　　己亥杂诗（选三）（55）
魏　源 ………………………………………………………………………（57）
　　江南吟（选一）（58）　寰海（选一）（59）
张际亮 ………………………………………………………………………（60）
　　传闻（选一）（60）
朱　琦 ………………………………………………………………………（61）
　　关将军挽歌（62）
姚　燮 ………………………………………………………………………（63）
　　双鸩篇（64）　北村妇（68）
郑　珍 ………………………………………………………………………（69）
　　完末场卷，矮屋无聊，成诗数十韵，揭晓后因续成之（69）
　　春尽日（71）　经死哀（72）
贝青乔 ………………………………………………………………………（72）
　　咄咄吟（选二）（73）
金　和 ………………………………………………………………………（75）
　　兰陵女儿行（75）
黄遵宪 ………………………………………………………………………（81）
　　今别离（选一）（81）　哀旅顺（82）　度辽将军歌（83）
陈三立 ………………………………………………………………………（87）
　　晓抵九江作（88）

康有为 ·· (88)
　　出都留别诸公（选一）(89)

丘逢甲 ·· (90)
　　春愁 (90)

谭嗣同 ·· (91)
　　狱中题壁 (91)

梁启超 ·· (92)
　　太平洋遇雨 (93)

秋　瑾 ·· (93)
　　黄海舟中日人索句并见日俄战争地图 (94)

苏曼殊 ·· (94)
　　本事诗（选一）(95)

二、词 ·· (96)

释正嵒 ·· (96)
　　点绛唇（来往烟波）(96)

吴伟业 ·· (97)
　　贺新郎（万事催华发）(97)

陈维崧 ·· (99)
　　点绛唇（晴髻离离）(99)　　好事近（分手柳花天）(100)
　　风入松（炎炎火镜正烧空）(101)　　贺新郎（战舰排江口）(102)
　　贺新郎（古碣穿云罅）(104)

朱彝尊 ·· (105)
　　卖花声（衰柳白门湾）(105)　　桂殿秋（思往事）(106)

曹贞吉 ·· (107)
　　满庭芳（太华垂旒）(108)

顾贞观 ·· (109)
　　金缕曲二首 (110)

纳兰性德 ··· (113)
　　长相思（山一程）(113)　　浣溪沙（谁念西风独自凉）(114)
　　山花子（欲语心情梦已阑）(115)　　蝶恋花（今古河山无定据）(116)

黄景仁 ·· (117)
　　贺新郎（何事催人老）(117)

张惠言 ·· (118)
　　木兰花慢（尽飘零尽了）(118)
陈　沣 ·· (119)
　　百字令（江流千里）(120)
文廷式 ·· (122)
　　鹧鸪天（劫火何曾燎一尘）(122)
朱孝臧 ·· (123)
　　乌夜啼（春云深宿虚坛）(124)　　鹧鸪天（似水清尊照鬓华）(124)

三、戏曲 ·· (126)

李　玉 ·· (126)
　　清忠谱（闹诏）(126)
李　渔 ·· (133)
　　风筝误（诧美）(133)
洪　昇 ·· (141)
　　长生殿（惊变）(141)
孔尚任 ·· (145)
　　桃花扇（却奁）(146)
杨潮观 ·· (152)
　　寇莱公思亲罢宴 (153)
方成培 ·· (160)
　　雷峰塔（断桥）(160)
无名氏 ·· (166)
　　打渔杀家 (166)

四、弹词 ·· (184)

陈端生 ·· (184)
　　再生缘（第一卷第二回节选）(184)

五、散文 ·· (193)

彭士望 ·· (193)
　　九牛坝观觝戏记 (193)
黄宗羲 ·· (197)
　　原君 (197)

顾炎武 ………………………………………………………………………… (200)
　　复庵记 (200)
侯方域 ………………………………………………………………………… (201)
　　李姬传 (202)
周　容 ………………………………………………………………………… (204)
　　芋老人传 (204)
魏　禧 ………………………………………………………………………… (206)
　　大铁椎传 (206)
汪　琬 ………………………………………………………………………… (208)
　　送王进士之任扬州序 (208)
姜宸英 ………………………………………………………………………… (209)
　　《奇零草》序 (210)
宋　荦 ………………………………………………………………………… (212)
　　游姑苏台记 (212)
戴名世 ………………………………………………………………………… (213)
　　醉乡记 (214)
方　苞 ………………………………………………………………………… (215)
　　左忠毅公逸事 (215)
郑　燮 ………………………………………………………………………… (217)
　　游江 (217)
刘大櫆 ………………………………………………………………………… (218)
　　游万柳堂记 (218)
彭端淑 ………………………………………………………………………… (219)
　　为学一首示子侄 (219)
全祖望 ………………………………………………………………………… (220)
　　梅花岭记 (221)
袁　枚 ………………………………………………………………………… (223)
　　祭妹文 (223)
钱大昕 ………………………………………………………………………… (225)
　　弈喻 (226)
姚　鼐 ………………………………………………………………………… (227)
　　登泰山记 (227)
汪　中 ………………………………………………………………………… (229)
　　哀盐船文 (229)

龚自珍 ·· (232)
　　病梅馆记 (232)
魏　源 ·· (233)
　　《海国图志》序 (234)
梅曾亮 ·· (237)
　　游小盘谷记 (237)
鲁一同 ·· (238)
　　关忠节公家传 (238)
冯桂芬 ·· (241)
　　复庄卫生书 (242)
薛福成 ·· (243)
　　观巴黎油画记 (244)
谭嗣同 ·· (245)
　　仁学（节选）(245)
章炳麟 ·· (248)
　　《革命军》序 (248)
梁启超 ·· (251)
　　少年中国说（节选）(251)
秋　瑾 ·· (256)
　　普告同胞檄稿 (256)
林觉民 ·· (258)
　　致妻书 (258)

六、小说 ·· (261)

蒲松龄 ·· (261)
　　婴宁 (261)　　胡四娘 (267)
吴敬梓 ·· (271)
　　儒林外史（周进与范进）(271)
曹雪芹 ·· (281)
　　红楼梦（宝玉挨打）(282)　　红楼梦（抄检大观园）(290)
李宝嘉 ·· (299)
　　官场现形记（制台见洋人）(299)
刘　鹗 ·· (308)
　　老残游记（明湖居听说书）(308)

一、诗　　歌

钱　谦　益

　　钱谦益（1582—1664），字受之，号牧斋，晚号牧翁、蒙叟、绛云老人、敬他老人、东涧遗老等，江南常熟（今属江苏常熟）人。明万历三十八年（1610）进士。早年曾参加东林党活动。崇祯初官至礼部右侍郎。南明弘光朝时任礼部尚书，谄事马士英。清顺治二年（1645）五月，清兵入南京，与新诚伯赵之龙等率群臣迎降。次年，任礼部右侍郎管秘书院事，充修《明史》副总裁。不久即托病告归，终老于家，其间曾秘密从事过抗清活动。生平事迹详见《清史稿》和《清史列传》本传。钱谦益为明末清初文坛宗主。论诗批判明七子的模拟、公安的浅率与竟陵的僻涩，既主张抒写真情实感，又重视学养。诗宗杜甫，兼采韩愈、李商隐、苏轼、元好问诸家之长，浑融变化，自成一家，风格沉郁藻丽。与吴伟业、龚鼎孳并称"江左三大家"。著有《初学集》《有学集》《投笔集》《杜诗笺注》，编有《吾炙集》《列朝诗集》等。

金陵秋兴八首
次草堂韵，己亥七月初一作（选一）

【解题】

　　清顺治十六年（1659）五月，南明抗清名将郑成功以招讨大元帅名义联合在浙江抗清的张煌言，率兵十七万，分作八十三营，从海道进入长江，直逼南京。此诗即作于该年七月郑成功率水师入长江进军南京之际。诗中作者满怀喜悦的心情讴歌郑成功水师的强大军威，畅想将要展开的激战和取得的胜利。形式上步和杜甫《秋兴》诗。杜甫《秋兴》凡八首，作者先后步和了十三叠，共一百零四首。此诗为第一叠八首中的第一首，写得境界开阔，气势磅礴，可谓深得杜诗神韵。

　　龙虎新军旧羽林[1]，八公草木气森森[2]。楼船荡日三江涌[3]，石马嘶风九域阴[4]。扫穴金陵还地肺[5]，埋胡紫塞慰天心[6]。长干女唱平辽曲[7]，万户秋声息捣砧[8]。

清宣统二年邓氏风雨楼刻本《钱牧斋投笔集笺注》卷上

【注释】

[1] 龙虎：即龙武，唐代禁军之一。唐睿宗时所建，因唐祖讳虎，故称龙武。羽林：禁军名。汉武帝时置建章营骑，后更名羽林，取其"为国羽翼，如林之盛"之意。诗中"龙虎""羽林"借指郑成功率领的水军。南明弘光政权灭亡后，郑成功随父郑芝龙拥戴唐王朱聿键，建立了隆武政权。隆武帝非常赏识郑成功，赐姓朱，封为御营中军都督。龙武政权灭亡后，郑成功组织义军，遥尊桂王永历帝，继续抗清。这次以招讨大元帅名义，率水军进攻南京。诗中"新""旧"即指此而言。　[2] 八公草木：语出《晋书·苻坚载记》："坚与苻融登城而望王师，见部阵齐整，将士精锐；又北望八公山上，草木皆类人形，顾谓融曰：'此亦勍敌也，何谓少乎？'"这里用来比喻郑成功水师的军威声势。森森：众多严整貌。　[3] 楼船：有楼的大兵船。三江：说法不一，这里泛指长江。顺治十六年六月，郑成功率师取瓜洲，克镇江，直达南京近郊；张煌言率一路军沿江而上，攻克芜湖，下大江南北二十九城。[4] 石马：在唐太宗墓昭陵之旁，置有仿照唐太宗生前坐骑雕刻的六匹石马。据《安禄山事迹》载：安禄山反叛，唐兵败，忽见黄旗军数百队，与贼军战斗，贼军不胜而退。后昭陵吏上奏，说这一天昭陵石马流汗。诗中借用此典，指南京明孝陵前的石马。嘶风：迎风鸣叫，形容马气势雄猛。九域：九州，指整个中国。　[5] 扫穴：扫荡敌人的老巢。地肺：古称金陵为地肺。　[6] "埋胡"句：语出李白《胡无人》诗："悬胡青天上，埋胡紫塞旁。"胡：我国古代对北方边地及西域各族的称呼，这里指清朝。埋胡：指埋葬清朝政权。紫塞：北方边塞。晋崔豹《古今注·都邑》："秦筑长城，土色皆紫，汉塞亦然，故称紫塞焉。"天心：上天的心意。　[7] 长干：古代里巷名，遗址在今江苏南京南。辽：这里借指清朝。　[8] 捣砧：在捣练石上捣洗煮过的熟绢，古代制衣的一个步骤，常指准备赶制寒衣，寄给远方的征人。杜甫《秋兴八首》之一："寒衣处处催刀尺，白帝城高急暮砧。"诗中即反用其意，是说待战事结束，人们用不着在秋天赶制寒衣，寄给远方的征人了。

【选评】

[近人] 陈寅恪《柳如是别传》第五章《复明运动》：《投笔集》诸诗摹拟少陵，入其堂奥，自不待言。且此集牧斋诸诗中颇多军国之关键，为其所身

预者,与少陵之诗仅为得诸远道传闻及追忆故国平居者有异。故就此点而论,《投笔》一集实为明清之诗史,较杜陵尤胜一等,乃三百年来之绝大著作也。

吴 伟 业

吴伟业(1609—1672),字骏公,号梅村,别署鹿樵生、灌隐主人、大云道人,江南太仓(今属江苏)人。年幼时曾师事张溥,参加复社。明崇祯四年(1631)以会试第一、殿试第二考取进士,官至左庶子。弘光朝时任少詹事,因与马士英、阮大铖不合,辞官归里。入清后,隐居不出。清顺治十年(1653)被迫应诏北上,次年被授为秘书院侍讲,后升国子祭酒。顺治十三年底,以奉嗣母之丧为由乞假南归,此后不复出仕。他为自己屈节仕清愧悔终生,并嘱家人于其死后敛以僧装,墓前立一圆石,题曰"诗人吴梅村之墓"。生平事迹见《清史稿》和《清史列传》本传。吴伟业为明末清初著名诗人,与钱谦益、龚鼎孳并称"江左三大家",又为娄东诗派开创者。诗以宗法唐人为主,兼取宋代苏轼、陆游,"其少作大抵才华艳发,吐纳风流,有藻思绮合,清丽芊眠之致。及乎遭逢丧乱,阅历兴亡,激楚苍凉,风骨弥为遒上"(《四库全书总目》)。各体皆工,尤擅长以七言歌行体纪述明末清初时事。这种在继承初唐四杰七言乐府的格律和元白长庆体叙事体制基础上变化创新而成的长篇七言歌行,后人称之为"梅村体"。又工词,早岁多绮艳清丽之作,中年以后则多悲壮侘傺之响。著有《梅村家藏稿》五十八卷,传奇《秣陵春》,杂剧《通天台》和《临春阁》等。其诗集有清人程穆衡《吴梅村先生编年诗笺》和杨学沆补注(合为《吴梅村诗集笺注》)、靳荣藩《吴诗集览》、吴翌凤《吴梅村诗集笺注》三种注本,近人钱仲联作《吴梅村诗补笺》。1990年上海古籍出版社出版由李学颖点校集评的《吴梅村全集》。

圆 圆 曲

【解题】

圆圆:陈圆圆,本姓邢,名沅,字畹芬,圆圆乃其小名。明末苏州名妓,因常去看望秦淮名妓董小宛、卞玉京等,故亦被人们列入"秦淮八艳"之中。辽东总兵吴三桂纳之为妾。后吴三桂出镇山海关,李自成农民起义军攻占北京,圆圆被俘。吴三桂为此大怒,引清兵入关,攻陷北京,圆圆复归吴三桂。后随三桂至云南。晚年出家为女道士。《圆圆曲》是吴伟业梅村体诗的代表作之一，历来广为传诵。《梅村家藏稿》将此诗收入前集，编在《勾章井》之前。《勾章井》作于顺治八年（1651）九月以后，故《圆圆曲》当作于此前不久。诗中通过纪述陈圆圆悲欢离合的遭遇，反映了明清易代之际一段重大时事，用比喻、双关、用典、咏叹等手法委婉地讽刺了吴三桂背明降清的罪行。全诗结构新颖，情节曲折，蝉联巧妙，表现出很高的叙事艺术。

  鼎湖当日弃人间[1]，破敌收京下玉关[2]；恸哭六军俱缟素[3]，冲冠一怒为红颜[4]。红颜流落非吾恋[5]，逆贼天亡自荒宴[6]；电扫黄巾定黑山[7]，哭罢君亲再相见[8]。相见初经田窦家[9]，侯门歌舞出如花。许将戚里空侯伎[10]，等取将军油壁车[11]。家本姑苏浣花里[12]，圆圆小字娇罗绮[13]。梦向夫差苑里游[14]，宫娥拥入君王起。前身合是采莲人[15]，门前一片横塘水[16]。横塘双桨去如飞，何处豪家强载归[17]？此际岂知非薄命，此时只有泪沾衣。薰天意气连宫掖，明眸皓齿无人惜[18]。夺归永巷闭良家[19]，教就新声倾坐客。坐客飞觞红日暮[20]，一曲哀弦向谁诉？白皙通侯最少年[21]，拣取花枝屡回顾。早携娇鸟出樊笼[22]，待得银河几时渡[23]？恨杀军书抵死催[24]，苦留后约将人误。相约恩深相见难，一朝蚁贼满长安[25]。可怜思妇楼头柳[26]，认作天边粉絮看[27]。遍索绿珠围内第，强呼绛树出雕栏[28]。若非壮士全师胜，争得娥眉匹马还[29]。娥眉马上传呼进[30]，云鬟不整惊魂定。蜡炬迎来在战场[31]，啼妆满面残红印[32]。专征箫鼓向秦川[33]，金牛道上车千乘[34]。斜谷云深起画楼[35]，散关月落开妆镜[36]。传来消息满江乡，乌桕红经十度霜[37]。教曲妓师怜尚在[38]，浣纱女伴忆同行[39]。旧巢共是衔泥燕[40]，飞上枝头变凤凰[41]。长向尊前悲老大[42]，有人夫婿擅侯王[43]。当时只受声名累[44]，贵戚名豪竞延致[45]。一斛明珠万斛愁[46]，关山漂泊腰支细，错怨狂风飏落花，无边春色来天地。尝闻倾国与倾城[47]，翻使周郎受重名[48]。妻子岂应关大计，英雄无奈是多情。全家白骨成灰土[49]，一代红妆照汗青[50]。君不见馆娃初起鸳鸯宿[51]，越女如花看不足[52]。香径尘生乌自啼[53]，屧廊人去苔空绿[54]。换羽移宫万里愁[55]，珠歌翠舞古梁州[56]。为君别唱吴宫曲[57]，汉水东南日夜流[58]。

《四部丛刊》本《梅村家藏稿》卷三

【注释】

  [1]鼎湖：古代传说是黄帝乘龙升天处。典出《史记·封禅书》："黄帝采首山铜，铸鼎于荆山下。鼎既成，有龙垂胡髯下迎黄帝，黄帝上骑，……后世因名其处曰鼎湖。"后人常用来比喻帝王之死，这儿指崇祯皇帝自缢于煤山

(今北京景山)。　[2]破敌：指吴三桂引清兵击败李自成起义军。玉关：玉门关，在今甘肃敦煌西，这里借指山海关。　[3]六军：周朝天子所统率的军队，一军为一万二千五百人。后泛指朝廷的军队。缟素：白色衣服。《明史·李自成传》："我大清兵入京师，下令安辑百姓，为帝（崇祯）后发丧，议谥号，遣将偕三桂追自成。"　[4]红颜：美女。指陈圆圆。　[5]"红颜"以下四句：模拟吴三桂的口吻为自己降清作辩解。红颜流落：指陈圆圆为起义军所俘。一说为起义军将领刘宗敏所得，一说为李自成所得。　[6]逆贼：对李自成起义军的诬称。天亡：天意要使他们灭亡。荒宴：沉溺于宴饮。　[7]电扫：闪电般扫荡。比喻进击神速。黄巾、黑山：东汉末年张角领导的黄巾起义军和张燕领导的黑山起义军。这里借指李自成的起义军。　[8]君亲：指崇祯皇帝朱由检和吴三桂的父母亲。时吴三桂的父母已被李自成起义军杀掉。　[9]田窦：西汉外戚武安侯田蚡、魏其侯窦婴。这里借指崇祯皇帝的外戚，一说为周皇后之父嘉定伯周奎，一说为田妃之父田畹。　[10]戚里：皇帝外戚居住之处。这里借指周奎或田畹家。空篌伎：弹箜篌的艺伎，指陈圆圆。空篌，同"箜篌"，古拨弦乐器。　[11]油壁车：一种车壁用油涂饰的车子，一般为女子所乘。《乐府诗集·苏小小歌》："妾乘油壁车，郎骑青骢马。"　[12]姑苏：即今江苏苏州。浣花里：唐代名妓薛涛居住在四川成都西郊浣花溪。这里借指陈圆圆在苏州的住处。　[13]小字：小名。娇罗绮：形容陈圆圆长得比漂亮的丝织品还要鲜艳美丽。　[14]夫差苑：夫差与西施游乐的宫苑。夫差，春秋时吴国君王。　[15]合：该。采莲人：指西施。　[16]横塘：地名，在苏州市西南。　[17]豪家：此指周奎家或田畹家。　[18]薰天意气：形容权势大，气焰盛。宫掖：皇宫。掖，掖庭，宫中的房舍，嫔妃居住之处。二句意谓这外戚之家势焰熏天，陈圆圆虽然很美，被送进皇宫却遭到崇祯皇帝拒绝。　[19]永巷：宫中长巷，泛指后宫。此句意谓陈圆圆被遣送出宫，仍归周家或田家为家妓。　[20]飞觞：一杯接一杯不停地喝酒。　[21]白皙（xī）：面色白净。通侯：古爵位名，这里指吴三桂。吴三桂作为辽东总兵，深得崇祯帝信任，曾召对平台，赐蟒袍玉带和尚方宝剑，受命守山海关，继而封为平西伯。　[22]娇鸟：比喻陈圆圆。　[23]"待得"句：用牛郎、织女七月七日渡过银河相会的传说，借指吴三桂因军情紧急，不得不与陈圆圆分离，心里却盼望早日与她团聚。　[24]抵死：犹言"火急"。　[25]蚁贼：对李自成起义军的诬称。长安：西汉都城，即今西安。这里借指明朝都城北京。　[26]思妇楼头柳：指陈圆圆已被吴三桂纳为妾。语出唐人王昌龄《闺怨》："闺中少妇不知愁，春日凝妆上翠楼。忽见陌头杨柳色，悔教夫婿觅封侯。"　[27]粉絮：柳絮。常用来比喻未从良的妓女。此句意谓已经有夫的陈圆圆仍被当作漂泊无定、尚未从良的妓女看待。
〔28〕绿珠：西晋石崇的宠妾。时赵王伦专权，伦党孙秀欲得绿珠，石崇不许。孙乃矫诏捕石崇，绿珠坠楼自尽。内第：内宅。绛树：汉末著名舞伎。这里绿珠、绛树皆指陈圆圆。二句写李自成部下四处搜索，夺走陈圆圆。
〔29〕壮士：指吴三桂。争得：怎能。娥眉：美女，指陈圆圆。 〔30〕传呼：喝道。此句意谓吴三桂部将在京城搜到陈圆圆后立即飞骑传送。 〔31〕蜡炬迎来：典出东晋王嘉《拾遗记》：魏文帝迎娶被选入宫的常山美女薛灵芸，未至京师数十里，蜡炬之光相继不灭。这里借指吴三桂迎接陈圆圆的情景。据钮琇《觚賸》记载，吴三桂听说部将飞骑传送搜得的陈圆圆后，大喜，结五彩楼，列旌旗，箫鼓三十里，亲往迎接。 〔32〕啼妆：东汉时代的女子为表现妩媚之态，以粉薄拭目下，看似啼痕，故称啼妆。这里借指陈圆圆的泪痕。
〔33〕专征：皇帝授予将帅掌握军旅的特权，不必等待皇帝命令，可以自主征伐。秦川：指今陕西、甘肃的秦岭以北平原地带。 〔34〕金牛道：由陕西勉县入四川剑阁的古栈道，又称石牛道。北魏郦道元《水经注·沔水一》引《本蜀论》："秦惠王欲伐蜀而不知道，作五石牛，以金置尾下，言能屎金。蜀王负力，令五丁引之，成道。秦使张仪、司马错寻路灭蜀，因曰石牛道。"
〔35〕斜（yé）谷：山谷名，在今陕西眉县西南。 〔36〕散关：即大散关，在今陕西宝鸡西南大散岭上。 〔37〕乌桕：树名。十度霜：十年。 〔38〕"教曲"句：教陈圆圆唱曲的师傅为她还活在世上而欢喜。 〔39〕浣纱女伴：指陈圆圆早年在苏州当妓女时的同伴。用西施未入吴宫前曾在浙江绍兴的若耶溪浣纱的典故。 〔40〕衔泥燕：比喻地位低微的人。 〔41〕凤凰：比喻地位高贵的人，指陈圆圆。 〔42〕尊：酒杯。老大：年纪大了。 〔43〕擅：居。侯王：高位。 〔44〕声名：指陈圆圆早年当妓女时的名声。 〔45〕延致：聘请。 〔46〕"一斛"句：典出宋代佚名传奇小说《梅妃传》：唐玄宗思念梅妃，适逢外国进贡珍珠，即命封一斛密赐梅妃。这里借以写圆圆受到特别的恩宠，却给自己带来无穷的哀愁。 〔47〕倾城、倾国：形容容貌极其美丽的女子。 〔48〕周郎：三国时东吴名将周瑜，其妻小乔是美女。这里"周郎"借指吴三桂。 〔49〕"全家"句：李自成曾让吴三桂的父亲吴襄写信招降吴三桂，吴三桂听说圆圆被掠而拒降，率军击败李自成于一片石，李自成遂怒杀吴襄全家。 〔50〕汗青：史册。 〔51〕馆娃：即馆娃宫，在苏州西南方的灵岩山上。 〔52〕越女：指西施。 〔53〕香径：即采香径，亦作"采香迳""采香泾"，在灵岩山前。宋人范成大《吴郡志·古迹》："采香迳，在香山之旁小溪也。吴王种香于香山，使美人泛舟于溪以采香。今自灵岩山望之，一水直如矢，故俗又名箭泾。" 〔54〕屟（xiè）廊：即响屟廊，吴王夫差专

为听西施的足音而造的馆娃宫中一条长廊。《清一统志》："响屟廊，以楩梓藉其地，西施步屟绕之则有声，故名。"屟，同"屧"，古代鞋子的木底，亦指木制的鞋。　[55] 换羽移宫：羽、宫，都是古代音乐中的五音之一，这里以音调的变化比喻朝代的变迁。　[56] 古梁州：指明清的汉中府，治所在今陕西南郑。吴三桂自顺治五年（1648）至顺治八年镇守汉中。　[57] 吴宫曲：咏叹吴宫盛衰的曲子。　[58] "汉水"句：此句暗喻吴三桂的荣华富贵不会久长。陆游《归次汉中境上》："地连秦雍川原壮，水下荆扬日夜流。"又李白《江上吟》："功名富贵若长在，汉水亦应西北流。"汉水：源出陕西蟠冢山，其上游流经汉中后，向东南流入长江。

【选评】

[清] 杨际昌《国朝诗话》卷一：世称杜少陵为诗史，学杜者不须袭其貌，正须识此意耳。吴梅村歌行，大抵发于感忾，可歌可泣。余尤服膺《圆圆曲》前幅云："恸哭六军皆缟素，冲冠一怒为红颜。"后幅云："全家白骨成灰土，一代红妆照汗青。"使吴逆无地自容。体则元、白，可为史则已如杜也。

[清] 赵翼《瓯北诗话》卷九：梅村身阅鼎革，其所咏多有关于时事之大者。如《临江参军》……《圆圆曲》《思陵长公主挽词》等作，皆极有关系。事本易传，则诗亦易传。梅村一眼觑定，遂用全力结撰此数十篇，为不朽计，此诗人慧眼，善于取题处。白香山《长恨歌》、元微之《连昌宫词》、韩昌黎《元和圣德诗》，同此意也。

又：梅村之诗最工者，莫如《临江参军》《松山哀》《圆圆曲》《茸城行》诸篇，题既郑重，诗亦沉郁苍凉，实属可传之作。

[近人] 潘清《挹翠楼诗话》：梅村诸体，七古最佳，才力既大，书卷之富，又足供其驱使，如《圆圆》诸曲，真令读者醉心。

【备考】

关于本诗写作年代

一、顾师轼《梅村先生年谱》系于顺治元年（1644）。

二、程穆衡《吴梅村先生编年诗笺》系于顺治十六年（1659）。

三、[日] 铃木虎雄《吴梅村年谱》：宜作于顺治十六年以后。

四、冯沅君《吴伟业〈圆圆曲〉与〈楚两生行〉的作期》，考订作于顺治七年（1650）前后。

五、钱仲联《吴梅村诗补笺》考订作于顺治八年（1651）。

六、冯其庸、叶君远《吴梅村年谱》：此诗之叙事及于吴三桂顺治元年之后事，故作于顺治元年之说显误。其余数说，以顺治八年说为最合理。

关于本诗主旨

一、"刺吴"说。陆次云《圆圆传》："梅村效《琵琶》《长恨》体作《圆圆曲》，以刺三桂，曰：'冲冠一怒为红颜'，盖实录也。三桂赍重币求去此诗，吴勿许。当其盛时，祭酒能显斥其非，却其贿遗而不顾，于甲寅之乱似早有以见其微者。呜呼，梅村非诗史之董狐也哉！"钱仲联、钱学增选注《清诗三百首》谓此诗"意在斥责吴三桂背叛明王朝，失节降清的罪行"。冯其庸、叶君远《吴梅村年谱》："此诗中若'恸哭六军俱缟素，冲冠一怒为红颜''若非壮士全师胜，争得蛾眉匹马还''妻子岂应关大计，英雄无奈是多情。全家白骨成灰土，一代红妆照汗青'诸语，其讽刺吴三桂之意甚明，无须赘论。"

二、"美吴"说。章培恒《元明清诗鉴赏辞典·序》："这首诗最动人的所在，并不在于批判了吴三桂的罔顾君亲大义（其实，诗里是否存在着这样的批判也还是问题），而在于讴歌了陈圆圆的美丽，她那可怜的身世和在爱情上的悲欢；也在于讴歌了吴三桂对爱情的坚贞、捍卫爱情的勇敢（至少在诗中是这样），并倾诉了个人在群体缠缚下的悲哀与痛苦。试看：'恸哭六军俱缟素，冲冠一怒为红颜！'倘若我们不是存着封建道德的先入之见，认为一个人只该为皇帝复仇，而不应为解救和夺回自己的爱人而战斗，那就不免将这诗句看作对一种为爱情而不顾一切的英雄气概的歌颂，从而受到感动。实际上，诗人自己恐也具有同样的感受。'妻子岂应关大计，英雄无奈是多情！'这与其说是对'英雄'的讽刺，还不如说是对'英雄'的同情甚或赞叹。……'全家白骨成灰土，一代红妆照汗青！'这绝不是批判，而是悲慨，是深沉的叹息。"又《说"冲冠一怒为红颜"》："《圆圆曲》要告诉人们的，是个动人而悲惨的故事。动人，是由于我国历史上第一次出现了不计利害、为'红颜'而战的行为（吴三桂虽然'借'了清兵，但也难保必胜），以前却更多为'红颜'而死，例如焦仲卿、梁山伯。悲惨，是不仅吴三桂'全家白骨成灰土'，而且还带来了全国性的浩劫。而对着这一切，吴伟业既感动，又悲慨，但却并不作任何简单的结论。"（1995年第6期《上海文学》）

三、"羡吴"说。宋谋玚《吴梅村〈圆圆曲〉疏解》："据说吴三桂曾厚赂梅村求毁版，恐怕主要就是因为这类（指'冲冠一怒为红颜'）意有讽刺的个别句子。至于全诗的基调，还是以讴歌艳羡为主，这不是吴三桂及其庇护者、追随者所不能接受的。正像《长恨歌》主要不是讽刺诗，还能为唐玄宗的继承人所容忍一样，我们也不能把《圆圆曲》看作纯粹是谴责吴三桂的作品。……吴梅村创作《圆圆曲》的动机，和清初大多数创作类似题材的人都是差不多的。他们深受儒家封建伦理观念和正统思想的影响,特别是梅村这种在明朝有过功名的人,仇恨农民起义军,怀念故国,是很自然的。对吴三桂,既嘉许他击溃农民军为君父报仇的'义'举,又埋怨他引进清兵终于招致了明朝的覆亡。而封建阶级知识分子自命'风流'的庸俗情趣又引导他们特别注目于风云变幻中的儿女之情。于是,吴三桂与陈沅的故事就被他选中了。"(1981年第1期《晋阳学刊》)

悲歌赠吴季子

【解题】

　　吴季子:吴兆骞(1631—1684),字汉槎,松陵(今江苏吴江)人。年轻时甚有才名,与华亭彭师度、宜兴陈维崧被目为"江左三凤"。顺治十四年(1657)中举,以科场案流放宁古塔(在今黑龙江宁安)二十三年。后其友顾贞观求助于纳兰性德,由纳兰性德之父明珠设法营救,始得以纳资赎归。著有《秋笳集》等。兆骞在兄弟中排行第三,故称季子。又春秋时吴王寿梦少子吴季札亦称季子,这里借以指称兆骞,有暗用《公羊传》"季子弱而才"之意。顺治十四年丁酉十一月,江南发生科场案,给事中阴应节参奏主考官方猷等舞弊,顺治帝严加追究,凡中举之人,皆被揪到北京复试。次年十一月定案,方猷等全体考官共二十人皆判死刑,吴兆骞等八名举人俱责四十板,家产籍没入官,父母兄弟妻子并流宁古塔。此诗即作于吴兆骞被流放时。诗中直抒对吴兆骞蒙冤遭难的无限同情,含蓄地表达了对清廷高压汉族才士的极端不满。全诗以七字句为主,中间夹杂五字句,结以三字句,句式参差变换,声情跌宕起伏,很好地传写出了胸中的不平之气。

　　人生千里与万里,黯然销魂别而已[1]。君独何为至于此[2]?山非山兮水非水[3],生非生兮死非死[4]。十三学经并学史,生在江南长纨绮[5]。词赋翩翩众莫比[6],白璧青蝇见排抵[7]。一朝束缚去[8],上书难自理[9],绝塞千山断行李[10]。送吏泪不止,流人复何倚[11]!彼尚愁不归[12],我行定已矣。八月龙沙雪花起[13],橐驼垂腰马没耳[14]。白骨皑皑经战垒,黑河无船渡者几[15]!前忧猛虎后苍兕[16],土穴偷生若蝼蚁[17]。大鱼如山不见尾[18],张鬐为风沫为雨[19]。日月倒行入海底,白昼相逢半人鬼。噫嘻乎悲哉!生男聪明慎勿喜,仓颉夜哭良有以[20]。受患只从读书始[21],君不见,吴季子!

《四部丛刊》本《梅村家藏稿》卷一〇

【注释】

[1]"人生"二句：语本南朝梁代江淹《别赋》："黯然销魂者，唯别而已矣！况秦吴兮绝国，复燕宋兮千里。"黯然：心神沮丧貌。销魂：丧魂，极言离别时伤痛之深。二句意谓人生途中，最使人丧魂落魄的，莫过于同亲人的永别。 [2]"至于此"：落到这种地步。 [3]"山非"句：写吴兆骞被流放之地荒漠无比。 [4]"生非"句：写吴兆骞被流放时受到的残酷折磨。 [5]纨绮：两种精美的丝织品。这里借指富贵之家。 [6]"词赋"句：《清史列传·吴兆骞》："少有隽才，童时作《胆赋》五千余言。"翩翩：形容文采优美。 [7]白璧青蝇：比喻好人为进谗言的小人所诬。语出唐陈子昂《宴胡楚真禁所》："青蝇一相点，白璧遂成冤。"白璧，白玉做的璧。青蝇，苍蝇的一种，也叫金蝇。见排抵：被排挤。 [8]束缚：捆绑。指拘捕。 [9]自理：为自己申辩。 [10]绝塞：极远的边塞。指宁古塔。王家祯《研堂见闻杂记》："宁古塔在辽东极北，去京师七八千里。"行李：指行旅之人。断行旅：意谓行旅之人所不至。 [11]流人：被流放的人。 [12]不归：回不去。 [13]龙沙：塞外沙漠之地。司马光《资治通鉴·后汉高祖天福十二年》："赵延寿恨契丹主负约，谓人曰：'我不复入龙沙矣。'"胡三省注："卢龙山（在今河北喜峰口外）后即大漠，故谓之龙沙。"这里指黑龙江宁古塔地区。吴兆骞《天东小纪》："沙林东八十里为宁古塔，临江而居，以木为城，地极寒，八月即雪，清明冰乃解。" [14]橐驼：骆驼。垂：覆盖。此句描写雪下得很大。 [15]黑河：指黑龙江。 [16]苍兕（sì）：传说中的水兽名，一身九头，善奔突，能覆舟，人多畏恶之。 [17]土穴：地洞。周辉《南烬纪闻》："北土极寒，必掘地作穴以居，深五七尺，昼夜伏其中。" [18]大鱼：指鲸鱼。崔豹《古今注》："鲸鱼者，海鱼也，大者长千里，小者数十丈，鼓浪成雪，喷沫为雨。" [19]鬐（qí）：此指鱼脊。 [20]仓颉：一作苍颉，古代传说中的汉字创造者。《淮南子·本经训》："昔者仓颉作书而天雨粟，鬼夜哭。"良有以：确实有道理。 [21]"受患"句：语本宋苏轼《石苍舒醉墨堂》："人生识字忧患始。"

【选评】

[清]沈德潜《国朝诗别裁集》卷一：汉槎极人世之苦，然不如此，无《秋笳》一集，其人恐不传。天之厄之，正所以传之也。诗格从嘉州（岑参）《蜀葵花歌》化出。

[近人]梁启超《中国韵文里头所表现的情感》：近代人吴梅村，诗格本不算高，但他的集中却有一首确能用这种（奔迸）表情法。那题目我记不

真,像是《送吴季子出塞》。他劈空来怎么几句:"人生千里与万里,黯然销魂别而已!君独何为至于此?山非山兮水非水,生非生兮死非死。……"他送的人叫做吴汉槎,是前清康熙间一位名士,因不相干的事充军到黑龙江,许多人替他叫冤,都有诗送他,梅村这首算是最好;好处是把无穷的冤抑,用几句极粗重的话表尽了。

[近人] 孟森《心史丛刊一集·丁酉科场案》:丁酉科场案,向来以吴兆骞之名,而脍炙于世人之口。兆骞固才士,然《秋笳集》亦非有绝特足以不朽者在。其时以文字为吴增重者,实缘梅村一诗,顾梁汾两词耳。梅村于科场案中,赠陆庆曾有诗,赠孙承恩而及其弟旸亦有诗,顾皆不及其《悲歌赠吴季子》一首,尤为绝唱。兆骞得此,乃其不朽之第一步。今录其词如下云云。吴诗所云宁古塔地之恢诡,可见当时满汉之隔膜,在清代宁古塔乃发祥之地耳。

过淮阴有感(选一)

【解题】

《过淮阴有感》共有二首,此为其一。淮阴:在今江苏淮安。本诗作于顺治十年(1653),作者应清廷征召,被迫离家赴京。诗中巧妙地借淮南王刘安升天的故事,抒写自己背明仕清的痛苦、愧疚和忏悔的心情。

登高怅望八公山,琪树丹崖未可攀[1]。莫想阴符遇黄石[2],好将鸿宝驻朱颜[3]。浮生所欠止一死[4],尘世无由识九还[5]。我本淮王旧鸡犬,不随仙去落人间[6]。

《四部丛刊》本《梅村家藏稿》卷一五

【注释】

[1] 八公山:在今安徽寿县北五里。相传汉淮南王刘安门客有"八公",能炼丹化金。后随刘安登山,埋金于地,白日升天(见《水经注·肥水》),山因以得名。琪树丹崖:形容山中胜境的树石。琪树,玉树;丹崖,朱红色的石崖。 [2] 阴符:即《阴符经》,我国古代论兵法的书。遇黄石:据《史记·留侯世家》载,汉张良曾在下邳(今属江苏)圯(yí,桥)上遇黄石公,传授《太公兵法》。阴符,即指《太公兵法》。此句意谓再起兵抗清已不可能。 [3] 鸿宝:据《汉书·刘向传》载,淮南王刘安有《枕中鸿宝苑秘书》,言神仙使鬼物为金之术。驻红颜:意谓青春不老。 [4] 浮生:人生,因人生

在世，漂浮不定，故称。语本《庄子·刻意》："其生若浮，其死若休。"所欠止一死：指不能为明帝死节。语出《宋史·范质传》："惜其欠（周）世宗一死耳！" ［5］尘世：人世。九还：九还丹。道家炼丹，循环九次而成丹中之最珍贵者。 ［6］"我本"二句：典出葛洪《神仙传》："淮南王好道，白日升天，时药置庭下，鸡犬舐之，尽得升天。"这里反用其意，谓自己原是明帝旧臣，为世事所累，不能以身殉国。

【选评】

［清］杨际昌《国朝诗话》卷一：太仓吴祭酒伟业诗，辄使读者哀惋。"我本淮王旧鸡犬，不随仙去落人间""忍死偷生廿载余，而今罪孽怎消除"，尤一字一泪也。

［清］郑方坤《国朝名家诗钞小传》：（伟业）及入本朝，逼于征召，复有北山之移，论者惜之。然读其诗词乐府，故国旧君之思，流连言外。如"我本淮王旧鸡犬，不随仙去落人间""古人一饭犹思报，廿载恩深感二毛"，声有余哀，情文兼至。

顾 炎 武

顾炎武（1613—1682），初名绛，字忠清，清兵南下改名炎武，字宁人，号亭林，尝自署蒋山佣，人称亭林先生，江南昆山（今属江苏）人。明诸生。少年时曾参加复社反宦官权贵斗争。及清兵南下，嗣母王氏绝食而死，他在昆山、嘉定一带参加抗清斗争。失败后，遍游山东、河北、山西、陕西等地，考察关塞山川形势，联络同志，作反清复明准备。康熙十七年（1678），开博学鸿词科，次年修《明史》，大臣争荐之，均以死相拒。晚岁定居华阴（今属陕西），卒于曲沃（今属山西）。生平事迹见《清史稿》和《清史列传》本传。炎武为明清之际著名学者和思想家，与黄宗羲、王夫之并称"清初三大儒"。论学强调博学于文，行己有耻；治经重考据，倡经世致用，开清代朴学风气。他学识渊博，于经史百家、音韵训诂、历朝典制、郡邑掌故、河漕兵农无不探委究源。学术著作今存《天下郡国利病书》《日知录》《音学五书》等。炎武又是负有盛名的遗民诗文家。主张"文须有益于天下""诗主性情，不贵奇巧"。所作古文雅正笃实，清通自然。诗宗杜甫，多写兴亡之事，爱国精神强烈，堪称"风骚诗史之遗"（顾云臣《顾诗笺注序》），风格沉郁坚苍。用典精切是其诗文的一个特色。著有《顾亭林诗文集》。其诗注本较多，以近人王蘐常《顾亭林诗集汇注》最为详善。

精　　卫

【解题】

　　精卫，古代神话中的鸟名。《山海经》说它原为"炎帝之少女，名曰女娃。女娃游于东海，溺而不返，故为精卫，常衔西山之木石，以堙（填）于东海"。此诗作于顺治四年（1647）。作者以精卫自喻，通过对话和对比，表达自己力图恢复明室的坚定决心，抒发对那些贪图一己富贵而屈节仕清者的鄙薄之情。

　　"万事有不平，尔何空自苦[1]？长将一寸身[2]，衔木到终古[3]！""我愿平东海，身沉心不改。大海无平期，我心无绝时[4]。"呜呼！君不见西山衔木众鸟多，鹊来燕去自成窠[5]！

中华书局《顾亭林诗文集》卷一

【注释】

　　[1] 尔：你，指精卫。　[2] 一寸身：形容躯体弱小。　[3] 终古：久远。　[4] 绝：中止。　[5] "鹊来"句：以鹊燕的各自成窠比喻那些贪图一己富贵而屈节仕清者。

又酬傅处士次韵（选一）

【解题】

　　傅处士：明末清初著名学者傅山（1607—1684），初名鼎臣，字青竹，后改今名，字青主，号啬庐，又号真山、石道人，别署公之佗，山西阳曲人。明诸生。明亡后，为道士装，隐居山中，以医为业。康熙间屡征，坚辞不就。著有《霜红龛集》。康熙二年（1663），顾炎武到太原，傅山先赠《晤言宁人先生还村途中叹息有诗》，顾即酬答二首，因前已作《赠傅处士山》五律一首，故诗题冠以"又酬"。"次韵"，也称"步韵"，指和诗时用对方诗的原韵原字，且前后次序也相同。作者在这首诗中，抒写了亡国的悲痛，表达了在艰难形势下对复明大业的坚定信心，勉励自己和友人老当益壮，积极投身到抗清斗争中去。诗的二三两联对仗精工，用典和比喻恰当，使全诗增添了感染力。

愁听关塞遍吹笳，不见中原有战车[1]。三户已亡熊绎国[2]，一成犹启少康家[3]。苍龙日暮还行雨，老树春深更著花[4]。待得汉庭明诏近，五湖同觅钓鱼槎[5]。

中华书局《顾亭林诗文集》卷四

【注释】

[1] 笳：胡笳，我国古代北方民族的一种管乐器。二句意谓令人发愁的是只听到边关要塞到处是清军的吹笳声，而看不见中原地区有抗清的武装力量。 [2] 三户：《史记·项羽本纪》："楚南公曰：'楚虽三户，亡秦必楚。'"三户：指楚国的贵族屈、景、昭三大姓。熊绎国：指楚国。楚武王名熊绎。 [3] 一成：古代计量土地的单位，方十里。启：开拓。少康：夏代中兴之君，姓姒，相之子。传说他曾以一成之田、一旅（五百人）之众，终于灭掉篡位的寒浞（zhuó），恢复夏统。 [4] "苍龙"二句：意谓年老而抗清复明的志气不衰。 [5] 明诏：圣明的诏令。五湖：这儿泛指太湖及附近的湖。槎（chá）：船。二句意谓待到复国成功，朝廷下诏起用我们时，再一起退隐江湖吧。句中暗用范蠡复兴越国，功成身退泛舟五湖的典故。

雨中至华下王山史家

【解题】

华下：华山脚下。王山史：王弘撰，字山史，号待庵，陕西华阴人。明诸生。明亡后，高隐不仕。顾炎武遍游四方，至华阴，与山史结交，并住其家。此诗作于康熙十六年（1677）秋，时作者客陕西，年已六十五岁。诗中写抗清复明的严峻形势，赞美王山史隐居不仕的高洁品格，结尾两句表现了主人公矫矫不凡的气概和老而弥坚的志节。

重寻荒径一冲泥[1]，谷口墙东路不迷[2]。万里河山人落落[3]，三秦甲兵雨凄凄[4]。松阴旧翠长浮院，菊蕊初黄欲照畦[5]。自笑漂萍垂老客[6]，独骑羸马上关西。

中华书局《顾亭林诗文集》卷五

【注释】

[1] 冲泥：指冒雨踏泥而行。杜甫《崔评事许相迎不到应虑老夫见泥雨

怯出必愆佳期走笔戏简》:"虚疑皓首冲泥怯,实少银鞍傍险行。" [2]谷口:古地名,在今陕西礼泉东北,相传西汉末年高士郑朴(字子真)曾隐耕于此。东汉扬雄《法言·问神》:"谷口郑子真,不屈其志,而耕乎岩石之下,名震于京师。"墙东:东汉王君公避世自隐处。见《后汉书·逢萌传》。谷口、墙东,均借指王山史隐居处。 [3]落落:零落貌。此句意谓各地能坚持民族气节的志士已寥寥无几。 [4]三秦:秦亡后,项羽三分关中,封秦降将章邯为雍王,司马欣为塞王,董翳为翟王,合称三秦,在今陕西一带。三秦甲兵:康熙十三年(1674),清将平凉提督王辅臣于宁羌响应吴三桂起兵反清。次年占领陕、甘多城。康熙十五年(1676),清廷命海图节制陕西军马平叛,王辅臣败后降清。三秦甲兵指此兵事。 [5]畦:指田园。二句写王山史隐居的环境。 [6]漂萍:漂泊不定的浮萍。杜甫《赠翰林张四学士垍》:"此生任春草,垂老独漂萍。"

友人来坐中,口占二绝(选一)

【解题】

  此诗作于康熙十九年(1680)。康熙十七年,朝廷纂修《明史》,特开博学鸿词科,征举海内名儒,大臣叶方蔼、韩菼欲荐顾炎武应试,他以死自誓。次年,清廷组织班子修《明史》,诸公又欲荐,他再次以死相拒。在清廷的笼络与胁迫下,却有不少汉族文士纷纷出仕,这给高风亮节的炎武以极大的刺激。在这首诗中,一方面表达自己决不仕清的心迹,另一方面规劝那些已经失节仕清的人多多自爱,及早辞官。

  不材聊得保天年[1],便可长栖一壑边。寄语故人多自爱[2],但辞青紫即神仙[3]。

中华书局《顾亭林诗文集》卷五

【注释】

  [1]"不材"句:语出《庄子·山木》:"山中之木,以不材得终其天年。"不材,不成材,无用。这里借以自比。 [2]寄语:转告。故人:指朱彝尊、李因笃和炎武的弟子潘耒等人,他们于康熙十八年同时荐试博学鸿词科而授官。 [3]青紫:本为古代公卿绶带之色。《汉书·夏侯胜传》:"胜每讲授,常谓诸生曰:'士病不明经术;经术苟明,其取青紫如俯拾地芥耳。'"王先谦补注:"叶梦得云:汉丞相、太尉皆金印紫绶,御史大夫银印青绶,此

三府官之极崇者。"诗中借指高官。

吴嘉纪

吴嘉纪（1618—1684），字宾贤，号野人，江南泰州（今属江苏）人。明诸生。入清不仕，隐居于家乡东淘，名所居曰"陋轩"，靠教书卖文和好友接济为生。晚年得周亮工、王士禛等人赏誉，诗名大振。生平事迹见《清史稿》和《清史列传》本传。其诗宗杜甫和陶渊明，而能变化出之，自成一家，风格清真朴老，擅长白描，工为危苦严冷之词。集中许多作品真实而深刻地反映盐场工人的苦难生活，部分作品则表现他的民族感情。吴嘉纪和顾炎武是清初各具特色的著名遗民诗人，洪亮吉评曰："偶然落笔见天真，前有宁人后野人。金石气同姜桂气，始知天壤两遗民。"（《论诗截句》）所著《陋轩诗》最早有康熙初周亮工的刻本，今人杨积庆有《吴嘉纪诗笺校》。

临 场 歌

【解题】

这是一首深刻反映清初产盐地区现实的新乐府。诗中愤怒地揭露封建官吏掠夺和迫害盐民的罪行，对广大盐民的悲惨遭遇寄予无限同情。全诗以四言的形式作客观叙事，音节短促，愤激之情溢于言表。

虽曰穷灶户[1]，往岁折价[2]，何曾少逋[3]！胥役谓其逋也[4]，趣官长沿场征比[5]，春秋两巡[6]，遂来竟成额例[7]。兵荒之余，呜呼！谁怜此穷灶户？

掾豺隶狼[8]，新例临场。十日东淘[9]，五日南梁[10]。趋役少迟[11]，场吏大怒。骑马入草[12]，鞭出灶户。东家贳醪[13]，西家割羲[14]；殚力供给[15]，负却公税[16]。后乐前钲[17]，鬼咤人惊。少年大贾，币帛将迎。帛高者止，与笑月下。来日相过，归比折价[18]。笞挞未歇[19]，优人喧阗[20]。危笠次第[21]，宾客登筵。堂上高会，门前卖子。盐丁多言[22]，篦折牙齿[23]。

上海古籍出版社《吴嘉纪诗笺校》卷一

【注释】

[1] 灶户：煎盐的民户。　[2] 折价：这里指灶户将盐卖给盐商后，官

方向灶户根据卖价折收税额。〔3〕逋(bū)：逃欠。〔4〕胥役：胥吏和差役。〔5〕趣(cù)：催促。场：盐场。征比：征收钱粮而比较其多寡之数。这里指征收所欠的折价税款。〔6〕两巡：两次巡查。〔7〕迩来：近来。额例：规定的常例。〔8〕掾(yuàn)：掾吏，佐助的下级官吏。隶：差役。〔9〕东淘：一名安丰场，在今江苏东台南二十里。〔10〕南梁：一名南垛场，在今东台南十八里。〔11〕趋役：服役。这里指迎接奉承。〔12〕草：指草田。灶户照例得按丁配给的官田，名曰草田，用以植草，供煎盐所需的柴。〔13〕贳(shì)：赊欠。醪(láo)：醇酒。〔14〕割彘(zhì)：杀猪。〔15〕殚(dān)：尽。〔16〕负却：拖欠下。〔17〕钲(zhēng)：铜锣。此句谓官吏来到盐场时鸣锣开道，鼓吹后随。〔18〕"来日"二句：意谓传言明天官吏来盐场，最后确定拖欠税额，折银索偿。〔19〕笞(chī)挞：拷打。笞，古代的一种刑罚，用竹板打臀部、腿或背。〔20〕喧阗(tián)：喧闹嘈杂。〔21〕危笠：高耸的帽子。这里代指官吏。次第：依次。〔22〕盐丁：即灶户。〔23〕箠(chuí)：棍棒。

【选评】

　　钱仲联《梦苕庵诗话》："堂上高会，门前卖子。盐丁多言，箠折牙齿。"野人《临场歌》句也。较老杜"朱门酒肉臭，路有冻死骨"，语更激切。

绝　　句

【解题】

　　这是一首反映盐民劳动生活的著名绝句。诗中运用白描和反衬手法，真实地写出了盐民暑日煎盐的艰难困苦。

　　白头灶户低草房，六月煎盐烈火傍[1]。走出门前炎日里，偷闲一刻是乘凉。

上海古籍出版社《吴嘉纪诗笺校》卷一

【注释】

　　〔1〕傍(páng)：通"旁"。旁边。

卖书祀母

【解题】

诗人平日独好读书,"每晨起,即拥书枯坐"(陈鼎《留溪外传》)。此诗作于母亲的忌日。诗中通过卖书祀母的叙述,反映了诗人生活的至为贫困,表达了他对亡母的深切思念之情。全诗语言质朴,情余言外,读来令人酸鼻。

母没悲今日,儿贫过昔时[1]。人间无乐岁,地下共长饥[2]。白水当花荐[3],黄粱对雨炊[4]。莫言书寡效[5],今已慰哀思!

上海古籍出版社《吴嘉纪诗笺校》卷一

【注释】

[1] 过:超过。 [2] "地下"句:意谓死去的母亲和活着的儿子一起忍饥挨饿。 [3] 白水:清水。诗中语意双关,含有以自己的清白品节来纪念母亲之意。荐:献。 [4] 黄粱:粟米。 [5] 寡效:少有用处。

【选评】

[近人] 署名神州旧主《独树斋见闻随笔》评此诗:学者卖书悲矣。卖而祀母,其悲可知。宜其言之痛也。

朱彝尊

朱彝尊(1629—1709),字锡鬯,号竹垞,又号金风亭长,晚称小长芦钓鱼师,浙江秀水(今嘉兴)人。早年曾作客山阴祁班孙家,与魏耕、钱缵曾等图谋抗清复明。失败后,为避身远祸游幕各地。至西北,与顾炎武、屈大均、傅山等遗民志士交游。康熙十八年(1679),以荐应试博学鸿词,授翰林院检讨,充《明史》纂修官。康熙二十三年,被劾谪官。康熙二十九年,官复原职。两年后再度罢官,遂辞官归里,专心著述。生平事迹见《清史稿》《清史列传》本传。彝尊为清代浙派诗开山祖,艺术上宗唐而取宋,风格雄健赡博。与王士禛齐名,有"南朱北王"之称。"国朝诸老诗伯,阮亭以风调神韵擅长于北,竹垞以才藻魄力独奇于南,同岑异营,屹然双峙。"(全祖望《莺脰山房诗集序》)论词推尊姜夔和张炎,以清空醇雅为归,为清代浙西词派之祖。编有《明诗综》。著有《曝书亭集》《日下旧闻》《经义考》。诗有江浩然的《曝书亭诗录笺注》、杨谦的《曝书亭集诗注》、孙银槎的《曝书亭笺注》三家注本，词有李富孙的《曝书亭词注》本。

云中至日

【解题】

云中：郡名，治所在今山西大同。至日：冬至、夏至。此指冬至。此诗作于康熙三年（1664），时作者客游大同，投在山西按察副使曹溶幕中。诗中以跌宕流转之笔，抒发终年漂泊的人生感慨和浓烈的思乡之情。

去岁山川缙云岭[1]，今年雨雪白登台[2]。可怜日至长为客[3]，何意天涯数举杯！城晚角声通雁塞[4]，关寒马色上龙堆[5]。故园望断江村里，愁说梅花细细开[6]。

《四部丛刊》本《曝书亭集》卷六

【注释】

[1] 缙云岭：在今浙江缙云。 [2] 白登台：在今山西大同东北白登山上。 [3] "可怜"句：语本杜甫《冬至》诗："年年至日长为客，忽忽穷愁泥杀人。"日至：即至日。 [4] 雁塞：即雁门关，在今山西代县以北，为长城要口之一，故称雁塞。 [5] 马色：马的行色。这里意谓骑马。龙堆：即白龙堆，沙漠名，在新疆天山南路，这里是借用。 [6] 细细开：语本杜甫《江畔独步寻花七绝句》："繁枝容易纷纷落，嫩蕊商量细细开。"

【选评】

[清] 沈德潜《国朝诗别裁集》卷十二："学北地高入杜陵，通首一气，能以大力负之而趋。"

玉带生歌（并序）

【解题】

玉带生：文天祥曾用过的砚台的名称，因砚上有白纹如玉带，以人拟之，故称玉带生。康熙四十三年（1704），诗人在朋友宋荦座上见到此砚，遂于次年兴酣落笔，追作是诗。诗中以拟人化手法通过叙写玉带生的曲折经历，讴歌文天祥等宋末志士崇高的民族气节。形式虽是七古，却不受格律束缚，句式多变，长短错落，读来铿锵有力，气势淋漓。前人对此诗多有赞评。

玉带生，文信国所遗砚也[1]。予见之吴下[2]，既摹其铭而装池之[3]，且为之歌曰：

玉带生，吾语汝：汝产自端州[4]，汝来自横浦[5]。幸免事降表佥名谢道清[6]，亦不识大都承旨赵孟頫[7]。能令信公喜[8]，辟汝置幕府[9]。当年文墨宾[10]，代汝一一数：参军谁[11]？谢皋羽[12]；寮佐谁[13]？邓中甫[14]；弟子谁？王炎午[15]。独汝形躯短小，风貌朴古，步不能趋，口不能语；既无鸜之鹆之活眼睛[16]，兼少犀纹彪纹好眉妩[17]。赖有忠信存，波涛孰敢侮[18]？是时丞相气尚豪，可怜一舟之外无尺土[19]，共汝草檄飞书意良苦。四十四字铭厥背[20]，爱汝心坚刚不吐[21]。自从转战屡丧师，天之所坏不可支[22]。惊心柴市日[23]，慷慨且诵临终诗[24]。疾风蓬勃扬沙时，传有十义士[25]，表以石塔藏公尸[26]。生也亡命何所之？或云西台上，睎发一叟涕涟洏，手击竹如意，生时亦相随[27]。冬青成阴陵骨朽[28]，百年踪迹人莫知[29]。会稽张思廉[30]，逢生赋长句[31]。抱遗老人阁笔看[32]，七客寮中敢呎怒[33]。吾今遇汝沧浪亭[34]，漆匣初开紫衣露[35]。海桑陵谷又经三百秋[36]，以手摩挲尚如故[37]。洗汝池上之寒泉，漂汝林端之霏雾。俾汝长留天地间，墨花恣洒鹅毛素[38]。

《四部丛刊》本《曝书亭诗集》卷二一

【注释】

[1] 文信国：爱国英雄文天祥，字宋瑞，一字履善，号文山，南宋宝祐四年（1256）进士。宋端宗赵昰即位于福州，拜为右丞相，封信国公。 [2] 吴下：指今江苏苏州。 [3] 其铭：砚上铭刻的文字。装池：装裱。 [4] 端州：在今广东高要一带。境东南有端溪，产砚石，所制砚称"端砚"，为世所重。 [5] 横浦：关名，秦时设，在江西大庾岭，约相当于今之小梅关。文天祥被捕前，曾在此屯过兵。 [6] 佥：同"签"。谢道清：宋理宗的皇后。宋恭宗德祐二年（1276），元军逼近临安（今杭州），她签署了降表。汪元量《醉歌》（其五）："侍臣已写归降表，臣妾佥名谢道清。"此句意谓玉带生侥幸没有为以谢道清为首的投降派书写降表和签名出过力。 [7] 不识：不与交往。大都：元都城，今北京。赵孟頫（fǔ）：字子昂，号松雪道人，诗人、书画家。原宋宗室，宋亡后，受元征召，官至翰林学士承旨。 [8] "能令"二句：语本《世说新语·宠礼》："髯参军，短主簿，能令公喜，能令公

怒。" [9]辟：征聘。幕府：古代将帅出征在外的营帐。后亦泛指军政大臣的府署。 [10]文墨宾：从事文字工作的幕宾。 [11]参军：官名。 [12]谢皋羽：谢翱，字皋羽，号晞发子，长溪（今福建霞浦）人。文天祥起兵抗元，他率乡兵数百人投效，任谘议参军。宋亡不仕。 [13]寮佐：长官的属吏。寮，同"僚"。 [14]邓中甫：名剡，字光荐，庐陵（今江西吉安）人。宋末举进士，曾为文天祥赞画军事。宋亡，投海未死，被俘不屈。后因病得释。 [15]王炎午：初名应梅，字鼎翁，号梅边，安福（今属江西）人。宋末太学生。文天祥被执过青原山，炎午曾作生祭文以励其死。文中自称"里学生""前成均之弟子员"。但他后来出仕于元。 [16]鸜鹆（qú yù）：鸟名，俗称八哥。鸜，同"鸲"。鸜之鹆之，语本《左传·昭公二十五年》："鸜之鹆之，公出辱之。"鸜鹆眼：指砚石上之圆形斑点，有如鸜鹆之眼。宋苏易简《文房四谱》："端溪石为砚至妙……其贮水处有白、赤、黄色点者，世谓之'鸲鹆眼'。"又，欧阳修《砚谱》："端石出端溪，有鸜鹆眼者为贵。" [17]"兼少"句：意谓缺少像安徽歙县所产眉子砚石那样妩媚的纹理。据元曹绍《歙砚说》：安徽歙砚石上有眉形的纹理，以短而簇者如犀纹和长而阔者如虎纹两种最为精美。诗中所谓"彪纹"，即指虎纹。 [18]"赖有"二句：典出《孔子家语·致思》：孔子自卫返鲁，见有悬水三十仞，圜流九十里，鱼鳖不能过。适有一丈夫（男子）欲渡，止之不听，竟渡而出。问他何能如此，对曰："始吾之入也，先以忠信；及吾之出也，又从以忠信。忠信措吾躯于波流，而吾不敢以用私，所以能入而复出也。"又，唐高适《送柴司户充刘卿判官之岭外》："风霜驱瘴疠，忠信涉波涛。" [19]"可怜"句：当指宋恭宗德祐二年（1276），文天祥自元军中脱走，从扬州乘舟经海道赴温州事。文天祥《指南录后序》："至京口，得间奔真州，……留二日，维扬帅下逐客之令。不得已变姓名，诡踪迹，草行露宿，日与北骑相出没于长淮间。穷饿无聊，追购又急，天高地迥，号呼靡及。已而得舟，避渚洲，出北海，然后渡扬子江入苏州洋，展转四明、天台以至于永嘉。" [20]"四十四字"句：文天祥有《玉带生铭》四十四字："紫之衣兮绵绵，玉之带兮磷磷。中之藏兮渊渊，外之泽兮日宣。於乎！磨尔心之坚兮，寿吾文之传兮。庐陵文天祥造。"厥，代词，其。 [21]刚不吐：喻不畏强暴。语出《诗经·大雅·烝民》："柔亦不茹，刚亦不吐。" [22]"天之所坏"句：语本《左传·定公元年》："天之所坏，不可支也。"此句意谓南宋的倾覆乃天意，非人力所能支撑。 [23]柴市：文天祥在元都（今北京）就义处，其地疑即今北京宣武门外，一说为菜市口以西之旧柴炭市。 [24]"慷慨"句：文天祥临刑时，大义凛然，神态自若，慷慨朗诵临终诗。明赵弼《文信公传》："临刑，公问：

'孰南面?'或指之,即向南再拜,索纸笔书诗,云:'昔年单舸走维扬,万死逃生辅宋皇。天地不容兴社稷,邦家无主失忠良。神归嵩岳风雷变,气吐烟云草树荒。南望九原何处是,尘沙黯淡路茫茫。'" [25] "疾风"二句:据明胡广《丞相传》纪述,文天祥被害时,飞沙走石,狂风四起,后"有十义士收尸葬于都城外"。 [26] "表以"句:据明刘侗、于奕正《帝京景物略》纪述:元成宗大德初,文天祥继子升至京,在天祥葬处见有大小二僧塔,大塔有小石碑,刻"信公"二字。 [27] "或云"四句:写文天祥就义后,谢翱等人吊祭的情景。西台:在今浙江桐庐富春山上,与东台对峙,相传为东汉隐士严光(子陵)垂钓处,亦称钓台。元世祖至元二十七年(1290),宋遗民谢翱约友人在此设神主吊祭文天祥,并作《登西台痛哭记》,以寄托哀思。晞发一叟:谢翱自号晞发子。涟洏(ér):泪流不止貌。竹如意:语本《登西台痛哭记》:"乃以竹如意击石,作楚歌招之。"如意:古器物名,梵语"阿那律"的意译。用竹、铁、玉等制成,前端作手指形,用以搔痒,可如人意,因而得名。亦可作指划和防身等用。生:即玉带生。元张宪《玉带生歌序》:"丞相殉国死,讣闻,生与翱哭于西台之下。" [28] "冬青"句:元初至元年间,西域僧人杨琏真珈发掘南宋诸帝陵墓,宋遗民唐珏等人偷偷以伪骨换出真骨,分匣葬在山阴(今浙江绍兴)之兰亭下,上种冬青树为标记。谢翱为作《冬青树引》。 [29] "百年"句:谓百年来人们不知玉带生的下落。 [30] 会稽:今浙江绍兴。张思廉:张宪,字思廉,号玉笥生,山阴人,元末诗人,杨维桢的门生。 [31] "逢生"句:文天祥殉国后,玉带生归谢翱,后又归杨维桢,杨使张宪作《玉带生歌》。 [32] 抱遗老人:杨维桢,字廉夫,号铁崖,又自号抱遗老人,浙江诸暨人,元代诗人和书法家。阁:同"搁"。 [33] 七客寮:杨维桢所作《七客寮志》说:他曾得古剑、古琴、胡琴、管、秦瓮、玉带砚等六件古物,特辟一室以贮藏,加上自己也常居室中,遂名其室曰"七客之寮"。怃(ào)怒:发怒,因玉带砚不屑与南宋权奸贾似道的古琴为伍。 [34] 沧浪亭:园林名,在苏州城南。 [35] 紫衣:指砚之颜色。一说指包装玉带生砚的绸帛。 [36] 海桑陵谷:均喻世事变迁。海桑,即沧海桑田。语本葛洪《神仙传》:"麻姑自说云:'接待以来,已见东海三为桑田。'"陵谷,语本《诗经·小雅·十月》:"高岸为谷,深谷为陵。"三百秋:自元末至作此诗时约三百年。 [37] 摩挲(mó suō):抚摸。 [38] "俾汝"二句:一本作"俾汝留传天地间,忠魂墨气常凝聚"。俾:使,让。

【选评】

[清]沈德潜《国朝诗别裁集》卷一二:小小一砚,传出信国之忠,皋羽

之义。其实相随皋羽,乃想像语也。一结,砚与信国双收,是何神勇。

[清] 赵翼《瓯北诗话》卷一〇:朱竹垞亦负海内重名。……其诗初学盛唐,格律坚劲,不可动摇;中年以后,恃其博奥,尽弃格律,欲自成一家,如《玉带生歌》诸篇,固足推倒一世。

[清] 朱庭珍《筱园诗话》卷二:朱竹垞诗……歌行多长短句,意欲尽捐绳墨,自创一家。如《玉带生歌》,兴酣落笔,纵横跌宕,雄奇盖世,信为长篇绝调。

[近人] 林昌彝《射鹰楼诗话》卷一二:朱竹垞先生《玉带生歌》,非胸罗万卷者不能办,可称千古奇作。

日人近藤元粹评曰:长篇一气转旋,长短错落,苍老浑劲,磊砢多奇。编中古诗,余以此为压卷,比王阮亭《南将军庙》有优而无不及。(明治四十年日本刊《清浙西六家诗钞》)

屈 大 均

屈大均(1630—1696),初名绍隆,字介子,一字翁山,又字华夫、泠君,别号八泉,广东番禺人。明诸生。顺治三年(1646),清兵南下广州。次年,随其师陈邦彦参加抗清斗争。失败后至肇庆,向南明永历帝上书陈中兴之策,将授官,因父病危急归。顺治七年,削发为僧,法名今种,字一灵,又字骚余。中年还俗,改今名。自顺治十三年始,北游各地,联络志士。至西北,曾与顾炎武、李因笃等订交。康熙十二年,参加吴三桂反清行动,监军桂林,不久即失望辞归。生平事迹见《清史稿》本传。其诗祖屈原而兼李白、杜甫之长,多写民生疾苦,抒发爱国感情,风格高浑雄肆,富有浪漫精神。长于近体,尤工五律。与陈恭尹、梁佩兰并称"岭南三大家",大均为三大家之冠。其文简洁高古,"一铲韩、欧窠臼,独成三代以上之文"(何磻《翁山文外题辞》)。其词则多慷慨激昂之作,近人朱孝臧所举清代诸名家,即以大均冠其首。著有《翁山诗外》《翁山文外》《道援堂集》等。1996年人民文学出版社出版由欧初、王贵忱主编的《屈大均全集》。

摄 山 秋 夕

【解题】

摄山:即栖霞山,在今南京东北四十里,因山中盛产甘草、野参、当归、茯苓等可以摄生（养生）的药草而得名。此诗作于顺治十六年（1659）秋诗人第一次北游在南京稽留时。诗中通过对摄山秋夕山林的描写，表达了不忘国难家仇的诗人很不平静的心情和努力求索的精神。全诗流转自然，富有奇气，风韵神似李白。

秋林无静树，叶落鸟频惊。一夜疑风雨，不知山月生。松门开积翠[1]，潭水入空明。渐觉天鸡晓，披衣念远征[2]。

人民文学出版社《屈大均全集》"翁山诗外"卷五

【注释】

[1] 松门：用松枝编搭成的柴门。积翠：指山光和山上松柏翠色浓郁。一说指用来编搭柴门的松枝浓密青翠。 [2] "渐觉"二句：兼用天鸡报晓和闻鸡起舞的故事，抒写自己游山而不忘国难的心情。天鸡报晓事见任昉《述异记》："东南有桃都山，上有大树，名曰'桃都'，枝相去三千里。上有天鸡，日初出，照此木，天鸡则鸣，天下鸡皆随之鸣。"闻鸡起舞事见《晋书·祖逖传》："（祖逖）与司空刘琨俱为司州主簿，情好绸缪，共被同寝。中夜闻荒鸡鸣，蹴琨觉，曰：'此非恶声也！'因起舞。"后以闻鸡起舞为志士奋发自勉的典故。

云州秋望

【解题】

云州：州名，治所在今山西大同。此诗作于康熙七年（1668）诗人携妻出雁门至云州时。诗中写云州秋色和对苏武与李陵不同的情感态度，表现自己坚持爱国气节，决不变节仕清的志向和豪情。

白草黄羊外[1]，空闻觱篥哀[2]。遥寻苏武庙[3]，不上李陵台[4]。风助群鹰击[5]，云随万马来。关前无数柳[6]，一夜落龙堆[7]。

人民文学出版社《屈大均全集》"翁山诗外"卷五

【注释】

[1] 白草：西北地区的一种草，干熟时成白色，故名。黄羊：生活在草原和沙漠地带，因腹下带黄色，故名。 [2] 觱篥（bì lì）：即觱栗，古乐器名。以竹为管，管口插有芦制哨子，有孔。出于西域龟兹，后传入内地。其声悲哀。 [3] 苏武：字子卿，西汉杜陵人。武帝时，以中郎将出使匈奴，不

屈服于胁降和诱降，被囚禁。后徙北海，持汉节牧羊十九年。昭帝与匈奴和亲，始得归汉，此时须发已全白。事见《汉书·李广苏建传》。　[4] 李陵：字少卿，陇西成纪人，名将李广之孙，与苏武友善。武帝时任骑都尉。天汉二年（公元前99），率兵五千人击匈奴，因矢尽援绝而败降。单于曾使李陵劝苏武投降，苏武不从。李陵台：指李陵的墓，在长城外。　[5] 击：搏击。　[6] 关：指长城关隘。　[7] 龙堆：即白龙堆，沙漠名，在新疆天山南路。这里泛指边塞以外之地。

读陈胜传

【解题】

陈胜：字涉，秦末农民起义领袖。此诗作于明亡之后。作者在诗中借歌颂陈胜驱除暴秦的功绩，表达自己抗清复明的强烈意愿。与一般咏史之作相比，本诗具有更深刻的现实意义。

闾左称雄日，渔阳谪戍人[1]。王侯宁有种[2]？竿木足亡秦[3]。大义呼豪杰[4]，先声仗鬼神[5]。驱除功第一[6]，汉将可谁伦[7]？

人民文学出版社《屈大均全集》"翁山诗外"卷六

【注释】

[1]"闾左"二句：《史记·陈涉世家》："二世元年七月，发闾左谪戍渔阳九百人，屯大泽乡。"闾左：住在里巷左侧的居民。一说秦时贫者居闾左。这里指陈胜。渔阳：秦县名，县治在今北京密云西南。谪（zhé）戍：被发配去戍守边疆。　[2]"王侯"句：《史记·陈涉世家》："（陈涉）曰：'……且壮士不死即已，死即举大名（称王）耳，王侯将相宁有种乎！'宁：难道。[3]"竿木"句：语出贾谊《过秦论》："斩木为兵，揭竿为旗。"　[4]"大义"句：指陈胜起义时，托名是公子扶苏和项燕的部队，这是符合大义的，因为扶苏是长子，又贤能，理应继承皇位，而项燕是楚国的名将，屡立战功，且爱护士卒，很受楚人爱戴。见《史记·陈涉世家》。　[5]"先声"句：指陈胜起义时，利用鬼神迷信，预先制造舆论。做法是在帛上用朱砂写上"陈胜王"三字，然后置于鱼腹中；又暗中派吴广到驻地旁丛祠中学狐狸叫："大楚兴，陈胜王。"见《史记·陈涉世家》。　[6]"驱除"句：指陈胜起义为汉高祖得天下扫清了道路。语本《史记·秦楚之际月表序》："然王迹之兴，起于闾巷，合从讨伐，轶于三代，向秦之禁，适足以资贤者，为驱除难耳。"

又《史记·陈涉世家》："陈胜虽已死，其所置遣侯王将相竟亡秦，由涉首事也。"［7］伦：比。

王　士　禛

　　王士禛（1634—1711），雍正时避帝讳，被改为士正，乾隆时又诏改士禛，字子真，一字贻上，号阮亭，别号渔洋山人，新城（今山东桓台）人。顺治十五年（1658）进士，授扬州推官。康熙朝官至刑部尚书，卒谥文简。生平事迹见《清史稿》和《清史列传》本传。士禛为康熙朝诗坛盟主，与朱彝尊并称"南朱北王"。论诗标举"神韵"，发挥司空图"不着一字，尽得风流"和严羽"羚羊挂角，无迹可求"之旨。其诗缺乏深刻的社会内容，而艺术上擅长七绝，其中那些清微淡远的山水清音最能体现"神韵"特色。其词以神韵悠然的小令为佳。著有《带经堂全集》《带经堂诗话》和《衍波词》。晚年自删其诗为《渔洋山人精华录》。通行的注本有惠栋的《渔洋山人精华录训纂》和金荣的《渔洋山人精华录笺注》。1992年齐鲁书社出版由伍铭点校并汇集惠金两家注的《渔洋山人精华录集注》。

再过露筋祠

【解题】

　　此诗作于顺治十七年（1660）。露筋祠：庙名，在今江苏高邮。王象之《舆地纪胜》："露筋庙去高邮三十里。旧传有女子夜过此，天阴蚊盛，有耕夫田舍在焉。其嫂止宿，姑曰：'吾宁死，不肯失节！'遂以蚊死，其筋见焉。"作者在这首诗中通过描写露筋女塑像和祠庙周围的景色，衬托这位圣女高洁的品格，表达自己对她的赞叹和伤吊之情。诗笔不粘不脱，空灵蕴藉，是最为人称道的神韵诗名作之一。

　　翠羽明珰尚俨然[1]，湖云祠树碧于烟。行人系缆月初堕，门外野风开白莲[2]。

齐鲁书社《渔洋山人精华录集注》卷一

【注释】

　　[1]翠羽明珰（dāng）：珍贵的女子饰物。翠羽，翡翠鸟的羽毛，古代

多用作饰物；明珰，用明珠制成的耳饰。俨然：端庄貌。一说指宛然，好像真的。　[2]"行人"二句：语本陆龟蒙《白莲》："无情有恨何人见，月晓风清欲堕时。"

【选评】

　　[清]沈德潜《国朝诗别裁集》卷四：阐扬贞烈易于入腐，故以题外着意法行之。高邮远近，俱种白莲。（"行人"）二语得陆天随"月晓风清欲堕时"意。

　　[清]朱庭珍《筱园诗话》卷四：此四绝（指《樊圻画》《再过露筋祠》《马嵬怀古》（二首之一）《蟂矶灵泽夫人祠》）以神韵制胜，意味深远，含蓄不露，阮亭集中最上乘也。

　　[近人]陆以湉《冷庐杂识》卷一：王阮亭尚书《题露筋祠》诗云云。论者推为此题绝唱。按：米襄阳《露筋祠碑》云："神姓萧，名荷花。"诗不即不离，天然入妙，故后来作者皆莫之及。

秦淮杂诗（选二）

其　一

【解题】

　　秦淮，河名，南源出今江苏溧水东庐山，东源出今江苏句容宝华山，流经南京城中，北入长江。古名淮水，相传秦始皇南巡时开凿方山（在今南京江宁东南），以疏通淮水，故后人称之为秦淮。此诗作于顺治十八年（1661），时作者任扬州推官，客南京，馆于秦淮布衣丁继之家，因写秦淮旧事以抒兴亡盛衰之感，共二十首。本篇原为第一，描写秦淮春景，暗寓吊明亡之意。

　　年来肠断秣陵舟[1]，梦绕秦淮水上楼。十日雨丝风片里[2]，浓春烟景似残秋。

【注释】

　　[1]秣陵：秦时改金陵为秣陵，即今之南京。　[2]雨丝风片：细雨微风。语出汤显祖《牡丹亭·惊梦》[皂罗袍]："雨丝风片，烟波画船。"

其　二

【解题】

本篇原列第十，以嘲讽的笔调写阮大铖进献新剧，弘光帝沉湎声色。

新歌细字写冰纨[1]，小部君王带笑看[2]。千载秦淮呜咽水，不应仍恨孔都官[3]。

齐鲁书社《渔洋山人精华录集注》卷二

【注释】

[1] 新歌：指阮大铖所著传奇《燕子笺》《春灯谜》等。冰纨：洁白如冰的丝绢。此句写弘光时阮大铖用吴绫作朱丝栏（织有红格的绢帛），将《燕子笺》等传奇抄写在上面，进呈宫中。　[2] 小部：唐玄宗时设的少年乐队，共三十人，年龄都在十五岁以下，在长生殿演奏新曲。后泛指戏班。君王：指南明弘光帝朱由崧。　[3] 孔都官：孔范，字法言，会稽山阴（今浙江绍兴）人。南朝陈后主时任都官尚书，善诗文，与江总等并为狎客，备受陈后主宠信。隋师将渡江，范奏曰："长江天堑，古来阻隔，虏军岂能飞渡？"后主以为然，故不深备，陈遂亡。此句意谓不应老是怨恨孔范，如今不是又出了个孔范式的阮大铖吗？

【选评】

[清] 赵翼《瓯北诗话》卷一〇：阮亭专以神韵为主，如《秦淮杂诗》有感于阮大铖《燕子笺》事云："千载秦淮呜咽水，不应仍恨孔都官。"……蕴藉含蓄，实是千古绝调。

真　州　绝　句（选二）

其　一

【解题】

这是一组描写真州景物的小诗，写于康熙元年（1662）作者任扬州推官时。真州，即今江苏仪征，当时为扬州到金陵（今南京）的要道上重镇，城南沿江一带风景优美。原诗共六首，这里选录二首。本篇原列第三，通过描写帆影江潮，抒发与友人依依惜别的深情。

晓上江楼最上层,去帆婀娜意难胜[1]。白沙亭下潮千尺[2],直送离心到秣陵。

【注释】

[1] 婀娜:一作"阿那",形容帆影轻盈缥缈的姿态。 [2] 白沙亭:故址在今仪征白沙洲上。

其 二

【解题】

本篇原列第四,写傍晚时江边景物和渔家生活,表达诗人对自然美的心灵感受。作者曾自述:"在真州作绝句云:'好是日斜风定后,半江红树卖鲈鱼。'……江、淮间多写为图画。"(《渔洋诗话》卷中)

江干多是钓人居[1],柳陌菱塘一带疏。好是日斜风定后[2],半江红树卖鲈鱼。

齐鲁书社《渔洋山人精华录集注》卷二

【注释】

[1] 江干:江边。钓人:渔家。 [2] 好是:恰是,正是。一说最美的是。

冶春绝句(选二)

其 一

【解题】

康熙三年(1664)春,诗人与林古度、杜濬、孙枝蔚、张纲孙、程邃、孙默、许承宣诸名士修禊于扬州之红桥,酒间赋冶春诗,诸名士皆和。陈衍《石遗室诗话》卷三:"铁崖道人《竹枝词》《漫兴》各绝句专学杜甫。渔洋《冶春词》专学铁崖,余酷喜之,以为渔洋集中无出此数首及《怀人绝句》右者。"冶春,游春。原诗共二十首,本篇列为第一。诗中写东风遣春,给扬州城带来了梅桃竞开的艳丽风光。

今年东风太狡狯[1],弄情作雨遣春来。江梅一夜落红雪,便有夭桃无数开[2]。

【注释】

[1] 狡狯：调皮。　[2] 夭桃：艳丽的桃花。语本《诗经·周南·桃夭》："桃之夭夭，灼灼其华。"

其　二

【解题】

本篇原列第六，写春光到来时的江城风俗，表达诗人为之陶醉的心情。

东风花事到江城，早有人家唤卖饧[1]。他日相思忘不得，平山堂下五清明[2]。

齐鲁书社《渔洋山人精华录集注》卷三

【注释】

[1] 饧（xíng）：麦芽糖。古时卖饧者吹一种小竹管制的箫叫卖。　[2] 平山堂：北宋欧阳修任扬州太守时所建，在今扬州瘦西湖北蜀冈上。五清明：指诗人从顺治十七年（1660）任扬州推官至康熙三年（1664），在此度过了五个清明节。

查　慎　行

查慎行（1650—1727），初名嗣琏，字夏重，号初白，又号他山，浙江海宁人。康熙二十八年（1689），因参与国丧期间演出洪昇《长生殿》，被革去国学生籍，改今名，字悔余。康熙四十二年（1703）进士，官至翰林院编修。雍正四年（1726），遭弟查嗣庭案，以家长失教罪被逮。次年，诏特放归。生平事迹见《清史稿》和《清史列传》本传。慎行为黄宗羲门人，诗宗苏轼、陆游，风格清新隽永。袁枚称其诗"一味白描神活现，画中谁似李龙眠？"（《仿元遗山论诗》）赵翼以为"梅村（吴伟业）后，欲举一家列唐宋诸公之后者，实难其人。惟查初白才气开展，工力纯熟，鄙意欲以继诸贤之后"。又曰："要其功力之深，则香山、放翁后一人而已。"（《瓯北诗话》卷一〇）著有《敬业堂集》《补注东坡编年诗》。

初入黔境，土人皆居悬岩峭壁间，缘梯上下，与猿猱无异，睹之心恻，而作是诗

【解题】

　　黔：贵州的简称。猱：猴。此诗作于康熙十九年（1680），时作者以诸生身份从军，担任贵州巡抚杨雍建的幕僚，参加平定三藩之乱的战争。诗写贵州少数民族风土人情，对连年战乱带给人民的苦难表示深切的同情。全诗笔致清新，思理明晰，带有宋诗的风味。

　　巢居风俗故依然[1]，石穴高当万木颠[2]。几地流移还有伴[3]，旧时井灶断无烟[4]。余生兵革逃难稳[5]，绝塞田畴瘠可怜[6]。为报长官蠲赋敛[7]，猕猿家室久如悬[8]。

上海古籍出版社《敬业堂诗集》卷二

【注释】

　　[1] 巢居：远古时代人们为避禽兽伤害，在树上筑巢而居。　[2] 当：在。颠：顶。　[3] 几地流移：到处流离迁徙。　[4] 井灶：指家园、居室。　[5] 余生兵革：谓经过战乱侥幸活下来。　[6] 绝塞：极其荒远的边塞。　[7] 蠲（juān）：减免。　[8] 猕（mí）猿：猕猴。这里比喻穴居的人们。家室久如悬：意谓家中长久以来如悬挂着的石磬，空无一物。语本《左传·僖公二十六年》："齐侯曰：'室如悬磬，野无青草，何恃而不恐！'"

中秋夜洞庭对月歌

【解题】

　　此诗作于康熙二十一年（1682）作者自贵州回故乡海宁路过洞庭湖时。诗中描绘中秋月夜洞庭湖的壮丽景色，笔力恣肆，境界开阔。赵翼谓"当其年少气锐，从军黔、楚，有江山戎马之助，故出手即沉雄踔厉，有幽、并之气。"（《瓯北诗话》卷一〇）

　　长空霾云莽千里[1]，云气蓬蓬天冒水[2]。风收云散波乍平，倒转青天作湖底。初看落日沉波红，素月欲升天敛容[3]。舟人回首尽东望，吞吐故在冯夷宫[4]。须臾忽自波心上，镜面横开十余丈。月光浸水水浸天，一派空明

互回荡。此时骊龙潜最深，目眩不得衔珠吟[5]。巨鱼无知作腾踔[6]，鳞甲一动千黄金[7]。人间此境知难必，快意翻从偶然得[8]。遥闻渔父唱歌来，始觉中秋是今夕。

上海古籍出版社《敬业堂诗集》卷四

【注释】

[1] 霾（mái）云：阴云。 [2] 蓬蓬：气盛貌。冒：覆盖。 [3] 敛容：本指正容、严肃其容，这里形容天空暂时一片昏暗。 [4] 故：乃。冯（píng）夷：传说中的水神。冯夷宫，指湖水深处。 [5] 骊（lí）龙：黑色的龙。骊龙衔珠：语出《庄子·列御寇》："夫千金之珠，必在九重之渊，骊龙颔下。"二句意谓明亮的月光直射湖底，连骊龙也觉眼花，不得衔珠而吟。 [6] 腾踔（chuō）：飞腾跳跃。 [7] "鳞甲"句：形容巨鱼跃出水面后，鳞甲在月光照射下晶亮闪烁，金光点点。一说指巨鱼跃动后，湖面上波光粼粼，有如无数的金鳞。 [8] 翻：反。

自湘东驿遵陆至芦溪

【解题】

湘东驿：古驿站名，在今江西萍乡西。顾祖禹《读史方舆纪要·江西》"袁州府"："湘东市，在（萍乡）县西三十里。旧有湘东驿，宋建炎间移于县西三十五里之黄花渡，有黄花桥，元驿废。"遵陆：沿着陆路。芦溪：亦作卢溪，镇名，在今江西萍乡东五十里。此诗作于康熙五十七年（1718）春诗人游粤北归途中。诗写江西农村春耕时节一片生机勃勃的景象，刻画工细，典型地体现了查诗"一味白描神活现"的特色。

黄花古渡接芦溪，行过萍乡路渐低。吠犬鸣鸡村远近，乳鹅新鸭岸东西[1]。丝缫细雨沾衣润[2]，刀剪良苗出水齐[3]。犹与湖南风土近，春深无处不耕犁。

上海古籍出版社《敬业堂诗集》卷四八

【注释】

[1] 乳鹅新鸭：小鹅小鸭。 [2] 丝缫细雨：像刚从蚕茧里抽出来的丝一般的细雨。润：湿。 [3] "刀剪"句：意谓刚出水的秧苗像用剪刀剪过似的那样整齐。

郑燮

郑燮（1693—1766），字克柔，号板桥，江苏兴化人。乾隆元年（1736）进士，曾官山东范县、潍县知县。乾隆十八年，因岁饥请赈触犯大吏罢官。晚年寄居扬州，以卖画为生。生平事迹见《清史稿》和《清史列传》本传、中华书局上海编辑所编《郑板桥年表》等。板桥擅画兰竹，又工书法，为"扬州八怪"之一。人称其画、诗、书为"三绝"。其诗词不为当时风气所囿，独树一帜，多反映现实之作，表现真性深情，风格清新刚健。著有《郑板桥集》。

潍县署中画竹呈年伯包大中丞括

【解题】

这是作者任山东潍县知县时送给巡抚包括一幅画竹上的题诗。诗中借竹发端，通过联想和比喻，表达了作者深切关心民瘼的感情。年伯，科举时代称同科考取的人为同年，对同年的长辈或父亲的同年称年伯。包大中丞括，指包括，浙江钱塘人，时任山东布政使，署理巡抚。清代巡抚又称中丞，"大"，表示尊敬。

衙斋卧听萧萧竹[1]，疑是民间疾苦声。些小吾曹州县吏[2]，一枝一叶总关情[3]。

上海古籍出版社《郑板桥集》第五辑"题画"

【注释】

[1] 衙斋：官衙中的书斋。萧萧：风吹竹子时发出的声音。 [2] 些小：卑微。吾曹：我辈。 [3] 一枝一叶：比喻有关民生疾苦的每一件事。总关情：都应关心。

竹　石

【解题】

这是首题咏竹石图之作。诗中赞美岩竹的清高和坚劲，实在也是作者人格、画格和诗格的生动写照。

咬定青山不放松,立根原在破岩中。千磨万击还坚劲,任尔东西南北风。

上海古籍出版社《郑板桥集》第五辑"题画"

袁　枚

袁枚(1716—1798),字子才,号简斋,又号仓山居士、随园老人,浙江钱塘(今杭州)人。乾隆四年(1739)进士,授翰林院庶吉士。七年改放外任,历知溧水、江浦、沭阳、江宁等县,有政声。十三年乞病辞官,移居江宁(今江苏南京),筑室小仓山。十七年重起,赴陕西任知县,未及一年,丁父忧归。自此绝意仕进,从事著述,奖掖后进。生平事迹见《清史稿》和《清史列传》本传。袁枚思想解放,痛恨假道学。论诗主性灵,求创新。自作诗用笔轻灵,形象鲜明,情韵悠然,然有时未免浮滑。为当时性灵诗派的主将,与蒋士铨、赵翼并称"乾隆三大家"。亦工古文和骈文,浅近自然,屏去雕饰。并能为笔记小说。著有《小仓山房诗文集》《随园诗话》《子不语》等,1993年江苏古籍出版社出版的《袁枚全集》收入其著作凡三十余种。

同金十一沛恩游栖霞寺望桂林诸山

【解题】

十一:指金沛恩的排行。栖霞寺:在广西桂林七星岩。此诗写于乾隆元年(1736)六月作者游广西桂林时。诗中运用古代神话传说中的形象,生动地描绘了桂林群山的千姿百态,构思奇特,想象丰富,充分表现了诗人卓荦不群的诗才和用笔轻灵的特点。

奇山不入中原界[1],走入穷边才逞怪[2]。桂林天小青山大,山山都立青天外。我来六月游栖霞,天风拂面吹霜花。一轮白日忽不见,高空都被芙蓉遮[3]。山腰有洞五里许[4],秉火直入冲乌鸦。怪石成形千百种,见人欲动争谽谺[5]。万古不知风雨色,一群仙鼠依为家[6]。出穴登高望众山,茫茫云海坠眼前。疑是盘古死后不肯化,头目手足骨节相钩连[7]。又疑女娲氏一日七十有二变,青红隐现随云烟[8]。蚩尤喷妖雾,尸罗袒右肩[9]。猛士植竿发[10],鬼母戏青莲[11]。我知混沌以前乾坤毁[12],水沙激荡风轮颠[13]。山川人物熔在一炉内，精灵腾踔有万千[14]，彼此游戏相爱怜。忽然刚风一吹化为石[15]，清气既散浊气坚[16]。至今欲活不得，欲去不能，只得奇形诡状蹲人间。不然造化纵有千手眼，亦难一一施雕镌[17]。而况唐突真宰岂无罪[18]，何以耿耿群飞欲刺天[19]？金台公子酌我酒[20]，听我狂言呼否否。更指奇峰印证之，出入白云乱招手。几阵南风吹落日，骑马同归醉兀兀[21]。我本天涯万里人，愁心忽挂西斜月。

《四部备要》本《小仓山房诗集》卷一

【注释】

[1] 中原：泛指中国中部地区，以别于边远地区。　[2] 穷边：极边远的地区。　[3] 芙蓉：形容山峰如莲花状。　[4] 山腰有洞：指七星岩洞，古称栖霞洞。　[5] 谽谺（hān xiā）：山谷空旷貌。这里形容怪石狰狞，好像在龇牙咧嘴。　[6] 仙鼠：蝙蝠。　[7] 盘古：古代神话中开天辟地者。二句意谓桂林群山崚嶒奇异，疑是盘古头目手足骨节所化。任昉《述异记》卷上："昔盘古氏之死也，头为四岳，目为日月，脂膏为江海，毛发为草木。"　[8] 女娲氏：古代神话中炼石补天者。有：同"又"。二句意谓桂林群山色彩不定，疑是女娲所化，随云烟变幻，时青时红，时隐时现。《楚辞·天问》："女娲有体，孰制匠之。"王逸注："女娲人头蛇身，一日七十化。"又，《路史·后纪》注引《麻姑仙人紫坛歌》："女娲炼得五方气，变化成形补天地。三十六变世应知，七十二化处其位。"　[9] 蚩尤：古代传说中的九黎族首领。《通鉴外纪》卷一："轩辕征师与蚩尤战于涿鹿之野，蚩尤为大雾，军士昏迷，轩辕作指南车以示四方，遂禽蚩尤。"尸罗：传说沭胥国有术士名尸罗，"善眩惑之术，喷水为氛雾，暗数里间。"见东晋王嘉《拾遗记》。二句写山被奇云怪雾所笼罩。　[10] "猛士"句：东汉张衡《西京赋》："育获之畴，朱鬘（mà）鬣（jì）鬏（zhuā），植发如竿。"育获，古代传说中的勇士夏育、乌获。此句形容山上树木茂盛情状。　[11] 鬼母：任昉《述异记》卷上："南海小虞山中有鬼母，一产十鬼，朝产之，夜食之。今苍梧有鬼母神是也，虎头龙足，蟒目蛟眉。青莲：僧肇《维摩诘经注》："天竺有青莲花，其叶修广，青白分明。"此句形容大山被小山环绕情状。　[12] 混沌（hùn dùn）：古代传说中指天地开辟前元气未分、模糊一团的状态。　[13] 风轮：佛家语。《楼炭经》："地深九亿万里，第四是地轮，第五水轮，第六风轮。"又，《大佛顶如来密因修证了义诸菩萨万行首楞严经》："故有风轮，执持大地。"佛家以为世界有风轮执持而运动变化。　[14] 腾踔（chuō）：飞腾跳跃。　[15] 刚风：亦作罡（gāng）风，道家语，刚劲之风。葛洪《抱朴子·新

应》:"太清之中,其气甚刚。" [16]"清气"句:古人认为阳清之气上浮为天,阴浊之气下沉为地。 [17] 雕镌:雕刻。 [18] 真宰:宇宙的主宰者,指天。《庄子·齐物论》:"若有真宰,而特不得其眹（zhěn）。" [19] 耿耿:心中不宁静。群飞刺天:语出韩愈《祭柳子厚文》:"一斥不复,群飞刺天。"这里形容山势峻峭,像要刺破青天的样子。 [20] 金台公子:指金沛恩。当时广西巡抚名金铁,疑金沛恩是其子,故以"金台公子"称他。 [21] 醉兀兀:语本白居易《对酒》:"所以刘阮辈,终年醉兀兀。"兀兀:喝醉了酒昏昏沉沉的样子。

【选评】

　　[清] 吴应和《浙西六家诗钞》卷五:"游山诗不过状写景物,乃于中幅忽发奇议,以泄灵秘,非大才如海者不办。"

马　　嵬（选一）

【解题】

　　这首诗写于乾隆十七年（1752）作者赴陕西任知县途中。马嵬:即马嵬坡,在今陕西兴平西。唐代安史之乱起,玄宗自长安逃往成都,经过马嵬坡时,陈玄礼所率禁军杀死杨国忠,并迫使玄宗命杨贵妃自缢。白居易的《长恨歌》曾写及李杨的生离死别:"六军不发无奈何,宛转蛾眉马前死。……君王掩面救不得,回看血泪相和流。"此题共四首,本篇原列第四。诗将帝妃悲剧同石壕村里百姓的苦难作对比,说明人间夫妻离别的痛苦更值得人们同情。

　　莫唱当年《长恨歌》,人间亦自有银河[1]。石壕村里夫妻别[2],泪比长生殿上多[3]。

《四部备要》本《小仓山房诗集》卷八

【注释】

　　[1]"莫唱"二句:意谓人们不要只对唐玄宗和杨贵妃生离死别表示同情,人间夫妻像牛郎织女遭受分离痛苦的事情还多得很。 [2] 石壕村:在今河南陕县东南。杜甫在《石壕吏》诗中叙写安史之乱时,县吏到石壕村抓丁服役、强行拆散一对老夫妇的情形。 [3] 长生殿:唐代华清宫殿名,即集灵台。白居易《长恨歌》把它写成为唐玄宗和杨贵妃定情密誓的场所:"七月七日长生殿,夜半无人私语时。在天愿作比翼鸟,在地愿作连理枝。"

雨 过 湖 州

【解题】

湖州：今浙江湖州。此诗作于乾隆三十年（1765）秋天，时作者五十岁。诗以轻灵之笔描写湖州的风物特征和秀丽景色，表达作者不虚此游的喜悦心情。

州以湖名听已凉[1]，况兼城郭雨中望。人家门户多临水[2]，儿女生涯总是桑[3]。打桨正逢红叶好，寻春自笑白头狂[4]。明霞碧浪从容问[5]，五十年来得未尝？

《四部备要》本《小仓山房诗集》卷一九

【注释】

[1] 州以湖名：湖州因濒临太湖而得名。 [2]"人家"句：语本姜夔《琵琶仙》词小引："《吴都赋》（李庚《西都赋》）云：'户藏烟浦，家具画船。'惟吴兴为然。"湖州曾名吴兴。 [3]"儿女"句：湖州人多以蚕桑为业。又，周代桑中为男女幽会之地。《诗经·鄘风·桑中》："期我乎桑中。"这里"总是桑"三字语意双关。 [4] 寻春：寻觅春天那样的美景。一说"寻春"另一层含意为寻觅中意的女色，这在袁诗中常见，如《次日侍讲纳姬索诗》"寻春甘苦我深尝，此物难于上太行"。 [5] 碧浪：湖名，在湖州。

鸡

【解题】

这是首咏物小诗，作于乾隆四十一年（1776）。诗以养鸡为喻，揭露和讽刺"主人"对被奴役者施用小恩小惠以求大利的欺骗伎俩和险恶用心，表现了作者对封建社会中人际关系的深刻认识。

养鸡纵鸡食[1]，鸡肥乃烹之。主人计自佳，不可使鸡知。

《四部备要》本《小仓山房诗集》卷二五

【注释】

[1] 纵：放任。

【选评】

[近人] 刘大白《旧诗新话》：一切资本家豢养劳动者，男性豢养女性，军阀豢养兵士……的阶级豢养底背景，都被这几句诗道破了。不料旧诗中竟有这样的象征文字。

钱仲联《梦苕庵诗话》："余最重其五绝《鸡》云云。寥寥二十字，历来剥削者对劳动者使用小恩小惠之用心，概括净尽。"

蒋　士　铨

蒋士铨（1725—1785），字心馀，一字苕生，号清容，又号藏园、定甫、离垢居士，江西铅（yán）山人。乾隆十九年（1754）由举人官内阁中书。二十二年成进士，改庶吉士，授编修。二十七年充顺天乡试同考官，旋乞假养母，侨居金陵。历主蕺山、崇文、安定三书院。晚年曾入都补官，记名以御史用。生平事迹见《清史稿》和《清史列传》本传。其论诗重性情，戒蹈袭，强调忠孝节义之心；所作诗风格沉雄坚劲。袁枚赞美其诗"摇笔措意，横出锐入，凡境为之一空。"（《忠雅堂诗集序》）尚镕以为苕生诗有不可及者八：才大而奇，情深而正，学博而醇，识高而老，气豪而真，力锐而厚，格变而隐，词切而坚。但恃其逸足，往往奔放，未免蹈裴晋公（度）讥昌黎之失也。"（《三家诗话》）与袁枚、赵翼并称"乾隆三大家"。亦填词，风格豪壮，近陈维崧。又工剧曲，颇为时人推崇。著有《忠雅堂集》《藏园九种曲》。

岁　暮　到　家

【解题】

此诗作于乾隆十一年（1746）作者出游回到家时。诗写久别回家与慈母相见的情形，真实而细腻地刻画了母子间的深情。

爱子心无尽，归家喜及辰[1]。寒衣针线密[2]，家信墨痕新。见面怜清瘦，呼儿问苦辛。低回愧人子[3]，不敢叹风尘[4]。

清嘉庆重刻本《忠雅堂诗集》卷一

【注释】

[1] 及辰：及时，指于年底前赶到家。　[2]"寒衣"句：语本唐孟郊

《游子吟》:"慈母手中线,游子身上衣。临行密密缝,意恐迟迟归。" [3]"低回":萦回曲折。这里形容复杂的心情。愧人子:惭愧没尽到儿子的责任。[4]"不敢"句:不敢在母亲面前诉说旅途的辛苦。

题王石谷画册(选一)

【解题】

王石谷(1632—1717):清初著名山水画家王翚(huī),字石谷,号耕烟散人,又号乌目山人、清晖老人,江苏常熟人。此诗作于乾隆三十九年,共十二首。本篇原列第五。诗借画中雨山景象,表达自己的模糊美学观和人生哲学。

不写晴山写雨山,似呵明镜照烟鬟[1]。人间万象模糊好,风马云车便往还[2]。

清嘉庆重刻本《忠雅堂诗集》卷二二

【注释】

[1]烟鬟:犹云鬟,本指女人美丽的鬟发,这里比喻美丽的青山。二句意谓画中的雨山迷迷蒙蒙,好像明镜被呵上气后所照见的女子美丽的鬟发。[2]风马云车:神仙所乘的马和车。语本傅玄《吴楚歌》:"云为车兮风为马,玉在山兮兰在野。"二句意谓对于人世间的各种事情,最好是模糊对待,乐得自在,就好像神仙乘马驾车在云气迷蒙中随意往来。

赵　　翼

赵翼(1727—1814),字云崧,亦作云松、云菘、耘松、耘菘,号瓯北,江苏阳湖(今常州)人。乾隆二十六年(1761)进士,授翰林院编修。后历仕粤、滇、黔,累官广西兵备道。三十八年以母老辞官归里。此后,除五十二年应两广总督李侍尧之请,赴闽参与镇压台湾林爽文起义外,基本上家居著述,晚岁曾主讲扬州安定书院。生平事迹见《清史稿》和《清史列传》本传。他长于史学,考据精赅。其论诗重创新,主性灵,与袁枚相近。所作诗喜发议论,诙谐风趣,风格峭刻劲健。尚镕以为"云松如吴越锦机,力翻新样";"五七言古意欲以议论之警辟,才力之新奇,独开生面,几于前无古人。然趁韵凑句,殊欠雅健。"(《三家诗话》)著有《瓯北全集》《瓯北诗话》《廿二史剳记》《陔余丛考》等。凤凰出版社2009年出版曹光甫校点的《赵翼全集》。

后 园 居 诗

【解题】

作者于乾隆二十一年曾作《园居》诗七首，后于二十九年（1764）又作十首，故名《后园居诗》。本篇原列第五，由有客乞书墓志铭一事发论，以犀利的笔锋针砭了社会上弄虚作假、追名逐利的丑恶现象，同时揭露了所谓青史美名的欺骗性。

有客忽扣门，来送润笔需[1]。乞我作墓志，要我工为谀[2]。言政必龚黄[3]，言学必程朱[4]。吾聊以为戏，如其意所须[5]。补缀成一篇[6]，居然君子徒。核诸其素行[7]，十钧无一铢[8]。其文倘传后，谁复知贤愚？或且引为据，竟入史册摹[9]。乃知青史上[10]，大半亦属诬[11]。

上海古籍出版社《瓯北集》卷一○

【注释】

[1] 润笔需：即润笔费，指作文的酬金。 [2] 工：尽力。谀：阿谀，吹捧。 [3] 龚黄：汉宣帝时政绩卓著的名臣龚遂、黄霸。 [4] 程朱：宋代著名理学家程颢、程颐和朱熹。 [5] 所须：所求。 [6] 补缀：拼凑。 [7] 诸：之于。素行：平日的言行。 [8] 钧、铢：古代三十斤为一钧，二十四铢为一两。此句意谓文中所写合乎事实的微乎其微。 [9] 摹：描述。 [10] 青史：古代以竹简记事，故称史书为"青史"。 [11] 诬：骗人的假话。

论　　诗（选一）

【解题】

此诗作于乾隆四十九年（1784）。本题《瓯北诗钞》录五首，《瓯北集》录四首，本篇原列第二。诗以通俗易懂的语言表达了作者反对模古、主张努力创作一代新篇的诗学观点。

李杜诗篇万口传[1]，至今已觉不新鲜。江山代有才人出，各领风骚数百年[2]。

上海古籍出版社《瓯北集》卷二八

【注释】

[1] 李杜：指唐代最伟大的诗人李白和杜甫。 [2] 领：统领。风骚：《诗经》中有《国风》，《楚辞》中有《离骚》，这里借指出色的诗篇。二句意谓江山每代都有才华横溢的诗人涌现，他们以一代新篇各自统领诗坛几百年。

黎 简

黎简（1747—1799），字简民，一字未裁，号二樵，又号石鼎、狂简、五百四峰长等，广东顺德人。乾隆四十三年（1778）赴县试，以《拟昌黎〈石鼎联句〉诗》为学政李调元激赏，取置第一，补县学生员。五十四年选为拔贡。终生淡于仕进，主要靠卖文卖画和当塾师维持清贫生活。生平事迹见《清史稿》和《清史列传》本传、苏文擢《黎简先生年谱》等。他以诗、书、画"三绝"驰名于世，诗名最著，是乾嘉时代岭南杰出诗人。其诗博采众长，而能变化创新，自成一家。张维屏《国朝诗人征略》谓："其诗由山谷入杜，而取炼于大谢，取劲于昌黎，取幽于长吉，取艳于玉溪，取瘦于东野，取僻于阆仙，锤焉凿焉，雕焉琢焉，于是成其为二樵之诗。"集中多写景和题画诗，亦有不少反映民生疾苦之作。著有《五百四峰堂诗钞》《茶烟阁词钞》《芙蓉亭乐府》等，后人辑有《诗钞续集》《集外诗》《题画诗》。今人马以君合《诗钞》及各辑本，增以其他佚作，重编为《黎二樵诗集》。

小 园

【解题】

此诗作于乾隆四十年（1775）。诗写乡居小园秋色，笔触细腻，清新如画，景中见人。

水影动深树[1]，山光窥短墙。秋村黄叶瓦，一半入斜阳。幽竹如人静，寒花为我芳[2]。小园宜小立，新月似新霜。

《续修四库全书》本《五百四峰堂诗钞》卷五

【注释】

[1]"水影"句：指晚风乍起，池波微动，倒映在水中的树影也随之摇动。 [2] 寒花：指菊花。

村　饮

【解题】

此诗作于乾隆四十二年（1777）。诗中描写春天社日村饮的情景，向读者展现了一幅广东农村风土人情画。"谷丝"一联反映了所谓"乾隆盛世"物价飞涨、百姓不堪承受的现实。屈向邦赞美此诗"工丽绝伦，深类晚唐名作"。（《粤东诗话》卷一）

村饮家家醵酒钱[1]，竹枝篱外野棠边[2]。谷丝久倍寻常价，父老休谈少壮年。细雨人归芳草晚，东风牛藉落花眠[3]。秧苗已长桑芽短，忙甚春分寒食天[4]。

《续修四库全书》本《五百四峰堂诗钞》卷七

【注释】

[1] 醵（jù）：凑钱。　[2] 棠：即棠梨，落叶乔木，春天开白花，实似梨而小。　[3] 藉（jiè）：衬垫。　[4] 忙甚：忙得很。春分：二十四节气之一，在阳历的3月20或21日。寒食：节令名，在清明前一天。此句意谓春分、寒食期间正是插秧大忙季节。

黄　景　仁

黄景仁（1749—1783），字仲则，又字汉镛，自号鹿菲子，江苏武进（今常州）人。乾隆二十九年（1764）应郡童子试，三千考生中居榜首，次年补博士弟子员。屡应乡试不第，奔走四方，以谋生计。四十一年春，由京师去天津，应高宗东巡召试献诗，名列二等，充武英殿书签官。后以武英殿书签官例得主簿，陕西巡抚毕沅奇其才，助他纳赀为县丞，在京候选。四十八年春，为债主所逼，抱病往西安依毕沅，至解州运城（今属山西）病情恶化，卒于河东盐运使沈业富官署中，年仅三十五岁。生平事迹见《清史稿》和《清史列传》本传。其诗古体学李白、韩愈，近体学李商隐，得其神理而有变化创新，多抒其穷愁不遇、寂寞凄怆情怀，时有反映现实、愤世嫉俗之作，风格哀怨婉丽，颇能动人。洪亮吉评其诗"如咽露秋虫，舞风病鹤"。（《北江诗话》卷一）包世臣谓其"声称噪一时，乾隆六十年间，论诗者推为第一"。（《齐民四术》)亦能词,张德瀛谓其"小令情词兼胜,慢词颇多楚调"。(《词征》)著有《两当轩集》。

后 观 潮 行

【解题】

乾隆三十二年(1767)秋,作者应江宁乡试未售,适值常州知府潘恂升任浙江观察,邀他前往,这首诗即写于作杭州之游时。在此之前,作者曾写过一首《观潮行》,故此首题作《后观潮行》。诗中描写钱塘江潮来时的奇景壮观,笔力雄放,气势不凡。袁枚赞美此诗:"中有黄滔今李白,看潮七古冠钱塘。"(《仿元遗山论诗》)

海风卷尽江头叶,沙岸千人万人立。怪底山川忽变容[1],又报天边海潮入。鸥飞艇乱行云停,江亦作势如相迎。鹅毛一白尚天际[2],倾耳已是风霆声。江流不合几回折[3],欲折潮头如折铁。一折平添百丈飞,浩浩长空舞晴雪。星驰电激望已遥,江塘十里随低高。此时万户同屏息,想见窗棂齐动摇。潮头障天天亦暮,苍茫却望潮来处。前阵才平罗刹矶[4],后来又没西兴树[5]。独客吊影行自愁[6],大地与身同一浮。乘槎未许到星阙[7],采药何年傍祖洲[8]。赋罢观潮长太息,我尚输潮归即得。回首重城鼓角哀[9],半空纯作鱼龙色[10]。

上海古籍出版社《两当轩集》卷一

【注释】

[1] 怪底:惊怪。杜甫《奉先刘少府新画山水障歌》:"堂上不合生枫树,怪底江山起烟雾。" [2] "鹅毛"句:形容潮水初起时,远看如鹅毛似的一线白痕。张岱《白洋潮》一文中曾这样描述钱塘潮初起时情景:"立塘上,见潮头一线,从海宁而来,直奔塘上。稍近,则隐隐露白,如驱千百群小鹅,擘翼惊飞。" [3] 江:指钱塘江。折:摧折。 [4] 罗刹矶:杭州西南的罗刹石。《嘉庆一统志》引《咸淳志》云:"(秦望山)近东南有罗刹石,横截江涛……每岁仲秋既望,必迎潮设祭,后改名钱江石。" [5] 西兴:浙江萧山以西的西兴镇。 [6] 吊影:对影自怜,比喻孤独哀愁。南朝齐谢朓《拜中军记室辞隋王笺》:"轻舟反溯,吊影独留。" [7] 乘槎:张华《博物志》卷三:"旧说云:天河与海通,近世有人居海渚者,年年八月有浮槎去来不失期。"槎,用竹或木编成的筏。星阙:星空中的宫殿。此句意谓人生的愿望如同乘槎上星

空中的官殿那样难以实现。　[8] 祖洲：古代神话传说中的仙岛。汉东方朔《十洲记》："祖洲在东海之中，地方五百里，去西岸七万里。上有不死之草，草形如菰，苗长三四尺。人已死三日者，以草覆之，皆当时活也。服之令人长生。"此句意谓想去祖洲仙岛采回不死之草也是不可能的。　[9] 重（chóng）城：即城市。古代城市在外城中又建内城，故称重城。　[10] 鱼龙色：指秋天的夜色。杜甫《秦州杂诗》之一："水落鱼龙夜，山空鸟鼠秋。"杜修可注曰："鱼龙以秋日为夜，龙秋分而降，蛰寝于渊，故以秋日为夜也。"

癸巳除夕偶成

其　一

【解题】

　　癸巳为乾隆三十八年（1773）。这年岁末，作者自安徽游幕归里。此题共两首，写得意象鲜明，言近旨远。本篇原列第一，抒写作者对国事和人生的隐忧。

　　千家笑语漏迟迟[1]，忧患潜从物外知[2]。悄立市桥人不识，一星如月看多时[3]。

【注释】

　　[1] 漏：古代滴水计时的仪器，这里借指时间。迟迟：很晚。　[2] 潜：暗暗地。物外：世外。意谓超脱于自身所处的现实环境之外。　[3] 一星如月：指金星，其亮度仅次于日、月。迷信的说法，金星比常年明亮是祸事将临的征兆。

其　二

【解题】

　　此篇抒写作者对怀才不遇的感愤。

　　年年此夕费吟呻[1]，儿女灯前窃笑频。汝辈何知吾自悔[2]，枉抛心力作诗人[3]。

上海古籍出版社《两当轩集》卷九

【注释】

[1] 吟呻：吟哦，指作诗。　[2] 自悔：愤激话，非真正的"自悔"。[3] 枉抛：空费。

都门秋思（选一）

【解题】

此题共四首，作于乾隆四十三年（1778）。本篇原列第三，通过对自己一家穷愁凄苦生活的描写，表达了诗人对社会不公的愤慨之情，同时揭露了所谓"乾隆盛世"社会生活的真相。结尾两句以浅语写苦境，令人不能卒读。陆继辂《春芹录》记载："秋帆（毕沅）宫保初不识君，见《都门秋思》诗，谓值千金，姑先寄五百金，速其西游。好事惜才，亦佳话也。"

五剧车声隐若雷[1]，北邙惟见冢千堆[2]。夕阳劝客登楼去，山色将秋绕郭来。寒甚更无修竹倚[3]，愁多思买白杨栽[4]。全家都在风声里，九月衣裳未剪裁。

上海古籍出版社《两当轩集》卷一三

【注释】

[1] 五剧：交错旁出的道路。卢照邻《长安古意》："南陌北堂连北里，五剧三条控三市。"隐：隐隐，车声。　[2] 北邙：山名，在河南洛阳城北。东汉及北魏的王侯公卿多葬于此。后泛指墓地。　[3] "寒甚"句：反用杜甫《佳人》"天寒翠袖薄，日暮倚修竹"诗意。　[4] "愁多"句：《古诗十九首》："白杨多悲风，萧萧愁煞人。"又，古代墓地多栽白杨，故房前忌栽此树。《宋书·萧惠开传》："寺内所住斋前，有向种花草甚美，惠开悉划除，列种白杨树。每谓人曰：'人生不得行胸怀，虽寿百岁，犹为夭也。'"

圈 虎 行

【解题】

圈（juàn）虎：关在笼子里的老虎。此诗作于乾隆四十五年（1780）作者在京师时。诗中细致而生动地描写驯虎杂技的表演过程，同时借圈虎的行止抒发对才智之士降身辱志、任人摆布的可悲遭遇的深沉感慨。

都门岁首陈百技,鱼龙怪兽罕不备[1]。何物市上游手儿,役使山君作儿戏[2]。初舁虎圈来广场[3],倾城观者如堵墙[4]。四周立栅牵虎出,毛拳耳戢气不扬[5]。先撩虎须虎犹帖[6],以棓卓地虎人立[7]。人呼虎吼声如雷,牙爪丛中奋身入。虎口呀开大如斗[8],人转从容探以手,更脱头颅抵虎口[9],以头饲虎虎不受,虎舌舐人如舐𪃟[10]。忽按虎脊叱使行,虎便逡巡绕阑走。翻身蹴地蹴冻尘[11],浑身抖开花锦茵[12]。盘回舞势学胡旋[13],似张虎威实媚人。少焉仰卧若佯死,投之以肉霍然起。观者一笑争醵钱[14],人既得钱虎摇尾。仍驱入圈负以趋,此间乐亦忘山居[15]。依人虎任人颐使[16],伴虎人皆虎唾余[17]。我观此状气消沮[18],嗟尔斑奴亦何苦[19]。不能决蹯尔不智[20],不能破槛尔不武[21]。此曹一生衣食汝[22],彼岂有力如中黄[23],复似梁鸯能喜怒[24]。汝得残餐究奚补[25],伥鬼羞颜亦更主[26]。旧山同伴倘相逢,笑尔行藏不如鼠[27]。

上海古籍出版社《两当轩集》卷一四

【注释】

[1] 鱼龙怪兽:指古代百戏杂耍中变化为鱼和龙等怪兽的节目。《汉书·西域传赞》:"设酒池肉林以飨四夷之客,作《巴俞》都卢、海中《砀极》、漫衍鱼龙、角抵之戏,以观视之。" [2] 山君:指虎。虎为山中百兽之长,故称山君。《说文》:"虎,山兽之君。" [3] 舁(yú):抬。 [4] 观者如堵墙:语出《礼记·射义》:"孔子射于矍相之圃,盖观者如堵墙。"堵墙,围墙。 [5] 拳:卷曲。戢(jí):收敛。 [6] 撩(liáo):挑弄。帖:服帖。 [7] 棓(bàng):通"棒"。卓:竖立。 [8] 呀(xiā)开:张开。 [9] 脱头颅:指脱掉头上的帽子。 [10] 舐(shì):舔。𪃟(gòu):哺乳。这里指所哺乳的虎子。 [11] 蹴(cù):踢。冻尘:冻结的地面。 [12] 花锦茵:织花的锦毯,比喻色彩斑斓的老虎皮毛。 [13] 盘回:旋转。胡旋:唐代乐舞名。唐段安节《乐府杂录·俳优》:"舞有骨鹿舞、胡旋舞,俱于一小圆毯子上舞,纵横腾踏,两足终不离于毯子上,其妙如此也。" [14] 醵(jù):凑钱。 [15] 此间乐:语出《三国志·后主传》裴松之注引《汉晋春秋》:"司马文王与禅宴,为之作故蜀技,旁人皆为之感怆,而禅喜笑自若。……他日,王问禅曰:'颇思蜀否?'禅曰:'此间乐,不思蜀。'"此句意谓老虎乐于过这种被人驱使的生活,完全忘掉了山中为百兽之王的尊严。 [16] 颐使:用下巴示意指挥。 [17] 唾余:唾液之余,指吃老虎吃剩的,意谓靠老虎吃饭。 [18] 消沮:沮丧。 [19] 斑奴:指老虎。 [20] 决蹯(fán):断裂脚掌。《战国策·赵策》:"人有置系蹄者而得虎,虎怒,决蹯而去。虎之情,

非不爱其蹯也,然而不以环寸之蹯,害七尺之躯者,权也。" [21] 槛 (jiàn):圈兽类的栅栏。这里指圈虎的圈。 [22] 此曹:此辈,指耍虎戏的人。衣食汝:靠你生活。 [23] 中黄:古代勇士名,亦称"中黄伯"。《尸子》:"中黄伯曰:'余左执太行之獶,而右搏雕虎,惟象之未与试。" [24] 梁鸯:周宣王的牧官,善驯养禽兽。《列子·黄帝》:"周宣王之牧正,有役人梁鸯者,能养野禽兽,委食于园庭之内,虽虎狼雕鹗之类,无不柔者。" [25] 奚补:何补,何用。 [26] 伥 (chāng) 鬼:古时迷信传说,被老虎吃掉的人变成伥鬼,替虎作前导,再吃他人。 [27] 行藏 (cáng):行止。

张 问 陶

张问陶 (1764—1814),字仲冶,号船山,别号老船、蜀山老猿,四川遂宁人。乾隆五十五年 (1790) 进士,改庶吉士,历官翰林院编修、都察院御史、吏部郎中。后出仕山东莱州知府,因忤上官意,于嘉庆十七年 (1812) 乞病辞官。卒于苏州。生平事迹见《清史稿》和《清史列传》本传、王世芬《张船山先生年谱》等。其论诗标举"性灵",反对模拟,为袁枚之后继者。当时负诗名,有"青莲(李白号青莲居士)再世"之目。徐世昌《晚晴簃诗汇》谓其诗"空灵沉郁,独辟奇境,有清二百余年蜀中诗人无出其右者"。著有《船山诗草》,李岑、江海清曾合撰《船山诗注》。

出 栈(选一)

【解题】

栈:指由陕西通往四川的栈道,在悬崖绝壁上凿石架木而成。此诗作于乾隆五十四年(1789)作者与兄问安一同在京参加会试落第后西归途中。共二首,本篇原列第一。诗以常语下笔,描绘出栈后即目所见,情景如画,机趣横生。

马嘶人语乱斜阳,漠漠连阡水稻香[1]。送险亭边一回首[2],万峰飞舞下陈仓[3]。

中华书局《船山诗草》卷三

【注释】

[1] 漠漠：一望无际貌。连阡：纵横交错的田间小路。 [2] 送险亭：在栈道终点处。 [3] 陈仓：地名，秦时置县，在今陕西省宝鸡市东。

斑竹塘车中

【解题】

斑竹：一种茎上有紫褐色斑点的竹子，又名湘妃竹。传说"尧之二女，舜之二妃，曰湘夫人。帝崩，二妃啼，以涕挥竹，竹尽斑"。（晋张华《博物志》卷八）乾隆五十八年（1793）正月，诗人偕妻子女儿由湖北荆门转车，北上京师赴任，本篇即作于北上京师途经斑竹塘时。这是首爱情的赞歌。诗中描写爱妻的美丽动人，毫不掩饰地表达了对理学的鄙薄和对真挚爱情的歌颂与珍重。

翕翕红梅一树春[1]，斑斑林竹万枝新。车中妇美村婆看[2]，笔底花浓醉墨匀[3]。理学传应无我辈，香奁诗好继风人[4]。但教弄玉随萧史[5]，未厌年年踏软尘[6]。

中华书局《船山诗草》卷九

【注释】

[1] 翕翕：茂盛貌。翕，今读 xī，古读入声。 [2] 妇：指诗人妻子林颁。林颁，字韵征，号佩环，成都盐茶道林俊之女，工诗善画，被誉为"四川才女"。 [3]"笔底"句：写诗人乘兴作画的情景。 [4]"香奁（lián）"句：意谓写作赞美爱情的诗篇正是继承《诗经·国风》的传统。 [5] 弄玉随萧史：典出汉刘向《列仙传》："萧史者，秦穆公时人也。善吹箫，能致孔雀、白鹤于庭。穆公有女字弄玉，好之，公遂以女妻焉。日教弄玉吹箫，作凤鸣。居数年，吹似凤声。凤凰来止其屋，公为作凤台。夫妇止其上，不下数年。一旦，皆随凤凰飞去。"此借以比爱妻陪伴自己。 [6] 踏软尘：指来往于京师的红尘之中。苏轼《次韵蒋颖叔钱穆父从驾景灵宫》诗："半白不羞垂领发，软红犹恋属车尘。"自注："前辈戏语：'西湖风月，不如东华软红香土。'"

张 维 屏

张维屏（1780—1859），字子树，号南山，又号松心子，晚号珠海老渔，广东番禺（今属广州）人。道光二年（1822）进士，历官湖北长阳、黄梅、广济及江西太和知县，袁州府同知，一度署理南康知府。十六年（1836）辞官归里。生平事迹见《清史稿》和《清史列传》本传。维屏诗名早著，与谭敬昭、黄培芳并称"粤东三子"。其早期诗多写个人生活情趣，后经鸦片战争，目睹英国侵略者的暴行和广州人民反侵略的英勇斗争，诗情激发，创作了不少爱国诗篇。著有《张南山全集》。

三 元 里

【解题】
　　三元里：村名，在广州城北约五里。道光二十一年（1841）五月，英国侵略军进逼广州城，当时主持广东军务的清靖逆将军奕山与英国侵略军签订屈辱的《广州和约》，激起人民的爱国义愤。五月二十九日，当英军四出骚扰掳掠，三元里附近一百零三乡人民自动组织起来，高举"平英团"大旗，同英军展开激战，将敌人诱至牛栏冈一带，重重包围。前后持续三天，共歼灭英军二百余人，生俘二十多名，给侵略者以沉重打击。可奕山反而应敌人要求，采用欺骗和威胁手段强迫民众解散，使英军得以仓皇逃脱。此诗就是写这次三元里人民的抗英斗争。作者在诗中以满腔的爱国激情歌颂了广州人民团结御侮的英雄气概和伟大力量，刻画了英国侵略者外强中干的丑态，同时愤怒揭露和谴责了满清官吏投降卖国的可耻行径。

　　三元里前声若雷，千众万众同时来。因义生愤愤生勇，乡民合力强徒摧。家室田庐须保卫，不待鼓声群作气[1]。妇女齐心亦健儿，犁锄在手皆兵器[2]。乡分远近旗斑斓，什队百队沿溪山[3]。众夷相视忽变色，黑旗死仗难生还[4]。夷兵所恃惟枪炮，人心合处天心到[5]。晴空骤雨忽倾盆，凶夷无所施其暴。岂特火器无所施，夷足不惯行滑泥[6]。下者田塍苦踯躅[7]，高者冈阜愁颠挤[8]。中有夷酋貌尤丑[9]，象皮作甲裹身厚。一戈已揣长狄喉，十日犹悬郯支首[10]。纷然欲遁无双翅，歼厥渠魁真易事[11]。不解何由巨网开，枯鱼竟得攸然逝[12]。魏绛和戎且解忧[13]，风人慷慨赋同仇[14]。如何全盛金瓯日[15]，却类金缯岁币谋[16]！
　　　　　　　　清咸丰刻本《张南山诗文集》"松心感事诗"

【注释】
　　[1]"不待"句：《左传·庄公十年》："（曹刿）对曰：'夫战，勇气也。

一鼓作气。'"这里反用其意，谓乡民们不待击鼓而早已士气振作，斗志昂扬。　[2]"妇女"二句：据李福祥《三元里打仗日记》载，英军数百人到三元里时，乡民们鸣锣会集各乡，"不转眼间，来会者众数万，刀斧犁锄，在手即成军器，儿童妇女，喊声亦助兵威。斯时也，重重叠叠，遍野漫山，已将夷兵困在垓心矣"。　[3]"乡分"二句：描写三元里抗英斗争的雄伟场面。据《三元里平英团史实调查会记录》，参加三元里战斗的群众，都高举"义兵"或"义民"的旗帜，各乡都有乡旗，后来又以三元古庙的北帝三星旗为指挥旗，约定"旗进人进，旗退人退"。　[4]"众夷"二句：原注："夷打死仗则用黑旗，适有执神庙七星旗者，夷惊曰：'打死仗者至矣。'"　[5]"人心"句：意谓人心齐，自有老天保祐。　[6]"晴空"以下四句：据《三元里打仗日记》载，英军被围后，"时天色晴明，忽而阴云四起，午刻迅雷烈风，大雨如注，日夜不息。未刻后，逆夷之鸟枪火炮，俱被雨水湿透，施放不响。且夷兵俱穿皮鞋，三元里四面皆田，雨后泥泞土滑，夷兵寸步难行，水勇及乡民，遂分头截杀"。　[7]塍（chéng）：田间小路。踯躅：徘徊不进貌。[8]颠挤：当作"颠隮（jī）"，坠落。《尚书·微子》："今尔无指，告予颠隮。"　[9]夷酋：指英军军官伯麦、毕霞等。据梁廷楠《夷氛闻记》云："伯麦身肥体健，首大如斗。"　[10]"一戈"句：语出《左传·文公十一年》："获长狄侨如，富父终甥舂其喉以戈，杀之。"舂（chōng），捣，撞。长狄，古代北狄的一种。"十日"句：据《汉书·陈汤传》记载，汉时匈奴呼韩邪单于之兄名呼屠吾斯，自立为郅（zhì）支骨都侯单于，进攻呼韩邪单于。其后，西走康居。汉元帝时，西域都护甘延寿及副校尉陈汤等打破康居，击杀郅支，悬其首于邸门。车骑将军许嘉、右将军王商以为"宜悬十日"。二句借典写英军军官伯麦、毕霞等被击毙事。　[11]歼厥渠魁：语出《书·胤征》："歼厥渠魁，胁从罔治。"厥，代词，其。渠魁，大头目，此指英国侵略军首领义律。　[12]"不解"二句：据《夷氛闻记》载：被围的义律秘密遣人向奕山求救，奕山闻讯大惊，急派广州知府余保纯、南海知县梁星源、番禺知县张熙宇到三元里，强迫解散乡民，护送义律出围，英军也随着逃回营中。枯鱼：干鱼。语出《庄子·外物》："曾不如早索我于枯鱼之肆。"这里比喻被困的英军。攸然逝：语出《孟子·万章上》："（鱼）少则洋洋焉，攸然而逝。"攸然，迅疾貌。　[13]魏绛和戎：魏绛为春秋时晋国大夫。晋悼公时，山戎无终子向晋国求和，魏绛力主和戎，于是晋悼公与诸戎订盟。此处借指奕山与英人议和事。　[14]风人：诗人。同仇：语出《诗经·秦风·无衣》："修我长矛，与子同仇。"意谓同心御敌。　[15]金瓯：金制的小盆，比喻疆土的完整，国家的巩固。《南史·朱异传》："我国家犹若金瓯，无一伤缺。"

[16] 金缯：金银和绢帛。岁币：北宋时，辽、金、西夏等不断入侵，宋室一再屈辱求和，约定每年输送大量银绢，称为"岁币"。这里指道光二十一年（1841）五月二十六日奕山和英国侵略者签订的《广州和约》，清廷答应给英方赎城费600万元。

龚 自 珍

龚自珍（1792—1841），字璱（sè）人，更名易简，字伯定，又更名巩祚，号定庵，又号羽琌山民，浙江仁和（今杭州）人。嘉庆二十三年（1818）举人，参加过六次会试，道光九年（1829）才中进士，历官内阁中书、宗人府主事、礼部主事等职，长期困厄下僚。十九年（1839）辞官南归，两年后暴卒于丹阳云阳书院。生平事迹见《清史稿》和《清史列传》本传。龚自珍深于经学、史学、小学、舆地之学，接受并发展了乾嘉公羊经学家经世致用的合理部分，将学术研究与现实的政治社会问题研究紧密结合，力主改革，反对外国侵略，成为近代思想界勇开风气的先驱者。梁启超谓"晚清思想之解放，自珍确与有功焉。光绪间所谓新学家者，大率人人皆经过崇拜龚氏之一时期。初读《定庵文集》，若受电然"。（《清代学术概论》）自珍又是近代文学的开山祖师。其论文学强调"尊情"，充分表现作者个性。其诗追求独创，别开生面，想象奇特，色彩瑰丽，富有浪漫精神，对晚清"诗界革命"派和南社诗人产生很大影响，柳亚子赞他为"三百年来第一流，飞仙剑客古无俦"。（《定庵有三别好诗余仿其意作论诗三截句》）其文冲破桐城古文的束缚，独抒己见，表达真情实感，具有深刻的思想性和强烈的战斗性，语言活泼多样，在当时比诗更为有名。其词"绵丽飞扬，意欲合周、辛而一之，奇作也"。（谭献《复堂日记》二）著有《定庵全集》，今人辑有《龚自珍全集》。

夜 坐

【解题】

道光三年（1823），作者赴京第四次参加会试落第。在一个春天的夜晚，他仰望星空，奋笔写了两首《夜坐》，这是其中的第一首。诗中运用比喻和象征的手法，抨击那些平庸腐朽的官僚妒贤忌能的卑劣行为，揭露封建专制统治下"万籁无言"的政治局面，表达对人才零落的痛惜之情。

春夜伤心坐画屏,不如放眼入青冥[1]。一山突起丘陵妒[2],万籁无言帝坐灵[3]。塞上似腾奇女气[4],江东久陨少微星[5]。平生不蓄湘纍问,唤出姮娥诗与听[6]。

上海人民出版社《龚自珍全集》第九辑

【注释】

[1] 青冥:青黑色的天空。 [2] 一山突起:比喻自己才名突出。 [3] 万籁:各种声响。帝坐:亦作"帝座",北方的一颗星名,属武仙座,古代星象家认为它是帝王的象征。此句以天象象征封建专制统治下死气沉沉的政治局面。 [4] 塞上:边疆地方。奇女气:《汉书·外戚传》:"武帝巡狩,过河间,有望气者言,此有奇女。"后果得才女赵婕妤,封钩弋夫人。这里借喻奇才异能之士将要出现的征兆。 [5] 江东:长江下游一带。陨:坠落。少微星:星座名,在南方,共四星,属狮子座,古代星象家认为这些星是才士的象征。此句意谓江东历来出才士,现在早已被扼杀尽了。 [6] 湘纍(léi)问:屈原遭到楚国贵族集团的排挤、打击,曾作《天问》,借以抒发忧愤。后来被流放到湖南,自投湘江支流汨罗江而死,后人称为湘纍。纍,无罪而死的人。姮(héng)娥:即嫦娥。二句意谓自己平生不像屈原那样,郁积了许多疑问要求上天给以解答,今天却忍不住唤出月宫中的嫦娥,请她听听我诗中的倾诉。

咏　　史

【解题】

此诗作于道光五年(1825)。题为"咏史",实则进行深刻的社会批判,着重揭露当时官场的腐朽和士林的颓败。

金粉东南十五州[1],万重恩怨属名流[2]。牢盆狎客操全算[3],团扇才人踞上游[4]。避席畏闻文字狱[5],著书都为稻粱谋[6]。田横五百人安在,难道归来尽列侯[7]?

上海人民出版社《龚自珍全集》第九辑

【注释】

[1] 金粉:古代妇女化妆用的金钿和铅粉,这里借以形容繁华绮丽的生活。十五州:泛指长江下游苏、浙、皖一带地区。 [2] 属(zhǔ):结。《国

语·晋语四》:"齐秦不得其请,必属怨焉。"韦昭注:"属,结也。"名流:知名人士,此指那些依附于权贵门下的幕僚、帮闲一类人物。此句意谓名流们为了争名夺利,互相勾结排挤,结下了无穷的恩恩怨怨。 [3] 牢盆:煮盐的铁制器具。《史记·平准书》:"愿募民自给费,因官器作煮盐,官与牢盆。"《本草》:"煮盐之器,汉谓之牢盆。"这里指代掌管盐务的官僚。狎(xiá)客:陪伴帝王、权贵游乐的人。操全算:意谓把持了当时左右江南经济的盐政。 [4] 团扇才人:东晋豪门世族王导的孙子王珉任中书令,不懂政事,平时喜欢手执白团扇,生活放荡。这里指不学无术、流连声色的文人。踞上游:占据高位。 [5] 避席:离座而起。文字狱:指统治者从著作中寻章摘句,罗织罪名,对作者加以刑戮。清代康熙、雍正、乾隆三朝屡兴文字狱,被害和受株连者甚多。 [6] 稻粱谋:谋求米粮,俗话混口饭吃。杜甫《同诸公登慈恩寺塔》:"君看随阳雁,各有稻粱谋。" [7] 田横:秦末汉初人,齐国旧贵族。楚汉相争时,他乘乱占据齐国旧地,自立为齐王。刘邦消灭项羽称帝后,他带领部下五百多人逃入海岛。刘邦派人招他投降,说:"田横来,大者王,小者乃侯耳!不来,且举兵加诛焉。"田横被迫率二客前往洛阳。终因耻于事刘,在途中慨然自刎。留在岛上的五百多人闻田横已死,亦皆自杀。事见《史记·田儋列传》。列侯:汉制,群臣异姓有功封侯者,称列侯。二句意谓像田横手下五百壮士那样的人如今到哪里去了?难道归顺朝廷的都能封王封侯吗?

西郊落花歌

【解题】

道光六年(1826),作者赴京第五次参加会试,虽经考官刘逢禄极力推荐,但终又落第。次年(1827)暮春三月,作者与友人金应城等及弟自谷同往京城西郊观赏海棠,有感而作此诗。诗中通过描绘落花的瑰奇艳丽景象,表现自己不随流俗的思想品格、对污浊现实的深刻批判和对美好未来的热烈追求。全诗想象丰富,比喻新颖,色彩瑰丽,语言生动,构成一个富有浪漫气息的奇特境界,典型地体现了龚自珍诗歌的艺术风格。

出丰宜门一里[1],海棠大十围者八九十本[2]。花时车马太盛,未尝过也。三月二十六日,大风;明日风少定,则偕金礼部应城、汪孝廉潭、朱上舍祖毂、家弟自谷出城,饮而有此作[3]。

西郊落花天下奇,古来但赋伤春诗。西郊车马一朝尽,定庵先生沽酒来赏之。先生探春人不觉，先生送春人又嗤[4]。呼朋亦得三四子，出城失色神皆痴。如钱唐潮夜澎湃，如昆阳战晨披靡[5]；如八万四千天女洗脸罢[6]，齐向此地倾胭脂。奇龙怪凤爱漂泊[7]，琴高之鲤何反欲上天为[8]？玉皇宫中空若洗，三十六界无一青蛾眉[9]。又如先生平生之忧患[10]，恍惚怪诞百出难穷期。先生读书尽三藏[11]，最喜《维摩》卷里多清词[12]。又闻净土落花深四寸[13]，瞑目观想尤神驰。西方净国未可到，下笔绮语何漓漓[14]！安得树有不尽之花更雨新好者[15]，三百六十日长是落花时！

上海人民出版社《龚自珍全集》第九辑

【注释】

　　[1] 丰宜门：金代京城（中都）南面城门，旧址在今北京右安门西南，故诗题中称"西郊"。丰宜门外三官庙，又名花之寺，海棠最盛，花开时为士大夫游宴胜地。　[2] 本：株，棵。　[3] 金礼部：礼部官员金应城，浙江钱塘人。汪孝廉：举人汪潭，字印三，号寄松，浙江钱塘人。清代举人俗称孝廉。朱上舍：监生朱祖毂。清代监生别称上舍。家弟自谷：作者的弟弟龚自谷。　[4] 嗤：讥笑。　[5] 昆阳战：历史上以少胜多的著名战役。昆阳，古地名，在今河南叶县境内。公元23年，王莽部下的将军王寻、王邑率精兵四十三万号称百万围困昆阳，时城中汉兵只有八九千人。刘秀（汉光武帝）利用王寻、王邑轻敌的弱点，亲率三千敢死兵于城外突破王莽军中坚，城中汉兵突围而出，内外夹击，鼓声呼声震天动地。王莽军大溃，互相践踏，伏尸百余里。适值风雷大作，雨下如注，近城河水暴涨，溺死者以万计。事见《资治通鉴》卷三九。　[6] 八万四千：佛经中形容事物极多的习用语。　[7] 奇龙怪凤：比喻落花。此句意谓漫天飞舞的落花好像天上的奇龙怪凤兴高采烈地漂泊到了人间。　[8] 琴高：传说中的仙人。唐陆广微《吴地记》："乘鱼桥在交让渎。郡人丁法海与琴高友善。……二人同行田畔，忽见一大鲤鱼，高可丈余，一角两足双翼，舞于高田。法海试上鱼背，静然不动，良久遂下。请高登鱼背，鱼乃举翼飞腾，冲天而去。"为：语尾助词，与句中"何"相配合，表疑问。此句意谓琴高乘的鲤鱼为什么反而要上天呢？　[9] 三十六界：即三十六天。道教认为玉皇宫和人世间隔有三十六层天。青蛾眉：女子用青黛画的如蚕蛾触须那样细长而弯曲的眉毛。这里借指美女。二句意谓玉皇宫中一空如洗，三十六层天的仙女都降落到了人间。　[10] 先生：作者自指。　[11] 三藏：佛教典籍经藏、律藏、论藏的总称，包括佛教全部教义。　[12]《维摩》卷：佛教经典《维摩诘所说经》，天女散花的故事就出自这部佛经。清词：清丽的词句。　[13] 净土：佛教认为佛国是清净之地，与下文所说的"西方净

国"同意。落花:《璎珞经·普称品》:"于其空中而兴微云,雨诸香花,时空中花积至于膝。" [14]绮语:佛家语,指秽杂不正的言谈,为佛戒十恶之一。诗中凡涉及美人、爱欲等艳丽之作,也被佛教徒称为绮语。滴滴:水流滴不断貌。此句意谓我就下笔用绮丽的诗句挥洒淋漓地描绘落花,借以抒怀。 [15]更雨新好者:语出《妙法莲华经·化城喻品》:"香风吹萎花,更雨新好者。"更(gēng):连续不断。雨(yù):动词,像下雨般落下。

猛 忆

【解题】

此诗作于道光七年(1827),时作者三十六岁。诗从儿时灯下读书落想,本于陆游"青灯有味似儿时"(《秋夜读书每以二鼓尽为节》)诗意,然造语奇特,境界独辟,通过瑰异的艺术形象,表达了诗人早在童年时代就有探索真理、凿破洪荒、开拓新宇的非凡志向。

狂胪文献耗中年[1],亦是今生后起缘[2]。猛忆儿时心力异,一灯红接混茫前[3]。

上海古籍出版社《龚自珍全集》第九辑

【注释】

[1]"狂胪"句:意谓自己的中年时代将心力耗在拼命地整理和研究文献之中。胪(lú):陈述。 [2]后起缘:佛家用语。谓人的思维活动前后相续,某种意念的最初一瞬间名第一念,有决定作用。从第二念起,为后起之念。见《俱舍论》。缘:因缘。这里是借用佛家用语,意谓从事文献的整理和研究是我后来(中年)产生的一段因缘。 [3]混茫:混沌蒙昧,指上古人类未开化的状态,亦指传说中天地开辟前混沌未分的状态。

己亥杂诗(选三)

其 一

【解题】

己亥为道光十九年(1839)。这年四月,作者辞去礼部主事的官职,南归故里,后来又北上迎取眷属。在南北往返途中,写成三百一十五首七绝,总名

《己亥杂诗》。这是一组大型自叙诗，题材广泛，多方面地反映当时的社会现实，抒写自己的思想情怀。本篇原列第五，抒写辞官离京时的惆怅心情，并以"落花"自喻，表现自己虽受挫折而不甘消沉的情怀。

浩荡离愁白日斜[1]，吟鞭东指即天涯[2]。落红不是无情物[3]，化作春泥更护花。

【注释】

[1] 浩荡：形容离愁之深广。 [2] 吟鞭：诗人的马鞭。吟，吟咏，这里代指诗人。即天涯：意谓离别了京城，就像到了天涯海角，再也不会回来了。刘禹锡《和令狐相公别牡丹》诗："莫道两京非远别，春明门外即天涯。" [3] 落红：落花。

其　　二

【解题】

本篇原列第八十三。作者自注："五月十二日抵淮浦作。"淮浦，在今江苏淮安，旧名清江浦，在清代属淮安府，故称淮浦，运河经过这里。诗中表达对清王朝大量北运粮食的强烈不满、对劳动人民负担沉重的深切同情以及内心的负疚之感。

只筹一缆十夫多，细算千艘渡此河[1]。我亦曾糜太仓粟[2]，夜闻邪许泪滂沱[3]。

【注释】

[1] 筹：计数的竹牌。这里用作动词，计算。缆：缆绳。一缆，指代一条船。二句意谓只算一条船，就要十多个纤夫，仔细算算一千条船过闸，该需要多少人力啊！ [2] 糜：耗费。太仓：国家储存粮食的仓库。太仓粟，此指国家所给的官俸。 [3] 邪许（yé hǔ）：号子声。《淮南子·道应训》："今夫举大木者，前呼邪许，后亦应之，此举重劝力之歌也。"滂沱：大雨貌。这里形容泪下如雨。

其　　三

【解题】

本篇原列第一百二十五。作者自注："过镇江，见赛玉皇及风神、雷神者,祷祠万数,道士乞撰青词。"祷祠,祭神求福,此指祭神求福的人。青词,道士斋醮时祭神用的文字,用朱笔写于青藤纸上,故名青词,亦称"绿章"。诗以青词的形式,巧妙地借题发挥,表达作者渴望出现社会变革的风雷,破除陈规旧例,任用优秀人才,使中国出现生气勃勃新局面的强烈愿望。

九州生气恃风雷[1],万马齐喑究可哀[2]。我劝天公重抖擞[3],不拘一格降人才[4]。

上海人民出版社《龚自珍全集》第十辑

【注释】

[1] 九州:古代中国曾分为冀、兖、青、徐、扬、荆、豫、梁、雍九州,后来即以"九州"代称整个中国。恃:依靠,凭借。风雷:风神、雷神,暗指变革社会的急风惊雷。 [2] 喑(yīn):哑。万马齐喑,语出苏轼《三马图赞引》:"时(宋元祐初)西域贡马,首高八尺,……振鬣长鸣,万马齐喑。"这里借喻清王朝统治下死气沉沉的局面。究:毕竟,终究。 [3] 天公:即玉皇,道教所谓最高的天神,这里暗指清朝皇帝。抖擞:振作精神。 [4] 不拘一格:不拘守一定的规格资历,即打破陈规旧例。

魏 源

魏源(1794—1857),初名远达,字默深,又字墨生,别号良图,湖南邵阳人。道光二年(1822)举人,入赀为内阁中书。二十五年(1845)成进士,历官东台和兴化知县、淮北海州分司运判、高邮知州。鸦片战争爆发后,曾入钦差大臣裕谦幕府,参与浙东前线抗英战役。咸丰三年(1853)太平天国革命军攻占扬州,他以"贻误文报,玩视军机"罪被革职。从此逃心禅悦,自称"菩萨戒弟子魏承贯"。后死于杭州僧舍。生平事迹见《清史稿》和《清史列传》本传。在学术思想上,魏源和龚自珍同属于今文经学派,是近代著名的启蒙思想家。曾助江苏布政使贺长龄辑《皇朝经世文编》,著《元史新编》《圣武记》《海国图志》,努力探索富国强兵以抵御外侮的道路。其诗真实反映鸦片战争前后的社会现实,表达爱国主义激情,又多描写河山壮丽之作,风格雄浑,笔力遒劲,气势充沛,林昌彝以为"得太白之高奇者"(《海天琴思续录》卷一)。其文多为感时经世之作,语言浅显而寓意深刻。在近代文学史上,其诗古文辞与龚自珍齐名,并称"龚魏"。著有《古微堂诗集》《古微堂内外集》《清夜斋诗稿》等诗文集。1976年中华书局出版今人合编的《魏源集》。

江 南 吟（选一）

【解题】

《江南吟》十首大约作于1831—1837年间，时作者先寓苏州，后迁南京，再迁扬州。这组诗仿效白居易的"新乐府"，直叙时事，着重批判东南地区突出的弊政，表达作者忧国忧民的思想情怀。本篇原列第八，深刻揭露由外国侵略者输入的鸦片祸国殃民的巨大危害以及禁而不止的根本原因。

阿芙蓉[1]，阿芙蓉，产海西[2]，来海东[3]。不知何国香风过[4]，醉我士女如醇醲[5]。夜不见月与星兮，昼不见白日，自成长夜逍遥国[6]。长夜国，莫愁湖[7]，销金锅里乾坤无[8]。溷六合[9]，迷九有[10]，上朱邸[11]，下黔首[12]，彼昏自痼何足言[13]，藩决膏殚付谁守[14]？语君勿咎阿芙蓉[15]，有形无形朘则同[16]。边臣之朘曰养痈[17]，枢臣之朘曰中庸[18]，儒臣鹦鹉巧学舌[19]，库臣阳虎能窃弓[20]。中朝但断大官朘[21]，阿芙蓉烟可立尽。

中华书局《魏源集》下册

【注释】

[1] 阿芙蓉：即鸦片。明人《医学入门》："鸦片一名阿芙蓉。"它是用罂粟花果实中的乳汁液制成的一种毒品。初产于埃及，后传至印度、南洋，再由英国侵略者传入中国。 [2] 海西：指印度，当时是英属殖民地。 [3] 海东：指中国。 [4] 香风：指吸食鸦片时散发出的香气。 [5] 醇醲：味道醇美浓烈的酒。 [6] 长夜逍遥国：指不分昼夜沉溺于吸食鸦片，悠游自在，忘乎所以的情状。 [7] 莫愁湖：湖名，在今江苏南京水西门外，相传六朝时有女子莫愁居此，故名。这里取"莫愁"的字面意义，表现吸食鸦片者的无忧无虑。 [8] 销金锅：南宋谚语，用以指称使游人花费大量金钱的杭州西湖。这里借指吸食鸦片的烟具。 [9] 溷（hùn）：污浊。六合：天地四方。 [10] 迷：昏迷。九有：即九州，指整个中国。 [11] 朱邸：汉代诸侯王第宅以朱红漆门，故称朱邸。后泛指贵族官僚府第。这里代指贵族官僚。 [12] 黔首：古代用以称平民、百姓。 [13] 痼：指嗜烟成癖，不易改变。 [14] 藩：藩篱，这里比喻国家边防。膏：油脂，此喻指财富。此句意谓国防

溃决，财富耗尽，保家卫国的重任将交给谁呢？　〔15〕咎（jiù）：怪罪。〔16〕朋："瘾"的假借字。诗末作者自注："俗语烟瘾之瘾，字书无之。《说文》：'朋，病癥也。'今借用之。"　〔17〕痈（yōng）：毒疮。养痈，指纵敌遗患。　〔18〕枢臣：朝廷中参与决策的重臣。中庸：儒家的为人处世之道，主张不偏不倚，调和折中。　〔19〕儒臣：这里指文官。　〔20〕库臣：管理库藏的官。阳虎窃弓：阳虎字货，春秋时鲁国人，原为鲁国贵族季氏的家臣，后在鲁国专权。他同季氏等战败后，到鲁定公宫中窃走国宝宝玉、大弓，事见《左传·定公八年》。这里借喻清廷掌管财政的官僚贪污盗窃国家财富。〔21〕中朝：朝廷。

寰　　海（选一）

【解题】

　　寰海：即环海，诗题意谓写沿海之事。《寰海》共十一首，是作者用七律形式反映鸦片战争中广东战事的重要组诗之一。题下自注有"道光二十年"字样，但其中部分诗实写于道光二十一年（1841）。本篇原列第九，作于道光二十一年。这年二月，道光皇帝派奕山为"靖逆将军"赴粤督战。五月二十一日，奕山以五倍于英国侵略军的兵力出击，却一触即溃。二十五日，广州城北炮台全被英军占领，奕山派广州知府余保纯向英军乞降。二十七日，签订屈辱的《广州和约》，答应一周内清军撤出广州城，并向英军缴纳赎城费六百万银元和赔偿英商馆损失三十万元。诗中通过用典和比喻怒斥投降派的卖国资敌。

　　城上旌旗城下盟[1]，怒潮已作落潮声[2]。阴疑阳战玄黄血[3]，电挟雷攻水火并[4]。鼓角岂真天上降[5]，琛珠合向海王倾[6]。全凭宝气销兵器，此夕蛟宫万丈明[7]。

中华书局《魏源集》下册

【注释】

　　[1]城下盟：敌人兵临城下时被迫而订的盟约。《左传·桓公十二年》："楚伐绞，军其南门。……大败之，为城下之盟而还。"注："城下盟，诸侯所深耻。"这里借指奕山同英国侵略军签订《广州和约》。　[2]"怒潮"句：谓反侵略的怒潮已经低落。　[3]阴疑阳战：《周易·文言》："阴疑于阳必战。"意谓阴盛为阳所疑，阳发动欲除去阴，阴不肯退让，遂发生战斗。这里借喻英国侵略者恃强凌弱，逼发了这场战争。玄黄血：语出《周易·坤》：

"龙战于野,其血玄黄。"玄黄,杂色。　[4]"电挟"句:比喻战斗激烈。[5]"鼓角"句:《汉书·周勃传》载:周勃的儿子周亚夫被朝廷派去平定吴楚七国之乱,赵涉建议军队从敌人不设防的一条线路前往,"直入武库,击鸣鼓,诸侯闻之,以为将军从天而下也"。此句借汉代名将周亚夫事反讽奕山无谋无能,意谓真的打起来,奕山哪里是位出奇制胜的将领呢?一说此句写英军,意谓英国侵略军哪里是从天而降,不可抵御的?不过是清军无能罢了。[6]琛(chēn)珠:宝珠。合:该。海王:本指海龙王,这里借指称霸海上的英国侵略者。此句讽刺奕山以巨额赔款向英国侵略者乞和。　[7]蛟宫万丈明:杜光庭《录异记》:"海龙王宅在苏州东,入海五六日程,小岛之前,阔百余里……夜中远望,见此水上红光如日,方百余里,上与天连,船人相传龙王宫在其下矣。"蛟宫,海龙王宫,这里借指英国侵略者的巢穴。

张 际 亮

张际亮(1799—1843),字亨甫,号华胥大夫,福建建宁人。道光十五年(1835)举人,后屡次会试不中,一生不得志。道光二十三年(1843),闻任台湾道的挚友姚莹因抗英守土事被诬下狱,带病入都奔走营救,以劳瘁卒于京师。生平事迹见《清史稿》和《清史列传》本传。际亮为嘉、道间诗坛盟主,所为诗天才奇逸,沉雄豪宕,多感时伤事之作。著有《张亨甫全集》。

传　闻(选一)

【解题】

此诗是张际亮所作"浙四首"之二,写于道光二十一年(1841)初。道光二十年(1840)六月,鸦片战争爆发,英军攻打两广总督林则徐严密守备的广东未能得逞,遂沿海北犯。七月,英舰炮击福建厦门,被闽浙总督邓廷桢督师击退,于是转攻浙江定海。定海总兵张朝发曾在台湾等地立过战功,麻痹轻敌,毫不戒备,结果仓促应战,一败涂地,定海于是失陷。此诗即写其事。因定海沦陷时,作者在福建家中,诗据传闻的消息而作,故题为"传闻"。诗中谴责定海战役中清朝武将的轻敌误国和权臣的媚敌卖国,表达诗人忧国忧民的深情。

轻敌徒矜战斗才[1],孤城仓卒亦堪哀[2]。翁山士马伤亡尽[3],支海夷獠笑舞来[4]。地险将军仍卧甲[5],天高使相但衔杯[6]。可怜碧血沉渊后[7],重见朱颜去不回[8]。

《续修四库全书》本《思伯子堂诗集》卷二九

【注释】

[1]矜:骄傲自负。此句写定海总兵张朝发。 [2]孤城:指浙江定海县城,因建在舟山岛上,四周是海,故称孤城。 [3]翁山:在定海东南三十里,这里代指定海。士马:指驻守定海的清朝军队。 [4]支海:即条支海,在今波斯湾附近,这里代指西方。夷獠(lǎo):古代对西南少数民族的污蔑性称呼,这里指英国侵略者,含有轻蔑的意思。 [5]卧甲:身着铠甲休息,意谓时刻不放松警惕。此句写那些爱国将士严密监视敌人、戍守疆土的情景。 [6]天高:高高在上。使相:唐代中期凡为宰相者,必曰同中书门下平章事,故称加同中书门下平章事官衔的节度使为使相,清代用以称呼兼大学士的总督。这里指协办大学士伊里布,他由云贵总督调任两江总督,定海失陷后又被任命为钦差大臣,主持浙江军务。衔杯:喝酒。伊里布到浙江后,与英方私订划界停战协定,派人赴英舰馈赠牛酒,还在镇海东岳宫设宴招待英国军官。 [7]碧血:传说周代大夫苌弘遭冤被杀,他的血三年后化为碧(青绿色的玉)。古人常以"碧血"称忠臣烈士所流的血。碧血沉渊,这里指定海县令姚怀祥在定海沦陷后投水自尽。 [8]朱颜:指被英国侵略军掳掠而去的中国妇女。

朱　　琦

朱琦(1803—1861),字伯韩,一说字濂甫,号伯韩,广西临桂(今桂林)人。道光十五年(1835)进士,初官编修,迁御史。鸦片战争期间,曾坚决反对外国侵略。太平天国在广西起义,他组办团练助守省城。咸丰十一年(1861),以道员总理杭州团练局,于太平军攻克杭州时自杀。生平事迹见《清史稿》和《清史列传》本传。其诗早年学白居易,后改师杜甫、韩愈及北宋诸大家,得其神理而自成面目,风格雄浑;纪述鸦片战争重大史事之作,充满爱国激情,享"诗史"之誉。又工古文,曾师事姚门弟子梅曾亮,为桐城派古文名家,其文"兼方、姚之长而扩其所未至"(谭献《怡志堂文集序》)。著有《怡志堂诗文初编》。

关将军挽歌

【解题】

  此诗大约作于道光二十一年（1841）或二十二年。关将军，指抗英名将关天培（1781—1841），字仲因，号滋圃，江苏山阳（今淮安）人，时任广东水师提督。道光二十一年一月，英国侵略军进攻虎门炮台，关天培率师英勇抗击。由于两广总督琦善早已暗中与英国侵略者勾结，订立丧权辱国的"穿鼻草约"，拒绝派兵增援，关天培孤军苦战，最后与守军数百人均以身殉国。此诗即写其事，歌颂关天培等爱国将士坚决抗敌的英雄气概和为国捐躯的高尚节操，斥责投降派的畏敌卖国。诗中描述敌军的强大与凶恶，以琦善的怯懦畏缩和士卒的望风却逃，来反衬关天培"徒手犹搏战"的无畏和壮烈，形象突出而感人。

  飓风昼卷阴云昏，巨舶如山驱火轮[1]。番儿船头擂大鼓[2]，碧眼鬼奴出杀人。粤关守卒走告，防海夜遣关将军。将军料敌有胆略，楼橹万艘屯虎门[3]。虎门粤咽喉，险要无比伦。峭壁束两峡，下临不测渊。涛泷阻绝八万里[4]，彼虏深入孤无援。鹿角相犄断归路[5]，漏网欲脱愁鲸鲲[6]。惜哉大府畏懦坐失策[7]，犬羊自古终难驯[8]。海波沸涌黯落日，群鬼叫啸气益振。我军虽众无斗志，荷戈却立不敢前[9]。赣兵昔时号骁勇[10]，今胡望风同溃奔！将军徒手犹搏战，自言力竭孤国恩[11]。可怜裹尸无马革[12]，巨炮一震成烟尘。臣有老母年九十[13]，眼下一孙未成立[14]，诏书哀痛为雨泣[15]。吾闻父子死贼更有陈连陞[16]，炳炳大节同崚嶒[17]。猿鹤幻化那忍论[18]，我为剪纸招忠魂[19]。

上海古籍出版社《射鹰楼诗话》卷一

【注释】

  [1] 火轮：指用蒸汽机发动的舰船。 [2] 番儿：与下句中的"碧眼鬼奴"均指英国侵略军。 [3] 楼橹：古时军中用以瞭望、攻守的高台，建于地面或车、船之上。这里指设有瞭望台的战舰。虎门：在珠江三角洲东南侧，为珠江主要出海口之一。有大虎、小虎二山对峙如门，故名。 [4] 涛泷（lóng）：波涛汹涌。八万里：指虎门与英国本土相距甚远。 [5] 鹿角：军营的防御物。将带枝的树木削尖后埋在营地周围，以阻挡敌人，因形似鹿角，故名。犄（jī）：犄角，分布兵力于不同处，形成互为支援和夹击之势。

此句意谓我军可巧妙设防,形成夹击之势以断敌退路。 [6] 鲲:传说中的大鱼。《庄子·逍遥游》:"北冥有鱼,其名为鲲。"鲸鲲,这里喻指英国侵略军。 [7] 大府:上级官府。这里指琦善。 [8] 犬羊:喻指英国侵略者。 [9] 却立:退立。 [10] 赣兵:指由江西籍人组成的军队。骁:勇猛。 [11] 孤:辜负。 [12] 裹尸无马革:无马革裹尸。马革裹尸之典出自《后汉书·马援传》:"援曰:'方今匈奴、乌桓,尚扰北边,欲自请击之。男儿要当死于边野,以马革裹尸还葬耳。'" [13] 臣:指关天培。 [14] 成立:成人,成长自立。 [15] 诏书:关天培死难后,清廷发诏书,谥为"忠节"。 [16] 陈连陞:时任广州三江口副将,负责守卫广东沙角炮台。道光二十年十二月(1841年1月),英国侵略军数千进攻沙角炮台,他率领六百士兵英勇抵抗,歼敌数百,最后弹尽援绝,与子陈长胜俱殉国。 [17] 崚嶒(líng céng):高峻突兀貌。这里比喻节操的高尚。 [18] 猿鹤幻化:《艺文类聚》卷九五引晋葛洪《抱朴子》云:"周穆王南征,一军尽化,君子为猿为鹤,小人为虫为沙。"后人因以"猿鹤幻化"或"猿鹤虫沙"比喻战死沙场。 [19] 剪纸招忠魂:剪纸为衣,以招回客死外乡的鬼魂,是我国古代民间的一种迷信风俗。

姚 燮

姚燮(1805—1864),字梅伯,号复庄,别号大梅山民,浙江镇海人。道光十四年(1834)举人,以后屡试进士不售。为生活所迫,长年奔走各地。道光二十一年(1841)十月,英国侵略军侵占镇海、宁波等地,他和家人过了一段惊险艰危的难民生活。晚居鄞县,作文写画,借以自给。生平事迹见《清史列传》本传。他博学多才,于经史、地理、释道、戏曲、小说无不探究。论诗强调"自寄性情",反对模拟。其诗颇多真实记录鸦片战争时期浙东地区历史面貌之作,堪称诗史。此外,还有不少深刻反映现实和生动刻画山水的名篇。张际亮评其诗"气骨雄健,思力沉著。每出一语,皆惨淡经营,能使难状之景,如在目前"。(《复庄诗问题识》)谭献称他为"浙东一巨手"(《复堂日记》)。其词宗"浙派",后经战乱,词风有所变化。亦工骈文,能"于本朝洪(亮吉)胡(天游)袁(枚)彭(兆荪)四家外别辟町畦"。(王韬《瀛壖杂志》卷四)又精绘画,尤擅画梅。著有《复庄诗问》《疏影楼词》《复庄骈俪文榷》《梅沁雪》和《退红衫》传奇以及《读〈红楼梦〉纲领》《今乐考证》等。

双 鸩 篇

【解题】

鸩（zhèn）：传说中的一种鸟名，羽有剧毒，以之浸酒，饮后立死。双鸩：诗中指男女主人公双双服鸩酒自杀。这是首描写爱情悲剧的著名长篇叙事诗，作于道光十六年（1836），时作者因参加会试留居北京。诗中通过记叙一对青年男女在家长逼迫下双双服毒自杀的悲惨故事，控诉了金钱至上的思想和封建礼教对青年男女美满婚姻的摧残，歌颂了青年男女超越于金钱之上的真挚爱情和为之进行的至死抗争。在艺术上，本篇善于借鉴《孔雀东南飞》《木兰诗》等表现手法，用浓墨重彩描写人物外貌，用细致白描刻画人物心理，用反复博喻表现男女主人公的深情。钱仲联评此诗："吸取民间文艺鼓词与子弟书之特点，交织以藻采与激情，歌颂资本主义萌芽时期黑暗势力压迫下追求婚姻自由宁死不屈之反抗精神，全长一千七百九十五字，可谓奇作。"（《论近代诗四十家》）

郎心爱妾千黄金[1]，妾心事郎无二心。郎年十七妾十六，圆转朱轮得华毂[2]。与郎生小阊门里，与郎结缡在燕市[3]。阿爷爱妾郎爱娘，但看郎欢为妾喜。与郎同水为一池，与郎同木为一枝；与郎为带同一结，与郎为茧同一丝。郎命妾所依，妾命郎所与。不愿与郎分，但愿与郎聚。郎为飞雁妾作云，郎作垂杨妾为雨。妾身金缕衣[4]，比郎光与辉[5]；妾腕玉条脱[6]，比郎颜与色；妾佩明月珰[7]，比郎不断宛转肠。妾妆郎共肩，芙蓉出渌摇晚妍[8]；妾眠郎共枕，鸳鸯回波落春影。东邻窈窕女，对郎盈盈眉欲语；西邻轻薄儿，对妾依依神为驰[9]。郎但知有妾，妾但知有郎。明镜不掩帏灯光[10]，牡丹不夺兰草香。郎心与妾相始终，妾心与郎相终始。不必同日生，但愿同日死；不必同日死，但愿郎生妾先死，不愿郎死遗妾生。妾为影，郎为形；妾如珠，郎手擎，妾为郎妇身分明。妾为郎妇天鉴之[11]，为郎之妇千人知。郎饱妾共饱，郎饥妾共饥。一饥一饱与郎共，山崩川竭无更移。阿爷日久嫌郎贫，日日要郎离妾门。阿娘恨郎不赚钱，要郎远客三城边[12]。三城何嶞崒[13]！三城何岩峍[14]！三城溪水深，水毒溪无桥。三城黑沙黑，黑沙同鸣髇[15]。三城多劫贼，劫贼凶咆哮。劫贼杀人如杀獒[16]，白骨堆积城门高。三城多白杨，白杨风萧萧。萧萧飒飒啼怪鸮[17]，其下有穴狐狸嗥。老客停马不敢过，年轻出门郎奈何！摘妾胸前玑，为郎换棉衣；脱妾足下履，为郎易食米；典妾金缠臂[18]，为郎市鞍辔；卖妾珊瑚翘[19]，为郎置宝刀。思郎光与辉，妾身尚有金缕衣；念郎颜与色，妾腕尚有玉条脱。忆郎不断宛转肠，妾佩尚有明月珰。出门七月期，初六是良吉[20]。置得一杯酒，与郎作离别。杯中一滴酒，心中一滴血。不饮愁郎饥，饮之恐郎咽。秋烟在镜芙蓉凋[21]，秋风在衾鸳鸯影[22]。秋云不行雁影独，秋雨不雨杨枝憔。阿爷向郎訾[23]："不得千金弗还里！"阿娘从郎嗤："千金不得毋来归！"妾手掩面啼声低，妾手不敢牵郎衣。向郎不语心依依，欲语又恐爷娘疑。见郎屈一指，似郎为妾经年期[24]。十月开梅花，二月开桃李。六月菱荷香，青青出蒲苇。但愿郎得千金归，先向爷娘买欢喜。卸妾玉条脱，何有颜色强！何有辉与光！解妾明月珰。脱妾金缕衣，为郎折叠空竹箱。譬如生小不嫁郎，见之徒令心悲伤。视妾双眉蛾[25]，归来记取青不多；记妾领中扣，归来与郎验肥瘦。为郎不下堂，为郎不出房；为郎安慰爷，为郎安慰娘；为郎日焚香，焚香祝告天苍苍。正月梅花残，三月桃李红。七月落菱荷，蒲苇青茸茸。日高听铃马，铃马辚辚过楼下。日落闻行车，行车却向东南驰。半年得一信，一年不得郎边书。有客三城来，闻之欲语还嗫嚅[26]。三城多白杨，三城多劫贼。三城溪水深，三城黑沙黑。老客停马不敢过，年轻出门那归得！阿爷从妾言："负汝青春年。"阿娘向妾语："是汝命生苦。怜汝命生苦，为汝重剪红罗襦，紫为绣凤青天吴[27]。复帐六尺八[28]，菡萏四角垂流苏[29]。画簟六尺三[30]，缘以鸾锦椒泥涂[31]。东家郎，好光辉，劝汝弗爱金缕衣。劝汝弗爱玉条脱，西家郎，好颜色。东家西家郎，手中累累千金黄，心中不断宛转肠，汝还弗爱明月珰。"稽首爷娘前[32]："爷娘听妾语：爷娘之爱何敢逾[33]！妾心区区当鉴取[34]。妾心区区天可盟[35]，妾为郎妇身分明。不能郎生妾先死，忍因郎死偷妾生[36]！"与郎不终始，妾身尚何俟[37]？不得郎骨归，妾心犹狐疑。沈沈白日鹈鹕啼[38]，暗暗夜色蝙蝠飞。梦郎向妾笑，如郎同居时；梦郎向妾哭，如忧出门无还期。梦三城归，黄金百笯青骅骝[39]。梦郎流落不得归，面目黧黑无完衣[40]。阿爷逼妾嫁，朝呵暮骂相摧靡[41]。阿娘逼妾嫁，长荆短棘来鞭笞。爷呵骂，岂不恫[42]！娘鞭笞，岂不痛！思郎生死犹未明，妾不轻生为郎重。前门鸣乌鸦，后门鹊声喜，乌鸦何悲鹊何喜？十月开梅花，二月开桃李。今年六月无荷菱，蒲苇凋残北风起。见郎入门来，见郎如梦里。视囊不得米，视衣衣无襟。马死弃鞍鞯，茧足徒步如炮烰[43]。顾彼腰下刀，霁无光彩生愁雾[44]。郎归不止黄金千，那愿郎得千黄金！记妾领中扣，与郎量肥瘦；记妾双眉蛾，为郎憔悴青不多。郎真死矣还如何！望郎减光辉，光辉不如金缕衣。望郎苦颜色，颜色不如玉条脱。幸郎不断宛转肠，佩之还似明月珰。爷娘怨郎身手穷，囚妾不使郎衾同。生不同衾死同穴！妾虽无言妾已决。含笑语爷娘："妾有玉条脱，亦有明月珰。簇新金缕衣，折叠空竹箱。为郎市卖赎郎罪，抵郎归有千金装。"阿爷笑语妾："还尔鸳鸯飞。"阿娘笑语妾："看尔连理芙蓉枝[45]。"鸳鸯遭网罗，安能到头白！芙蓉经狂飙，狂飙摧之易狼藉。朱绳三尺垂，不得高挂梧桐枝。下有千丈池，可惜池水多淤泥[46]。为郎置鸩酒，鸩酒甘如饴。但得生死常追随，此酒不减同心杯[47]。妾饮琉璃杯，郎饮白玉盏。以斧斧木木不离[48]，以刀断水水不断。同茧之丝不可剪，同结之带两头绾[49]。稽首谢阿爷：阿爷不必悲咨嗟。稽首辞阿娘：阿娘不必中心伤。有婿常贫贱，有女不遂爷娘愿。但愿爷娘寿考同百年[50]。郎死不值千黄金，妾死不值黄金千。西邻来看妾，密纫条条罗袴褶[51]。东邻来看郎，仪容皎皎明月光。东邻西邻长叹息："虾蟆抱桂光彩蚀[52]，朽绠龙渊黝谁测[53]！"东邻西邻语我前，要我制作《双鸩篇》。天缺不得女娲补[54]，海缺不得精卫填[55]。闻我歌者当涕涟[56]。郎年二十妾十九，郎姓黄，妾姓柳。郎捐畚，妾箕帚[57]。双芙蓉，何㑃㑃[58]！双鸳鸯，地下守。朝打孔雀夜逐狗，孔雀雌雄狗牝牡。天上所无陌路有，陌路何能避挺杻[59]！闻我歌者泪一斗，不谱吴筝谱燕缶[60]。

上海古籍出版社《复庄诗问》卷十

【注释】

[1]"郎心"句：谓郎心爱妻子胜过爱千两黄金。 [2]华毂（gǔ）：饰有华丽文采的车毂。毂，车轮中心安置轮轴之处。朱轮得华毂：比喻两人的结合十分相宜。 [3]生小：从小，幼年。阊门：苏州西城门名。结缡（lí）：指结婚。缡，佩巾。古时女儿出嫁，母亲要为之结缡。燕市：北京。 [4]金缕衣：用金线织成的衣服。这里指华丽的衣服。 [5]比：好像。 [6]玉条脱：玉制的手镯。 [7]明月珰：用明月珠制成的耳饰。明月，珠名。因珠光晶莹似月光，故名。 [8]渌（lù）：清澈的水。 [9]神为驰：神思为之飞越。 [10]帏灯：带有纱罩的灯。 [11]天鉴之：谓天能鉴察此心。 [12]三城：古地名。有两处，一在今四川松潘县城外西山上，一在今内蒙古河套之北。这里指荒僻的边远地区。 [13]崷崒（qiú zú）：险峻貌。 [14]岧峣（tiáo yáo）：高峻貌。 [15]髇（xiāo）：响箭。 [16]獒（áo）：一种体大凶猛的狗。 [17]鸮（xiāo）：鸱鸮，俗称猫头鹰。 [18]缠臂：臂镯。 [19]珊瑚翘：用珊瑚制成的首饰。翘，首饰名。 [20]良吉：吉日良辰。 [21]秋烟：指秋气。此句以秋天芙蓉的凋谢比喻女主人公面容憔悴。 [22]飘（piāo）：飘散。 [23]訾（zǐ）：责骂。 [24]经年期：相约以一年为期。经年，一年。 [25]眉蛾：眉毛。以眉形似蛾而名。 [26]嗫嚅（niè rú）：欲言又止。 [27]天吴：传说中的海神名，虎身人面，八首八

足八尾。此处指在红罗襦上所绣青色的天吴图案。　[28]复帐:两层的帐子。　[29]菡萏(hàn dàn):荷花。此指帐上所绣花饰。流苏:车马、帷帐等的穗状垂饰,常用玉片、羽毛、丝线等编结而成。　[30]簟(diàn):竹席。　[31]"缘以"句:谓在竹席的四周缝上织有鸾凤图案的锦缎,并用椒泥涂在席上,使之芳香。　[32]稽(qǐ)首:古代所行以头触地的跪拜礼。　[33]逾:超越,这里是违背之意。　[34]区区:此指真挚的爱。鉴取:被体察。　[35]天可盟:可对天盟誓。　[36]偷妾生:妾偷生的倒文。　[37]俟(sì):期待。　[38]鸺鹠(xiū liú):鸟名,一种体型较小的猫头鹰。古人以为鸺鹠啼鸣是凶兆。　[39]笏(hù):古代臣子上朝时所执的手板,用玉、象牙、竹木制成。因形状似金条,故又作金的量词。百笏,言金之多。骅骊(guā lì):两种良马名。骅,身黄喙黑;骊,纯黑。这里泛指良马。　[40]黧(lí)黑:黄黑色。　[41]摧靡:折磨。　[42]恫(dòng):恐惧。　[43]茧足:磨起了老茧的脚。炮燖(xún):炮,烧烤;燖,用滚汤泡煮。这里用以形容双脚皲裂腐烂。　[44]霮(duì):云黑貌。䨴(yīn):遮住阳光的云。此句形容宝刀生锈,失去光辉。　[45]连理枝:两树枝条相连,比喻夫妻恩爱。唐白居易《长恨歌》:"在地愿为连理枝。"　[46]"朱绳"四句:用《古诗为焦仲卿妻作》诗意。该诗写刘兰芝与焦仲卿爱情悲剧的结局是:兰芝"揽裙脱丝履,举身赴清池";仲卿"徘徊庭树下,自挂东南枝"。这里含有比较意,谓上吊不能,投水不得,较之兰芝与仲卿命运更惨。　[47]同心杯:指交杯酒。古时习俗,新婚行合卺(jǐn)之礼,用两盏盛酒,以彩带联结,夫妇各饮一盏,象征同心,故名。　[48]斧斧:后一斧字用作动词,作劈讲。　[49]绾(wǎn):系。　[50]寿考:长寿。　[51]袴褶(kù xí):古代骑士服装,南朝时盛行做礼服。这里亦做礼服讲,指女主人公入殓的盛装。　[52]"虾蟆"句:《淮南子·说林训》:"月照天下,蚀于詹诸。"詹诸一作蟾蜍、蟾蜡,即虾蟆。相传月中有桂树。虾蟆抱桂,指月蚀。此句以月蚀比喻男女主人公的爱情被摧残。　[53]朽绠:腐烂了的汲水用的绳子。黝:幽深。《荀子·荣辱》:"短绠不可汲深井之泉。"此处化用其意,以朽绠不能测深渊,比喻男女主人公无法实现白头偕老的爱情理想。　[54]女娲补天:古代神话。《淮南子·览冥训》:"往古之时,四极废,九州裂,天不兼覆,地不周载……于是女娲炼五色石以补苍天。"　[55]精卫填海:古代神话。《山海经·北山经》:"炎帝之少女,名曰女娃。女娃游于东海,溺而不返,故为精卫。常衔西山之木石,以堙(填)于东海。"　[56]涕涟:泪流不止貌。　[57]揭畚(jū běn):两种盛土的器具。揭畚和箕帚相互为用,犹今语畚箕不离扫帚,古代诗文中常用以比喻夫妻相爱,永不分离。　[58]恻恻（liú liú）：美好貌。　[59]"朝打"四句：意谓孔雀和狗成双作对，在自然界没事，而在人间却遭到毒打，因此，人间青年男女真情相爱又怎能免遭迫害！牝（pìn）牡：动物雄性为牡，雌性为牝。陌路：此指人间。梃杻（tǐng chǒu）：杖械。　[60]筝：古乐器。吴筝，指南方的歌曲，代表柔婉凄楚之声。缶（fǒu）：古乐器。燕缶，指北方的歌曲，代表慷慨悲壮之声。

【选评】

[近人] 许宗衡《玉井山馆笔记》：近人镇海姚梅伯孝廉居京师时，有《双鸠篇》，亦摹此（按：指胡天游《烈女李三行》、曹秋岳《宋宋诗》），而曲折尽致则尤胜焉。然皆本《孔雀东南飞》。

北 村 妇

【解题】

道光二十二年（1842）三月，英国侵略军侵占了浙江镇海。此诗为叙事短篇，它通过对北村妇夫死子亡的叙写，真实地反映了帝国主义侵略给中国人民带来的苦难。缪梓评此诗谓"与工部《新婚》《石壕》诸制，真挚飞动，如出一手"。（《复庄诗问题识》）

妾夫充水兵，战死浃江口[1]。愿妾怀中胎，生男续夫后。昨夜生一男，夫死妾有子。生男未一日，獐猩遍邻里[2]。云贼来虏村，跣足偕逃奔[3]。妾死寻夫魂，杀妾贼之恩。妾杀不足惜，妾死儿何存？折衾手襁儿[4]，河上行迟回。一步一颠扑，蓬发面如灰。妾欲还娘家，娘家路悬悬[5]。指拈双银镯，手招河壖船[6]。刁民来夺衾，并夺妾儿去。眼看将妾儿，投弃乱流渡。

上海古籍出版社《复庄诗问》卷二十二

【注释】

[1] 浃江：浙江省甬江的古称。上流出四明山，流至镇海东入海。东晋时即置戍于入海口，为浃口，历来是海防要地。　[2] 獐猩：兽名。这里喻指英国侵略军。　[3] 跣（xiǎn）足：赤脚。　[4] 襁：襁褓，包婴儿的被子、毯子。这里用作动词，包裹的意思。　[5] 悬悬：遥远貌。　[6] 河壖（ruán）：河边。

郑 珍

郑珍（1806—1864），字子尹，晚号柴翁，贵州遵义人。道光十七年（1837）举人，官荔波县训导。咸丰五年（1855），苗民起义军攻荔波，曾率兵守拒，苗军退后告归。同治二年（1863），大学士祁寯藻荐于朝，特旨以知县分发江苏补用，卒不出。生平事迹见《清史稿》和《清史列传》本传。他通声韵训诂之学，尤精三礼。其诗宗杜甫、韩愈、孟郊、黄庭坚，而能"历前人所未历之境，状人所难状之状，学杜韩而非摹仿杜韩"（陈衍《近代诗钞》），风格兼奇奥和平易两种，为晚清宋诗派代表作家。胡先骕谓"郑珍子尹卓然大家，为有清一代冠冕"。（《读郑子尹巢经巢诗集》）著有《巢经巢集》。

完末场卷，矮屋无聊，成诗数十韵，揭晓后因续成之

【解题】

此诗作于道光十七年（1837）作者在贵阳应乡试时。诗中描述科场情事和应试心态，真实而生动。清代乡试，共分三场。末场，指最后一场考试。矮屋，指低矮的考棚。

我亦胡不足，而必求科名[1]。名成得美仕，岂遂贵此生？十年弃制艺[2]，汗漫窥六经[3]。友串妄称誉[4]，谓我手笔精。安知公等长[5]，真非余所能。所以求试者，亦复有至情。父母两忠厚，辛苦自凤婴[6]。一编持授我，望我有所成。未尽无所成，而世以此轻。因之望颜厚，自量非不明。贵从老亲眼，见此娇子荣。痴心有弋获[7]，焉知非我丁[8]？独叹少也苦，精力遂不撑。四更赴辕门[9]，坐地眠薯腾[10]。五更随唱入[11]，阶误东西行。揩眼视达官[12]，蠕蠕动两桄[13]。喜赖搜挟手[14]，按摩腰股醒。携篮仗朋辈[15]，许贿亲火兵[16]。拳卧半边屋，隔舍闻丁丁[17]。黄帝自知晚[18]，蜗牛喜观灯[19]。梦醒见题纸，细摩压折平。功令多于题[20]，关防映红青[21]。文字如榨膏，慭急膏亦倾[22]。卷完自嗤笑，此又虫语冰[23]。安知上钓鲇[24]，突作掉尾鲸[25]。自视此穷骨，何让稜等登[26]。归去见儿女，夸我头衔增。但愁世上语，高文真有灵[27]。又愁邻舍翁，故生分别惊。寒檠

照秋馆[28]，苦续号虫声[29]。同砚有良友[30]，鉴此欣慨并。难于外人言，螟蠃于螟蛉[31]。

《四部备要》本《巢经巢诗集》卷四

【注释】

[1] 科名：科举功名。 [2] 制艺：八股文。 [3] 汗漫：广泛。六经：指《诗》《书》《礼》《乐》《易》《春秋》六部儒家经典著作。 [4] 串（guàn）：亲近的人。 [5] 长：长处，擅长。 [6] 凤：早。婴：缠绕，羁绊。 [7] 弋获：射得。语出《诗经·大雅·桑柔》："如彼飞虫，时有弋获。"这里指应试中式。 [8] 丁：遭逢。 [9] 辕门：这里指贡院的大门。 [10] 瞢（měng）腾：半睡半醒，迷迷糊糊。 [11] 唱：唱名。 [12] 达官：显贵的大官。这里指主考官。 [13] 蠕蠕：缓缓移动貌。枨（chéng）：古代门两旁所竖的木柱。 [14] 搜挟手：指考场上检查挟带作弊的人。 [15] 篮：指考篮，用以盛文具、食物。 [16] 火兵：衙役。 [17] 丁丁（zhēng zhēng）：拟声词。此指考生作文时吟哦击桌之声。 [18] 黄帘：指考房门上所挂黄色的门帘。 [19] 蜗牛：形容自己蜗伏在考房的情形。 [20] 功令：古时国家关于考试和录用的法令。 [21] 关防：印信的一种。清制，正规职官用正方形官印，称"印"；临时派遣的官员用长方形的官印，称"关防"。关防用紫红色水，故说"映红青"。 [22] 槷（niè）：榨油时用的木楔。 [23] 虫语冰：语出《庄子·秋水》："夏虫不可以语于冰者，笃于时也。"比喻见识短浅。 [24] 上钓鲇（nián）：语出欧阳修《归田录》卷二："梅圣俞以诗知名，三十年终不得一馆职。……初受敕修《唐书》，语其妻刁氏曰：'吾之修书，可谓猢狲入布袋矣。'刁氏对曰：'君于仕宦，亦何异鲇鱼上竹竿耶！'"鲇鱼体滑，竹竿亦滑，鲇鱼上竹竿，比喻上升艰难。 [25] 掉尾鲸：杜甫《太子张舍人遗织成褥段》："开缄风涛涌，中有掉尾鲸。"这里借喻考试中式后当官大有作为。掉尾，摇动尾巴。 [26] 让：逊色，不及。稜等登：语出《玉泉子》："丁稜与卢肇同受知赞皇（李德裕），相推荐及第。故事，放榜讫，谒宰相，即榜元致词，肇以事不至。稜口吃而形陋，俯而致词，本欲言'稜等登科'而赪（chēng）然发汗，鞠躬移时，乃曰：'稜等登……稜等登……'卒不能致后语而罢，左右皆笑。或曰：'君善筝邪？'犹不悟也。"后因以"稜等登"为登科中式的谑语。 [27] 高文：高妙的文章。 [28] 檠（qíng）：灯架。此指灯。 [29] 号（háo）虫：寒号虫。 [30] 同砚：同学。此句下自注："谓伯容。"伯容，黎兆勋的字，遵义人，作者的内兄。 [31] "螟蠃"句：《诗经·小雅·小宛》："螟蛉

有子,螟蛉负之。"蜾蠃常捕螟蛉喂它的幼虫,古人误以为蜾蠃养螟蛉为子。蜾(guǒ)蠃(luǒ),即蜾蠃,一种细腰蜂。此句借喻父母对子女的养育之恩。

【选评】

　　[近人]胡先骕《读郑子尹巢经巢诗集》:其描写叙述极平易庸俗之事,而生动空灵,尤徵作者想象力之强,初不待雕琢堆砌以炫人耳目也。……如《完末场卷矮屋无聊成诗数十韵揭晓后因续成之》一诗中叙应试情况云:"四更赴辕门……槖急膏亦倾。"此段将科举时代应试情形,如侯门、唱名、搜检、携食具、钉号板、出题、盖关防诸步骤,曲曲绘出,令人读之有如身历,诚科举之一绝佳史迹也。彼预试者,五百年来何啻千万,就中大诗家出身科举者,亦未可屈指数,然无作诗以纪之者。非以其平淡无奇,甚或鄙为无谓之功令,但为猎取仕进之途径,羞以形诸章句耶!然化臭腐为神奇,正足以彰作者之才力焉。

　　又《评尝试集》:其《完末场卷矮屋无聊成诗数十韵揭晓后因续成之》一诗中"四更赴辕门"至"关防映红青"一段,历叙乡试时之情况,写五百年来诗人之所不敢写。

春　尽　日

【解题】

　　此诗作于道光十九年(1839),时作者在湘中。诗中通过描绘暮春景色,抒写人生感慨。开头四句以拟人化手法写绿荷春风,奇思妙喻,极为生动传神。

　　绿荷扶夏出,嫩立如婴儿。春风欲舍去,尽日抱之吹。对此伤我心,泪下如绠縻[1]。天岂欲我穷!天岂欲我衰!日月自见多,大化谁能持[2]?阑边秃尾雀[3],攉老看众嬉。微物亦有然,聊复酒一卮[4]。

《四部备要》本《巢经巢诗集》卷五

【注释】

　　[1]绠縻:绳索。此句谓泪下如线。　[2]大化:人生的重要变化。《列子·天瑞》:"人自生至终,大化有四:婴孩也,少壮也,老耄也,死亡也。"亦以指生命。　[3]阑:同"栏"。　[4]卮(zhī):盛酒器。

经 死 哀

【解题】

咸丰年间，清政府为了镇压太平天国革命和贵州苗民起义，变本加厉地搜刮民脂民膏。诗人在避乱流寓期间，耳闻目睹官吏横行、民不堪命的惨象，奋笔写了一组新题乐府诗，即《西家儿》《东家媪》《僧尼哀》《抽厘哀》《南乡哀》《经死哀》《绅刑哀》，共七首。本篇为第六首，作于咸丰十一年（1861）。经死：吊死。作者在诗中以白描手法刻画了官吏强征捐税的狰狞面目，真实反映了无辜百姓在残酷的封建剥削下家破人亡的悲惨命运。

虎卒未去虎隶来，催纳捐欠声如雷。雷声不住哭声起，走报其翁已经死。长官切齿目怒瞋[1]："吾不要命只要银！若图作鬼即宽减[2]，恐此一县无生人[3]！"促呼捉子来，且与杖一百："陷父不义罪何极[4]，欲解父悬速足陌[5]！"呜呼！北城卖屋虫出户[6]，西城又报缢三五。

《四部备要》本《巢经巢诗后集》卷四

【注释】

[1] 瞋（chēn）：睁大眼睛瞪人。 [2] 图：想。宽减：指减免赋税。 [3] 生人：活着的人。 [4] "陷父"句：意谓儿子没能替老子交纳捐税，致使老子用上吊自杀来逃避国税，犯下了不义的罪名，这样你做儿子的罪就更大了。 [5] 解父悬：解下父亲悬挂着的尸体。足陌：足额的钱数。此处指补足所欠的税款。 [6] 虫出户：指人死后无钱收葬，尸体腐烂，蛆虫爬到屋外。典出《韩非子·十过》：春秋时齐桓公不听管仲谏言，任用竖刁，专权乱政。桓公死，诸子争立，陈尸三月不收，尸虫流出户外。

贝 青 乔

贝青乔（1810—1863），字子木，号无咎，一号木居士，江苏吴县人。道光诸生。一生以游幕为生。鸦片战争爆发，激于爱国热情，于道光二十一年（1841）十月投效扬威将军奕经军幕，赴浙东参加抗英斗争。同治二年（1863）应直隶总督刘长佑之聘北上，卒于途中。其诗多写亲身经历情事，富有现实意义，反映鸦片战争之作更有诗史价值。王韬评其诗"跌宕有奇气，忠义激发，溢于言表，盖瓣香老杜者"(《瀛壖杂志》)。著有《半行庵诗存稿》《咄咄吟》等。

咄 咄 吟（选二）

其 一

【解题】

《咄咄吟》是作者赴浙东参加抗英斗争期间所作的大型七绝纪事组诗，共一百二十首。所记见闻起自道光二十一年（1841）十月奕经奉命东征，迄于道光二十二年（1842）末奕经以"劳师糜饷"之罪，被"拿问进京"。作者《自序》云："军旅之中，听睹所及有足长胆识者，暇辄纪以诗，积久得若干首，加以小注，略述原委，分为二卷，题曰《咄咄吟》，言怪事也。"咄咄，语出《世说新语·黜免》："殷中书（浩）被废，在信安，终日恒书空作字。扬州吏民寻义逐之，窃视，唯作'咄咄怪事'四字而已。"诗题即取此义。《咄咄吟》中的少数诗篇热情歌颂英勇抗击英国侵略军的爱国官兵和平民百姓，全诗重点则放在对军中形形色色咄咄怪事的抨击上。在诗歌体式上，因事作诗，就诗加注，以诗纪史，以史证诗，寓政论和讽刺于纪事写人之中，是别具一格的鸦片战争诗史。本篇原列第四十五，写奕经门生武官张应云大敌当前时犹卧吸鸦片，以致贻误军机，丧师失地，借以揭露清廷军事和政治的腐败。诗中形象刻画生动传神，讽刺冷峻而深刻。

瘾到材官定若僧[1]，当前一任泰山崩。铅丸如雨烟如墨[2]，尸卧穹庐吸一灯[3]。

骆驼桥距镇、宁二城约二十余里[4]，故张应云屯兵于此，以为两路后应。二十八日夜半，瞭见二城火光烛天，胜负莫决。继闻炮声四起，或请于应云曰："我兵不带枪炮，而今炮声大作，恐或失利，急宜运赴前队以助战。"而应云素吸鸦片烟，时方烟瘾至，不能视事。及二十九日，探报四至，迄无确耗。日中，镇海前队刘天保等败回。傍晚，宁波前队余步云、李廷扬自慈溪带兵至，知其并未进城，而段永福等已败入大隐山。讹言蜂起，加以败残军士乏食，哭声震野。或谓宜再进，或谓宜速退，聚谋至黄昏不决。而噗夷旋从樟市来犯[5]，先焚我所弃火攻船以助声势，继闻发枪炮，豕突而至[6]。我兵望风股慄，不敢接战，咸向慈溪城退避。而应云犹卧吸鸦片烟半时许，始踉跄升舆而走[7]。

【注释】

[1] 瘾：鸦片烟瘾。材官：武官，指张应云。张为奕经门生，时任前营

总理。定若僧：像和尚坐禅入定一样。和尚坐禅时，盘腿默坐，片念不起，心定于一。 [2] 铅丸：枪弹。 [3] 尸卧：像死人一样躺着。穹庐：本是比方游牧民族的篷帐，这里指军中营帐。灯：指鸦片烟灯。吸食鸦片，需将烟枪凑近烟灯吮吸。 [4] 镇、宁：浙江的镇海、宁波。 [5] 嘆（yīng）：译音用字，指英国。 [6] 豕突：像野猪奔窜一样横冲直撞。 [7] "始踉跄"句：句下作者自注："凡吸烟、贩烟者，英夷皆不杀。前岁陷定海，同知舒恭受被擒去。恭受向知县事，颇得民心，故有以烟土纳其怀中者。嘆夷搜获之，嘉其能吸烟也，即遣归内地。"升舆：登上轿子。

其　二

【解题】

本篇原列第七十六，写浙江杭嘉湖道宋国经军装作鬼怪应援，被英军用枪炮击溃事，揭露和讽刺清朝官员的昏庸误国。

天魔群舞骇心魂[1]，儿戏从来笑棘门[2]。漫说狄家铜面具，良宵飞骑夺昆仑[3]。

初，杭嘉湖道宋国经，欲以奇兵制胜，特向市中购买纸糊面具数百个，募乡勇三百四十二人，装作鬼怪，私于内署昼夜演习之。及嘆夷陷乍浦，国经派都司罗建业、千总李金鳌帅往应援。时方白昼，跳舞而前，嘆夷以枪炮来击，我兵耳目为面具所蔽，不能格斗，遂溃散。

《续修四库全书》本《呦呦吟》卷下

【注释】

[1] 天魔群舞：元顺帝时宫中有乐舞名"天魔舞"。以宫女十六人，头垂发辫，戴象牙佛冠，身穿璎珞大红绡金长短裙，按乐起舞。这里借指宋国经军。 [2] "儿戏"句：典出《史记·绛侯周勃世家》：汉文帝命刘礼驻军霸上，徐厉驻军棘门，周亚夫驻军细柳。后文帝去劳军，到霸上和棘门都能骑马直驰而入，到细柳营，都披甲张弓，不许文帝的先驱入内，直到文帝派人持节证明，才许开门，周亚夫也只以军礼参见文帝。文帝叹为"真将军"，说："曩者霸上、棘门军，若儿戏耳！"棘门，秦时宫门名，在今陕西省咸阳市东北。 [3] "漫说"二句：用北宋名将狄青事。据朱熹《五朝名臣言行录》载，狄青与西夏赵元昊战，曾披发戴铜面具，敌人惊为天神。后又与壮族侬智高作战，于上元节张灯大宴诸将，至三更，率奇兵突袭敌军，攻破昆仑关。漫

说：莫说。昆仑：指昆仑关，在今广西南宁东北。

金　和

　　金和（1818—1885），字弓叔，号亚匏，江苏上元（今南京）人。诸生。曾亲身经历鸦片战争和太平天国革命，既反对外国侵略，又敌视农民起义。光绪初年，应聘入上海招商局。生平事迹见束允泰《金文学小传》。其诗擅长以古体叙事，有小说化倾向。梁启超将他与黄遵宪、康有为并列，以为"元气淋漓，卓然称大家"（《清代学术概论》）。著有《秋蟪吟馆诗钞》《来云阁词钞》《文钞》。

兰陵女儿行

【解题】

　　兰陵：古郡名。西晋时分东海郡，置兰陵郡，治丞县（今山东枣庄峄城区）。东晋南渡，侨置南兰陵郡，治兰陵（今江苏常州西北）。后因以称常州。本篇所指为南兰陵。这是一首赢得普遍赞誉的叙事名篇。诗中叙写兰陵女子抗拒清将劫婚的故事，借以揭露清军官兵的横行不法，表达人民对此强暴行为的愤慨与鄙视。此诗描述兰陵女子的行动，出人意表，富有传奇色彩；又借鉴小说的手法，通过对话和动作描写来刻画女主人公的勇敢机智、将军的情虚胆怯和宾客的巧言斡旋。诗的语言以七言为主，杂用五言和长句，加上音调激昂顿挫，正与情节的发展和人物情感的起伏相适应，表现了本诗以文为诗的特点和长处。

　　将军既解宣州围[1]，铙歌一路行如飞。行行东至溧水上[2]，乃营金屋安玉扉[3]。步障十重列纨绮[4]，流苏百结垂珠玑[5]。天吴紫凤贴地满[6]，珊瑚玉树灯相辉。灵蠵之枻大蠡盏[7]，椒花酿熟羊羔肥[8]。坐中貂锦半时贵，眼下繁华当世稀。道是将军毕婚礼，姬姜旧聘今于归[9]。兰陵道远骞修往[10]，春水吴船凭指挥。良辰风日最明媚，雪消沙暖晴波翠。双桥儿女竞欢声，新年梅柳酬春意。卓午遥闻鼓吹喧[11]，前津已报夫人至[12]。将军含笑下阶行，众客无声环堵侍[13]。彩船刚舣将军门[14]，船中之女隼入而猱奔[15]。结束雅素谢雕饰，神光绰约天人尊[16]。若非瑶池陪輂之贵主[17]，定是璇宫宵织之帝孙[18]。顾身屹以立[19]，玉貌惨不温。敛袖向众客[20]：

"来此堂者皆高轩[21]，我亦非化外[22]，从头听我分明言：我是兰陵宦家女，世乱人情多险阻。一母而两兄，村舍聊僻处。前者冰畦自灌蔬，将军过之屡延伫[23]。提瓮还家急闭门，曾无一字相尔汝[24]。昨来两材官[25]，金币溢筐筥[26]。谓有赤绳系[27]，我母昔口许。兹用打桨迎，期近慎勿拒。我兄稍谁何[28]，大声震柱础。露刃数十辈，狼虎纷伴侣。一呼遽坌集[29]，户外骇行旅。其势殊讧讧[30]，奋飞难远举。我如不偕来，尽室惊魂无死所。我今已偕来，要问将军此何语？"女言缕缕中肠焚[31]，突前一手撼将军[32]，一手有剑欲出且未出："我言是真是假，汝耳闻不闻？我唯捉汝姑苏去[33]，中丞台下陈诉所云云[34]。请为庶人上达尧舜君[35]，古来多少名将钟鼎留奇芬[36]，一切封侯食邑赐钱赐绢种种国恩外[37]，是否听其劫掠良闺弱息为策勋[38]？诏书咫尺下五云[39]。万一我嫁汝，汝意岂不欣？不有天子命，断断不能解此纷。汝如怒我则杀我，譬诸么么细琐扑落粪土一蚤蚊[40]。不则我以我剑夺汝命，五步之内颈血立溅青绫裙[41]。门外长堤无数野棠树，树下余地明日与筑好色将军坟。一生一死速作计，奚用俯首不语局促同斯文[42]？"将军平日叱咤雷车殷，两臂发石无虑千百斤[43]，此时面目灰死纹，赪如中酒颜熏熏[44]。帐下健儿腾恶氛，握拳透爪齿咬龈。将军在人手，仓猝不得分。投鼠斯忌器[45]，无计施戈殳[46]。将军左右摇手挥其群，目视众客似乞片言通殷勤。众客惊甫定，前揖女公子："聆女公子言，怒发各上指。要之将军心，始愿不到此[47]。求婚固有之，篡取敢非礼。卤莽不解事，罪在使人耳[48]。若两材官者，矫命必重箠[49]。如今无他言，仍送还乡里。将军亲造门[50]，肉袒谢万死[51]。敬奉不腆仪[52]，堂上佐甘旨[53]。事过如烟云，太空本无滓。请即回舟行，食言如白水[54]！"女视众客笑且颦："诸君视我黄口侲[55]。彼今大失望，野性讵肯驯[56]？山魈寻仇雠[57]，蓄念愈不仁。慨从军兴来，处处兵杀民。杀民当杀贼，流毒滋垓垠[58]。兰陵官道上，若辈来往频。不在霜之夕，则在雨之晨。我家数间屋，猎猎原上薪。我家数口命，惨惨釜内鳞。弹指起风波，转眼成灰尘。与其种后祸，终作衔哀磷[59]。阎罗知有无，夜台冤谁伸[60]？何如踊九重[61]，天必无私纶[62]。或竟辣手作[63]，公论自有真。明知我此来，螳斧当巨轮[64]。宁犹计瓦全，惜此区区身？诸君调停词，蔓甚我弗遵[65]。"众客更前揖："请勿变色瞋！将军负贤名，毛羽夙所珍[66]。壹意希儒风，裦带殊恂恂[67]。此举大不韪[68]，一旦传闻新，万口鸣不平，可知詈申申[69]。恶声来有由，欲辨难鼓唇。白璧自污之，罔值钱一缗[70]。悔过方不遑[71]，恨无障面巾。江东诸父老，相见惭相亲。况敢犯众怒，兴戎自婚姻[72]。得罪名教尽[73]，不复能为人。斯人非寻常，四方战贼多苦辛，大才虽非管乐匹[74]，英风犹自奢颇伦[75]。女公子既世家裔，幸为朝廷宽假熊罴臣[76]。他日之事愿以百口保，某也官府某也乡缙绅。"翕然长跪代请命[77]："惟女公子为仙为佛为天神[78]！"女知众客意难拂[79]，乃曰："我为诸君屈。诸君前说姑置之，我与诸君借一物。我闻彼有善马名白鱼，日行千里犹徐徐[80]。我之发兰陵，辞家计已四日余。老母痛苦常依闾，两兄中廷握手空唏嘘。若乘此马归到家，可及今日日落初。自今我亦弃敝庐，卜邻别有秦人墟[81]。桃花林中奉板舆[82]，从兄去读黄石书[83]，武陵隔绝痴儿渔[84]。三日五日间，我既迁所居。秣陵蒋尉祠[85]，归马其何如？"将军此马不数驭[86]，至此惟恐女不去。急呼从者牵马前，四足霏霜耳披絮[87]。女一顾此马，眉宇色差豫[88]。撒手始释将军衣，身未及腾鞍已据。一声长谢破空行，电掣星流不知处。女行数日军无骚，将军振旅胆气豪[89]。钟山之旁营周遭，宾僚迎拜将军劳。斗酒劝醋新蒲萄[90]，钲笛杂奏声欢呶[91]。云中匹马尘甚嚣[92]，清光无恙来滔滔[93]。千金一诺券果操[94]，将军迎縶归其曹[95]。马汗如血长嘶号，背上有物臃肿拳曲纵横束缚三尺高，乃是材官当日将去之聘礼[96]，封还不失分厘毫。聘礼脱尽处，蕴叶多一刀[97]。刀光摇摇其锋能吹毛，将军坐此几日夜睡睡不牢[98]。"

清光绪刻本《秋蟪吟馆诗钞》卷七

【注释】

[1] 将军：未详何人，疑为当时湘军李臣典之流，曾指挥清军攻陷太平天国起义军所占领的宣州城。宣州：古州名，治所在今安徽宣城。 [2] 濑（lài）水：又名溧水，在今江苏常州溧阳。 [3] 金屋：语出《汉武故事》："年四岁，立为胶东王。数岁，长公主抱置膝上，问曰：'儿欲得妇否？'胶东王曰：'欲得妇。'长公主指左右长御百余人，皆云不用。末指其女问曰：'阿娇好否？'于是乃笑对曰：'好。若得阿娇，当作金屋贮之。'"后多以"金屋"指纳妾的华丽住所。玉扉：白玉做的门。 [4] 步障：屏障。 [5] 流苏：车马、帷帐等物上的穗状垂饰物，用彩色的羽毛或丝线等制成。 [6] 天吴、紫凤：均为地毯上的绣饰物。天吴，海神名。《山海经·海外东经》："朝阳之谷，神曰天吴，是为水伯。" [7] 灵蠵（xī）：灵龟。柈（pán）：通"盘"。蠃（luó）：通"蠃"，即螺。 [8] 椒花酿：指用椒花浸制的酒。南朝梁宗懔《荆楚岁时记》："俗有岁首用椒酒。椒花芬香，故采花以贡樽。" [9] 姬姜：姬为周代的姓，姜为齐国的姓，两姓常通婚，故以"姬姜"为贵族妇女之称。这里指美女。于归：女子出嫁。语出《诗经·周南·桃夭》："之子于归，宜其室家。" [10] 蹇（jiǎn）修：媒人。语出屈原《离骚》："解佩纕以结言兮，吾令蹇修以为理。"朱熹集注："蹇修，人名。理，为媒以通词理

也。"后因以蹇修为媒人的代称。　[11] 卓午：正午。　[12] 津：渡口。
[13] 环堵：环立如堵墙。语出《礼记·儒行》："儒有一亩之宫，环堵之室。"疏："环，周回也。东西南北惟一堵。"　[14] 舣（yǐ）：船靠岸。
[15] 隼（sǔn）：猛禽，鹰类，又叫"鹘"。猱（náo）：猿猴的一种。隼入猱奔：形容飞奔而入的情状。　[16] 绰约：风姿柔美貌。语出《庄子·逍遥游》："藐姑射之山，有神人居焉，肌肤若冰雪，绰约如处子。"　[17] 瑶池：神话传说中西王母居住的地方，在昆仑山上。《穆天子传》："觞西王母于瑶池之上。"辇（niǎn）：帝王后妃所乘的车。贵主：指西王母之女。　[18] 璇宫：玉饰的宫殿。晋王嘉《拾遗记》："少昊以金德王，母曰皇娥，处璇宫而夜织。"这里指传说中织女所居之宫。帝孙：指织女。《汉书·天文志》："织女，天帝孙也。"　[19] 颀（qí）：长。　[20] 敛袖：整敛衣袖，表示恭敬。旧时妇女行礼称敛衽，敛袖犹敛衽。　[21] 高轩：本指贵宾所乘的车子，这里指代贵宾。　[22] 化外：指不受朝廷教化的人。　[23] 延伫：久立。
[24] 相尔汝：彼此以尔汝相称，表示亲昵。语出唐韩愈《听颖师弹琴》："昵昵儿女语，恩怨相尔汝。"　[25] 材官：《史记·张丞相列传》："（申屠嘉）以材官蹶张从高帝击项籍，迁为队率。"本指勇武之卒，这里指供差遣的低级武官。　[26] 筐、筥（jǔ）：盛物的竹器。方者曰筐，圆者曰筥。　[27] 赤绳系：旧指男女双方由人作媒结成婚姻。典出唐李复言《续玄怪录》：唐韦固少未娶，旅次宋城，遇老人倚囊而坐，向月检书。固问，答曰："天下之婚牍耳。"又问囊中何物，答曰："赤绳子，以系夫妇之足。虽仇敌之家，贫贱悬隔，天涯从宦，吴越异乡，此绳一系，终不可逭（huàn，逃）。"　[28] 谁何：过问，干预。　[29] 奔（bèn）集：聚集。　[30] 讧讧（hòng hòng）：犹汹汹。　[31] 缕缕：谓一一数说。　[32] 揕（zhèn）：刺。这里指用手揪住。　[33] 姑苏：今江苏苏州。　[34] 中丞：官名，本谓御史中丞。明代以副、佥都御史任巡抚，清代又以副都御史为巡抚的兼衔，故明清俗称巡抚为中丞。清代江苏巡抚驻苏州。云云：指上面说的话。　[35] 庶人：平民。此为女子自称。尧舜君：指英明的皇帝。　[36] 钟鼎：古人常刻铭于钟鼎以表彰功德。《旧唐书·长孙无忌传》："自古皇王褒崇勋德，既勒铭于钟鼎，又图形于丹青。"　[37] 食邑：封地。　[38] 弱息：幼弱的子女。此犹言少女。策勋：书其功勋于简策之上，犹言记功。　[39] 咫尺：很近。五云：五色瑞云，指皇帝所在地。　[40] 幺么（yāo mó）：细小。　[41] 绝（shī）：粗绸。　[42] 奚：何。斯文：读书人。　[43] 石：古代用作武器的石块。无虑：大约。　[44] 赪（chēng）：红色。中（zhòng）酒：醉酒。熏熏：同"醺醺"。　[45] 投鼠斯忌器：比喻做事有所顾忌，不敢放手进行。语出《汉

书·贾谊传》："里谚曰：'欲投鼠而忌器'，此善谕也。鼠近于器，尚惮于投，恐伤其器，况于贵臣之近主乎？"　　［46］䂮（qín）：矛柄。这里指代矛。［47］"始愿"句：谓本心不至此。　　［48］使人：使者，指材官。　　［49］矫命：假托将军的命令。箠（chuí）：用鞭子抽打。　　［50］造门：登门。［51］肉袒：《史记·廉颇蔺相如列传》："（廉颇）肉袒负荆，因宾客至蔺相如门谢罪。"肉袒，袒衣露体，请受鞭责，以示意诚。　　［52］不腆（tiǎn）仪：不丰厚的礼物。　　［53］堂上：指老母。甘旨：甜美的食物。　　［54］白水：语出《左传·僖公二十四年》："及河，子犯以璧授公子曰：'臣负羁绁从君巡于天下，臣之罪多矣，臣犹知之，而况君乎！请由此亡。'公子曰：'所不与舅氏同心者，有如白水！'"有如白水，谓请以白水为证。后因以白水为表示信守不移之词。此句意谓决不失约，有白水为证。　　［55］黄口伎（zhèn）：小孩儿。黄口，指幼儿。《淮南子·氾论训》："古之伐国，不杀黄口，不获二毛。"高诱注："黄口，幼也。"伎，伎童，指童子。张衡《西京赋》："伎童逞材，上下翩翻。"薛综注："伎之言善；善童，幼子也。"［56］讵（jù）：岂。　　［57］山魈（xū）：山鬼。魈，亦作䮾，古时谓能使人财物虚耗的恶鬼。　　［58］滋：蔓延。垓垠（gāi yín）：意谓遍于天下。［59］磷：磷火。衔哀磷，犹言冤鬼。　　［60］夜台：墓穴。晋陆机《挽歌》："送子长夜台。"李周翰注："坟墓一闭，无复见明，故云长夜台。"［61］嘂（jiào）：高声呼叫。九重：指朝廷。《楚辞·九辩》："君之门以九重。"　　［62］无私纶：意谓皇帝的诏书中无偏私一方的话。《礼记·缁衣》："王言如丝，其出如纶。"疏："王言初出，微细如丝。及其出行于外，言更渐大，如似纶也。"纶，古代官吏系印的青丝绶。后世因称诏旨为纶音。［63］辣手：毒辣的手段，指处死将军。　　［64］"螳斧"句：意谓不自量力。《后汉书·袁绍传》："运螳螂之斧，当隆车之隧。"螳斧，犹螳臂，因其形如斧，故称"螳斧"。　　［65］謷：指语言啰唆，不切要害。　　［66］毛羽：比喻名声。梁元帝《怀旧赋序》："长安郡公为其延誉，扶风长者刷其羽毛。"风：一向。　　［67］裘带：《晋书·羊祜传》："在军尝轻裘缓带，身不披甲。"后因以轻裘缓带形容儒将风度。恂恂（xún xún）：谦恭谨慎貌。　　［68］韪（wěi）：是。　　［69］詈（lì）申申：反复骂个不停。屈原《离骚》："女媭之婵媛兮，申申其詈余。"　　［70］罔：无，不。缗（mín）：成串的铜钱。一千文为一缗。　　［71］不遑（huáng）：来不及。　　［72］"兴戎"句：谓因为婚姻引起争端。　　［73］名教：指以正定名分为中心的封建礼教。　　［74］管乐：管仲和乐毅。管仲，春秋时齐国名相；乐毅，战国时燕国名将。　　［75］奢颇：赵奢和廉颇。二人均为战国时赵国名将。　　［76］宽假：宽恕。熊罴臣：指武臣。《尚书·康王之诰》:"则亦有熊罴之士,不二心之臣。"孔传:"勇猛如熊罴之士。" 〔77〕龛(xī)然:齐同貌。 〔78〕惟:副词,表祝愿语气。 〔79〕拂:违背。 〔80〕徐徐:舒坦貌。 〔81〕卜邻:选择好邻居。秦人墟:陶潜《桃花源记》:"自云先世避秦时乱,率妻子邑人,来此绝境,不复出焉。"因称桃花源为秦人墟。墟,村落。 〔82〕板舆:古代老人常用的一种由人扛抬的板车。潘岳《闲居赋》:"太夫人乃御板舆。" 〔83〕黄石书:兵书。据《史记·留侯世家》载,汉张良曾在下邳(今属江苏省)圯(yí,桥)上遇黄石公,授以《太公兵法》。 〔84〕武陵:桃花源所在。隔绝痴儿渔:意谓与世隔绝,渔人无从问津。 〔85〕秣陵:秦改金陵为秣陵,即今江苏南京。蒋尉祠:东汉末年,秣陵尉蒋子文逐盗死于钟山。后孙权为立庙,并将钟山改称为蒋山。 〔86〕数驭:常骑。 〔87〕霏霜:雪白。披絮:披满白毛。 〔88〕差豫:稍现出愉悦。 〔89〕振旅:整顿部队,操练士兵。《左传·隐公五年》:"三年而治兵,入而整旅。" 〔90〕釂(jiào):喝干杯中的酒。蒲萄:同"葡萄"。这里指葡萄酒。 〔91〕钲(zhēng):古代军中的一种乐器,似钟而狭长,有柄,击之发声,行军时用以节止步伐。欢呶(náo):欢闹。 〔92〕尘甚嚣:人声喧嚷,尘土飞扬。《左传·成公十六年》:"(楚)王曰:'将发命也,甚嚣,且尘上矣。'"嚣:喧嚷。 〔93〕清光:形容白鱼马的光彩。无恙:身体健康,没有毛病。滔滔:犹言滚滚,形容白马飞奔而来的情景。 〔94〕千金一诺:指说话极守信用。《史记·季布栾布列传》:"楚人谚曰:'得黄金百斤,不如得季布一诺。'"券:契约。 〔95〕絷(zhí):用绳索拴住马足。曹:群。此指马群。 〔96〕将去:带去。 〔97〕薤(xiè)叶:薤,植物名,气如葱,根如小蒜,叶细长中空,断面为三角形。这里以薤叶比刀。一说薤叶指薤叶篆,篆书的一种。诗中借指信,谓信件之外,还有一刀。 〔98〕坐此:因此,为此。

【选评】

〔近人〕陈作霖《可园诗话》卷三:"江南初定,大将某过常州,见有女甚美,强委禽焉。女至营,责以大义,某不敢留,听其去,上元金亚匏明经和为作《兰陵女儿行》云云。奇人奇事,得此奇诗以传之,足以不朽矣。"

〔近人〕胡先骕《评金亚匏秋蟪吟馆诗》:"金氏集中之名篇,当首推《兰陵女儿行》。其叙述之生动,气势之夭矫,殆少伦比。然亦如金氏所有之古诗,弦急柱促,既无白乐天、吴梅村低回掩抑,一唱三叹之风致,复无杜工部、韩昌黎博大沉雄之气格,故终为识者所不取也。且所叙述之兰陵女儿,不无过情之誉。细察其辞句,恰似沪上卖文之小说家所夸张之女剑侠。无一非天人，无一非超群绝伦古今无两之奇女子，甚足使人无征不信也。……《兰陵女儿行》乃用长短错落之句法，亦为不中法度之表征。此其所以终不能侪于名家之列也。"

黄遵宪

黄遵宪（1848—1905），字公度，号人境庐主人，广东嘉应州（今梅州）人。光绪二年（1876）举人，历任驻日使馆参赞、美旧金山总领事、英使馆参赞、新加坡总领事。二十年被调回国，任江南洋务局总办。次年在上海加入强学会。二十三年被任命为湖南长宝盐法道，署湖南按察使，积极协助湖南巡抚陈宝箴推行新政。二十四年八月，奉命出使日本，行抵上海时值戊戌政变起，被革职，放归故里。生平事迹见《清史稿》本传。黄遵宪是近代"诗界革命"的一面旗帜。早年即有"别创诗界"之论，主张"我手写我口"，要求表现"古人未有之物，未辟之境"。其诗多反映近代重大国事以及外国新事物之作，表达强烈的爱国主义感情；形式上往往不受传统格律束缚，各体皆工，尤长于五七言古体，风格雄奇，境界开阔，手法新颖，语言较通俗。梁启超谓"公度之诗，独辟境界，卓然自立于二十世纪诗界中，群推为大家，公论不容诬也。"（《饮冰室诗话》）著有《人境庐诗草》《日本杂事诗》《日本国志》等，别有后人所编《人境庐集外诗辑》。其诗集今人注本有钱仲联《人境庐诗草笺注》。

今别离（选一）

【解题】

此诗作于光绪十六年（1890），时作者任驻英使馆参赞。《今别离》为乐府杂曲歌辞旧题。诗人以此旧题写火车、轮船、电报、照相等新事物以及东西半球昼夜相反的自然现象，抒发男女离别的深情，是当时"诗界革命"以"旧风格含新意境"的代表性作品之一。诗共四首，本篇原列第一。诗中歌咏轮船和火车的快速与准时，表现现代人比古人更为浓烈的离情别绪。

别肠转如轮，一刻既万周[1]。眼见双轮驰[2]，益增中心忧。古亦有山川，古亦有车舟。车舟载离别，行止犹自由。今日舟与车，并力生离愁[3]。明知须臾景，不许稍绸缪[4]。钟声一及时[5]，顷刻不少留。虽有万钧柁，动如绕指柔[6]。岂无打头风[7],亦不畏石尤[8]。送者未及返,君在天尽头。望影倏不见[9],烟波杳悠悠。去矣一何速,归定留滞不[10]?所愿君归时,快乘轻气球[11]。

上海古籍出版社《人境庐诗草笺注》卷六

【注释】

[1]"别肠"二句:语本唐孟郊《远游联句》:"别肠车轮转,一日一万周。"这里加以翻新,表现火车的快速。 [2]双轮:指火车的飞轮。 [3]并力:竭力。 [4]绸缪:流连。 [5]及时:指到了开车、船的时间。 [6]绕指柔:像能随意弯曲的手指那样柔软。语出刘琨《重赠卢谌》:"何意百炼钢,化为绕指柔。"二句写轮船动力极大,谓虽有万钧重的柁,转动起来也变得如绕指柔了。 [7]打头风:逆风。白居易《小舫》:"黄柳影笼随棹月,白蘋香起打头风。" [8]石尤:指石尤风,即打头逆风。元伊世珍《琅嬛记》引《江湖纪闻》载:"石尤风者,传闻为石氏女嫁为尤郎妇,情好甚笃。为商远行,妻阻之不从。尤出不归,妻忆之病亡。临亡长叹曰:'吾恨不能阻其行,以至于此。今凡有商旅远行,吾当作大风,为天下妇人阻之。'自后商旅发船值打头逆风,则曰此石尤风也。遂止不行。" [9]倏(shū):忽然。 [10]不(fǒu):意同"否"。 [11]轻气球:即氢气球。黄遵宪《陆军官学校开校礼成赋呈有栖川炽仁亲王》之三:"亦有轻气球,凌风腾千尺。"

【选评】

[近人]梁启超《饮冰室诗话》:黄公度集中,名篇不少。至其《今别离》四章,度曾读黄集者,无不首记诵之;陈伯严(三立)推为千年绝作,殆公论矣。

[近人]何藻翔《岭南诗存》:《今别离》四章,以旧格调运新思想,千古绝作,不可有二。

哀 旅 顺

【解题】

旅顺:又称旅顺口,在辽东半岛最南端。当时为我国北方重要军港,驻军三十多营,设海岸和陆路炮台二十二座,大炮七八十尊。光绪二十年(1894)冬,日本侵略军向旅顺进攻,守将逃跑,军心涣散,号称"北洋精华"的旅顺军港很快被日军侵占。此诗先极写旅顺口的壮险形势，末用二语转述轻易陷落，一扬一抑，悲愤之情溢于言表。

海水一泓烟九点[1]，壮哉此地实天险。炮台屹立如虎阚[2]，红衣大将威望俨[3]。下有洼池列巨舰[4]，晴天雷轰夜电闪[5]。最高峰头纵远览，龙旗百丈迎风飐[6]。长城万里此为堑[7]，鲸鹏相摩图一啖[8]。昂头侧睨何眈眈[9]，伸手欲攫终不敢[10]。谓海可填山易撼，万鬼聚谋无此胆。一朝瓦解成劫灰[11]，闻道敌军蹈背来[12]。

古典文学出版社《人境庐诗草笺注》卷八

【注释】

[1]"海水"句：语本李贺《梦天》："遥望齐州九点烟，一泓海水杯中泻。"泓，形容水的深广，此作量词用。海水一泓，即一片汪洋大海的意思。烟九点，古代中国分为九州，但从天上遥望九州，小得像九点烟尘。 [2] 阚（hǎn）：虎怒貌。 [3] 红衣大将：大炮名。据《清朝文献通考》记载，清太宗天聪五年（1631），红衣大炮造成，钦定名镌曰"天祐助威大将军"。俨：严正，庄重。 [4] 洼池：深池，指旅顺港大船坞。 [5] "晴天"句：描述守军平时练兵发炮的情景。 [6] 龙旗：指清朝国旗，上绣有龙。飐（zhǎn）：招展。 [7] 堑：壕沟。此句意谓旅顺形势险要，就像万里长城那样稳固，是天堑之地。 [8] 鲸、鹏：比喻帝国主义列强。摩：逼近。啖：吞吃。 [9] 睨（nì）：斜视。眈眈：注视貌。《易·颐》："虎视眈眈。" [10] 攫：夺取。 [11] 劫灰：佛教语，能使世上一切毁灭的火叫劫火，劫火之后所余的灰烬叫劫灰。 [12] 敌军蹈背来：指当时日本侵略军不从海上正面进攻，而是先从陆上攻占金州城、大连，再由大连从背后攻陷旅顺。

度辽将军歌

【解题】

度辽将军：原为西汉中郎将范明友的封号。汉昭帝元凤三年（公元前78）冬，辽东乌桓反，因任命范明友为度辽将军，度辽河进行征讨。此借指清代湖南巡抚吴大澂。吴大澂（chéng），字清卿，江苏吴县人，同治六年（1867）进士，光绪十八年（1892）授湖南巡抚。吴好金石，购得一枚汉印，其文曰"度辽将军"，因大喜，以为是万里封侯之兆。光绪二十年（1894）年，中日甲午战争爆发，日本侵略军侵入我国东北，朝议主战，吴大澂慷慨请缨获准。

次年，吴统率湘军和鄂军出关迎战，然屡战失利，不到十天，日军即攻陷牛庄、营口和田庄台等地，清军全面溃败。吴于光绪二十四年（1898）被清廷革职，永不叙用。此诗大约作于戊戌变法失败，诗人被罢官还乡以后。诗以"度辽将军"印为线索，巧妙绾合吴大澂出关抗日的缘起及战败前后的史实，用嘲讽之笔生动地刻画了这个大做封侯美梦却无军事实才、狂妄自大而又胆怯如鼠的清廷将帅形象，表达了诗人对晚清军政腐败的无比愤慨。

闻鸡夜半投袂起[1]，檄告东人我来矣[2]。此行领取万户侯[3]，岂谓区区不余畀[4]。将军慷慨来度辽，挥鞭跃马夸人豪。平时搜集得汉印，今作将印悬在腰。将军乡者曾乘传[5]，高下句骊踪迹遍[6]。铜柱铭功白马盟[7]，邻国传闻犹胆颤。自从弭节驻鸡林[8]，所部精兵皆百炼[9]。人言骨相应封侯[10]，恨不遇时逢一战。雄关巍峨高插天[11]，雪花如掌春风颠。岁朝大会召诸将[12]，铜炉银烛围红毡。酒酣举白再行酒[13]，拔刀亲割生彘肩[14]。自言平生习枪法，炼目炼臂十五年。目光紫电闪不动，袒臂示客如铁坚[15]。淮河将帅巾帼耳[16]，萧娘吕姥殊可怜[17]。看余上马快杀贼，左盘右辟谁当前[18]！鸭绿之江碧蹄馆[19]，坐令万里销烽烟[20]。坐中黄曾大手笔[21]，为我勒碑铭燕然[22]。么么鼠子乃敢尔[23]，是何鸡狗何虫豸[24]！会逢天幸遽贪功[25]，它它籍籍来赴死[26]。能降免死跪此牌[27]，敢抗颜行聊一试[28]。待彼三战三北余[29]，试我七纵七擒计[30]。两军相接战甫交[31]，纷纷鸟散空营逃[32]。弃冠脱剑无人惜，只幸腰间印未失。将军终是察吏才[33]，湘中一官复归来[34]。八千子弟半摧折[35]，白衣迎拜悲风哀[36]。幕僚步卒皆云散，将军归来犹善饭[37]。平章古玉图鼎钟[38]，搜箧价犹值千万。闻道铜山东向倾[39]，愿以区区当芹献[40]。藉充岁币少补偿[41]，毁家报国臣所愿。燕云北望忧愤多[42]，时出汉印三摩挲[43]。忽忆《辽东浪死歌》[44]，印兮印兮奈尔何[45]！

上海古籍出版社《人境庐诗草笺注》卷八

【注释】

[1] 闻鸡：典出《晋书·祖逖传》："（祖逖）与司空刘琨俱为司州主簿，情好绸缪，共被同寝。中夜闻荒鸡鸣，蹴琨觉，曰：'此非恶声也。'因起舞。"后常用以指志士及时奋发。投袂（mèi）：甩袖，表示决意奋发。《左传·宣公十四年》："楚子闻之，投袂而起。"　[2] 东人：指日本侵略军。　[3] 万户侯：食邑万户的侯。《战国策·齐策》："有能得齐王头者，封万户侯。"后用以指高官厚禄。　[4] 区区不余畀：语出《左传·昭公十三年》：

"灵王卜曰:'余尚得天下?'不吉。投龟诟天而呼曰:'是区区者,而不余畀!余必自取之。'"区区:小貌。《左传》中指天下,这儿指万户侯。畀(bì):给予。　[5]乡(xiàng)者:以前。传(zhuàn):古代驿站的车马。　[6]高下句(gōu)骊:即今朝鲜。朝鲜在西汉时名高句骊,王莽时改高句骊为下句骊。光绪十年(1885)吴大澂迁左副都御史,被清廷任命为朝鲜办事大臣,赴朝处理由朝鲜金玉均、洪英植等人勾结日使发动的内乱。　[7]铜柱铭功:《清史稿·吴大澂传》:"(光绪)十一年(1885),诏赴吉林,会同副都统伊克唐阿与俄使勘侵界,即所侵珲春黑顶子地也。遂援咸丰十一年(1861)旧界图,立碑五座,建铜柱,自篆铭曰:'疆域有表国有维,此柱可立不可移。'于是侵界复归中国,而船之出入图们江者,亦卒以通航无阻。"白马盟:语出《战国策·赵策》:"令天下之将相相与会于洹(huán)水之上,通质,刑白马以盟之。"此处用以指铜柱铭功之事。　[8]弭(mǐ)节:犹停车。屈原《离骚》:"吾令羲和弭节兮,望崦嵫而勿迫。"鸡林:今吉林。　[9]"所部"句:《吴县志·吴大澂传》:"光绪六年(1880),晋三品卿衔,命赴吉林防边。既抵防所,创设机器局,筑炮垒于三姓珲春,练巩、卫、绥、安四军,编制训练,悉有法度。"　[10]骨相:指人的骨骼相貌。旧时迷信骨相决定人的贵贱。　[11]雄关:指山海关。　[12]岁朝(zhāo):指光绪二十一年(1895)农历正月初一。诸将:指李光久(统湘军五营)、魏光焘(统武威六营)、刘树元(统亲兵六营)、吴元凯(统楚军炮队四营)、谭表忠(统护军一营)、郭长云(统卫队一营)。以上诸将均由吴大澂统率出关。　[13]举白:举杯告尽,犹言干杯。行酒:依次斟酒。　[14]生彘(zhì)肩:生猪腿。《史记·项羽本纪》载鸿门宴中,项羽赐给樊哙一生彘肩,"樊哙覆其盾于地,加彘肩上,拔剑切而啖(dàn)之。"　[15]"自言"四句:炼目炼臂,语出清纪昀《槐西杂志》:"老翁自言炼臂十年,炼目十年,其目以毛帚扫之不瞬,其臂使壮夫攀之,悬身下缒不能动。"据吴大澂《愙斋自订年谱》记载,光绪十年(1884)出使朝鲜时曾"带戈什亲兵及绥、巩各营能打三百步小靶者百余人,至庆字副营打靶,余试放二十枪中靶。"紫电:形容目光锐利明亮。李白《登广武古战场怀古》诗:"紫电明双瞳。"　[16]淮河将领:指先在中日甲午之战中溃败的淮军将领叶志超、卫汝贵等。巾帼:妇女的头巾和发饰。《晋书·宣帝纪》:"亮(诸葛亮)数挑战,帝(司马懿)不出,因遗帝巾帼妇人之饰。"后因用作妇女的代称。大澂所督率者为湘军和鄂军,把淮军将领视作巾帼,表轻蔑之意。　[17]萧娘吕姥(mǔ):《南史·临川静惠王宏传》:"武帝诏(萧)宏都督诸军侵魏,军次洛口,前军克梁城。诸将欲乘胜深入,宏闻魏援近,畏懦不敢进,召诸将欲议旋师。吕僧珍曰:'知难而退，不亦善乎？'宏曰：'我亦以为然。'魏人知其不武，遗以巾帼。北军歌曰：'不畏萧娘与吕姥，但畏合肥有韦武。'武谓韦叡也。"萧娘，指萧宏；吕姥，指吕僧珍。　[18] 左盘右辟（bì）：左右回旋进退。　[19] 碧蹄馆：地名，在朝鲜京城西三十里。　[20] 坐令：致使。　[21] 黄曾：指黄自元和曾广钧。黄为湖南安化人，同治七年（1868）进士。曾为湖南湘乡人，光绪十五年（1889）进士。二人此时同在大澄幕府。大手笔：写文章的高手。《晋书·王珣传》："珣梦人以大笔如椽与之。既觉，语人曰：'此当有大手笔事。'"　[22] 勒：刻。燕然：山名，即今蒙古人民共和国境内的杭爱山。《后汉书·窦宪传》记载，汉和帝永元元年，车骑将军窦宪率兵出塞，大败北匈奴，"温犊须、日逐、温吾、夫渠王柳鞮（dī）等八十一部率众降者，前后二十余万人，（窦）宪、（耿）秉遂登燕然山，去塞三千余里，刻石勒功，纪汉威德，令班固作铭。"这里借指黄、曾二人替吴大澄树碑纪功。　[23] 幺（yāo）么（mó）：微小。鼠子：比喻日本侵略军。　[24] 是何鸡狗：崔鸿《十六国春秋》载王堕语："董龙是何鸡狗！"龙，右仆射董荣小字。何虫豸：《五代史·卢程传》载卢程骂少尹任圜语："尔何虫豸！"　[25] 天幸：天赐之幸，指非人力所致。遽（jù）：就。贪功：贪天之功为己有。《左传·僖公二十四年》："窃人之财，犹谓之盗，况贪天之功以为己力乎？"　[26] 它（tuó）它籍（jí）籍：交错杂乱貌。司马相如《上林赋》："不被创刃而死者，它它籍籍，填坑满谷，掩平弥泽。"　[27] "能降"句：据《清朝野史大观》载："吴大澄请命出征，兵抵旅顺，首出劝降告示，晓日人以大义，言词可泣可歌。"　[28] 颜行（háng）：排在行列的前面，犹前锋。　[29] 北：败。　[30] 七纵七擒：用诸葛亮七纵七擒孟获事，意谓善用策略，以道义使对方心服。大澄讨日檄文中有"待该夷人三战三北之余，看本大臣七纵七擒之计"等语。　[31] 甫：才。　[32] "纷纷"句：写吴大澄军溃败的情状。据《清史稿·德宗纪》："二月庚戌，日军陷牛庄，吴大澄退走。丙辰，日兵陷田庄台，吴大澄奔锦州。"又罗惇曧《中日兵事本末》："魏光焘败于牛庄，李光久弃军逃，死二千余人，虏八百余人，军械甚富。吴大澄弃田庄台，夜奔入关，将士从风而靡。"　[33] 察吏：明察的官吏。　[34] "湘中"句：指吴大澄仍回湘任湖南巡抚。吴大澄《愙斋自订年谱》载："奉撤任帮办军务来京候用之命，行抵津门，得旨革职留用回湖南巡抚本任。四月，回湘接任。"　[35] 八千子弟：用项羽故事，非实数。《史记·项羽本纪》："项王笑曰：'天之亡我，我何渡为！且籍与江东子弟八千人渡江而西，今无一人还，纵江东父兄怜而王我，我何面目见之？'"　[36] 白衣：丧服，此指战死将士的亲属。[37] 善饭：能吃。《史记·廉颇蔺相如列传》："廉将军虽老，尚善饭。"　[38] 平章：品评。吴大澂平生好金石，多有搜集、研究。著有《愙斋集古录》《恒轩吉金录》《古玉图考》等。　[39] 铜山：语出《史记·佞幸列传》："上使善相者相（邓）通，曰：'当贫饿死。'文帝曰：'能富通者在我也。何谓贫乎？'于是赐邓通蜀严道铜山，得自铸钱，'邓氏钱'布天下。"后因以借指钱。铜山东倾：指甲午战败后给日本的巨额赔款。据《清史稿·邦交志》载，光绪二十一年（1895），派李鸿章为全权使至日本马关，"订约十一款，认朝鲜独立，割辽南及台湾，赔款二万万"。　[40] 芹献：语出《列子·杨朱》："昔人有美戎菽、甘枲（xǐ）茎芹萍子者，对乡豪称之。乡豪取而尝之，蜇于口，惨于腹。众哂而怨，其人大惭。"后因以"芹献"为所献菲薄，不足当意之谦辞。　[41] 藉：借以。岁币：指每年偿付日本的赔款。少：同"稍"。　[42] 燕云：古州名，燕指幽州，云即云州。约今河北、山西一带。　[43] 摩抄（mó suō）：抚摸。　[44]《辽东浪死歌》：据《资治通鉴》载，隋代农民起义军领袖王薄，以山东长白山为根据地，曾作《无向辽东浪死歌》号召起义，农民苦于征役，纷纷参加起义军队伍。浪死，白白送死。这里用此歌名借指中日甲午之战中死于辽东的清军士卒。　[45] 奈尔何：能对你怎么样。

【选评】

　　[近人] 左舜生《黄遵宪其人及其诗》：公度写这首诗，庄谐杂出，把吴大澂形容得淋漓尽致，而一字一句又根据当时的事实，在公度写中日战争的各篇中，更允推杰作。

　　[近人] 钱仲联《梦苕盫诗话》：公度《度辽将军歌》，为吴大澂而作也。悲愤之思，出以突梯滑稽之笔，集中七古压卷之作也。

陈　三　立

　　陈三立（1853—1937），字伯严，号散原，江西义宁（今修水）人。光绪十五年（1889）进士，官吏部主事。二十一年，上海开强学会，尝列名。其父陈宝箴任湖南巡抚时提倡新学，三立佐之，曾引见黄遵宪、梁启超参预新政。变法失败，与父同以"招引奸邪"罪被革职。辛亥革命后，以遗老自居。民国二十六年（1937），日寇侵占北平，拒医绝食而死。生平事迹见季新主编《民国人物传》。三立为近代同光体江西派首领，诗宗黄庭坚，而刻意生新，风格清奇拗涩，早年诗多感时抚事之作。梁启超赞美"其诗不用新异之语，而境界自与时流异，浓深俊微，吾谓于唐宋人集中，罕见伦比。"(《饮冰室诗话》)著有《散原精舍诗》《散原精舍文集》。

晓抵九江作

【解题】

此诗作于光绪二十七年（1901）冬诗人南归途中，时清政府已与八国联军签订了丧权辱国的《辛丑条约》。作者在诗中即景抒情，寓虚于实，表达了深沉的身世感慨和忧国之情。

藏舟夜半负之去[1]，摇兀江湖便可怜[2]。合眼风涛移枕上，抚膺家国逼灯前[3]。鼾声邻榻添雷吼[4]，曙色孤篷漏日妍[5]。咫尺琵琶亭畔客[6]，起看啼雁万峰巅。

《续修四库全书》本《散原精舍诗》卷上

【注释】

[1]"藏舟"句：语出《庄子·大宗师》："夫藏舟于壑，藏山于泽，谓之固矣；然而夜半有力者负之而走，昧者不知也。"诗以此描写夜里乘船开往九江的情景，同时以舟象征当时的中国，有感慨时局艰危，而国人仍昏睡不醒之意。 [2]摇兀：摇荡。 [3]抚膺：捶拍胸口。 [4]"鼾声"句：典出岳珂《桯史》：宋太祖赵匡胤伐南唐，李煜派徐铉为使请求缓兵，宋太祖曰："江南亦何罪？但天下一家，卧榻之侧，岂容他人鼾睡耶？"这里既实写夜里旁边床上有人鼾声如雷，又暗喻外国列强侵吞中国。 [5]妍：美好。当时光绪帝从西安回到北京，政局稍佳于前，给人以一线希望。此句在写景中暗寓此意。 [6]琵琶亭：在九江附近的浔阳江边，即白居易《琵琶行》所述当年送客处。琵琶亭畔客，作者以贬官流落的白居易自比。

康有为

康有为（1858—1927），初名祖诒，字广厦，号长素，又号更生，广东南海人。光绪二十一年（1895）春，入京参加会试，正值《马关条约》签订，遂联合十八省在京会试的一千三百多名举人上书光绪皇帝，要求拒和、迁都、变法，史称"公车上书"。会试榜发，中进士，授工部主事。是年八月，与文廷式等筹办强学会，鼓吹变法。二十四年戊戌（1898）春，被邀到总理衙门，参加"百日维新"。政变起，流亡国外，组织保皇会，鼓吹君主立宪，反对革命。民国六年（1917）六月，张勋复辟，出任弼德院副院长，事败后去青岛。生平事迹见《清史稿》本传。在学术思想上，他属于今文经学派，是近代资产阶级改良派的著名思想家和政治家，代表著作有《新学伪经考》《孔子改制考》《大同书》等。其诗学杜甫、龚自珍，前期之作多反映时代现实，抒写以天下为己任的宏伟抱负，努力创造新意境，风格雄肆瑰丽，是"诗界革命"派的代表诗人之一。梁启超将其诗与金和、黄遵宪并列，以为"元气淋漓，卓然称大家"。（《清代学术概论》）著有《康南海先生诗集》。今人辑有《康有为全集》。

出都留别诸公（选一）

【解题】

光绪十四年（1888）秋，康有为鉴于中法战争失败，外侮频仍，乃借赴京应顺天乡试机会，伏阙上万言书（《上清帝第一书》），请求变法，为顽固派所阻，并招致嘲笑和攻击。遂于次年农历八月十七日离京，诗即作于此时。共五首，本篇原列第二。诗中表达了对昏暗时局和艰危国势的悲愤，抒写了自己虽受挫折而决意继续为变法事业奋斗的激烈壮怀；想象瑰奇，气魄宏伟，具有很强的感染力。

天龙作骑万灵从，独立飞来缥缈峰[1]。怀抱芳馨兰一握[2]，纵横宇合雾千重[3]。眼中战国成争鹿[4]，海内人才孰卧龙[5]？抚剑长号归去也，千山风雨啸青锋[6]！

人民文学出版社《康有为诗文选》"诗选"

【注释】

[1] 骑（jì）：此作名词用，指坐骑。万灵：众神。缥缈：恍惚迷离的样子。两句为想象之词。　[2] 芳馨（xīn）：芳香，指香草。怀馨握兰，比喻志趣高洁。屈原《离骚》："扈江离与辟芷兮，纫秋兰以为佩。"　[3] 宇合：《管子》篇名，原指古往今来无所不包之意，后常用来指天下。雾千重：喻时局的昏暗。　[4] 战国：秦始皇统一中国前，有秦、楚、齐、燕、韩、赵、魏七国争雄，史称战国。这里指帝国主义列强。争鹿：即逐鹿，比喻争夺天下。这里指帝国主义列强妄图瓜分中国，相互竞争。　[5] 卧龙：诸葛亮的

别号。作者在这里隐以自比。　[6] 青锋：即剑。二句借剑抒情，表达自己的悲慨和壮怀。

丘　逢　甲

　　丘逢甲（1864—1912），字仙根，又字吉甫，号蛰仙、仲阏、华严子，别署海东遗民、南武山人、仓海君，出生于台湾苗栗，后移居彰化。光绪十五年（1889）进士，授工部主事，回台讲学游幕。甲午战争后，清廷割台湾与日本，他组织并亲率义军抗击侵台日军。失败后离台内渡，定居广东镇平，创办学校，并一度出游南洋各地。历任两广学务处视学、广东教育总会会长、广东咨议局副议长。三十四年，被推为中国同盟会岭南盟主。民国成立，以广东代表身份赴南京参加筹组临时政府，被举为参议院议员，因病返粤卒。生平事迹见丘瑞甲《先兄仓海行状》。其诗多感愤时事、抒发爱国激情之作，风格悲壮苍凉。梁启超赞他为"诗界革命一巨子"（《饮冰室诗话》）。著有《柏庄诗草》《岭云海日楼诗钞》等。

春　愁

【解题】

　　此诗作于光绪二十二年（1896）春，正值《马关条约》签订一周年。诗中抒写台湾被割让给日本的无限悲愤，字字句句凝聚着台湾人民的血泪。

　　春愁难遣强看山[1]，往事惊心泪欲潸[2]。四百万人同一哭[3]，去年今日割台湾[4]。

上海古籍出版社《岭云海日楼诗钞》卷二

【注释】

　　[1] 强（qiǎng）：勉强。　[2] 潸（shān）：流泪貌。　[3] 四百万人：《岭云海日楼诗钞》原注："台湾人口合闽、粤籍，约四百万人也。"　[4] "去年"句：指光绪二十一年三月二十三日（1895年4月17日），李鸿章代表清廷与日本签订丧权辱国的《马关条约》，将台湾割让给日本。

谭 嗣 同

谭嗣同（1865—1898），字复生，号壮飞，别署华相众生、通眉生，湖南浏阳人。早岁怀济世报国大志，遍游西北、东南诸省。甲午战争后，探求新学。光绪二十二年（1896）入赀为候补知府，次江宁候缺。次年，应湖南巡抚陈宝箴召，回长沙佐其推行新政。二十四年七月，因徐致靖荐被征入京，授四品卿衔，充军机章京，参预变法。政变起，拒绝出奔，被捕入狱，慷慨就义，为著名"戊戌六君子"之一。生平事迹见《清史稿》本传。嗣同为近代杰出的爱国志士、资产阶级改良派中最激进的思想家和政治家，曾与梁启超、夏曾佑等提出"诗界革命"口号。其诗多反映时代现实，抒写远大抱负，表现爱国激情，风格恢阔豪迈。其文说理透辟。著有《莽苍苍斋诗》《寥天一阁文》《仁学》等。今人辑有《谭嗣同全集》。

狱中题壁

【解题】

光绪二十四年（1898）九月，慈禧太后发动政变，谭嗣同拒绝朋友们要他出奔避险的劝告，说："各国变法无不从流血而成，今中国未闻有因变法而流血者，此国之所以不昌也。有之，请自嗣同始。"（梁启超《谭嗣同传》）结果被捕入狱。这首诗是他就义前在狱中用煤屑写在墙壁上的。诗中表达了作者对变法维新事业的坚定信念，体现了这位爱国志士大义凛然、宁死不屈的英雄气概。

望门投止思张俭[1]，忍死须臾待杜根[2]。我自横刀向天笑，去留肝胆两昆仑[3]。

中华书局《谭嗣同全集》"秋雨年华之馆丛脞书"卷二

【注释】

[1]望门投止：看到有人家就去投宿。形容逃亡途中惶急情状。张俭：东汉末年高平人，曾任山阳东部督邮。因弹劾宦官侯览而受报复，被迫逃亡。人们景仰他的名节，都愿冒生命危险接纳他。事见《后汉书·张俭传》。此句设想出奔的康有为、梁启超等人定会受到人们的救护。　[2]杜根：东汉人，

安帝时任郎中。曾上书临朝听政的邓太后,要她退政于皇帝,触怒了太后,让人把他装进口袋在殿上摔死。杜根苏醒过来后,太后派人探视,他装死三日,目中生蛆。事见《后汉书·杜根传》。诗中作者以忍死的杜根自比。 [3]"去留"句:意谓去者和留者都是光明磊落、肝胆相照,像巍巍昆仑山那样崇高伟大。去留两昆仑,指康有为和王五。时康已离京外逃,王尚留在北京。据梁启超《饮冰室诗话》记载:"所谓两昆仑者,其一指南海(康有为),其一乃侠客大刀王五,……浏阳(谭嗣同)少年尝从之受剑术,以道义相期许。戊戌之变,浏阳与谋夺门迎辟(指光绪帝),事未就而浏阳被捕,王五怀此志不衰。"一说"去"指康、梁等,"留"指作者自己。政变发生,作者劝梁启超尽快出走时说:"不有行者,无以图将来;不有死者,无以酬圣主(指光绪帝)。"(梁启超《谭嗣同传》)

梁　启　超

　　梁启超(1873—1929),字卓如,号任公,别署饮冰室主人,广东新会人。光绪十五年(1889)举人。二十一年三月,与其师康有为一起发动在京参加会试的一千三百多名举人联名向光绪帝上万言书,请求变法。七月出任京师强学会书记,主办《中外纪闻》。二十二年任上海《时务报》主编,鼓吹维新变法。二十三年十月,应湖南巡抚陈宝箴之聘,主讲长沙时务学堂。次年入京,以六品衔办译书局,襄助康有为发动百日维新运动。失败后流亡日本,尝赴南洋、大洋洲、美洲等地游历,并创办《清议报》《新民丛报》《新小说》等杂志,继续鼓吹维新变法,宣传君主立宪,反对资产阶级民主革命。民国二年(1913),出任北洋政府司法总长,次年任币制局总裁。四年秋,与其弟子蔡锷等发动倒袁护国运动。六年,参与段祺瑞讨伐张勋复辟之役,继任段政府财政总长,不久辞职。晚年专事著述和讲学,曾受聘为清华国学院导师。生平事迹见其《三十自述》、郑振铎《梁任公先生》。梁启超是近代蜚声中外的资产阶级改良派的宣传家,又是倡导"诗界革命""文界革命"和"小说界革命"颇有影响的文学家。其诗以旧风格反映新现实,多抒写反帝爱国的激情,表达改造社会的雄心。其散文打破桐城古文的清规戒律,纵笔挥洒,平易畅达,笔锋常带感情,风靡一时,号"新文体"。其词六十多首,郑振铎谓颇受陆游、辛弃疾影响。一生著述宏富,刊为《饮冰室合集》。

太平洋遇雨

【解题】

此诗作于光绪二十五年（1899）作者流亡海外，往游美洲途中。诗中描绘太平洋上大雨时的壮阔景象，抒写自己戊戌政变后依然矢志振兴中华的情怀。

一雨纵横亘二洲[1]，浪淘天地入东流。却余人物淘难尽[2]，又挟风雷作远游[3]。

中华书局《饮冰室合集》"文集"第十六册

【注释】

[1] 亘（gèng）：绵亘，横贯。二洲：指亚洲和美洲。太平洋东连美洲，西接亚洲。　[2] "却余"句：苏轼《念奴娇·赤壁怀古》："大江东去，浪淘尽、千古风流人物。"这里反用其意，谓自己虽是戊戌政变后的劫余人物，但决不会像千古风流人物那样，转瞬之间即被历史长河的波涛所淘尽。　[3] 风雷：疾风迅雷。这里隐喻改良社会的雄心壮志。

秋　　瑾

秋瑾（1875，一作1877—1907），初名闺瑾，字璇卿，号旦吾，留学日本时易名瑾，字竞雄，别署汉侠女儿、鉴湖女侠、秋千，浙江山阴（今绍兴）人。光绪二十二年（1896），以父命适湖南湘潭豪绅子王子芳。二十九年春随夫入京，接触新书报，思想日趋进步。次年，为探求救国道路，毅然与封建家庭决裂，东渡日本留学，在东京参加革命社团活动，创刊《白话》杂志。三十一年春一度回国，加入光复会，六月再返日本，加入同盟会，被推为总部评议员和浙江分会主盟人，年底前回国。次年春任浙江浔溪女学教员，后去上海创办《中国女报》。三十三年春回绍兴任大通学校校长，积极联络反清志士组织"光复军"，准备与徐锡麟同时举行武装起义，事败被捕遇害。生平事迹见吴芝瑛《秋女侠传》。秋瑾是近代著名的资产阶级女革命家和女作家。所作诗词文慷慨激昂，笔力雄健，充分表现这位巾帼英雄对革命事业的赤胆忠心。著有《秋瑾集》。

黄海舟中日人索句并见日俄战争地图

【解题】

　　中华书局编《秋瑾史迹》中此诗题作"日人银澜使者索题,并见日俄战地,早见地图,有感"。光绪三十年(1904),日本和俄国为重新分割我国东北和朝鲜进行了一场战争,战场主要设在我国东北境内。腐败的清政府竟宣布"彼此均系友邦",自守"局外中立"。俄国战败,把从我国掠夺去的部分权利转让给日本。此诗作于光绪三十一年夏作者第二次东渡日本途中。诗中抒写对清政府任凭日俄帝国主义蹂躏我国领土的强烈愤慨,表达自己的忧国深情和救时抱负。

　　万里乘风去复来[1],只身东海挟春雷[2]。忍看图画移颜色[3],肯使江山付劫灰[4]!浊酒不销忧国泪,救时应仗出群才[5]。拼将十万头颅血[6],须把乾坤力挽回。

中华书局上海编辑所《秋瑾集》

【注释】

　　[1] 万里乘风:比喻雄心壮志。南朝宋宗悫(què),其叔父宗炳问他志向时,曾答以"愿乘长风破万里浪"的壮语,见《宋书·宗悫传》。去复来:作者于光绪三十年(1904)夏赴日留学,同年冬因事返国,这次是再赴日本,故云。　[2] 挟春雷:比喻怀抱救国的壮志。　[3] 忍看:作"岂忍看""不忍看"解。图画:地图。移颜色:改变颜色,指我国领土被外国帝国主义侵占。　[4] 肯使:作"岂肯使""不肯使"解。劫灰:佛教语,能使世上一切毁灭的灾火叫劫火,劫火之后所余的灰烬叫劫灰。付劫灰,意谓遭受战争的严重破坏。　[5] "救时"句:语本杜甫《诸将》(五首之五):"安危须仗出群材。"　[6] 将:语助词。

苏　曼　殊

　　苏曼殊(1884—1918),初名戬,字子谷,后更名玄瑛,法号曼殊,广东香山(今中山)人,出生于日本横滨。光绪二十四年(1898),入横滨大同中学校。次年返广州,因家庭矛盾出家为僧。二十七年,入东京早稻田大学高等预科。次年转入振武学校,并参加留日学生组织的革命团体青年会。二十九年,加入拒俄义勇队。同年归国,任教于苏州吴中公学,不久至上海参加《国民日报》工作。后几年,往返于日本、国内、南洋各地。辛亥革命后归国,参加上海《太平洋报》工作。民国元年(1912),加入南社。七年,病卒于上海。生平事迹见诸宗元《曼殊大师塔铭》、柳亚子《苏玄瑛新传》。曼殊为南社著名作家。诗以七绝为主,富有浪漫气息,多抒写幽怨哀婉之情,别有一种动人魅力。又擅长小说,写有《断鸿零雁记》《绛纱记》等六种,均以爱情为题材,对后来的"鸳鸯蝴蝶派"小说产生一定影响。著有《苏曼殊全集》。

本 事 诗(选一)

【解题】

《本事诗》作于宣统元年(1909)作者居日本东京时。关于诗的写作对象,论者看法不一,见"备考"。诗共十首,本篇原列第九。诗中抒写对祖国强烈的思念之情,表达落魄异邦的孤独、愁苦与迷惘。

春雨楼头尺八箫[1],何时归看浙江潮[2]?芒鞋破钵无人识[3],踏过樱花第几桥?

中国书店影印北新书局本《苏曼殊全集》第一册

【注释】

[1] 尺八:日本的一种箫。作者自注:"日本尺八与汉土洞箫少异,其曲有名《春雨》,殊凄惘。日僧有专吹尺八行乞者。" [2] 浙江潮:即钱塘江潮。钱塘江入海处口大而内狭,呈喇叭状,每年农历八月十八前后,海潮倒灌,声势浩大,形成中外闻名的奇观。作此诗的前一年,即光绪三十四年(1908)秋,曼殊曾养病杭州,故诗中有"归看浙江潮"之语。 [3] 芒鞋:草鞋。芒鞋破钵,云游四方的和尚的形象。作者此时已出家为僧。

【备考】

关于《本事诗》的写作对象:

一、写日本艺伎百助。柳无忌《苏曼殊及其友人》:"曼殊的《本事诗》十章,全为百助而作。"柳亚子在《对于曼殊研究草稿的我见》中亦持此说。

二、写曼殊的表姐静子。罗建业《曼殊研究草稿》:"静子是百助的影子。"

三、写曼殊心目中一种理想的情人。见周作人《曼殊与百助》。

二、词

释　正　嵒

释正嵒（1597—1670），字豁堂，晚号随山，俗姓郭，金陵（今江苏南京）人。十岁丧父，出家杭州灵隐寺，充任行童。十五岁于天台谒无尽祖灯禅师。复遍参德清、真可诸尊宿。后得法藏大师印可，出主显宁寺。顺治十三年（1656）始掌理杭州净慈寺。康熙五年（1666）以事下狱，获释后即退隐普宁寺村院。生平事迹详见清龚鼎孳《豁堂禅师道行碑》、冯溥《岩禅师塔铭》及《五灯全书》卷八二本传等。一生萧散恬淡，通脱旷达，能诗善词。著有《屏山集》《同凡集》。词仅传一首，见乾隆十六年（1751）刻夏秉衡编《清绮轩词选》。

点　绛　唇

湖　上

【解题】

　　本词着力描绘了一种超尘拔俗、唯与自然亲近的自由生活图景，表现出一种悠闲自得的人生态度，展示了作者不甘受世俗羁绊的个性特征。禅悦无限，一片化机。

　　来往烟波[1]，此生自号西湖长[2]。轻风小桨，荡出芦花港。得意高歌[3]，夜静声偏朗[4]。无人赏，自家拍掌，唱彻千山响[5]。

清乾隆十六年刻本《清绮轩词选》卷三

【注释】

　　[1] 烟波：雾霭苍茫的水面。　[2] 西湖长（zhǎng）：掌管西湖的人。宋苏轼《颍州到任谢执政启》："入参两禁，每玷北扉之荣；出典二邦，辄为

西湖之长。"本词的西湖指杭州西湖，亦名钱塘湖，在城西，三面环山，风景极佳。　[3] 得意：领略到了大自然的玄妙天机。　[4] 朗：响亮。　[5] 千山响：众山一齐发出回声。

【选评】

[清] 李调元《雨村词话》卷四：西陵释正喦，字龕（huò）堂，所著有《同凡草词》。有湖上《点绛唇》一阕，题圣因寺壁间，最工致。余及见之，后不知为何人拭去。……出语不凡，奇僧也。

[清] 查礼《铜鼓书堂词话》："来往烟波……"云云，茂州陈时若大牧最喜歌此调，云武林一老僧所填《点绛唇》也，忘其名。余闻之，辄录出。往复咏叹，音调超绝。噫，此亦红薑老人之匹俦也。

[清] 陈廷焯《白雨斋词话》卷九：僧之能词者，除西湖老僧《点绛唇》一阕外，鲜有佳者。此词亦非正声，然其中有一片化机，未可浅视。

吴　伟　业

作者简介见前"诗歌"。

贺　新　郎

病 中 有 感

【解题】

全词真实地展示了词人处在失节与守节这一封建时代知识分子极其看重的十字路口，因性格的软弱、顾全家人性命等多种缘故，未能坚定立场，终于玷污名节，应诏出仕新朝的痛苦心态。无地自容的词人不惜运用最严峻的话语来鞭挞自己怯懦的灵魂，直言不讳地倾诉自己内心郁积的羞耻。尤其通过与古之龚胜那样的完人、今之"慷慨多奇节"的故人的对照，更将"草间偷活"乃至被迫出仕的自己判定为"一钱不值"。由于其真诚坦率，自讼深刻，并能主动代他人谴责、唾骂自己，所以赢得了后人的些许同情与宽谅。"'真'字是词骨"（况周颐《蕙风词话》卷一），本词有骨，故能打动读者。病中：作者于顺治十年秋入都前后正患重病。《与子暻疏》："先是，吾临行时以怫郁大病，入京师而又患病。"钱谦益《送吴梅村宫谕赴召》："病起恰逢吴八月。"

万事催华发[1]。论龚生、天年竟夭[2],高名难没[3]。吾病难将医药治,耿耿胸中热血[4]。待洒向、西风残月。剖却心肝今置地,问华佗、解我肠千结[5]。追往恨,倍凄咽。　　故人慷慨多奇节[6]。为当年、沉吟不断[7],草间偷活。艾灸眉头瓜喷鼻[8],今日须难诀绝[9]。早患苦、重来千叠。脱屣妻孥非易事[10],竟一钱不值何须说[11]!人世事,几完缺?

上海古籍出版社1983年影印保蕴楼钞本
《吴梅村诗集笺注》附《吴梅村先生诗馀》

【注释】

[1] 华发:年岁渐老则鬓发渐白,故亦用华发以指衰老。　[2] 龚生:指龚胜(公元前68—公元前11),字君宾,西汉末人。哀帝时为光禄大夫。王莽篡国,征胜为讲学祭酒,胜称疾不受,曰:"吾受汉家厚恩,亡以报,今年老矣,旦暮入地,岂以一身仕二姓,下见故主哉?"遂绝食死。时"有老父来吊,哭甚哀,既而曰:'嗟乎!熏以香自烧,膏以明自销。龚生竟夭天年,非吾徒也。'"详《汉书·两龚传》。生,表敬称。天年:自然的寿数。　[3] 高名:声望卓著。没:湮没。　[4] 耿耿:形容心中不能宁帖。　[5] 华佗:三国时名医。　[6] 故人:旧友。这里指明亡时死节的陈子龙、夏氏父子(允彝、完淳)、侯氏兄弟(岐曾、峒曾)、黄道周、杨廷麟等。　[7] 沉吟不断:意谓犹豫不决。　[8] "艾灸"句:中医的两种治病方法。艾灸:用艾绒搓成炷,在患处燃灸。瓜喷鼻:患黄热病时,把瓜蒂放在鼻端,吸之以通气。《隋书》卷六四《麦铁杖传》:"及辽东之役,(铁杖)请为前锋,顾谓医者吴景贤曰:'大丈夫性命自有所在,岂能艾炷灸颔(è),瓜蒂歕(pēn)鼻,治黄不差,而卧死儿女子手中乎?'"　[9] 诀绝:断绝,诀别。　[10] 脱屣(xǐ)妻孥(nú):喻指抛撇妻子儿女。《史记》卷二八《封禅书》:"嗟乎!吾诚得如黄帝,吾视去妻子如脱蹝耳。"蹝,同屣。脱屣,比喻轻而易举的事。妻孥,妻子和儿女。　[11] 一钱不值:物无价值,人无品节。此指后者,乃作者自咎被迫出仕,有污名节。

【选评】

[清]尤侗《艮斋杂说》卷五:吴梅村文采风流,映照一时。及入本朝,迫于征辟,复有北山之移。予读其诗词乐府,故君之思,流连言外。及临终一词……,其恨恨可知矣。

[清]谢章铤《赌棋山庄词话》卷八:梅村淮南鸡犬,眷恋故君。其《贺新凉·病中有感》……,不作一毫矫饰,足见此老良心。

［清］陈廷焯《白雨斋词话》卷三：《贺新郎·病中有感》一篇，梅村绝笔也。悲感万端，自怨自艾。千载下读其词，思其人，悲其遇。固与牧斋不同，亦与芝麓辈有别。

［清］梁令娴《艺蘅馆词选》丁卷引梁启超云：鸟之将死，其鸣也哀。梅村固知自爱者。

［清］周实《无尽庵诗话》卷一：吴梅村以名士作贰臣，气节扫地矣。然集中有……绝命词《金缕曲》云……。噫嘻！岂人之将死，其言也善耶？然名节事极大，古语有云："一失足成千古恨，再回头已百年身。"梅村悔之晚矣。

陈　维　崧

陈维崧（1626—1682），字其年，号迦陵，江南宜兴（今属江苏）人。明左都御史陈于廷之孙，名士陈贞慧之子。年十七补诸生，次年从陈子龙学诗。国破家亡后，客游四方，漂泊湖海三十载。康熙十八年（1679），应试博学鸿词科，以一等第十名授翰林院检讨，参修《明史》。生平事迹详见徐乾学《陈检讨维崧墓志铭》、蒋永修《陈检讨迦陵先生传》及《清史稿》卷四八四本传等。才情雄富，品性真诚。诗、古文造诣俱深，骈文称大家，尤以词名世，为清初"阳羡词派"领袖。少作以风华绮丽见称，中岁以后则深婉豪宕，苍凉激越，霸悍雄劲，一往无前。词集名《迦陵词》，亦名《湖海楼词》，凡三十卷，存词一千六百数十首，人称"填词之富，古今无两"（陈廷焯《白雨斋词话》卷三）。有清康熙患立堂刻本、《清名家词》本等。

点　绛　唇

夜宿临洺驿

【解题】

迦陵原是明朝世家子弟，沦为遗民后却不得不为衣食奔走四方。康熙七年（1668）初冬，由京都南返，途经临洺（míng）驿，锐感北地荒寒，俯仰今昔，触绪百端，愤笔作成本词。上片写自驿站远眺太行山势，近观"稗花盈亩"；下片更进一步，在萧索惨淡的氛围中寄寓沦落不偶的怏怏失意。写景能令静物见动态，质感毕现；抒情则将个人遭际、当下心态与即目所见融成一体。悲风怒吼，一似飘零词人的郁勃心声。全词劲健灵警，风霜满纸。临洺驿：驿站名。故址在今河北永年。傍临洺关。因洺水流经其地，故称"临洺"。

晴髻离离[1]，太行山势如蝌蚪[2]。稗花盈亩[3]，一寸霜皮厚[4]。赵魏燕韩[5]，历历堪回首[6]。悲风吼，临洺驿口，黄叶中原走[7]。

清康熙患立堂刻本《迦陵词全集》卷一

【注释】

[1]晴髻：形容晴空里的山形，盘旋高耸，状如女人发髻。离离：清楚分明。 [2]太行山：山脉名。主体在山西境内。起自山东济阳，北入山西后，又折入河南、河北诸省，止于今鹿泉境。如蝌蚪：形容遥望中的山势，愈远愈小，且若游动。 [3]稗（bài）：亦称稗子。一年生草本植物。分水稗和旱稗两种：水稗生于沼泽，旱稗俗称"光头稗"，多生于荒地山坡，无芒。这里指旱稗。盈亩：充满田间。 [4]霜皮：指白色的稗花。 [5]赵魏燕（yān）韩：战国时的北方四国名。赵址在今河北南部、山西中部；魏址在今河南北部、山西南部；燕址在今河北北部、辽宁西端；韩址在今山西东南、河南中部。 [6]历历：往事分明。 [7]走：这里形容落叶在烈风劲吹下疾卷迅飞状。

【选评】

[清]陈廷焯《白雨斋词话》卷四：其年诸短调，波澜壮阔，气象万千，是何神勇。如《点绛唇》云："悲风吼，临洺驿口，黄叶中原走。"……平叙中峰峦忽起，力量最雄。

好 事 近

【解题】

本词旨在抒发"英雄失路"的悲慨，反映包括自己和史蘧庵在内的广大潦倒才士的普遍心声。上片描写自春及夏的自然景象，下片先作世事更新与"吾徒犹昨"的鲜明对比，然后纳须弥于芥子，把一种郁结已久的悲凉心态借助"忽凉风索索"作形象化的传达。词人出身贵胄，才华横溢，然处于改朝换代之际，长期不得施展才干。满怀幽愤，如骨鲠在喉，适遇同调，遂一吐为快。

夏日，史蘧庵先生招饮[1]，即用先生喜予归自吴闾过访原韵[2]。

分手柳花天[3]，雪向晴窗飘落[4]。转眼葵肌初绣[5]，又红欹栏角[6]。别来世事一番新，只吾徒犹昨[7]。话到英雄失路[8]，忽凉风索索[9]。

清康熙患立堂刻本《迦陵词全集》卷三

【注释】

[1] 史蘧（qú）庵：名可程，字赤豹，号蘧庵，顺天大兴（今属北京）人。史可法的同祖弟。崇祯十六年（1643）进士，官翰林院庶吉士。李自成攻占北京时，可程归降。后南归，史可法请求依法处治，福王仅处以削职。入清后，流寓宜兴。 [2] 吴闾：即苏州。春秋时苏州为吴国都城，其西城门名闾门，故有是称。 [3] 柳花：即柳絮，亦名杨花。柳花天：暮春季节。 [4] 雪：形容柳絮。 [5] 葵肌初绣：初开的葵花如绣锦。葵，植物名，种类较多，此指锦葵或蜀葵。肌，原指肉体，此借指葵之花瓣。宋韩琦《蜀葵》："炎天花尽歇，锦绣独成林。" [6] 红欹（qī）栏角：谓栏角花事正盛。红，指代葵。欹，斜倚。 [7] 吾徒：我辈。犹昨：依然如故。 [8] 失路：喻人不得展其才志。《汉书》卷八七《扬雄传》："当涂者入青云，失路者委沟渠。" [9] 索索：形容风声。

风　入　松

【解题】

《风入松》，古琴曲名之一。唐释皎然有《风入松歌》，词调名殆由之。始见于宋晏几道《小山词》。本词描述两种避暑法：一种是观庐山瀑布、听华井松涛，餐风吸露，凭借另一类自然驱热致凉；一种是为军中将帅，指挥十万雄师酣战沙场，因而纵情投入，浑然无心感知外界的炎热。人生不断有烦苦，一如夏日苦暑。如何破解？或如客，借助自然外力的作用排除；或如主人，在全心全意体现自身价值的过程中消解。词中答言充分表明了作者积极昂扬的人生态度。通过主客对答形式，借助两种避暑方式的生动展示，隐喻两种人生态度，透露自己的价值取向，艺术构思精巧别致。

苦暑[1]，戏与客语。

炎炎火镜正烧空[2]，避暑苦无从[3]。客言安得匡庐瀑[4]，还移取、华井秦松[5]。玉女盆边吸露[6],水仙祠畔餐风[7]。　　答言计总未为工[8],不若在军中。平驱十万横磨剑[9],涛声怒、硬箭强弓[10]。恶浪千堆蹙黑[11],战旗一片摇红。

清康熙患立堂刻本《迦陵词全集》卷八

【注释】

　　[1]苦暑:天极热,人为暑热所苦。　[2]火镜:喻强烈的日光。 [3]无从:无所适从,无计可施。　[4]匡庐瀑:指庐山瀑布。庐山,一名匡山。相传秦末有匡俗兄弟庐居此山,因而得名。晋释惠远《庐山纪略》:"南北有瀑布十余处,香炉峰与双剑峰在瀑布之旁,水源在山顶,人未有穷源者。"　[5]华(huà)井:华山天井。《水经注》卷四:自华岳中路石养父母祠,"又南,出一里至天井,井才容人。穴空,纡回倾曲而上,可高六丈余。山上又有微涓细水,流入井中,亦不甚沾。人上者皆所由涉,更无别路。欲出井,望空视明,如在室窥窗也。"秦松:山东泰山有"五大夫松",相传为秦始皇所封。　[6]玉女盆:全称玉女洗头盆,华山上一处著名风景点。 [7]水仙祠:两宋时杭州西湖有水仙祠,亦称水仙王祠、水仙庙,距林和靖祠堂不远。　[8]工:妙。　[9]横磨剑:比喻骁勇善战的士兵。《旧五代史》卷八八《景延广传》:延广谓契丹回图使乔莹曰:"晋朝有十万口横磨剑,翁若要战则早来。"　[10]"涛声怒"句:形容羽箭纷飞,战斗激烈,如惊涛翻滚。　[11]恶浪:惊涛骇浪。蹙(cù):波浪翻卷貌。喻人群簇拥状。

贺　新　郎

纤　夫　词

【解题】

　　康熙十二年(1673),以盘踞云南的吴三桂为首的"三藩之乱"兴起,清廷乃委任顺承郡王勒尔锦为宁南靖寇大将军进军湖南,安亲王岳乐为定南平寇大将军进兵江西。翌年,又遣简亲王喇布为扬威大将军镇守江南,长江一线迅速处于紧急状态,不习水性的八旗兵大量征抓江南壮丁为其划船、拉纤。本词即作于康熙十三年。出于避忌,词人不得不隐约其辞,以"真王"拟诸亲王,以"天边"拟指京城。词作上片叙写战事爆发后,长江沿线一片骚乱景象。先进行全景式扫描,然后由远及近、由整体到局部,层层推进,渐次清晰地突出江南农村此刻所经历的空前浩劫。下片运用展示笔法、对话形式，凸现一位纤夫与病中妻子临歧诀别的惨痛情景。妇问夫三句，关怀深挚，温存无限；夫嘱妇四句，惊恐万状，唯求神佑。通过这对典型形象的生动刻画，使得上片的概括描写显得更加丰满实在，真切可感。全词有情节贯串，有细节展现，有场面摹绘，有氛围渲染，有对话记录，有心理描述，寓褒贬于叙事之中，堪称长短句里的《石壕吏》加《新婚别》。

战舰排江口[1]。正天边、真王拜印[2]，蛟螭蟠钮[3]。征发櫂船郎十万[4]，列郡风驰雨骤[5]。叹闾左、骚然鸡狗[6]。里正前团催后保[7]，尽累累[8]、锁系空仓后。捽头去[9]，敢摇手[10]？　稻花恰趁霜天秀[11]。有丁男、临歧诀绝[12]，草间病妇[13]："此去三江牵百丈[14]，雪浪排樯夜吼[15]。背耐得、土牛鞭否[16]？""好倚后园枫树下，向丛祠[17]，亟倩巫浇酒[18]。神佑我，归田亩[19]。"

清康熙患立堂刻本《迦陵词全集》卷二七

【注释】

[1] 江口：泛指江边或港汊。　[2] 天边：此指清朝都城北京。真王：最高统治者真心晋封的名副其实的王。这里泛指诸亲王。是专对假王而言的。语出《史记·淮阴侯列传》。吴三桂叛清后，自号周王。拜印：朝廷授高官以与职权相应的印章。　[3] 蛟螭（chī）蟠钮：印鼻上雕刻着盘伏的蛟螭。蛟，传说中的动物，似龙，能致洪水。螭，传说中的无角黄龙。钮，印之提系处，俗称印鼻。　[4] 征发：政府向民间调集人力或物资。櫂（zhào）船郎：年轻的船夫。櫂，划船拨水的用具，状如桨，短者名楫，长者称櫂。　[5] "列郡"句：谓各郡府接到命令，立即雷厉风行，实施大面积抓夫。　[6] 闾左：乡村里贫民聚居地。古时二十五家为一闾，贫弱者居左侧。骚然鸡狗：形容官府强行抓壮丁，闹得乡村里人心惶惶，鸡犬不宁。　[7] 里正：这里泛指乡村头目。唐杜佑《通典·食货三》：唐时"凡百户为一里，里置正一人"。团：音义近"屯"，村落的意思。保：清代户籍编制，十户为牌，立牌长；十牌为甲，立甲长；十甲为保，立保长。这里"保"与"团"是同义词，犹言前庄后村。　[8] 累累：形容一连串的样子。　[9] 捽（zuó）：揪。　[10] 敢：怎敢，岂敢。　[11] 霜天：秋天。秀：吐穗扬花。　[12] 丁男：青壮年男子。临歧：在岔路口。诀绝：生离死别。　[13] 草间病妇：指被抓壮丁的妻子，此刻正患重病。　[14] 三江：这里似泛指长江中下游一带可通舟楫的江河。百丈：纤缆。《南史·朱超石传》："时军人缘河南岸牵百丈。"　[15] 樯：

船的桅杆。　[16] 土牛：即春牛，以土为之。古时风俗，立春日用鞭子抽打春牛，谓之鞭春。　[17] 丛祠：荒野丛林里的神祠，如土地庙之类。　[18] 亟：赶快。倩：央请。巫：专事祈祷求神的人。浇酒：洒酒。用以迎请神灵的降临。　[19] 归田亩：意谓生还回家，依旧耕田。

贺　新　郎

【解题】

　　此词凭吊五烈士墓，歌颂英烈的忠贞节操。上片以热泪濡笔，痛叙五烈士蒙难始末，推崇其慷慨就义的英勇气概；下片以唐陵汉墓之荒寒残破与五人墓前苔绣羊马、雷霆失威，虽生犹死之道旁禄蠹卿相与虽死犹生之墓中嗜义屠沽，进行层层强烈对比，进一步阐扬五烈士为正义献身的精神。全词血泪交迸，歌哭遒劲，激情洋溢，极具振顽起懦的鼓舞作用。

　　五人之墓[1]，再用前韵[2]。

　　古碣穿云罅[3]。记当年、黄门诏狱[4]，群贤就鲊[5]。激起金阊十万户[6]，白梃霜戈激射[7]。风雨骤，冷光高下[8]。慷慨吴儿偏嗜义[9]，便提烹、谈笑何曾怕[10]。抉我目，胥门挂[11]。　铜仙有泪如铅泻[12]，怅千秋、唐陵汉隧[13]，荒寒难画。此处丰碑长屹立[14]，苔绣坟前羊马[15]。敢轻易，霆轰电打。多少道旁卿与相[16]，对屠沽不愧谁人者[17]？野香发[18]，暗狼藉[19]。

清康熙患立堂刻本《迦陵词全集》卷二七

【注释】

　　[1] 五人之墓：亦称五烈士墓，在苏州虎丘山之东。明天启七年（1627）三月，宦官头目魏忠贤及江苏巡抚毛一鹭等结党矫诏，把东林党中坚周顺昌逮捕，激起苏州民众的强烈愤慨。奋起示威抗争的市民颜佩韦、杨念如、马杰、沈扬、周文元等五人惨遭杀害。吴中贤士大夫敛其尸首，合葬于虎丘东之山塘街青山绿水桥边。吴默题字"五人之墓"，张溥撰《五人墓碑记》。　[2] 用前韵：仍依先一首诗词的韵字甚至包括次序。此指用同调"虎丘剑池"阕韵次。　[3] 碣：大石块。此指五人墓碑。云罅（xià）：云缝。　[4] 黄门：指宦官。东汉给事内廷的黄门令、中黄门诸官皆以宦官充任，后遂称宦官为黄门。诏狱：这里指伪托君主的诏命，逮捕"罪犯"。　[5] 就鲊（zhǎ）：遭

迫害。鲊，本指腌制的鱼。　[6] 金阊：指苏州。吴县阊门内，古有金阊亭，以位在西而与阊门近，故名。后即以金阊为苏州别名。　[7] 棓（bàng）：棍棒。戈：装上长木柄的铁制横刃。激射：形容戈光剑影，锋芒四射。　[8] 冷光：寒光。高下：高低错落。　[9] 嗜义：重情义，伸张正义。　[10] 提烹：泛指杀害。烹，古代用鼎镬煮人的酷刑。　[11] "抉我目"二句：挖下我的眼挂到胥门上。意谓我死后也要看着你们这群强盗如何灭亡。《史记·吴太伯世家》："（吴王）赐子胥属镂之剑以死。将死，曰：'……抉我眼置之吴东门，以观越之灭吴也。'"胥门，城门名。即今苏州城西门。　[12] "铜仙"句：金铜仙人的眼泪如铅水般流泻。多以喻亡国之痛。这里重在痛惜惨遭杀害的五烈士。唐李贺《金铜仙人辞汉歌》："忆君清泪如铅水。"　[13] 唐陵汉隧：指汉唐帝王的陵墓。　[14] 丰碑：明指五人墓碑，隐喻五人事迹精神。　[15] "苔绣"句：苔藓布满墓前石羊、石马等陈设物。　[16] 道旁：墓道旁边。卿与相：这里泛指达官显贵。　[17] 屠沽：宰牲人和卖酒人。此指平民五烈士。张溥《五人墓碑记》："五人生于编伍之间，素不闻诗书之训。"　[18] 野香：野花。　[19] 狼藉：纵横四散。此指芳香四溢。

朱彝尊

作者简介见前"诗歌"。

卖花声

雨花台

【解题】

此词牌原名《浪淘沙令》，制自南唐后主李煜，至李清照始易名《卖花声》。本词载于《江湖载酒集》，怀古感时，借六朝陵替故事抒发家国兴亡的无限感慨。雨花台，位于南京城南中华门外，据冈阜最高处。相传"梁云光法师讲经于此，凡讲经，天雨花如雪，故名其台"（《江南通志》卷三十）。

衰柳白门湾[1]，潮打城还[2]。小长干接大长干[3]。歌板酒旗零落尽[4]，剩有渔竿。　秋草六朝寒[5]，花雨空坛。更无人处一凭阑。燕子斜阳来又去[6]，如此江山[7]。

《天风阁丛书》本《曝书亭词》

【注释】

　　[1] 白门：南京别称。《南齐书·王俭传》："宋世外六门设竹篱，有发白虎樽者言：白门三重门，竹篱穿不完。"刘宋都建康，即今南京，后世因以白门代指南京。白门湾：白门附近的长江边。白门古多植柳。李白《金陵送张十一再游东吴》："春光白门柳。"王士禛《登鸡鸣寺》："白门柳色残秋雨。"[2] 潮打城还：刘禹锡《石头城》："潮打空城寂寞回。"　　[3] 小长干、大长干：中华门外侧有大、小长干里。左思《吴都赋》："长干延属，飞甍舛互。"刘逵注："江东谓山冈间为干，建邺（南京）之南有山，其间平地，吏民居之，故号为干。中有大长干、小长干，皆相属。"　　[4] 歌板：用以定歌曲节拍的打击乐器，亦名拍板。　　酒旗：即酒帘、酒幌，旧时酒家标记。[5] 六朝：孙吴、东晋、宋、齐、梁、陈，俱建都于南京，故称六朝古都。[6] 燕子斜阳：刘禹锡《乌衣巷》："朱雀桥边野草花，乌衣巷口夕阳斜。旧时王谢堂前燕，飞入寻常百姓家。"　　[7] 如此江山：李煜《浪淘沙》："独自莫凭栏，无限江山。"

【选评】

　　[清] 谭献《箧中词》卷二：声可裂竹。
　　[近人] 朱庸斋《分春馆词话》卷三：竹垞《卖花声·雨花台》词，气体沉雄，声调嘹亮，当为集中不可多得之作。吊古伤今，借以感悼南明弘光政权之覆亡，不着形迹，其痛在骨。上半阕极写战后城市荒凉的情状。盖清兵攻金陵，自八卦洲入城，江干一带兵燹尤为惨烈也。"剩有渔竿"四字，中含多少血泪。下半阕写雨花台之情景，围绕一"空"字着笔。收二语所感甚大，坛空，无人，唯燕子于斜阳来往而已，景象极其衰飒。

桂　殿　秋

【解题】

　　词牌名取自唐李德裕诗"桂殿夜凉吹玉笙"句（《步虚引》）。本词载于《江湖载酒集》，记与妻妹冯寿常的朦胧情感。顺治二年（1645），竹垞入赘教谕冯镇鼎家。妻名福贞，字海媛。妻妹寿常，字静志。是年，清兵至嘉兴城，竹垞随妇翁徙居县治东南三十里练浦塘东之冯村。顺治六年，因当地盗贼蜂起，遂移居练浦塘西北梅会里。其时竹垞年二十一，海嫒年十九，静志年十五。本词所云渡江往事，即指随妇翁家自冯村迁移梅会里途中经过。详参姚大荣《风怀诗本事表微》（《东方杂志》1925年第7期）。

思往事，渡江干[1]。青蛾低映越山看[2]。共眠一舸听秋雨[3]，小簟轻衾各自寒[4]。

《天风阁丛书》本《曝书亭词》

【注释】

[1] 干：即"岸"。　[2] 青蛾：形容女子眉黛。此处喻指嘉兴境内瓶山。　越山：春秋时，嘉兴位于吴越两国交界，故云。　[3] 共眠：谓避乱时挤住在一起。舸：小船。　[4] 簟：竹席。　轻衾：薄被。

【选评】

[清] 丁绍仪《听秋声馆词话》卷二：史梅溪《燕归梁》云："独卧秋窗桂未香。怕雨点飘凉。玉人只在楚云旁。也着泪，过昏黄。　西风今夜梧桐冷，断无梦，到鸳鸯。秋钲二十五声长。请各自，耐思量。"竹垞太史仿其意，而变其辞为《桂殿秋》云，较梅溪词尤含意无尽。

[清] 况周颐《蕙风词话》卷五：或问国初词人，当以谁氏为冠？再三审度，举金风亭长对。问佳构奚若？举《捣练子》（按，即《桂殿秋》）云。

[清] 谭献《箧中词》卷二：单调小令，近世名家，复振五代、北宋之绪。

曹　贞　吉

曹贞吉（1634—1698），字升阶，又字升六，号实庵，山东安丘人。康熙三年（1664）进士，考授内阁中书，出为徽州府同知，内召礼部仪制司郎中，以疾辞湖广学政归里。生平事迹详见《清史列传》卷七十、《清史稿》卷四八四、《山东通志》卷一七五本传等。早年以诗闻名，为"金台十子"之一，后以词著称于世。词作以怀古、咏物两类为当时所推崇，风格"芊缠清丽，寄托遥深"（四库本《珂雪词》卷首评）。词集名《珂雪词》，有《四库全书》本、《四部备要》本等。

满 庭 芳

和人潼关[1]

【解题】

本词由屡屡见证王朝兴衰的险隘——潼关触发,结合汉唐败落的史实,形象地阐明了统治者难凭险阻安天下的朴素真理,充分反映了词人对和平生活的执着追求。全词起笔着力描绘潼关的雄壮险要,紧接以满目衰飒景象作衬托,于雄起陡落的鲜明对比中将一腔兴亡之感喷吐而出;下片更以渔阳鼙鼓来、西京无烽火这一令人不可思议、却偏又是铁的事实证明:"王公设险,终难恃、带砺之形。"在此基础上,词人提出了铲除战争设施、发展农业生产的理想。词人生当清代前期盛世而作警世言,实因其时"三藩之乱"(云南吴三桂、福建耿精忠、广东尚之信)兴起,社会一度陷入动乱的境地,自然地激起了敏感的词人强烈而切实的反战情绪。

  太华垂旒[2],黄河喷雪[3],咸秦百二重城[4]。危楼千尺[5],刁斗静无声[6]。落日红旗半卷,秋风急、牧马悲鸣[7]。闲凭吊[8],兴亡满眼,衰草汉诸陵[9]。 泥丸封未得[10],渔阳鼙鼓[11],响入华清[12]。早平安烽火[13],不到西京[14]。自古王公设险[15],终难恃、带砺之形[16]。何年月,铲平斥堠[17],如掌看春耕[18]。

《四部备要》本《珂雪词》卷上

【注释】

  [1] 潼关:关名,在陕西东部。东汉建安(196—220)中建。西薄华山,南临商岭,北据黄河,东接桃林,形势险要,号称"关中锁钥"。 [2] 太华(huà):西岳华山。在西安之东,潼关西南。因远望其形如花,故称华山。又因其西有少华山,故亦称其太华。垂旒(liú):王冠前后悬饰的若干玉串。这里借以形容华山的气象峥嵘。 [3] 喷雪:形容白浪滔滔。宋苏轼《念奴娇·赤壁怀古》:"惊涛拍岸,卷起千堆雪。" [4] 咸秦:秦朝都咸阳,故称咸秦。百二重(chóng)城:意谓地势险固。《史记·高祖本纪》:"秦,形胜之国,带山河之险,悬隔二千里,持戟百万,秦得百二焉。"注:"苏林曰:'得百中之二焉。秦地险固,二万人足当诸侯百万人也。'"重城,谓城多,不止一个。 [5] 危楼:高楼。这里指潼关上耸立的战争设施。 [6] 刁斗:

古代军用炊具，夜间则用以敲响报更或示警。此指后者。　[7] 牧马：放牧中的马匹。　[8] 凭吊：面对古迹悼念古人。　[9] 汉诸陵：汉代若干帝王的陵墓。　[10] 泥丸封未得：意谓未能守住潼关。《后汉书·隗嚣传》：隗嚣"将王元曰：'请以一丸泥，为大王东封函谷关。'"这里是典故活用。　[11] 渔阳鼙（pí）鼓：指安禄山、史思明乱军。渔阳，秦郡，在今北京平谷、河北蓟县一带。　[12] 华清：宫名，在今陕西西安临潼南骊山上，是唐玄宗李隆基兴建的主要宫殿，他与贵妃杨玉环经常游宴处。　[13] 平安烽火：太平无事的信号。唐代边防线上每隔三十里设一烽火报警点，每日初夜放烟一炬，以示前线无战事，谓之"平安火"。　[14] 西京：西汉都长安，东汉迁都洛阳，以长安在西，因称之西京。唐都长安，天宝元年（742）亦曾改称西京。　[15] 王公设险：帝王凭险设防。　[16] 带砺之形：旧时封爵誓词的缩称，表示江山永存，固若金汤，牢不可破。《史记·高祖功臣侯者年表》："封爵之誓曰：'使黄河如带，泰山若厉，国以永宁，爰及苗裔。'"裴骃《集解》引应劭曰："封爵之誓，国家欲使功臣传祚无穷。带，衣带也；厉，砥石也。河当何时如衣带，山当何时如厉石，言如带厉，国乃绝耳。"　[17] 斥堠（hòu）：古代侦察、瞭望敌情的土堡。这里泛指一切军事设施。　[18] "如掌"句：谓使耕地平如手掌，无任何战争设施附着其上。

顾　贞　观

　　顾贞观（1637—1714），初名华文，字华峰，亦作华封，又字远平，号梁汾，江苏无锡人。少年时参加由吴江才子吴兆骞兄弟主盟的文学团体"慎交社"，为社中眉目，与吴兆骞缔结生死之交。康熙五年（1666）以南籍应顺天府乡试中举，官内阁中书，掌秘书院典籍。十年春，因事辞职。此后十数年间，虽曾几度返乡盘桓，但大部分时间仍在京师徜徉。康熙十五年与太傅明珠之子纳兰性德结成挚友。二十五年始在家乡惠山下筑室名"积书岩"，于中读书终老。生平事迹详见《清史列传·文苑》《无锡金匮县志·文苑》等。能诗，尤工词，时人称其与陈维崧、朱彝尊为"词家三绝"。词作注重白描，质朴自然，充满深情真气，且"考声选调，吐华振响，浸浸乎薄苏、辛而驾周、秦"（徐珂《近词丛话》）。著有《弹指词》《芦塘集》《积书岩集》等。《弹指词》二卷有雍正二年（1724）刻本、《四部备要》本等。

金缕曲二首

寄吴汉槎宁古塔[1]，以词代书。丙辰冬寓京师千佛寺冰雪中作[2]。

【解题】

  词调《金缕曲》亦即《贺新郎》，又名《金缕歌》《贺新凉》等。殆因宋叶梦得词有"唱金缕"句，故名。此两首同调词是联章体，同时也可单独成篇，因为它们各有侧重。第一首叙写吴汉槎蒙冤流放，饱受苦难，自己忠于友谊，坚守承诺，正在设法营救他；第二首追叙二人交谊始末，劝慰汉槎善自珍重，耐心等待。二词合成一曲感人肺腑的绝唱。才子吴兆骞被诬为科场舞弊者，成为清廷寻机威劫江南汉族士子的牺牲品，无辜在塞外苦寒中熬煎前后达二十三年，其事绝惨，令人感喟无限；作者为救知己，百计千方，甚至不惜委屈求人，生死交友，其义绝高，令人感佩无限；词作将良友的不幸遭遇、自己的飘零经历拧结在一起，并着重体贴对方，叮咛劝慰，婉转反复，其情绝真，令人感动无限；以词代书，其法新特，为前三者创造了一个适宜的载体形式。作者补注："二词容若见之，为泣下数行曰：'河梁生别之诗，山阳死友之传，得此而三。此事三千六百日中，弟当以身任之，不俟兄再嘱也。'余曰：'人寿几何，请以五载为期。'恳之太傅，亦蒙见许，而汉槎果以辛酉入关矣。附书志感，兼志痛云。"正是二词感人至深的直接效应。

其　一

  季子平安否[3]？便归来，平生万事[4]，那堪回首！行路悠悠谁慰藉[5]？母老家贫子幼[6]。记不起、从前杯酒[7]。魑魅搏人应见惯[8]，总输他覆雨翻云手[9]。冰与雪，周旋久[10]。　　泪痕莫滴牛衣透[11]。数天涯、依然骨肉[12]，几家能够[13]？比似红颜多命薄[14]，更不如今还有。只绝塞苦寒难受[15]。廿载包胥承一诺[16]，盼乌头马角终相救[17]。置此札，兄怀袖[18]。

【注释】

  [1] 吴汉槎（chā）：词人吴兆骞（1631—1684），字汉槎，江苏吴江人。顺治十四年丁酉（1657）中江南乡试为举人。未几，是科舞弊案发，汉槎被仇家诬告，牵连罹祸，流放宁古塔。十六年春离京出塞，于戍所二十余年，迄康熙二十年辛酉（1681）冬，经顾贞观、纳兰性德、徐乾学及明珠等人合力

营救赎还。著有《秋笳集》八卷。宁古塔：地名，在今黑龙江宁安市。清初为罪人流放之所。　[2]丙辰：此指康熙十五年。千佛寺：在今北京门头沟，即戒坛寺，因寺内原有千佛阁，故名。　[3]季子：指吴汉槎。此称有两个原因：其一，汉槎在兄弟行中排行最小；其二，春秋时吴国季札，号延陵季子，是著名贤人，汉槎姓吴，且亦吴人，故联借称之。　[4]便：即使。　[5]悠悠：兼指时间的长久与空间的遥远。此时汉槎流放塞外已十七年半，距家乡有数千里。慰藉：安慰，舒劝。　[6]母老：汉槎生母去世早，此指其继母杜氏。子幼：汉槎子振臣及三女、四女均生于塞外，此时俱尚幼。　[7]杯酒："杯酒言欢"的节略。此指朋友间欢洽的交游。　[8]魑（chī）魅：传说山林中害人的怪物。这里指代陷害汉槎的"仇家"。吴振臣《秋笳集跋》谓其父"为仇家所中，遂遣戍宁古塔。"搏人：犹害人，噬人。　[9]覆雨翻云手：形容小人反复无常，手段卑劣。杜甫《贫交行》："翻手作云覆手雨，纷纷轻薄何须数。"　[10]周旋：打交道，对付。　[11]牛衣：用乱麻或蒿草编织的给牛保暖的覆盖物。《汉书·王章传》："初，章为诸生，学长安，独与妻居。章疾病，无被，卧牛衣中，与妻诀，涕泣。"颜师古注："牛衣，编乱麻为之，即今俗呼为龙具者。"此指粗衣野服。　[12]数：算来。依然骨肉：依然有妻儿陪伴。汉槎遣戍宁古塔二年后，其妻葛采真出关省夫，在戍所侍汉槎近二十年，生儿育女，共患苦难，白首同归。　[13]几家能够：有几家能达到这样？这是用"比下有余"来宽慰汉槎，意谓丁酉科场案中，遭难之惨还有比汉槎更甚者，如陆庆曾、孙旸等。　[14]红颜命薄：比喻当时因文字狱而遭殃的人。　[15]绝塞苦寒：极远的边地戍所，荒僻寒冷。《秋笳集》卷八《与计甫草书》："塞外苦寒，四时冰雪。陶陶孟夏，犹著敝裘。身是南人，何能堪此？每当穹庐夜起，服匿晨持，鸣镝呼风，哀笳带雪，萧条一望，泣下沾衣。"　[16]廿载：自汉槎罹祸迄作此二词时，正首尾二十年。包胥：春秋时楚大夫申包胥。《史记·伍子胥列传》："始伍员与申包胥为交，员之亡也，谓包胥曰：'我必覆楚。'包胥曰：'我必存之。'及员兵入郢，……申包胥走秦，告急求救于秦。秦不许。包胥立于秦廷，昼夜哭，七日七夜不绝其声。秦哀公怜之，……乃遣车五百乘救楚击吴。"这里"包胥"是作为信守诺言的意象，作者用以自明心意。　[17]乌头马角："乌头白，马生角"的缩略，本指不可能实现的事。《史记·刺客列传赞》之司马贞《索隐》引《燕丹子》曰：战国末，燕太子丹为质于秦，"求归。秦王曰：'乌头白，马生角，乃许耳。'丹乃仰天叹，乌头即白，马亦生角。"这里反用其意，表示纵难为而誓为之。　[18]"置此札"二句：意谓请仁兄保管好此信。《古诗十九首》（孟冬寒气至）："置书怀袖中，三岁字不灭。"

其 二

　　我亦飘零久[1]。十年来，深恩负尽[2]，死生师友[3]。宿昔齐名非忝窃[4]，只看杜陵穷瘦[5]。曾不减、夜郎僝僽[6]。薄命长辞知己别[7]，问人生到此凄凉否？千万恨，为兄剖。　　兄生辛未吾丁丑[8]。共些时、冰霜摧折[9]，早衰蒲柳[10]。词赋从今须少作，留取心魂相守[11]。但愿得河清人寿[12]。归日急翻行戍稿[13]，把空名料理传身后[14]。言不尽，观顿首[15]。

《四部备要》本《弹指词》卷下

【注释】

　　[1] 飘零：四处漂泊。　[2] 十年来：作者自康熙五年中举离乡，迄本年整十年。　[3] 死生师友：帮助自己学业长进的莫逆之交。古人对可以求教请益者称师友。　[4] 宿昔齐名：顾、吴二人早年以能诗齐名。王士禛《感旧集》卷十引顾震沧云："贞观幼有异材，能诗，尤工乐府。少与吴江吴兆骞齐名。"宿昔，从前。忝（tiǎn）窃：虚假，名不副实。　[5] 杜陵：指唐大诗人杜甫。杜尝自称"杜陵野老""杜陵布衣"。穷瘦：杜甫一生大部分时间穷愁潦倒，生活清苦，形体消瘦。李白《戏赠杜甫》："饭颗山头逢杜甫，头戴笠子日卓午。借问别来太瘦生，总为从前作诗苦。"　[6] 夜郎：指代李白。白曾因参与永王璘起兵事，被流放夜郎（今贵州西部）。僝（chán）僽（zhòu）：遭折磨，历烦恼。上句以杜甫自比，此句以李白况汉槎。　[7] 薄命：命短的人。此指贞观亡妻。　[8] 辛未：此指明崇祯四年（1631）。丁丑：此指崇祯十年（1637）。　[9] 共些时：这些年来。些，量词，表示不定数。　[10] 蒲柳：即水杨。因其在众木中零落最早，故以喻未老先衰。《世说新语·言语》："顾悦与简文同年，而发早白。简文曰：'卿何以先白？'对曰：'蒲柳之姿，望秋而落；松柏之质，经霜弥茂。'"　[11] "留取"句：意谓保重身体。古人认为写作会损心伤魂。　[12] 河清人寿：黄河变清，人能长寿。《左传·襄公八年》："俟河之清，人寿几何？"　[13] 行戍稿：在戍所写作的诗词文稿。　[14] 料理：整理。　[15] 顿首：古代九拜礼之一，头连续叩地辄起而拜。后常用于书信或呈文的结尾。

【选评】

　　[清] 冯金伯《词苑萃编》卷八引黄唐堂曰：顾梁汾"寄吴汉槎宁古塔，以词代书"《金缕曲》二首，激昂悲壮。即置之稼轩集中，亦称高唱。

［清］谢章铤《赌棋山庄词话》卷七：顾梁汾生平与吴汉槎兆骞最称莫逆。……其"寄汉槎宁古塔"《贺新凉》……浓至交情，艰难身世，苍茫离思，愈转愈深，一字一泪。吾想汉槎当日得此词于冰天雪窖间，不知何以为情！

［清］陈廷焯《白雨斋词话》卷三：华峰《贺新郎·寄吴汉槎宁古塔以词代书》两阕，只如家常说话，而痛快淋漓，宛转反复。两人心迹，一一如见。虽非正声，亦千秋绝调也。……二词纯以性情结撰而成，悲之深，慰之至，丁宁告诫，无一字不从肺腑流出，可以泣鬼神矣。

［清］谭献《箧中词》卷一：使人增朋友之重，可以兴矣。

纳 兰 性 德

纳兰性德（1655—1685），初名成德，字容若，号楞伽山人，满洲正黄旗人。大学士明珠之子。康熙十五年（1676）进士，选授三等侍卫，后晋为一等。出入扈从，应对称旨，极得圣祖隆遇。康熙二十四年（1685）五月底以寒疾终。生平事迹详见清徐乾学《通议大夫一等侍卫进士纳兰君墓志铭》、韩菼《进士一等侍卫纳兰君神道碑》等。才气横逸，多愁锐感。能诗。擅词，尤工小令。词风真挚自然，多低回婉转，悲凉凄恻。悼亡之作堪称绝调。词集名《饮水词》，亦称《纳兰词》，分别有嘉庆二年（1797）小仓山房刻本、光绪六年（1880）《榆园丛刻》本及民国二十六年（1937）《清名家词》本等。

长 相 思

【解题】

此词牌原系唐教坊曲名。宋以降，异名繁多，计有《山渐青》《吴山青》《长相思令》《长思仙》《忆多娇》《双红豆》等。本词当作于康熙二十一年春末，词人扈从圣祖东巡至关外时。词人以具体的时空推移过程及视听感受，集中抒写了乡思的绵长深苦。上片在"山一程、水一程"的复叠咏叹中，展现出因愈益远离故园而迅速增长的愈益浓重的乡愁；下片以迁怨于物的写法，从侧面显现其爱恋故园的痴情。这浓得化不开的故园情结，昭示着词人向往宁静生活、不甘作扈从走卒的狷介品格。

山一程，水一程。身向榆关那畔行[1]。夜深千帐灯[2]。风一更，雪一更。聒碎乡心梦不成[3]。故园无此声。

《榆园丛刻》本《纳兰词》卷一

【注释】

[1] 榆关：即山海关。在今河北秦皇岛东北临榆境内。那畔：那边。此指关外。　[2] 帐：此指军用的篷帐。　[3] 聒（guō）：闹声扰耳。乡心：思乡之情。

【选评】

[清] 王国维《人间词话》："'明月照积雪''大江流日夜''中天悬明月''长河落日圆'，此种境界可谓千古壮观。求之于词，唯纳兰容若塞上之作，如《长相思》之'夜深千帐灯'、《如梦令》之'万帐穹庐人醉，星影摇摇欲坠'差近之。"

浣　溪　沙

【解题】

康熙十三年（1674），性德娶妻卢氏。卢氏贤淑。性德伉俪情深。三年后卢氏即卒，性德为此伤怀不已，陆续创作了若干诗词深致悼念。这是其中之一。上片写由"西风""黄叶"触发起对亡妻的思念，倾诉独身苦况；下片深情回忆昔日共卢氏度过的诗意生活，结句表现生活中失去的往往不可复得，故宜及时珍惜。词境萧索惨淡，词心凄戚酸悲，一种无尽哀婉、绵邈追怀弥漫在字里行间。

谁念西风独自凉[1]，萧萧黄叶闭疏窗。沉思往事立斜阳[2]。被酒莫惊春睡重[3]，赌书消得泼茶香[4]。当时只道是寻常[5]。

《榆园丛刻》本《纳兰词》卷一

【注释】

[1] 谁：这里专属亡妻卢氏，意谓除亡妻外，还能有谁。　[2] "沉思"句：前蜀李珣《浣溪沙》："暗思何事立残阳。"　[3] 被酒：醉酒，酒劲未过。春睡重：谓睡得沉酣。宋程垓《愁倚栏》："昨夜酒多春睡重，莫惊他。"　[4] 赌书、泼茶：宋李清照《金石录后序》："夫妇……屏居乡里十年。……余性偶强记，每饭罢，坐归来堂烹茶，指堆积书史，言某事在某书、某卷、第

几页、第几行，以中否角胜负，为饮茶先后。中即举杯大笑，至茶倾覆怀中，反不得饮而起。"消得：值得。　[5]"当时"句：言下意谓现在追忆起来，才觉得格外值得珍惜。

【选评】

　　［清］况周颐《蕙风词话》卷二：黄东甫……《眼儿媚》云："当时不道春无价，幽梦费重寻。"此等语非深于词不能道，所谓词心也。……纳兰容若《浣溪沙》……即东甫《眼儿媚》句意，酒中茶半，前事伶俜，皆梦痕耳。

　　又，同书《续编》卷一：易坡《喜迁莺》云："记得年时，胆瓶儿畔，曾把牡丹同嗅。"语小而不纤。极不经意之事，信手拈来，便觉旖旎缠绵，令人低徊不尽。纳兰成德《浣溪沙》……亦复工于写情，视此微嫌词费矣。

山　花　子

【解题】

　　本词写对亡妻卢氏的深情苦忆。上半阕起笔即描摹心中挥之不去的郁结苦念。梦中会晤真切可感，醒后于镜中居然见到伊人娇面，皆痴情入骨语，活现苦情迷乱心态。后悔从前珍惜不够，与"当时只道是寻常"同一心理机杼。下半阕幻想亡妻幽魂或可月下归来，而其去时遗物尤令人一睹一惘然。结句写自己睹物思人，伤心无限。描写与抒情结合，虚境与实境映衬，将对亡妻的深切怀念倾泻而出。调名亦称《摊破浣溪沙》。

　　欲语心情梦已阑[1]，镜中依约见春山[2]。方悔从前真草草[3]，等闲看[4]。　　环珮只应归月下[5]，钿钗何意寄人间[6]。多少滴残红蜡泪[7]，几时干？

《榆园丛刻》本《纳兰词》卷二

【注释】

　　[1]欲语心情：正要倾诉满心的苦衷。梦已阑：谓梦破。阑，残。辛弃疾《南乡子·舟中记梦》："别后两眉尖，欲说还休梦已阑。"　[2]春山：喻女子美眉。刘歆《西京杂记》卷二："（卓）文君姣好，眉色如望远山。"后即以指代指美丽的面容。吕渭老《满路花·同柳仲修在赵屯》："青楼何处，宝镜注婵娟。应念红笺事，微晕春山。"　[3]草草：轻率，不珍惜。陆游《菩萨蛮》："当年真草草，一棹还吴早。"　[4]等闲：寻常，随便。朱熹《春

日》:"等闲识得春风面。" [5] 环珮:古人衣带所佩之玉器,后专指女子之装饰物,这里借指亡妻之魂。杜甫《咏怀古迹五首》其三:"环珮空归月夜魂。" [6] 钿钗:女子之头饰,代指已逝爱人的遗物。白居易《长恨歌》:"唯将旧物表深情,钿合金钗寄将去。钗留一股合一扇,钗擘黄金合分钿。但令心似金钿坚,天上人间会相见。" [7] 多少滴残:即"滴残多少",因协调平仄,故乙置。蜡泪:喻伤心泪、悲情泪。李商隐《无题》:"蜡炬成灰泪始干。"

蝶 恋 花

出 塞

【解题】

　　虽然出身贵胄,为皇帝侍卫,但纳兰从不醉心浮华。相反,他洞悉历史,关怀王朝命运,对尚处在上升期的康熙盛世暗藏着的矛盾与危机心怀惴惴。因此,其不少咏怀词感慨无端,具有深邃的历史穿透力,本词即是典型。上片言世事无常,历史无情,"今古河山无定据"。下片言无数一往情深、献身社稷者,如今无不被雨打风吹去。艺术表现方面,前后皆用先写实抒情,再加以景寓情、拓展深化的方法,令蟠郁肺腑的兴亡之感在悲壮苍凉的境界中得以无限地扩散弥漫。

　　今古河山无定据[1]。画角声中[2],牧马频来去。满目荒凉谁可语?西风吹老丹枫树[3]。　　从前幽怨应无数。铁马金戈[4],青冢黄昏路[5]。一往情深深几许[6]?深山夕照深秋雨。

《榆园丛刻》本《纳兰词》卷三

【注释】

　　[1] 定据:定数,凭准。黄庭坚《昼夜乐》:"其奈冤家无定据,约云朝,又还雨暮。" [2] 画角:古管乐器。形如竹筒,本细末大,以竹木或皮革等制成,因表面有彩绘,故称。发声哀厉高亢,古时军中多用以警昏晓,振士气。 [3] "西风"句:唐温如《题龙阳县青草湖》:"西风吹老洞庭波,一夜湘君白发多。" [4] 铁马金戈:谓战争。《旧五代史·李袭吉传》:"岂谓运由奇特,谤起奸邪。毒手尊拳,交相于暮夜;金戈铁马,蹂践于明时。"辛弃疾《永遇乐》:"想当年,金戈铁马,气吞万里如虎。" [5] 青冢:即昭君墓。《汉书·匈奴传下》:"元帝以后宫良家子王嫱,字昭君,赐单于。"昭

君死后葬于南匈奴之地,今内蒙古呼和浩特市南郊。相传冢上草色常青,异于塞上白草,故人称"青冢"。《清一统志》卷一二四:"青冢:在归化城南二十里,蒙古名特木尔乌尔虎。……《大同府志》:汉明妃墓,在府西五百里,古丰州西六十里。塞草皆白,惟此独青,故名。" [6]"一往"句:《世说新语·任诞》:"桓子野每闻清歌,辄唤奈何。谢公闻之,曰:'子野可谓一往有深情。'"欧阳修《蝶恋花》:"庭院深深深几许?"

黄 景 仁

作者简介见前"诗歌"。

贺 新 郎

【解题】

乾隆三十六年(1771)冬腊月,词人与诸名士陪侍安徽学政朱筠游采石时作此词。其诗风追踪李白,此刻凭吊李白墓,自能契入太白心灵深处,得其一脉精神。上片写诚心凭吊,将自己对诗仙的景仰深情悉数倾泻;下片推宕纪梦,学习宋刘过《沁园春·寄稼轩承旨》的对话体式,参以小说家笔法,设想与所崇拜的对象亲切晤谈,新巧玲珑,趣味横生。全词高放伉爽,"清奇桀傲,不落恒径"(陈廷焯《云韶集》卷二三)。

太白墓[1],和稚存韵[2]。

何事催人老?是几处、残山剩水,闲凭闲吊。此是青莲埋骨地[3],宅近谢家之脁[4]。总一样、文人宿草[5]。只为先生名在上,问青天、有句何能好[6]?打一幅,思君稿。　　梦中昨夜逢君笑。把千年、蓬莱清浅[7],旧游相告[8]。更问后来谁似我[9]?我道才如君少[10]。有亦是寒郊瘦岛[11]。语罢看君长揖去[12],顿身轻一叶如飞鸟[13]。残梦醒,鸡鸣了。

清光绪二年刻本《两当轩全集》卷一八

【注释】

[1] 太白墓:在安徽当涂青山北麓。　[2] 稚存:作者同乡挚友洪亮吉(1746—1809)的号。乾隆五十五年进士。授翰林院编修,继任贵州学政等。

长于骈文,能诗,有《洪北江诗文集》;亦善词,有《更生斋诗余》。 [3] 青莲:李白号青莲居士。 [4] 谢家之朓:即南朝齐诗人谢朓(464—499)。朓任宣城太守时(495—496),曾于青山治宅,故后世亦称青山作谢公山。详《嘉庆一统志》卷一二一《太平府》。李白有《过谢公宅》诗。 [5] 宿草:隔年之草。《礼记·檀弓上》:"朋友之墓,有宿草而不哭焉。"后多以宿草喻坟地、丧逝或身后萧条。 [6] 有句何能好:用李白礼赞崔颢诗的传说,以示对太白的钦敬。宋计有功《唐诗纪事》卷二一载:李白览黄鹤楼,见崔颢题诗而逊曰:"眼前有景道不得,崔颢题诗在上头。" [7] 蓬莱清浅:喻指世事变迁。晋葛洪《神仙传·麻姑》:"麻姑自说云:接待以来,已见东海三为桑田。向到蓬莱,水又清浅于往昔会时略半也。岂将复还为陵陆乎?"蓬莱,仙山名。《史记·封禅书》:"蓬莱、方丈、瀛洲,此三神山者,其传在渤海中。" [8] 旧游:游踪。 [9] "更问"句:拟李白问。 [10] "我道"句:作者的对答。 [11] 寒郊瘦岛:指中唐诗人孟郊和贾岛。二人诗皆偏于抒发困苦悲戚之情,气度局促。宋苏轼《祭柳子玉文》:"郊寒岛瘦,元轻白俗。嘹然一吟,众作卑陋。" [12] 长揖:拱手告别。 [13] 顿:迅即。

张 惠 言

张惠言(1761—1802),字皋文,号茗柯,江苏武进人。长期以训蒙童为生。嘉庆四年(1799)中进士,入翰林院,改庶吉士,后授编修。生平事迹详见清恽敬《张皋文墓志铭》及《清史稿》卷四八二《儒林传》等。精通《周易》《仪礼》,是乾嘉时期著名经学家;善古文,为阳湖派古文的宗师之一;工词,为常州词派初祖。在词学理论方面,推尊词体,强调"意内言外",倡导"比兴""寄托",对近代词坛影响甚巨。在词创作方面,不少作品辞与意洽,情韵相兼,尤以抒发不遇"寒士"的悲慨擅长。集名《茗柯词》,有嘉庆二年刻金应珪序本、道光三年(1823)刻《受经堂汇稿》本等。

木 兰 花 慢

杨 花

【解题】

此词牌始见于宋柳永《乐章集》,属南吕调。杨花即柳絮。词史上咏杨花的作品以北宋章楶的《水龙吟》（燕忙莺懒花残）及苏轼的同调次韵和词最为著名。本词殆作于嘉庆元年（1796）或稍前，乃借鉴章、苏二氏词的意境，将自己思想的"愁影"和"疏狂情性"赋予杨花，不着痕迹地寄托着作者飘零的经历、困顿的境遇、狷介的品格以及不见容于世俗的孤寂"春恨"。游转不定的杨花，正是天下寒士形象的写照，亦是此时词人的自我肖像。允称《茗柯词》的压卷。或谓是郑抡元作，误。

尽飘零尽了[1]，何人解、当花看[2]？正风避重帘，雨回深幕，云护轻幡[3]。寻他一春伴侣，只断红相识夕阳间[4]。未忍无声委地，将低重又飞还[5]。　　疏狂情性，算凄凉耐得到春阑[6]？便月地和梅，花天伴雪，合称清寒[7]。收将十分春恨，做一天愁影绕云山。看取青青池畔，泪痕点点凝斑[8]。

清道光三年刻本《受经堂汇稿》卷六《茗柯词》

【注释】

[1] 本句两个"尽"字，前一音 jǐn，任由的意思；后一音 jìn，终、止的意思。　[2] 解：懂得。以上二句本苏轼《水龙吟》："似花还似非花，也无人惜从教坠。"　[3] 轻幡（fān）：指护花幡。唐郑还古《博异志》："崔玄微月夜见女伴，曰杨氏、李氏、陶氏，又绯衣小女曰阿醋，曰：诸女伴住苑中，被恶风相挠，烦处士每岁旦作一幡，上图日月五星，立苑东。崔为立幡。东风刮地，折木飞花，而苑中不动。崔乃悟女伴即众花精也。"幡，长幅下垂的旗子。　[4] 断红：指落花。　[5] 还：这里指向上，升起。以上二句语本章楶《水龙吟》："垂垂欲下，依前被风扶起。"　[6] 春阑：春尽，暮春。　[7] 合称：应该说是。　[8]"看取"二句：用杨花化浮萍传说及苏轼《水龙吟》结拍："细看来，不是杨花，点点是离人泪"句意。宋傅幹《注坡词》于《水龙吟·次韵章质夫杨花词》之"一池萍碎"句下曰："公旧注云：杨花落水为浮萍，验之信然。"

【选评】

［清］谭献《箧中词》卷三：撮两宋之菁英。

陈　　沣

陈沣（1810—1882），字兰甫，号东塾，广东番禺人。道光十二年

(1832）举人，官河源（今属广东惠州）县学训导，后主讲学海堂、菊坡精舍等书院。生平事迹详见缪荃孙《陈沣传》及《清史稿》卷四八二《儒林传》等。少好为诗，及长，弃去。泛览群籍，于天文、地理、乐律、算术、古文、骈文、书法等，无不精究，著有《汉儒通议》《声律通考》《切韵考》《东塾读书记》等。亦工填词，能兼具豪放、婉约之长，格调清醇，情致绵邈，"洋洋乎会于风雅，乃使绮靡、奋厉两宗，废然知反"（谭献《箧中词续》卷二）。集名《忆江南馆词》，有民国三年微尚斋刻本、《清名家词》本。

百 字 令

【解题】

　　此词牌即《念奴娇》，亦名《千秋岁》《醉江月》等。元张翥始名之《百字令》。浙西词派中期巨擘厉鹗曾有记过七里泷之《百字令》，其序曰："月夜过七里滩，光景奇绝。歌此调，几令众山皆响。"其词云："秋光今夜，向桐江、为写当年高躅。风露皆非人世有，自坐船头吹竹。万籁生山，一星在水，鹤梦疑重续。挐音遥去，西岩渔父初宿。　心忆汐社沉埋，清狂不尽，使我形容独。寂寂冷萤三四点，穿过前湾茅屋。林净藏烟，峰危限月，帆影摇空绿。随风飘荡，白云还卧深谷。"兰甫此词即欲与之相呼应而争雄。综观其炼字精巧、色彩明丽，水光岚影交错，视觉触觉互通，逸怀随美景流溢，今俊因昔贤兴狂，元气淋漓，生意满纸，的确可与厉氏词相媲美，且不乏独特处。

　　夏日过七里泷[1]，飞雨忽来，凉沁肌骨。推篷看山，新黛如沐[2]，岚影入水，扁舟如行绿颇黎中[3]。临流洗笔，赋成此阕。倘与樊榭老仙倚笛歌之[4]，当令众山皆响也[5]。

　　江流千里，是山痕寸寸，染成浓碧。两岸画眉声不断[6]，催送蒲帆风急。叠石皴烟[7]，明波蘸树，小李将军笔[8]。飞来山雨，满船凉翠吹入。
　　便欲舣棹芦花[9]，渔翁借我，一领闲蓑笠。不为鲈香兼酒美[10]，只爱岚光呼吸。野水投竿[11]，高台啸月[12]，何代无狂客[13]。晚来新霁[14]，一星云外犹湿[15]。

民国三年微尚斋刻本《忆江南馆词》

【注释】

　　[1] 七里泷（lóng）：亦名七里滩或七里濑，在浙江境内，为富春江上游

段。起自建德，止于桐庐严陵山西，连亘七里，两山夹峙，水驶如箭，为浙江胜地之一。泷，湍急的水流。　[2]黛：墨绿色。这里指葱茏万木。　[3]颇黎：即玻璃。这里形容水之澄澈。　[4]樊榭老仙：指厉鹗。鹗（1692—1752），字太鸿，号樊榭，浙江钱塘（今杭州）人。工词，所作字句清远，声调和谐，风格幽冷深秀。有词集《樊榭山房词》《秋林琴雅》。　[5]"当令"句：自负语。《宋书》卷九三《宗炳传》："抚琴动操，欲令众山皆响。"　[6]"两岸"句：唐李白《早发白帝城》："两岸猿声啼不住，轻舟已过万重山。"画眉，鸟名。体小，背黄褐色，以眼圈有白纹一线如眉，故名。　[7]皴（cūn）：中国画技法的一种，用以表现山石峰峦的纹理脉络及阴阳向背。　[8]小李将军笔：谓七里泷山水之美，有如小李将军的画幅。唐玄宗时左武卫大将军李思训善画金碧山水，人称大李将军。其子李昭道亦善画山水，且"变父之势，妙又过之"（元·汤垕《画鉴》），故人称其小李将军。　[9]舣（yǐ）棹芦花：在芦荡中停船。　[10]鲈香：鲈鱼脍之美味。《世说新语·识鉴》："张季鹰辟齐王东曹掾，在洛，见秋风起，因思吴中菰菜羹、鲈鱼脍，曰：'人生贵得适意耳，何能羁宦数千里以要名爵！'遂命驾便归。"　[11]野水投竿：指严子陵不就光武之召，钓于桐江事。《后汉书》卷八三《逸民传》："严光，字子陵，一名遵，会稽余姚人也。少有高名，与光武同游学。及光武即位，光乃变姓名，隐身不见。帝思其贤，乃令以物色访之。后齐国上言，有一男子披羊裘，钓泽中。帝疑其光，乃备安东玄纁，遣使聘之，三反而后至。……除为谏议大夫，不屈，乃耕于富春山。后人名其钓处为严陵濑焉。"　[12]高台：即子陵钓台，在富春山。下瞰富春渚，有东、西二台，各高百余丈，相传为严光垂钓之所。参清顾祖禹《读史方舆纪要》卷九十《严州府》。高台啸月，殆即指厉鹗"月夜过七里滩"，"向桐江、为写当年高躅"事。　[13]狂客：狂傲不羁的人。　[14]霁（jì）：雨止。　[15]一星：指桐江岸的客星山。《后汉书》卷八三《严光传》：光与光武帝"共偃卧，光以足加帝腹上。明日，太史奏：客星犯御座甚急。帝笑曰：'朕故人严子陵共卧耳。'"客星山即因此而得名。

【选评】

　　[近人]冒广生《小三吾亭词话》卷二：粤中词人，三家之先，推嘉应吴石华学博兰修、番禺陈兰甫京卿澧，……京卿之词则学人之词也。……录其雨中过严泷《百字令》（略）。此词仙乐飘飘，筝琶洗俗，尝鼎一脔，可以知味矣。

文 廷 式

文廷式（1856—1904），字道希，号云阁，一作芸阁，又号芗德、罗霄山人，晚号纯常子，江西萍乡人。光绪十六年（1890）进士，由编修历官翰林学士。光绪二十一年前后，支持康有为发起强学会，赞助光绪帝亲政，因而被慈禧太后革职。光绪二十六年初春，曾东赴日本。归国后，在上海参加筹组爱国会，招致清廷嫉恨。光绪二十八年始，先后屏居南昌及乡里，无疾而终。生平事迹详见清胡思敬《文廷式传》、朱沛莲《文廷式事略》等。长于词，所作或哀怨苍凉，或豪壮激越，多"浑脱浏漓，有出尘之致"（冒广生《小三吾亭词话》卷一），"不期然而与稼轩一派相出入"（龙榆生《清季四大词人》）。集名《云起轩词》，有1907年刊《怀豳杂俎》本、1933年南京王氏娱生轩据作者手稿影印本、《清名家词》本等。

鹧 鸪 天

即　　事

【解题】

中日甲午战争期间，身居军政枢要的李鸿章怯懦苟且，屡屡贻误战机，致使中国军队一败再败。力主抗战的文廷式多次抗颜上疏，直言弹劾，因而遭到李鸿章的嫉恨。李鸿章遂授意御史杨崇伊寻衅反击，于光绪二十二年（1896）仲春借助慈禧太后的支持，将其排挤出政坛。这首词当作于其被削职赋闲时。全词通过对迎新年的描述，反映出光绪朝外患日亟，国事日非，政局飘摇的社会现实，于中寄写身世遭际，表现自己不屈的品性。题作"即事"，实为言志。词句表面似放达淡宕，骨子里却饱含殷忧创痛，处处绵里藏针，兀傲不驯。风格特起峭拔。

劫火何曾燎一尘[1]？侧身人海又翻新[2]。闲凭寸砚磨眘世[3]，醉折繁花点勘春[4]。　　闻柝夜[5]，警鸡晨[6]，重重宿雾锁春闉[7]。堆盘买得迎年菜[8]，但喜红椒一味辛[9]。

王氏娱生轩影印《云起轩词文道希先生手稿本》

【注释】

　　[1] 劫火：佛家指毁灭世界的大火，后多用指乱世灾难。一尘：一粒微尘。　　[2] 侧身人海：处在杂乱人群中。宋苏轼《病中闻子由得告不赴商州》（其三）："惟有王城最堪隐，万人如海一身藏。"清黄景仁《都门秋思》（其四）："侧身人海叹栖迟。"翻新：谓人依旧生生不息。　　[3] 磨礲（lóng）世：意谓改造世界。磨与礲，原皆用具名。以石凿槽而成磨，以坚木凿齿而成礲。后多用其动态意。唐韩愈《答吕毉山人书》："恐未磨礲以世事。"　　[4] 点勘：评点，校订。　　[5] 柝（tuò）：军用铜器。类似锅，三足，一柄。白天用以烧饭，夜间用以打更。　　[6] 警鸡晨：用祖逖闻鸡起舞事，表明自己虽被迫赋闲，但无时不关怀国事。《晋书·祖逖传》：逖"与司空刘琨俱为司州主簿，情好绸缪，共被同寝。中夜闻荒鸡鸣，蹴琨觉曰：'此非恶声也。'因起舞。"　　[7] 重重宿雾：浓厚的隔夜大雾，亦以喻指当时的严峻形势。闉（yīn）：城内重门。　　[8] 盘：指五辛盘。旧时迎年，用专盘盛葱、蒜、荻、韭等辛味食品，食之以发五脏气，谓之五辛盘。　　[9] 但：只，偏。一味：一种。辛：辣。

朱　孝　臧

　　朱孝臧（1857—1931），又名祖谋，字藿生，一字古微，号沤尹，又号彊村，祖居浙江归安（今湖州）埭溪镇，宅上彊山麓。光绪九年（1883）进士，选庶吉士，授翰林院编修，累官至侍讲学士、礼部侍郎兼署吏部侍郎。光绪三十年出任广东学政，满二岁，与总督龃龉，引疾去。辛亥革命后，寓居上海，以遗老终。生平事迹详见夏孙桐《清故光禄大夫礼部右侍郎朱公行状》、陈三立《清故光禄大夫礼部右侍郎朱公墓志铭》等。初以能诗名，师法北宋黄庭坚。四十岁时，始从王鹏运习词。初效吴文英，后又参以苏轼词法，所作清迥迈俗，"幽忧怨悱，沉抑绵邈，莫可端倪"（陈三立《朱公墓志铭》）。有《彊村语业》三卷、《彊村词剩稿》二卷、《彊村集外词》一卷。1933年，龙榆生汇刻其已刊、未刊各稿为《彊村遗书》。其平生尤致力于词籍校勘，编有《彊村丛书》，集校唐、宋、金、元人词一百六十余家，并总集五种。又以浑成为旨归，选宋名家词为《宋词三百首》，流播广泛。

乌 夜 啼

同瞻园登戒坛千佛阁[1]

【解题】

《乌夜啼》,本六朝乐府旧题。唐教坊曲《乌夜啼》即借旧曲名另翻新声而成,其后乃用为词调。本词上片勾勒戒坛黄昏时分的萧疏气象,下片着色描绘登高远眺所见北方原野的苍莽壮丽。开头九字,形象地勾画出桑乾河的独特风神,末句不动声色中透露出一腔郁勃的悲慨。

春云深宿虚坛,磬初残[2]。步绕松阴双引出朱阑[3] 吹不断,黄一线,是桑乾[4]。又是夕阳无语下苍山[5]。

《彊村遗书》本《彊村语业》卷一

【注释】

[1] 瞻园:词人张仲炘(xīn)的别号。仲炘,字慕京,号次珊,又号瞻园,湖北江夏(今武昌)人。光绪三年(1877)进士,改庶吉士,授翰林院编修,官至通政司参议。有《瞻园词》三卷。戒坛:寺名,在北京西郊门头沟区马鞍山。原名万寿寺,因寺内有一大戒坛(僧徒受戒处),俗呼为戒坛寺。千佛阁:原为一座重檐层阁建筑,登其高层可俯视桑乾河。 [2] 磬:佛寺中敲击以集僧众的鸣器。 [3] 松阴:戒坛寺内大戒坛附近有若干古松,如卧龙松等,枝繁叶茂,其荫覆盖一院。 [4] 桑乾:河名,也称浑河。源出山西马邑桑乾山,流经河北西北部及京郊,注入永定河。 [5] 夕阳无语:形容落日悠悠,包孕无限深意。

鹧 鸪 天

庚子岁除[1]

【解题】

庚子(1900)七月,帝国主义列强攻陷北京,慈禧、光绪率众逃往西安。彊村因故未得随行,遂滞留危城之中,蛰伏王鹏运的四印斋,与三数挚友拈调填词度日。本词即是该年岁末社集时所作,见《春蛰吟》。上片写对酒时的状态、心绪,烦恼之盛、忧愁之惨,非常人所能及。下片传神地描绘出因遭逢极度困厄危殆而情不自禁的思乡念家之梦,以及惊醒后无所适从的无限伤感。

似水清尊照鬓华[2],尊前人易老天涯[3]。酒肠芒角森如戟[4],吟笔冰霜惨不花[5]。 抛枕坐,卷书嗟。莫嫌啼煞后栖鸦[6]。烛花红换人间世[7],山色青回梦里家[8]。

《彊村语业》卷一

【注释】

[1] 岁除:即除夕,农历每年的最后一晚。 [2] 清尊:尊中有纯净的清酒。尊,酒器,行状类觚而中部较粗,口径较大。 鬓华:两鬓花白。高适《重阳》:"节物惊心两鬓华。" [3] 人易老天涯:谓沦落天涯的人极易衰老。 [4] 酒肠芒角:苏轼《郭祥正家醉画竹石壁上,郭作诗为谢且遗古铜剑二》:"空肠得酒芒角出,肝肺槎牙生竹石。"芒角,植物的尖叶。 森如戟:杂多而尖锐,如同列戟。文同《平阿马上依韵和图南》:"岩头乱木森如戟。" [5] 吟笔:题诗之笔。 惨不花:反用妙笔生花的故事。谓情怀恶劣,诗思梗塞,写作才能难以发挥。王仁裕《开元天宝遗事》卷二:"李太白少时,梦所用之笔头上生花,后天才赡逸,名闻天下。" [6] 啼煞后栖鸦:杜甫《遣怀》:"夜来归鸟尽,啼杀后栖鸦。"后栖鸦,末后归巢的乌鸦。 [7] 换人间世:世事更移,时代变迁。陆文圭《念奴娇·洛阳耆英会》其一:"梦枕初残,黄粱未熟,已换人间世。" [8] 回梦里家:即梦里回家。极言对故乡的思念。全大训《僧舍对榴花有感》:"十年九客天中节,一夜千回梦里家。"

三、戏　　曲

李　玉

　　李玉，字玄玉，一作元玉，号苏门啸侣、一笠庵主人。吴县（今属江苏）人。生于明万历十九年（1591）左右，卒于清康熙十年（1671）之后。其出身为万历权相申时行家人。勤于自学，富有才华，初为主人所抑，不得应科举。申时行死后，应试，连厄于有司，崇祯间举于乡。入清后绝意仕进，以度曲自乐，标帜词坛，并以之为中心，形成了包括朱㿥、朱佐朝、毕魏、叶时章、盛际时、朱云从、邱园等人在内的"苏州派"作家群。生平资料详见吴伟业《〈北词广正谱〉序》、焦循《剧说》、《(民国)吴县志》本传。今人颜长珂、周传家《李玉评传》和吴新雷《中国戏曲史论·李玉研究》等考证甚详。其思想具有浓厚的民主精神，作剧讲求声律，注重舞台需要。传奇作品或写历史，或写时事，都能积极地反映现实生活；形式短小精悍，语言通俗自然，文采与本色兼备。李玉是明清传奇史上创作数量最多的作家，生平所作传奇共四十二种，总题为《一笠庵传奇》。其中，今有整本留存于世者，计有十八种。其早期最为知名的作品是《一笠庵四种曲》，即《一捧雪》《人兽关》《永团圆》《占花魁》（简称"一人永占"），后期成就最高的作品是《清忠谱》。《一笠庵四种曲》以明崇祯刻本和清乾隆刻本为通行本。

清　忠　谱（闹诏）

【解题】

　　《清忠谱》是以明天启年间东林党人周顺昌等和苏州人民反对魏忠贤奸党迫害的真实斗争为题材的时事剧，由李玉主笔，毕魏、叶时章、朱㿥共同参与编写。全剧25出。剧叙魏忠贤专权，网罗党羽，以建生祠为名，四处搜刮民财，铲除异己。致仕乡宦周顺昌不畏强暴，痛斥魏党罪行，被逮毒打。苏州人民努力救周顺昌，在颜佩韦等五人领导下砸碎官府。奸党一面密斩周顺昌，一面扬言屠城。颜佩韦等五人为救全城人民，主动承担责任，结果被处极刑。魏党垮台后，苏州人民捣毁魏祠，为死难者复仇。该剧揭露了魏党祸国殃民的历史真实，歌颂了东林党人和苏州人民的正义斗争及其牺牲精神，但作品夹有对封建伦理道德的宣扬。在艺术上，《清忠谱》继承了《鸣凤记》的现实主义传统，但其大胆描写气氛炽烈的群众斗争和群众合唱的场面，却为以前的传奇剧作所罕见。《清忠谱》以清顺治苏州树滋堂刊本为通行本，《古本戏曲丛刊》据此影印。

《闹诏》为《清忠谱》的第11出，写逮捕周顺昌的诏书下达后，苏州百姓群情激愤，大闹都察院的情景。其中虽然包含着对统治者的幻想，但却突出地表现了颜佩韦等下层人民痛打毛一鹭和京官的英勇行为，反映了民众对明代腐败政治的痛恨。人物形象鲜明，场面热闹宏阔，曲辞本色，宾白通俗且具有强烈的戏剧性，使该出成为全剧的优秀出目之一。

（贴，青衣、小帽上）苦差合县有，惟我独充当。自家吴县青带便是[1]。北京校尉来捉周乡宦[2]，该应吴县承值。校尉坐在西察院，本县老爷要拨人去听差，这些大阿哥[3]，都叮嘱了书房里，不开名字进去。竟拿我新着役、苦恼子公人[4]，点去承值，关在西察院内。那些校尉动不动叫差人，叫差人要长要短，偶然迟了，轻则靴尖乱踢，重则皮鞭乱打。一个钱也没处去赚，倒受了无数的打骂！方才攮了一肚子烧酒[5]，如今在里边吆吆喝喝，又走出来了。不免躲在厢房，听他说些什么。（暗下）（付扮差官，丑、小生扮二校喝上）

〔梨花儿〕（付）驾上差来天也塌，推托穷官没钱刮，恼得咱家心性发，嗏！拿到京中活打杀。

李老爷呢？（小生）李老爷睡在那里。（付）快请出来。（校向内介）张老爷请李老爷。（净内应介）来了！（净扮差官上）

〔前腔〕（净）久惯拿人手段滑，这番差使差了瞎[6]。自家干儿不设法，嗏！一把松香便决撒[7]。

（付）李老爷，咱们奉了驾帖，差千差万，到处拿人，不知赚了多少银子。如今差到苏州，又拿一个吏部[8]。自古道：上说天堂，下说苏杭。岂不晓得苏州是个富饶的所在？况且吏部是个美官，值不得拿万把银子，送与咱们？开口说个穷官，一个钱也没有，你道恼也不恼！难道咱们三千七百里路来到这里，白白回去了不成？（净）可笑那毛一鹭[9]，做了咱家的官儿，咱们到来，他也该竭力设法，怎么丢咱们住在冷屋里边，自己来也不来？哥呵！若是周顺昌弄不出，咱们定要倒毛一鹭的包哩！（付）李老爷说的是！差人那里？（连叫介）（丑）差人！差人！（贴走出，跪介）老爷有何分付？（付）差你在这里伺候，脸面子也不见，不知躲在那里？（净）连连叫唤，才走出来，要你这里做什么！（付）李老爷不要与他说，只是打便了。（净）拿皮鞭来！（贴磕头介）小的在这里伺候，求老爷饶打。（付）你快去与毛一鹭说：俺老爷们，奉了皇爷的圣旨、厂爷的钧旨[10]，到此拿人，你做那一家的官儿，不值得在犯官身上弄万把银子送俺们！若有银子，快快抬来，若没有银子，咱们也不要周顺昌了。咱们自上去，教他自己送周顺昌到京便了。快去说，就来回复。（贴）小的是个县差，怎敢去见都老爷[11]？怎敢把许多言语去禀？（净、付大怒介）哎！你这狗头，不走么？（贴拜介）小的委实不敢说。（付）要你这狗头何用？（将皮鞭乱打介）（净乱踢介）（贴在地乱滚，叫痛哀求介）（付）这样狗攘的，不中用。（贴爬下）（付向丑介）你照方才的言语，快去与毛一鹭说！俺们立等回话。（内众声喧喊介）（丑望介）呀！门外人山人海，想是来看开读的。这般挨挤，如何走得？（付又与小生说介）你把皮鞭打开了路，送他出去便了。（向净介）咱家到里边喝杯凉酒，少不得毛一鹭定然自来回复。（净）有理。（付）只等飞廉传信去[12]，（净）管教贯索就擒来[13]。（同下）（小生）咄！百姓们闪开，闪开！咱家奉旨来拿犯官，什么好看！什么好看！（丑）闪开，闪开！让咱走路！（将皮鞭乱打下）（旦、贴扮二皂喝上）（外黑三髯、冠带，扮寇太守上[14]）

〔西地锦〕（外）民愤雷呼辕下，泪飞血洒尘沙。（内众乱喊介）周吏部第一清廉乡宦，地方仰赖，众百姓专候太老爷做主，鼎言救援哩[15]！（大哭介）（末，短胡髯、冠带，扮陈知县急上[16]）（向内摇手介）众百姓休得啼哭，休得啼哭！上司自有公平话。且从容，莫用喧哗。

（内众又喊介）陈老爷是周乡宦第一门生，益发坐视不得的呢！爷爷嗄[17]！（又哭介）（末见外介）老大人，众百姓执香号泣者，塞巷填街，哀声震地，这却怎么处？（外）足见周老先生平日深得人心，所以至此。贵县且去分付士民中一二老成的上前讲话。（末）是！（向内介）众百姓听着！寇太爷分付：士民中老成的，止唤一二人上前讲话。（小生、老旦，扮生员上）（作仓惶状介）（小生）生、生、生员王节[18]。（老旦）生、生员刘羽仪。（小生、老旦）老、老、老公祖，老、老、老父母在上，周、周、周铨部居官侃侃[19]，居乡表表。如此品行，卓然千古。蓍雁奇冤[20]，实实万姓怨恫[21]。老公祖，老父母，在地方亲炙高风[22]，若无一言主持公道，何以安慰民心？（净急上跪介）青天爷爷呵！周乡宦若果得罪朝廷，小的们情愿入京代死。（丑喊上）不是这样讲，不是这样讲！让我来说。青天爷爷呵！今日若是真正圣旨来拿周乡宦，就冤枉了周乡宦，小的们也不敢说了。今日是魏太监假传圣旨，杀害忠良，众百姓其实不服。就杀尽了满城百姓,再不放周乡宦去的!(大哭介)(内齐声号哭介)(外)众百姓听着!这桩事,非府县所能主张。少刻都老爷到了,你百姓齐声叩求,本府与吴县自然极力周旋。(内齐声应介)太爷是真正青天了。(内敲锣、喝道声介)(净、丑)都老爷来了!列位,大家上前号哭去!(喊介)(小生、老旦)全赖老公祖、老父母鼎力挽回[23]。(外、末)自然,自然!(小生、老旦下)(外、末在场角伺候,打恭迎接介)(内喊介)(付,胡髯、冠带,扮毛抚台,歪戴纱帽,脱带撒袍,众百姓乱拥上)(众喊介)求宪天爷爷做主[24],出疏保留周乡宦呢!(外、末喝退众下介)(付作大怒,乱喘乱喘大叫介)反了,反了!有这等事!皇上拿人,百姓抗拒,地方大变了,大变了!罢了,罢了!做官不成了!(外、末跪介)老大人请息怒。周宦深得民心,也是平日正气所感。或者有一线可生之路,还望老大人挽回。(付大怒介)咳!逆党聚众,抗提钦犯[25],叛逆显然了,有什么挽回?有什么挽回?(作怒状,冷笑介)

〔风入松〕呼群鼓噪闹官衙,圣旨公然不怕。你府县有地方干系[26],可晓得官旗是那一家差来的[27]?天家缇骑魂惊唬[28],(作手势介)若抗拒,一齐搭咤[29]。(外、末拱介)是!(付低说介)且住了!逆了朝廷,还好弥缝。今日逆了厂公,(皱眉介)咦!比着抗圣旨,题目倍加。头颅上,怎好戴乌纱!

(内众又乱喊介)宪天爷爷,若不题疏力救周乡宦,众百姓情愿一个个死在宪天台下。(外、末又跪介)老大人,卑职不敢多言,民情汹汹如此,还求老大人一言抚慰才是。(付)抚慰些什么来?抚慰些什么来?拿几个进来打罢了!(外、末又跪介)老大人息怒,众百姓呵。

〔前腔〕(外、末)哭声震地惨嗟呀!卑职呵!不敢施威喝打。倘一言激变,难禁架[30],定弄出祸来天大。(末又跪介)老大人若无一言抚慰,就是周宦在外,卑职也不敢解进辕门。(付)为何?(末)人儿拥,纷如乱麻,就有几皂隶[31],也难拿。

(付沉思介)嗄,也罢!既如此,快去传谕:百姓且散。若要保留周宦,且具一公呈进来,或者另有商量。(外、末起介)是!领旨!(即下)(付)哈哈哈!好个骁官儿[32],苦苦要本院保留,这本儿怎么样写?怎么样写?且待犯官进来,再作道理。(向内叫介)张爷那里?张爷那里?(叫下)(小生扮校尉上,扯住付立定介)毛老爷,不要乱叫。我们的心事,怎么样了?到京去,还要咱们在厂爷面前讲些好话哩!(付)知道了,知道了!自然从厚。(携手下)(生青衣、小帽,旦、贴扮皂押上)(生)平生尽忠孝,今日任风波。(净、丑、末拥上)周老爷且慢。我们众百姓已禀过都爷,出疏保留了。(生拱谢介)列位素昧平生,多蒙过爱。我周顺昌自矢无他[33],料到京师,决不殒命。列位请回。(净、丑、末)当今魏太监弄权,有天无日,

决不放周爷去的。(哭,唱)

〔前腔〕(净、丑、末) 权珰势焰把人挝[34],到口便成肉鲊[35]。周老爷呵,死生交界应非要,怎容向鬼门占卜[36]?(老旦、小生急上) 周老先生,好了,好了! 晚生辈三学朋友[37],已具公呈保留,台驾且回尊府。晚生辈静候抚公批允便了。(生) 多谢诸兄盛情。咳! 诸兄,小弟与兄俱读圣书,君命召,驾且不俟[38]。今日奉旨来提,敢不趋赴? 顺昌此去,有日还苏,再与诸兄相聚,万分有幸了。(小生、老旦) 老先生说出此言,晚生辈愈觉心痛了。(大哭介)(净、丑、末各抱生哭介)(小生、老旦) 老先生,你看被逮诸君,那一个保全的? 还是不去的是。投坑阱都成浪花,见那个得还家。

(生) 列位休得悲哀,我周顺昌呵!

〔前腔〕(生) 打成草稿在唇牙,指佞庭前拼骂[39]。叠成满腹东林话[40],苦挣着正人声价。诸兄日后将我周顺昌呵,姑苏志休教谬夸[41]。我只是完臣节,死非差。

(外扮中军上) 都老爷分付开读且缓,传请周爷快进商议。(净、丑、小生、老旦、末) 有何商量?(外) 列位既具公呈,自然要议妥出本的。(众) 出本保留,是士民公事,何消周爷自议? 不要听他!(生) 列位还是放学生进去的是。(众) 不妨,料无后门走了。(外扶生入介)(内) 分付掩门。(内、付掩门介)(众) 奇怪! 为何掩门起来? 列位,大家守定大门,听着里边声息便了。(作互相窥听介)(内念诏介) 跪听开读。(众惊介) 列位,不是了! 为何开读起来?(又听介)(内高声喊介) 犯官上刑具。(众怒介) 益发不是了! 列位,拼着性命,大家打进去!(打介)(付扮差官执械上) 咄! 砍头的,皇帝也不怕! 敢来抢犯人么? 叫手下拿几个来,一并解京去砍头!

〔前腔〕(付) 妖民结党起波查[42],倡乱苏城独霸。抢咱钦犯思逆驾,擒将去千刀万剐。(众) 咳! 你传假旨,思量吓咱!(拍胸介) 我众好汉,怎饶他!

(付) 嗄! 你这般狗头,这等放肆,都拿来砍! 都拿来砍!(作拔刀介)(净) 你这狗头,不知死活! 可晓得苏州第一个好汉颜佩韦么?(末) 可晓得真正杨家将杨念如么?(丑、旦、贴) 可晓得十三太保周老男、马杰、沈扬么?(付) 真正是一班强盗! 杀! 杀! 杀!(将刀砍介)(净) 众兄弟,大家动手!(打倒付介)(付奔进介)(众赶入打介) 天花板上还有一个。(众打进打出三次介)(二旦扛一死尸上) 打得好快活! 这样不经打的,把尸骸抛在城脚下喂狗便了。(下)(外扮寇太守扶生上)(生) 老公祖,此番大闹,我周顺昌到无生路了。怎么处? 怎么处?(外) 老先生休虑。且到本府衙内,再有商量。(扶生下)(末扮陈知县扶付上)(付) 这等放肆! 快走! 快走! 各执事不知那里去了,怎么处?(末) 执事都在前面,只得步行前去。知县护送老大人。(付)走，走，走！(同末下)(净、丑、旦、贴内大喊。众复上)还有几个狗头，再去打，再去打！(作赶入介)(即出介)一个人也不见了，官府也去了，连周乡宦也不知那里去了！怎么处？快寻，快寻！(各奔介)

〔前腔〕(合)凶徒打得尽成相[43]，倒地翻天无那[44]。遁逃没影真奇诧[45]，空察院止堪养马。周乡宦，深藏那家？细详察，觅根芽。(共奔下)

清顺治苏州树滋堂刻本《清忠谱》传奇

【注释】

[1]青带：青色腰带是旧时衙役的用物，借指衙役。 [2]周乡宦：指周顺昌。 [3]大阿哥：吴语兄弟称大哥为大阿哥。这里指上等衙役。 [4]苦恼子：吴语，意为辛苦。子，语助词，无义。 [5]攮(nǎng)：犹言灌，意为拼命喝。 [6]差了瞎：意为落空。 [7]松香：松树脂，可作燃料。舞台上燃烧松香以取得烟火效果。决撒：败露，完蛋。"自家"三句是说，毛一鹭是自家干儿，如不设法的话，咱就大闹一场，好比放一把火，让他彻底完蛋。 [8]吏部：周顺昌原任吏部员外郎，这里指周顺昌。 [9]毛一鹭：魏忠贤死党，当时的应天府巡抚。 [10]厂爷：指魏忠贤，明熹宗时任司礼秉笔太监，并掌管特务组织东厂，下文称"厂公"。 [11]都老爷：指毛一鹭。明代巡抚皆由都察院副都御史或佥都御史外放，故称都老爷。 [12]飞廉：风神，又是传说中的神鸟，故借指急使。 [13]贯索：星座名，一名天牢。《晋书·天文志》："贯索九星在其(七公)前，贱人之牢也。"这里借指犯人周顺昌。 [14]寇太守：即寇慎，时任苏州太守，为官清正。 [15]鼎言：恭维之词，谓寇太守说话的分量如鼎一般重。 [16]陈知县：即陈文瑞，时任吴县县令。 [17]嘠(á)：同"啊"。 [18]王节：与下文的刘羽仪都是当时的秀才。下文事件中出现的颜佩韦、杨念如、周老男、马杰、沈扬等五义士，也都是历史真实人物。周老男即周文元。 [19]铨部：对吏部的尊称。侃侃：正直不阿。 [20]蓦罹：突然遭遇不幸。蓦，突然。罹，遭难。 [21]怨恫(tōng)：怨痛。恫，病痛。 [22]亲炙高风：意为亲自感受到其高尚的风格。 [23]鼎力：大力。恭维之词。 [24]宪天爷爷：明代对都察院官员的尊称。 [25]钦犯：奉旨逮捕的人。 [26]干系：能引起责任的关系。 [27]官旗：官方的武士。 [28]天家缇骑：朝廷派来捕人的锦衣卫军人。 [29]搭咤：模拟杀头的声音，这里代指杀头。 [30]禁架：犹言招架。 [31]皂隶：喝道执刑杖的衙役。 [32]骇(ái)：傻。 [33]自矢：自誓。 [34]珰：汉代宦官充武职者的服饰。后以"珰"作为宦官的代称。 [35]肉鲊(zhǎ)：肉酱。 [36]鬼门占卜：在死路上占卜

吉凶，意谓必死无疑。　[37] 三学朋友：指当时苏州府学、吴县县学和长洲县学中的秀才们。　[38] "君命"二句：语出《论语·乡党》："君命召，不俟驾行矣。"意为，国君召唤，等不及车子驾好马就立刻动身。俟，等待。　[39] 指佞：草名，又名屈轶草。相传尧时有屈轶草，奸臣入朝，草就指向他。这里周顺昌以屈轶草自比，表示要与魏忠贤进行坚决的斗争。　[40] 东林：即东林党。宋代杨时在无锡建东林书院。明代顾宪成、高攀龙等人重修东林书院，作为讲学基地，激烈抨击以魏忠贤为首的政治集团，赢得许多进步知识分子和士大夫的支持与同情，被称为东林党。　[41] 姑苏志：即苏州地方志。吴王夫差曾建姑苏台于苏州，故后世称苏州为姑苏。　[42] 波查：口舌纠纷。　[43] 柤（zhā）：果名，这里意为渣滓。　[44] 无那：奈何不得。《通俗编·语辞》："那与奈何一也。直言曰那，长言曰奈何。"　[45] 逋（bū）逃：逃亡者。杜甫《遣遇》诗："奈何黠吏徒，渔夺成逋逃。"

【选评】

　　[清] 钱谦益《〈眉山秀〉题词》：元玉上穷典雅，下渔稗乘，既富才情，又娴音律，殆所称青莲苗裔、金粟后身耶？于今求通才于宇内，谁复雁行者？

　　[清] 吴伟业《〈清忠谱〉序》：逆案既布，以公（按指周顺昌）事填词传奇者凡数家。李子玄玉所作《清忠谱》最晚出，独以文肃（按指文震孟）与公相映发，而事俱按实，其言亦雅驯，虽云填词，目之信史可也。

　　[清] 吴伟业《〈北词广正谱〉序》：李子玄玉，……所著传奇数十种，即当场之歌呼笑骂，以寓显微阐幽之旨。忠孝节烈，有美斯彰，无微不著。

【备考】

　　一、颜长珂、周传家《李玉评传》："《清忠谱》的写作年代迄今尚未确定。根据现有资料推测，比较大的可能是草创于明亡之前，入清后经同里诸君的共同编定才刊行于世的。"

　　二、张云生《古本戏曲剧目提要·清忠谱》："写作时间尚难确定，似写于明亡以后；后又经同里叶时章、毕魏与朱㿥共同编定刊行于世。"

　　三、郭英德《明清传奇综录·清忠谱》："现存苏州原刻本卷首有吴伟业之《序》，根据吴伟业《亡女权厝志》《哭亡女诗》及《吴梅村年谱》，其于顺治十六年（1659）秋冬间，伴其女至苏州治病，至次年五月其女病故，方离开苏州。然则吴伟业或即于此时为《清忠谱》作序，剧之作当在顺治十六年秋以前。"

　　按：《清忠谱》的现存最早刊本清顺治本卷首题作："苏门啸侣李玉元玉甫著，同里毕魏万后、叶时章雉斐、朱㿥素臣同编。"《清忠谱》为李玉原创，终由集体编定刊行,应属无疑。然而,一、二两说将原创时间或定于明亡前,或定于明亡后,都缺乏足够的证据,难以立论。三说可取,但该剧的创作时间应在清顺治十七年(1660)五月之前。

李　　渔

李渔(1610—1680),字笠鸿、笠翁,别署笠道人、随庵主人、新亭樵客、湖上笠翁、觉世稗官等。兰溪(今属浙江)人。出生于江苏雉皋(今江苏如皋),后回原籍。家素富饶,少年任侠。

自幼聪颖,素以才子称。崇祯十年(1637)入金华府学,后屡应乡试皆不第。明清易代后,不复应考。易代之际,由于遭受兵燹,家道中落。顺治五年(1648),移家杭州。此后10年,奔走吴越间以卖赋糊口。顺治十四年始,流寓金陵(今南京)20年,居介子园。蓄养家姬,教习歌舞戏曲,逢迎公卿大夫,以为生计。康熙十六年(1677)再迁杭州,居西湖云亭山东麓之层园。历4年卒。其生平事迹详见清李渔《笠翁一家言全集》、李桓《国朝耆献类征初编》本传、今人赵景深、张增元《方志著录元明清曲家传略》等。其戏曲理论极为丰富,著有《闲情偶寄》,其中"词曲部""演习部"(后人称为"笠翁曲话")专门探讨戏曲的创作和演出。其创作论,主张结构"戒讽刺""立主脑""脱窠臼""密针线""减头绪",词采"贵显浅""重机趣",音律"恪守词韵""凛遵曲谱",宾白"语求肖似",科诨"贵自然";演出论,主张导演选剧要"别古今""剂冷热",改剧力求"变旧为新",等等。其戏曲创作,擅用误会与巧合营造喜剧效果,结构细密严谨,语言诙谐自然。著述除《闲情偶寄》外,撰有传奇16种,今知10种:《怜香伴》《风筝误》《意中缘》《蜃中楼》《奈何天》《玉搔头》《比目鱼》《凰求凤》《慎鸾交》《巧团圆》,总名《笠翁传奇十种》或《笠翁十种曲》;长篇小说《回文锦》(一名《合锦回文传》),短篇小说集《十二楼》《无声戏》(又名《连城璧》);诗文及杂著《笠翁一家言全集》《笠翁诗韵》《资治新书》《古今史略》《古今尺牍大全》《新四六初徵》《介子园图章会纂》等。

风　筝　误(诧美)

【解题】

《风筝误》是李渔喜剧的代表作,标志着中国古典喜剧的成熟。全剧30

出。剧情梗概：詹烈侯与戚补臣为故交。詹有二女，长女爱娟，貌丑而愚蠢；次女淑娟，貌美且多才，分住东西两院。戚有二子，亲子戚施，性情顽劣；养子韩世勋，为人俊逸。戚生放风筝，线断飘入詹家，淑娟题诗后归还。韩生见诗大为倾倒，和诗一首再放，风筝又断线落入爱娟之手。爱娟遂冒名淑娟，约韩生相会；韩生冒名戚生，如期赴约，"惊丑"而逃。后戚生与爱娟成亲，爱娟误以戚生为前约情人，丑态大出；而韩生考中状元，督师靖边，詹烈侯为其订婚淑娟，成亲时亦误会百出。最后释疑，皆大欢喜。作品通过题放风筝引出的一系列误会，展开喜剧冲突，讽刺了社会上的冒名顶替之风。作者善于发掘和放大生活中的矛盾，运用对比、夸张、巧合的手法，制造喜剧效果。又由于作者十分熟悉舞台艺术，对戏剧理论作过系统深入的研究，因此，能够做到结构完整，情节紧凑，语言生动，充分体现了作者的理论主张。但为了迎合观众，作者热衷于制造噱头，从而使作品的有些地方难免流露出庸俗的趣味。《风筝误》现存清刊本为《笠翁传奇十种》和《笠翁十种曲》所收本，主要有翼圣堂原刻本、世德堂本、全相堂本、步月楼本、文木堂本、大文堂本、大知堂本、经术堂本等版本。现通行本有今人王季思主编《中国十大古典喜剧集》本，黄天骥、欧阳光等选编《李笠翁喜剧选》本及湛伟思校注单行本。

《诧美》为《风筝误》的第29出，是全剧的高潮，也是全剧总线的汇解，此前种种的误会疑惑，至此得以一一解开。关目安排巧妙，曲词宾白贴切，前抑后扬，高潮迭起，具有浓厚的喜剧气氛，舞台效果极佳，非但达到了作者"填词之设，专为登场"（《闲情偶寄·演习部·选剧第一》）的基本创作要求，而且实现了其"惟我填词不卖愁，一夫不笑是吾忧"（《风筝误·释疑》）的戏剧创作的最终宗旨。

〔传言玉女前〕（小旦带副净上[1]）儿女温柔，佳婿少年衣绣，问邻家娘儿妒否[2]？

妾身柳氏。前日老爷寄书回来，教我赘韩状元为婿。我想梅夫人与我各生一女，他的女婿是个白衣白丁[3]，我的女婿是个状元才子；我往常不理他，今日成亲，偏要请过来同拜，活活气死那个老东西！叫梅香去请二夫人过来，好等状元拜见。（副净应下）

〔传言玉女后〕（生冠带[4]，末随上）姻缘强就，这恶况怎生经受？冤家未见，已先眉皱！（见介）

（副净上）夫人，二夫人说，他晓得你的女婿是个状元，他命轻福薄，受不得拜起，他不过来。（生）既是二夫人不来，今日免了拜堂罢。（小旦）说的甚么话？小女原不是他所生，尽他一声不来就罢。叫傧相赞礼[5]。（净

扮掌礼上，请介）（副净、老旦扶旦上[6]，照常行礼毕，共作饮酒介）

〔画眉序〕（生闷坐不开口，众唱）配鸾俦，新妇新郎共含羞。喜两心相照，各自低头。合卺酒未易沾唇[7]，合欢杯常思放手。状元相度[8]，该如此端庄，不轻开口。

〔滴溜子〕笙歌沸，笙歌沸欢情似酒。看银烛，看银烛花开似斗。冬冬鼓声传漏[9]，早些撤华筵，停玉盏，好待他一双双归房聚首。

（小旦）掌灯送入洞房。（行介）

〔双声子〕新人幼，新人幼，看一捻腰肢瘦[10]。才郎秀，才郎秀，看雅称宫袍绣。神祜祐[11]，神祜祐；天辐辏[12]，天辐辏。问仙郎仙女，几世同修？

〔隔尾〕这夫妻是人间偶？是一对蓬莱小友[13]，谪向人间作好逑[14]。（众下）

（生、旦对坐，旦用扇遮面介）（内发擂毕[15]，打一更介）（生背介）他今日也一般良心发动，无颜见我，把扇子遮住了脸。（叹介）你这把小小扇子，怎遮得那许多恶状来！

〔园林好〕（生）我笑你背银灯，难遮昨羞，隔纨扇，怎藏旧丑？他当初露出那些轻狂举止，见我厌恶他，故此今日假装这个端庄模样。（叹介）你就端庄起来也迟了！任你把娇涩态，千般装扭，怎当我愁见怪，闭双眸！愁见怪，闭双眸！

我若再一会不动，他就要手舞足蹈起来了。趁此时拿灯去睡。双炬台留孤独影，合欢人睡独眠床。（持灯下）（旦静坐介）（内打三更介）（旦觑生不见介[16]）呸！我只说他坐在那边，只管遮住了脸；方才打从扇骨里面张了一张，才晓得是空空的一把椅子！（向内偷觑，大惊介）呀！他独自一个竟去睡了，这是甚么缘故？

〔嘉庆子〕莫不是醉似泥，多饮了几杯堂上酒？莫不是善病的相如体态柔[17]？莫不是昨夜酣眠花柳[18]，因此上神倦怠，气休囚[19]；神倦怠，气休囚？

他如今把我丢在这边，不偢不保[20]，难道我好自己去睡不成？独自个冷冷清清，又坐不过这一夜，不免拿灯到母亲房里去睡。檀郎不屑松金钏[21]，阿母还堪卸翠翘[22]。（敲门介）母亲开门。（小旦持灯上）眼前增快婿[23]，脚后失娇儿。（开门见旦，惊介）呀！我儿，你们良时吉日，正好成亲，要甚么东西，只该叫丫鬟来取，为甚么自己走出来？（旦）孩儿不要甚么东西，来与母亲同睡。（小旦大惊介）怎么不与女婿成亲，反来与我同睡？

〔尹令〕你缘何黛痕浅皱[24]？缘何擅离佳偶？缘何把母闱重叩[25]？莫不是娇痴怕羞，因此上抱泣含愁把阿母投？

（旦）他不知为甚么缘故，进房之后，身也不动，口也不开，独自一个竟去睡了。孩儿独坐不过，故此来与母亲同睡。（小旦呆介）怎么有这等诧异的事？我看他一进门来，满脸都是怨气，后来拜堂饮酒，总是勉强支持。这等看来，毕竟有甚么不慊意处[26]？我儿，你且坐一坐，待我去问个明白，再来唤你。叫梅香掌灯。（旦下）（副净上，持灯行介）（小旦）只道欢娱嫌夜短，谁知寂寞恨更长。来此已是。梅香，请他起来。（副净向内介）韩老爷，请起来，夫人在这里看你。（生上）令爱不堪偕伉俪[27]，老堂空自费调停[28]。夫人到此何干？（小旦）贤婿请坐了，有话要求教。（坐介）贤婿，舍下虽则贫寒，小女纵然貌丑，既蒙贤婿不弃，结了朱陈之好[29]，就该俯就姻盟。为甚的愁眉怨气，全没些燕尔之容[30]？独宿孤眠，成甚么新婚之体？贤婿自有缘故，毕竟为着何来？（生）下官不与令爱同床，自然有些缘故。明人不必细说，岳母请自参详。（小旦）莫非为寒家门户不对么？（生）都是仕宦人家，门户有甚么不对？（小旦）这等，为小女容貌不佳？（生）容貌还是小事。（小旦）哦，我知道了。是怪舍下妆奁不齐整[31]？老身曾与戚年伯说过，家主不在家，无人料理，待老爷回来，从头办起未迟。难道这句话，贤婿不曾听见？（生微笑介）妆奁甚么大事，也拿来讲起？

〔品令〕便是荆钗布裙，只有德配也相投。况如今珠围翠绕，还堪度春秋。（小旦）这等为甚么？（生）只为伊家令爱有声扬中冓[32]。我笑你府上呵，妆奁都备，只少个扫苾除墙的佳帚[33]。我只怕荆棘牵衣，因此上刻刻提防不举头[34]。

（小旦大惊介）照贤婿这等说起来，我像有甚么闺门不谨的事了？自古道："眼见是实，耳闻是虚。"贤婿所闻的话，焉知不出于仇口？（生）别人的话，那里信得？是我亲眼见的。（小旦大惊介）我家闺闱的事[35]，贤婿怎么看见？是何年、何月？那一桩事？快请讲来。（生）事到如今，我也不得不说了。去年清明，戚公子拿个风筝，来央我画。我题一首诗在上面，不想他放断了线，落在贵府之中。（小旦）这是真的。老身与小女同拾到的。（生）后来着人来取去，令爱和一首诗在后面。（小旦）这也是真的，是老身叫他和的。（生）后来我自家也放风筝，不想也落在府上；及至着小价来取[36]，谁知令爱叫个老妪[37]，约我说起话来。（小旦惊介）这就是他瞒我作的事了。或者是他怜才的意思，也不可知。这等贤婿来了不曾？（生）我当晚进来，只说面订婚姻之约，待央媒说合过了，然后明婚正娶的。不想走进来的时节，我手还不曾动，口还不曾开，多蒙令爱的盛情，不待仰攀，竟来俯就。如今在夫人面前，不便细述，只好言其大概而已。我心上思量，妇人家所重在德，所戒在淫；况且是个处子[38]，怎么"廉耻"二字全然不顾？彼时被我洒脱袖子，跑了出去，方才保得自己的名节，不曾敢污令爱的尊躯。

〔豆叶黄〕亏得我把衣衫脱，才得干休。险些做了个轻薄儿郎，险些做了个轻薄儿郎，到如今，这个清规也难守。（小旦）既然如此，贤婿就该别选高门，另偕伉俪了，为甚么又来聘这个不肖的东西？（生）我在京中，那里知道是咸老伯背后聘的。如今悔又悔不得，只得勉强应承。不敢瞒夫人说，这一世与令爱只好做个名色夫妻，若要同床共枕，只怕不能够了。名为夫妇，实为寇仇，若要做实在夫妻，若要做实在夫妻，纵掘到黄泉，也相见还羞[39]。

（小旦）这等说起来，是我家的孽障不是了。怪不得贤婿见绝。贤婿请便，待老身去拷问他。（生）慈母尚难含忍，教夫婿相容？（下）（小旦）他方才说来的话，字字顶真，一毫也不假。后面那一段事，他瞒了我做，我那里知道？千不是、万不是，是我自家的不是！当初教他做甚么诗，既做了诗，怎么该把外人拿去？我不但治家不严，又且诱人犯法了。日后老爷回来知道，怎么了得！（行到介）不争气的东西在哪里！（闷坐气介）（内打四更介）

〔玉交枝〕（旦上）呼声何骤？好教人惊疑费筹。（见小旦介）母亲为何这等恼？（小旦）你瞒了我做得好事！（旦惊介）孩儿不曾瞒母亲做甚么事。（小旦）去年风筝的事，你忘了？（旦背想介）是了，去年风筝上的诗，拿了出去，或者韩郎看见，说我与咸公子唱和，疑我有甚么私情，方才对母亲说了。（对小旦介）去年风筝上的诗，是母亲叫孩儿做的；后来咸家来取，又是母亲把还他的，干孩儿甚么事？（小旦）我把他拿去，难道教你约他来相会的？（旦大惊介）怎么，我几时把人约黄昏后[40]？向母亲求个分剖。（小旦）你还要赖！起先咸家风筝上的诗是韩郎做的；后来韩郎也放一个风筝进来，你教人约他相会，做出许多丑态，被他看破，他如今怎么肯要你！（旦大惊，呆视介）这些话是那里来的？莫非是他见了鬼？（高声哭介）天哪！我和他有甚么冤仇，平空造这样的谣言来玷污我！今生与伊无甚冤仇，为甚的擅开含血喷人口！（小旦掩旦口介）你还要高声，不怕隔壁娘儿俩个听见？今日喜得那老东西不曾过来，若过来看见，我今晚就要吊死！我细思量，如何盖羞！细思量，如何盖羞！

（内打五更介）料想今晚做不成亲了，你且去睡，待明日再做道理。粪缸越搂越臭。（旦）奇冤不雪不明。（下）（小旦）这桩事好不明白。照女婿说来，千真万真；照他说来，一些影响也没有。就是真的，他自己怎么肯承认？我有道理，只拷问是那个丫鬟约他进来的就是了。（对副净介）是你引进来的么？（副净）阿弥陀佛！我若引他进来，教我明日嫁个男子，也像这样不肯成亲。(小旦)掌灯!我再去问。(行介)(副净请介)(生上)说明分散去,何事又来缠?(小旦)方才的事,据贤婿说,确然不假;据小女说,影响全无。这"莫须有"三字也难定案[41]。请问贤婿去年进来,可曾看见小女么?(生)怎么不曾见?(小旦)这等还记得小女的面貌么?(生)怎么不记得?世上那里还有第二个像令爱的尊容?(小旦)这等方才进房的时节,可曾看看小女不曾?(生)也不消看得,看了倒要难过起来。(小旦)这等待我教小女出来,请贤婿认一认,若果然是他,莫说贤婿不要他为妻,连老身也不要他为女了。恐怕事有差讹,也不见得。(生)这等就教出来认一认。(小旦)叫丫鬟,多点几支蜡烛,去照小姐出来。(丑应下)(生)只怕认也是这样,不认也是这样。(小旦背介)天哪!保佑他眼睛花一花,认不出也好。(老旦、副净持灯,照旦上)请将见鬼疑神眼,来认冰清玉洁人。(小旦)小女出来了,贤婿请认。(老旦、副净擎灯高照;生遥认,惊背介)呀!怎么竟变做一个绝世佳人?难道是我眼睛花了?(拭目介)

〔六幺令〕把双睛重揉。(近身细认,又惊,背介)逼真是一个绝世佳人!那里是幻影空花,眩我昏眸。谁知今日醉温柔?真娇艳,果风流!不枉我铁鞋踏破寻佳偶,铁鞋踏破寻佳偶!

(小旦)贤婿,可是去年那一个么?(生摇手介)不是,不是,一些也不是!(小旦)这等看起来,与我小女无干,是贤婿认错了人了。(生)岂但认错了人,竟是活见了鬼!小婿该死一千年了!(小旦)这等老身且去,你们成了亲罢。(生)岳母快请回。小婿暂且告罪,明日还要负荆[42]。(小旦笑介)不是一番疑彻骨,怎得千喜上眉头[43]?(老旦、副净随下)(生急闭门,向旦温存介)小姐,夜深了,请安置罢。(旦不理介)(生)是下官认错了人,冒犯小姐,告罪了。(长揖介)(旦背立,不理介)

〔江儿水〕(生)虽则是长揖难辞谴,须念我低头便识羞。我劝你层层展却眉间皱,盈盈拭却腮边溜[44],纤纤松却胸前扣。请听耳边更漏,已是丑末寅初[45],休猜做半夜三更时候。

(内作鸡鸣介)(生慌介)小姐,鸡都鸣了,还不快睡!下官没奈何,只得下全礼了。(跪介)(旦扶起介)

〔川拨棹〕(生)蒙慈宥,把前情一笔勾,霁红颜[46],渐展眉头;霁红颜,渐展眉头。也亏我屈黄金,先陪膝头[47]。请宽衣,莫怕羞,急吹灯,休逗留。

〔尾声〕良宵空把长更守,那晓得佳人非旧,被一个作孽的风筝误到头!

鸳鸯对面不相亲,好事从来磨杀人。
临到手时犹费口,最伤情处忽迷神。

清康熙翼圣堂原刻本《风筝误》传奇

【注释】

[1] 小旦：扮詹烈侯第三房夫人柳氏，即淑娟之母。 [2] 邻家娘儿：指詹烈侯第二房夫人，爱娟之母梅氏。 [3] 白衣白丁：平民百姓，不识字之人。 [4] 生：扮韩世勋。 [5] 傧相（xiàng）：举行婚礼时陪伴新郎的男子和陪伴新娘的女子。赞礼：祭祀、典礼时司仪唱读仪式叫人行礼。 [6] 旦：扮淑娟。 [7] 合卺（jǐn）酒：指行礼时新郎新娘饮的交杯酒。 [8] 相度：举止、风度。 [9] 传漏：传递着漏壶的滴水声。古代利用漏壶滴水以计时。 [10] 一捻：一把。形容腰细。 [11] 祜（hù）：福荫。祐：保佑。 [12] 天辐辏（còu）：意谓二人结婚为天作之合。辐，辐条，车轮半径上的直木。辏，指辐条集中于车轮圆心。 [13] 蓬莱小友：神仙眷属。蓬莱，传说海外三神山之一。 [14] 谪（zhé）：神仙受到处罚降到人间。好逑（qiú）：好配偶。《诗经·周南·关雎》："关关雎鸠，在河之洲。窈窕淑女，君子好逑。" [15] 发擂：打更鼓。 [16] 觑（qù）：看。 [17] 相如：即司马相如，汉代著名文学家。史称其患有消渴疾（糖尿病）。 [18] 酣眠花柳：指嫖宿娼妓。 [19] 休囚：沮丧无力。 [20] 不偢（chǒu）不保：不理睬。偢，同"瞅"。保，同"睬"。 [21] 檀郎：晋代潘岳，小字檀奴，姿仪美好，很受妇人喜欢。后人因以檀郎代指美男子或夫婿、情人。钏（chuàn）：镯子。 [22] 翠翘：翠鸟尾上的长毛。这里指形似翠尾的头饰。 [23] 快婿：称心的女婿。 [24] 黛痕：用黛色描画的眉痕，代指眉毛。 [25] 阍（hūn）：守门人，代指门。 [26] 不慊（qiàn）意：不满意。 [27] 令爱：对对方女儿的尊称。伉（kàng）俪（lì）：夫妻。 [28] 老堂：即老令堂，对对方母亲的尊称。 [29] 朱陈之好：指婚姻。唐白居易《朱陈村》："徐州古丰县，有村曰朱陈。……一村唯两姓，世世为婚姻。" [30] 燕尔：指新婚。《诗经·邶风·谷风》："燕尔新婚，如兄如弟。" [31] 妆奁（lián）：嫁妆。 [32] 伊：一般作第三人称代词，这里用作第二人称代词"你"。中冓（gòu）：内室，闺门之内。《诗经·鄘风·墙有茨》："墙有茨，不可扫也。中冓之言，不可道也。"后因讥家有淫乱者为遗讥中冓、中冓之羞。 [33] 扫茨除墙：意谓整肃闺门。茨，一种带刺的植物。 [34] 堤防：同"提防"。 [35] 阃（kǔn）：妇女居住的内室。 [36] 小价：犹言"小介"，对自家童仆的谦称。 [37] 老妪（yù）：老妇人。 [38] 处子：处女。 [39] "纵掘"二句，化用郑庄公掘地见母的典故。据《左传》，春秋时郑庄公与母不合，曾发誓说："不及黄泉，无相见也！"不久后悔，只好掘地及泉，与母相见。这里韩生表示生死不与詹淑娟相好。黄泉，地下深处，指坟墓。 [40] 人约黄昏后：指男女约会。欧阳修《生查子》词："月上柳梢

头，人约黄昏后。"相传描写男女幽会。　[41] 莫须有：恐怕有、也许有。《宋史·岳飞传》："狱之将上也，韩世忠不平，诣桧诘其实。桧曰：'飞子云与张宪书虽不明，其事体莫须有。'世忠曰：'莫须有三字何以服天下?'"　[42] 负荆：背负荆条请罪。荆，荆条，古代用作打人的器具。《史记·廉颇蔺相如列传》："廉颇闻之，肉袒负荆，因宾客至蔺相如门谢罪。"　[43] "不是"二句，翻用俗语"不是一番寒彻骨，怎得梅花扑鼻香"句。　[44] 盈盈：泪水充溢的样子。　[45] 丑末寅初：古代计时，相当于今时凌晨三点左右。　[46] 霁：雨过天晴。这里喻指怒气消失，脸色转好。　[47] "屈黄金"二句，化用俗语"男儿膝下有黄金"，表示男人不能轻易下跪。

【选评】

[清] 李调元《雨村曲话》卷下：李渔音律独擅，近时盛行其《笠翁十种曲》。……世多演《风筝误》。

[清] 虞镂《〈风筝误〉叙》：笠鸿《风筝误》一编，写照、寓言或在有意无意之间乎！读是编而知媸冒妍者，徒工刻画；妍混媸者，必表清扬。

[清] 朴斋主人《〈风筝误〉总评》：是剧结构离奇，熔铸工炼，扫除一切窠臼。向从来作者搜寻不到处，另辟一境，可谓奇之极、新之至矣。然其所谓奇者，皆理之极平；新者，皆事之常有。

[清] 朴斋主人《〈风筝误·诧美〉眉批》：从来杂剧未有如此好看者，无怪甫经脱稿，即传遍域中。

(日) 青木正儿《中国近世戏曲史·李渔》：李渔作剧，在于专脱窠臼、出新意。其主张与阮大铖同，其弊亦同。此剧（按指《风筝误》）结构出于阮之《春灯谜》一派，以风筝为姻缘之线索，似学《燕子笺》。其关目布置之工，针线之密，宾白吞吐之得宜，为其长技，有足称者。然根本主意之类似儿戏，以及趣味之低级，遂令我人有所不满焉。

【备考】

一、主题否定论。梁绍壬《两般秋雨庵曲谈》："其科诨谑浪，纯乎市井，风雅之气，扫荡已尽。"黄宗羲《胡子藏院本序》："李渔之寒乏，全以关目转折，遮伧父之眼，不足数矣。"社科院文研所编《中国文学史》、周贻白《中国戏曲发展史纲要》、陆萼庭《昆曲演出史稿》、张庚、郭汉城主编《中国戏曲通史》、郭预衡主编《中国古代文学史》等从之。

二、主题肯定论。王起主编《中国戏曲选·风筝误》："这个戏，以一只'作孽的风筝'为线索，讽刺了社会上冒名顶替的风气。"俞为民《李渔评传》:"他的《风筝误》一剧,其立意就是要嘲讽这种以假乱真的丑恶现象,'好事从来由错误',而造成这种'错误'的原因,就是假冒欺骗。"沈新林《李渔新论》亦持此观点。

按:李渔戏剧创作的主要目的是"砚田糊口",因此,出于商业操作的需要,其剧作内容不得不迎合观众的欣赏情趣。但题材不等同于主题,手段不等同于目的。《风筝误》虽然不出李渔"十部传奇九相思"的取材范畴,却在演绎喜剧情节的过程中,表达了严肃的社会主题。故一说欠妥,二说成立。

洪 昇

洪昇(1645—1704),字昉思,号稗畦、稗村,别署南屏樵者。钱塘(今浙江杭州)人。少拜毛先舒为师,学习音韵学。康熙七年(1668)入京为国子监生,从王士禛、施闰章游,得其诗法。后遇"家难",失去经济来源,流寓京师,困穷至极,遂寄情词曲,吟啸自适。康熙二十七年,传奇《长生殿》脱稿,轰动一时。次年,因在佟皇后丧期演唱,被御史弹劾,革去监生。晚年定居故乡,愈益潦倒。康熙四十三年出游江宁,归途过乌镇,醉酒落水而死。其生平详见清王士禛《香祖笔记》、袁枚《随园诗话》、厉鹗《东城杂记·洪稗畦》、吴振棫《国朝杭郡诗辑》本传、赵执信《饴山堂诗集·怀旧诗》所附本传、陈文述《西泠怀古集·东里怀洪昉思》所附本传、《清史列传》本传,今人赵景深、张增元辑有《方志著录元明清曲家传略》。今人章培恒《洪昇年谱》考辨甚详。其思想较复杂,既维护清王朝的统治,又具有较浓厚的民族意识;既是儒家伦理道德的拥护者,又具有强烈的尚情斥理观念。艺术创作主张"言情"。著有诗文集《啸月楼集》《稗畦集》《稗畦续集》,今存;撰有杂剧《四婵娟》(包括《谢道韫》《卫茂漪》《李易安》《管仲姬》),传奇《长生殿》《锦绣图》《回文锦》《回龙记》《闹高唐》《孝节坊》《天涯泪》《青衫湿》《长虹桥》等,现只有《四婵娟》和《长生殿》存世。《四婵娟》有清抄本,《杂剧二集》据此影印为通行本。

长 生 殿(惊变)

【解题】

《长生殿》本诸唐白居易诗《长恨歌》和陈鸿传奇小说《长恨歌传》,并参以元白朴杂剧《梧桐雨》及有关传说,"经十余年,三易其稿而成。"(洪昇

《〈长生殿〉例言》初稿名为《沉香亭》,二稿更为《舞霓裳》。全剧50出,写唐明皇与杨贵妃的爱情悲剧:唐明皇宠幸杨贵妃,政事渐荒。番将安禄山先骗取唐明皇的信任,后乘机反叛,直逼京师长安。唐明皇仓促幸蜀,扈驾将士感愤于丞相杨国忠祸国殃民,在马嵬驿兵变,逼迫唐明皇授权杀死杨国忠,赐死杨贵妃。安史之乱平定后,唐明皇十分感伤,对杨贵妃思念不已;而杨贵妃也阴魂不散,深悔自己生前的罪愆。他们的精诚感动了上苍,玉帝让杨贵妃返回仙班,并让明皇的灵魂到天界与杨贵妃团聚。作者一方面极力赞颂唐玄宗、杨贵妃的爱情,对他们给予了深切同情;另一方面,又写出了他们因"占了情场"而"弛了朝纲"的客观现实。前半部写实,情节紧凑,矛盾尖锐,如《惊变》《埋玉》等出,曲折跌宕,使人惊心动魄;后半部多用想象,结构稍嫌松散,但《弹词》《闻铃》等出,写得悲凉凄婉,浪漫主义色彩浓厚。而前半部的豪华热闹,又烘托了后半部的冷落凄凉,从而加强该剧的悲剧气氛。剧中人物性格鲜明,音律和谐,关目与角色处理能够与舞台演出相适应。该剧为洪昇赢得了文坛声誉,时人将其与稍后出现的《桃花扇》的作者孔尚任并称为"南洪北孔"。《长生殿》最早刊本为康熙稗畦堂家刻本,光绪庚寅文瑞楼刊本、民国暖红室刊本及今人徐朔方校注本为通行本。

《惊变》是《长生殿》第24出,由《小宴》和《惊变》两部分组成。作品将热闹、欢乐的关目与紧张、凄凉的关目组接在一起,既起到相互比衬的作用,让乐悲互见,增强了戏剧冲突的张力;又强化乐悲之间的因果关系,说明悲剧缘于淫乐,增强了作品的批判性。

(丑上)玉楼天半起笙歌,风送宫嫔笑语和。月殿影开闻夜漏[1],水晶帘卷近秋河[2]。咱家高力士[3],奉万岁爷之命,着咱在御花园中安排小宴,要与贵妃娘娘同来游赏,只得在此伺候。(生、旦乘辇[4],老旦、贴随后,二内侍引,行上)

〔北中吕粉蝶儿〕[5]天淡云闲,列长空数行新雁。御园中秋色斓斑[6]:柳添黄,苹减绿,红莲脱瓣。一抹雕阑[7],喷清香桂花初绽。(到介)

(丑)请万岁爷娘娘下辇。(生、旦下辇介)(丑同内侍暗下)(生)妃子,朕与你散步一回者。(旦)陛下请。(生携旦手介)(旦)

〔南泣颜回〕携手向花间,暂把幽怀同散。凉生亭下,风荷映水翩翻。爱桐阴静悄,碧沉沉并绕回廊看。恋香巢秋燕依人,睡银塘鸳鸯蘸眼[8]。

(生)高力士,将酒过来[9],朕与娘娘小饮数杯。(丑)宴已排在亭上,请万岁爷娘娘上宴。(旦作把盏,生止住介)妃子,坐了。

〔北石榴花〕不劳你玉纤纤高捧礼仪烦[10],子待借小饮对眉山[11]。俺与你浅斟低唱互更番[12],三杯两盏,遣与消闲。妃子,今日虽是小宴,倒也清雅。回避了御厨中,回避了御厨中烹龙炰凤堆盘案[13],咿咿哑哑,乐声催趱[14]。只几味脆生生[15],只几味脆生生,蔬和果清肴馔,雅称你仙肌玉骨美人餐[16]。

妃子,朕与你清游小饮,那些梨园旧曲[17],都不耐烦听他。记得那年在沉香亭上赏牡丹,召翰林李白草《清平调》三章[18],令李龟年度成新谱[19],其词甚佳,不知妃子还记得么?(旦)妾还记得。(生)妃子可为朕歌之,朕当亲倚玉笛以和。(旦)领旨。(老旦进玉笛,生吹介,旦按板介)

〔南泣颜回〕花繁,秾艳想容颜,云想衣裳光璨;新妆谁似,可怜飞燕娇懒[20]。名花国色[21],笑微微常得君王看。向春风解释春愁,沉香亭同依阑干。

(生)妙哉!李白锦心,妃子绣口,真双绝矣!宫娥,取巨觥来[22],朕与妃子对饮。(老旦、贴送酒介)(生)

〔北斗鹌鹑〕畅好是喜孜孜驻拍停歌[23],喜孜孜驻拍停歌,笑吟吟传杯送盏。妃子干一杯。(作照干介)不须他絮烦烦射覆藏钩[24],闹纷纷弹丝弄板。(又作照杯介)妃子再干一杯。(旦)妾不能饮了。(生)宫娥每跪劝。(老旦、贴)领旨。(跪旦介)娘娘请上这一杯。(旦勉饮介)(老旦、贴作连劝介)(生)我这里无语持觥仔细看,早子见花一朵上腮间。(旦作醉介)妾真醉矣!(生)一会价软哈哈柳嚲花欹[25],软哈哈柳嚲花欹,困腾腾莺娇燕懒。

妃子醉了。宫娥每,扶娘娘上辇进宫去者。(老旦、贴)领旨。(作扶旦起介)(旦作醉态呼介)万岁!(老旦、贴扶旦行。旦作醉态介)

〔南扑灯蛾〕态恹恹轻云软四肢,影濛濛空花乱双眼;娇怯怯柳腰扶难起,困沉沉强抬娇腕,软设设金莲倒褪[26],乱松松香肩嚲云鬟;美甘甘思寻凤枕,步迟迟倩宫娥搀入绣帏间[27]。(老旦、贴扶旦下)

(丑同内侍暗上)(内击鼓介)(生惊介)何处鼓声骤发?(副净急上[28])渔阳鼙鼓动地来,惊破《霓裳羽衣曲》[29]。(问丑介)万岁爷在那里?(丑)在御花园内。(副净)军情紧急,不免径入。(进见介)陛下,不好了!安禄山起兵造反,杀过潼关,不日就到长安了!(生大惊介)守关将士何在?(副净)哥舒翰兵败已降贼了[30]。(生)

〔北上小楼〕呀,你道失机的哥舒翰,称兵的安禄山,赤紧的离了渔阳[31],陷了东京[32],破了潼关。唬得人胆战心摇[33],唬得人胆战心摇,肠慌腹热,魂飞魄散,早惊破月明花粲[34]。

卿有何策,可退贼兵?(副净)当日臣曾再三启奏禄山必反,陛下不听,今日果应臣言。事起仓卒,怎生抵敌?不若权时幸蜀[35],以待天下勤王[36]。(生)依卿所奏。快传旨,诸王百官,即时随驾幸蜀便了[37]。

（副净）领旨。（急下）（生）高力士，快些整备军马，传旨令右龙武将军陈元礼统领羽林军士三千，扈驾前行[38]。（丑）领旨。（下）（内侍）请万岁爷回宫。（生转行叹介）唉！正尔欢娱，不想忽有此变，怎生是了也！

〔南扑灯蛾〕稳稳的宫廷宴安，扰扰的边廷造反，咚咚的鼙鼓喧，腾腾的烽火飈[39]。的溜扑碌臣民儿逃散[40]，黑漫漫乾坤覆翻，碜磕磕社稷摧残[41]，碜磕磕社稷摧残，当不得萧萧飒飒西风送晚，黯黯的一轮落日冷长安。

（向内问介）宫娥每[42]，杨娘娘可曾安寝？（老旦、贴内应介）已睡熟了。（生）不要惊他，且待明早五鼓同行。（泣介）天那！寡人不幸，遭此播迁，累他玉貌花容，驱驰道路，好不痛心也！

〔南尾声〕在深宫兀自娇慵惯，怎样支吾蜀道难？（哭介）我那妃子呵！愁杀你玉软花柔要将途路趱。

    宫殿参差落照间（卢纶），渔阳烽火照函关（吴融）。
    遏云声绝悲风起[43]（胡曾），何处黄云是陇山[44]（武元衡）。

清康熙稗畦草堂刻本《长生殿》传奇

【注释】

  [1] 闻夜漏：言夜间寂静，可以听到受水器具承漏之声。夜漏，古代以铜壶作计时器，底穿一孔，壶中立箭，上刻度数。水漏则度数得现，以此知时间的变化。 [2] 近秋河：极言楼之高。秋河，银河的别称。南朝宋齐谢朓《暂使下都夜发新林至京邑赠西府同僚》诗："秋河曙耿耿。" [3] 高力士：唐玄宗最宠信的太监，曾任左监门大将军知内侍省事、骠骑大将军等职。 [4] 辇：帝王所乘之车。 [5] 本出唱曲为南北合套。凡生角所唱多为北曲，旦角则唱南曲，间有变化。 [6] 斓斑：颜色杂乱。 [7] 阑：同"栏"。 [8] 蘸（zhàn）眼：招眼，引人注意。蘸，以物沾水或沾取他物。 [9] 将：拿。 [10] 玉纤纤：形容女性手指柔长，这里借指杨贵妃的手指。 [11] 子待：即只待，只要。对眉山：意谓对着杨贵妃。眉山，形容女性眉毛如远山。旧题刘歆《西京杂记》："文君娇好，眉色如望远山。" [12] 浅斟低唱：语出宋柳永《鹤冲天》词："忍把浮名，换了浅斟低唱。"这里写唐玄宗将个人享受置于国家大政之上。 [13] 烹龙炰（páo）凤：意为烧煮各种山珍海味。炰，同"炮"，烧炙。盘案：放菜的器具。 [14] 催趱（zǎn）：催促。趱，赶。 [15] 脆生生：很脆。生生，形容脆的程度。 [16] 雅称（chèn）：非常合适，配称。雅，甚，很。 [17] 梨园：唐玄宗时，教练宫廷歌舞艺人的地方，设在蓬莱宫旁边的宜春院内。《旧唐书·音乐一》："玄宗又于听政之暇，教太常乐工子弟三百人为丝竹之戏，音响齐发，有一声误，玄宗必觉而正

之,号为皇帝弟子,又云梨园弟子,以置院近于禁苑之梨园。"　[18] 草《清平调》三章:《清平调》是乐曲宫调中的一种调名。李白在长安供奉翰林时,曾奉命写了《清平调》词三首。即其一:"云想衣裳花想容";其二:"一枝红艳露凝香";其三:"名花倾国两相欢"。本出戏杨贵妃所唱[南泣颜回],就是根据李白《清平调》词的词句变化而成。　[19] 李龟年:唐玄宗宠幸的乐人,善演奏,能作曲。度:谱曲。　[20] 飞燕:指汉成帝的皇后赵飞燕,以美色称。　[21] 名花:指牡丹。国色:指杨贵妃。　[22] 觞(shāng):酒杯。　[23] 畅好是:正好是。　[24] 絮烦烦:啰唆,招人厌烦。射覆藏钩:古代的两种游戏。射覆,即猜谜。射,猜测。覆,谜。藏钩,指猜测物品藏匿之所。钩,泛指物品。　[25] 一会介:一会儿。软咍(hāi)咍:软绵绵。用叠词"咍咍"形容步履体态。下文"困腾腾""娇怯怯""乱松松"等也都着意刻画杨贵妃的"软""困""娇"等醉态。柳軃(duǒ)花敧:形容杨贵妃饮醉无力的情态。軃,垂下。敧,同"倚"。　[26] 金莲:形容女子纤细之足。　[27] 倩:请。　[28] 副净:在本出中扮演杨国忠。　[29] "渔阳"二句:语出唐白居易《长恨歌》诗。渔阳,地名,在今天津蓟县一带。这里泛指安禄山起兵之地。鼙(pí)鼓,军鼓。《霓裳羽衣曲》:唐代大型舞曲名。本名《婆罗门》,是西域乐舞的一种,开元中河西节度使杨敬述引入,据说曾经唐玄宗加工润色。　[30] 哥舒翰:唐玄宗时驻守潼关的将领。　[31] 赤紧:一作"吃紧",谓紧要关头,这里形容速度之快。　[32] 东京:洛阳。汉高祖都长安,光武帝都洛阳,故汉时即称长安为西京、洛阳为东京。唐沿用不变。　[33] 唬(xià):同"吓"。　[34] 月明花粲:比喻环境安乐。　[35] 权时:暂时。　[36] 勤王:朝廷有难,起兵去援助。　[37] 幸:即临幸,到达。皇帝专用词。　[38] 羽林军:皇帝的警卫部队。扈驾:随从皇帝车驾,指保卫。　[39] 烽火:古代边防报警的烟火。比喻战火、战争。黰(yān):黑色。　[40] 的溜扑碌:形容逃跑时的仓皇狼狈。　[41] 磣(cān)磕磕:极言悲惨。磣,同"惨"。磕磕,又作"可可",无义。　[42] 每:们。　[43] 遏(è)云:即响遏行云,指高亢而响亮的乐声使行云停遏。遏,阻止。《列子·汤问》:"秦青善歌,能使声振林木,响遏行云。"　[44] 陇山:在陕西、甘肃一带,由长安往成都,经陇山东麓而南行。

孔 尚 任

孔尚任(1648—1718),字聘之,又字季重,号东塘,别署岸堂、云亭山人。曲阜（今属山东）人，孔子六十四代孙。童蒙入家塾，约于康熙八年（1669）进学，屡赴乡试未第，读书石门山中。十九年捐纳国子监生。二十三年康熙帝南巡，返程至曲阜祭孔，充御前讲书官，受赏识，特擢国子监博士。二十五年随工部侍郎孙在丰赴淮扬疏浚下河，历时四年，借机游历扬州、南京等南明故地，结交名士、遗老。还朝后，经户部主事，升员外郎。三十九年以事罢官。四十一年还乡。后多次出游，终病逝于家。其生平事迹见清李桓《国朝耆献类征初编》、张维屏《国朝诗人征略》等。在儒家思想教育下，其一方面接受反清情绪，另一方面又努力用世。历史剧创作，主张"确考时地"（《〈桃花扇〉凡例》）的现实主义方法，"词必新警"（同上），说白尚雅。著述甚富，既工诗文，有《石门山集》《湖海集》《宫词百首》《岸堂稿》《长留集》《岸堂文集》等；又谙音律，工乐府，撰《桃花扇》传奇，与顾彩合作撰《小忽雷》传奇，今皆存；还编纂《平阳府志》《阙里新志》《莱州府志》《节序同风录》等。《湖海集》以康熙刻本为通行本，《小忽雷》以暖红室刻本为通行本。

桃　花　扇（却奁）

【解题】

　　《桃花扇》全剧42出，是"借离合之情，写兴亡之感"（《桃花扇·试一出先声》）的历史悲剧，通过明末复社文人侯方域与秦淮名妓李香君的爱情故事来反映南明一代的兴亡。剧情梗概：侯方域在南京旧院与李香君结识，并订立婚约。阉党余孽阮大铖得知侯方域拮据，暗送妆奁，以拉拢侯方域，结交复社。香君识破阮大铖阴谋，坚决退还妆奁。大铖怀恨。崇祯帝自缢后，马士英、阮大铖在南京拥立福王，建立南明王朝，因此得势。大铖诬方域联络左良玉反叛朝廷，迫使方域逃离南京。随后又强迫香君嫁其党羽田仰，香君誓死不从，血溅定情诗扇。友人杨龙友将扇上血迹点染成折枝桃花，因名桃花扇。马、阮倒行逆施，朝政腐败不堪。清兵趁机南下，南京、扬州沦陷，史可法投江殉国，南明灭亡。几经周折，侯、李又得重逢，但面对山河沦落，终于顿悟，遂双双出家。作品歌颂了坚持爱国气节的主战派史可法和下层人民，鞭挞了马士英、阮大铖等的祸国殃民，具有明显的进步倾向；但由于阶级的局限和时代的需要，作品对清统治者有一定的美化，对李自成起义军采取了敌视的态度。结构上，作品结尾打破一般传奇的生旦团圆俗套，为人所称。《桃花扇》的创作历经十余年，三易其稿，于康熙三十八年（1699）六月脱稿，秋入内府演出。该剧作的成功，使孔尚任蜚声文坛，时人将其与《长生殿》作者洪昇并论,称"南洪北孔"。《桃花扇》最早刊本为康熙四十七年戊子刻本,后版本杂多,现较通行的为兰雪堂本、西园本、暖红室本、梁启超注本以及王季思、苏寰中、杨德平合注本。

《却奁》是《桃花扇》的第7出。〔夜行船〕前原有一段保儿的说白,节选时删除。该出写秦淮名妓李香君坚决拒绝阉党余孽阮大铖为收买侯方域而送给她的妆奁。李香君虽身处社会下层,却深明大义,坚定正直,不向权贵低头,不受金钱利诱,其守志不污的高尚气节,与侯方域的软弱动摇、杨龙友的帮闲无聊、李贞丽的平庸世俗,构成了鲜明的对比。

〔夜行船〕(末)人宿平康深柳巷[1],惊好梦门外花郎[2]。绣户未开,帘钩才响,春阴十层纱帐。

下官杨文骢[3],早来与侯兄道喜[4]。你看院门深闭,侍婢无声,想是高眠未起。(唤介)保儿[5],你到新人窗外,说我早来道喜。(杂)昨日睡迟了,今日未必起来哩。老爷请回,明日再来罢。(末笑介)胡说!快快去问。(小旦内问介[6])保儿,来的是那一个?(杂)是杨老爷道喜来了。(小旦忙上)依枕春宵短,敲门好事多。(见介)多谢老爷,成了孩儿一世姻缘。(末)好说。(问介)新人起来不曾?(小旦)昨晚睡迟,都还未起哩。(让坐介)老爷请坐,待我去催他。(末)不必,不必。(小旦下)

〔步步娇〕(末)儿女浓情如花酿,美满无他想,黑甜共一乡[7]。可也亏了俺帮衬[8],珠翠辉煌,罗绮飘荡,件件助新妆,悬出风流榜。

(小旦上)好笑,好笑!两个在那里交扣丁香[9],并照菱花[10],梳洗才完,穿戴未毕。请老爷同到洞房,唤他出来,好饮扶头卯酒[11]。(末)惊却好梦,得罪不浅。(同下)(生、旦艳妆上[12])

〔沉醉东风〕(生)这云情接着雨况,刚搔了心窝奇痒,谁搅起睡鸳鸯。被翻红浪,喜匆匆满怀欢畅。(合)枕上余香,帕上余香,消魂滋味,才从梦里尝。

(末、小旦上)(末)果然起来了,恭喜,恭喜!(一揖,坐介)(末)昨晚催妆拙句[13],可还说的入情么?(生揖介)多谢!(笑介)妙是妙极了,只有一件。(末)那一件?(生)香君虽小,还该藏之金屋[14]。(看袖介)小生衫袖,如何着得下?(俱笑介)(末)夜来定情,必有佳作。(生)草草塞责,不敢请教。(末)诗在那里?(旦)诗在扇头。(旦向袖中取出扇介)(末接看介)是一柄白纱宫扇[15]。(嗅介)香的有趣。(吟诗介)妙,妙!只有香君不愧此诗。(付旦介)还收好了。(旦收扇介)

〔园林好〕(末)正芬芳桃香李香,都题在宫纱扇上;怕遇着狂风吹荡,须紧紧袖中藏,须紧紧袖中藏。

(末看旦介)你看香君上头之后[16],更绝艳丽了。(向生介)世兄有福,消此尤物[17]。(生)香君天姿国色,今日插了几朵珠翠,穿了一套绮罗,十分花貌,又添二分,果然可爱。(小旦)这都亏了杨老爷帮衬哩。

〔江儿水〕送到缠头锦,百宝箱,珠围翠绕流苏帐[18],银烛笼纱通宵亮,金杯劝酒合席唱。今日又早早来看,恰似亲生自养,赔了妆奁[19],又早敲门来望。

(旦)俺看杨老爷,虽是马督抚至亲[20],却也拮据作客,为何轻掷金钱,来填烟花之窟[21]?在奴家受之有愧,在老爷施之无名;今日问个明白,以便图报。(生)香君问得有理。小弟与杨兄萍水相交[22],昨日承情太厚,也觉不安。(末)既蒙问及,小弟只得实告了。这些妆奁酒席,约费三百余金,皆出怀宁之手[23]。(生)那个怀宁?(末)曾做过光禄的阮圆海。(生)是那皖人阮大铖么?(末)正是。(生)他为何这样周旋?(末)不过欲纳交足下之意[24]。

〔五供养〕(末)羡你风流雅望,东洛才名[25],西汉文章[26]。逢迎随处有,争看坐车郎[27]。秦淮妙处,暂寻个佳人相傍,也要些鸳鸯被、芙蓉妆;你道是谁的,是那南邻大阮[28],嫁衣全忙。

(生)阮圆老原是敝年伯[29]。小弟鄙其为人,绝之已久。他今日无故用情,令人不解。(末)圆老有一段苦衷,欲见白于足下。(生)请教。(末)圆老当日曾游赵梦白之门,原是吾辈。后来结交魏党,只为救护东林[30]。不料魏党一败,东林反与之水火[31]。近日复社诸生[32],倡论攻击,大肆殴辱,岂非操同室之戈乎[33]?圆老故交虽多,因其形迹可疑,亦无人代为分辩。每日向天大哭,说道:"同类相残,伤心惨目,非河南侯君,不能救我。"所以今日谆谆纳交[34]。(生)原来如此。俺看圆海情辞迫切,不觉可怜。就便真是魏党,悔过来归,亦不可绝之太甚,况罪有可原乎!定生、次尾[35],皆我至交,明日相见,即为分解[36]。(末)果然如此,吾党之幸也。(旦怒介)官人是何说话,阮大铖趋附权奸,廉耻丧尽;妇人女子,无不唾骂。他人攻之,官人救之,官人自处于何等也?

〔川拨棹〕不思想,把话儿轻易讲。要与他消释灾殃,要与他消释灾殃,也隄防旁人短长[37]。官人之意,不过因他助我妆奁,便要徇私废公;那知道这几件钗钏衣裙,原放不到我香君眼里。(拔簪脱衣介)脱裙衫,穷不妨;布荆人[38],名自香。

(末)阿呀!香君气性,忒也刚烈[39]。(小旦)把好好东西,都丢一地,可惜,可惜!(拾介)(生)好,好,好!这等见识,我倒不如,真乃侯生畏友也[40]。（向末介）老兄休怪。弟非不领教，但恐为女子所笑耳。

〔前腔〕（生）平康巷，他能将名节讲；偏是咱学校朝堂[41]，偏是咱学校朝堂，混贤奸不问青黄[42]。那些社友平日重俺侯生者，也只为这点义气；我若依附奸邪，那时群起来攻，自救不暇，焉能救人乎？节和名，非泛常；重和轻，须审详。

（末）圆老一段好意，也还不可激烈。（生）我虽至愚，亦不肯从井救人[43]。（末）既然如此，小弟告辞了。（生）这些箱笼，原是阮家之物，香君不用，留之无益，还求取去罢。（末）正是"多情反被无情恼[44]"，"乘兴而来兴尽还[45]"。（下）（旦恼介）（生看旦介）俺看香君天姿国色，摘了几朵珠翠，脱去一套绮罗，十分容貌，又添十分，更觉可爱。（小旦）虽如此说，舍了许多东西，到底可惜。

〔尾声〕金珠到手轻轻放，惯成了娇痴模样，孤负俺辛勤做老娘[46]。

（生）些须东西[47]，何足挂念，小生照样赔来。（小旦）这等才好。

（小旦）花钿粉钞费商量[48]，（旦）裙布钗荆也不妨。

（生）只有湘君能解佩[49]，（旦）风标不学世时妆。

暖红室刻本《桃花扇》传奇

【注释】

[1] 平康深柳巷：平康、柳巷均指妓馆。平康，唐代长安里名，妓女聚居之处，后因称平康为妓家。柳巷，俗称妓馆会集处为花街柳巷。 [2] 花郎：这里指卖花人。 [3] 杨文骢：字龙友，贵阳人。弘光朝官常、镇二府巡抚，后从唐王起兵抗清，兵败被杀。善书画、有文才，为人豪侠自喜，推奖名士。 [4] 侯兄：侯方域（1618—1654），字朝宗，河南商丘人。晚明复社重要人物，与冒辟疆、陈贞慧、吴应箕合称"四公子"，以文名世。早年游金陵，阮大铖愿与之交，不肯往。后大铖得势，兴党狱，欲杀方域，方域往依高杰而免。入清后，应河南乡试，中副榜。 [5] 保儿：对妓馆中用人的称呼。 [6] 小旦：脚色名，这里扮演李香君假母李贞丽。 [7] 黑甜共乡：意为一齐熟睡。苏轼《发广州》诗："一枕黑甜余。"苏轼自注："俗谓睡为黑甜。" [8] 帮衬：帮助，资助。 [9] 丁香：花名。此处借指形似丁香花蕾的衣纽，又称丁香结。 [10] 菱花：指镜子。古代多用铜制镜磨光，背面镂铸图案，以菱花为最普遍，故常用"菱花"指代。 [11] 扶头：一作清醒头脑，振作精神解；一作酒名。这里作前者理解。卯酒：早晨卯时前后饮的酒。 [12] 生、旦：脚色名。生这里扮侯方域。旦这里扮李香君，秦淮名妓。 [13] 催妆拙句：前出《眠香》写杨文骢送给侯、李二人催妆诗，中有"怀中

婀娜袖中藏"句，故而下文有"小生衫袖，如何着得下"的说白。［14］藏之金屋：借用汉武帝"金屋藏娇"的典故。［15］宫扇：按照宫中式样做成的扇子。［16］上头：女子婚后发饰须做成人装束，称为上头。这里指成婚。［17］尤物：绝色美人。［18］流苏帐：以流苏为垂饰的帐子。流苏，彩色丝线或羽毛所做的垂饰。［19］妆奁：嫁妆。［20］马督抚：即马士英，时任凤阳总督。弘光朝以拥立功，累升大学士兼兵部尚书，总揽朝政，极为奸邪。清兵南下，被俘后被杀。杨文骢是马士英妻弟，故谓"至亲"。［21］烟花：宋元以来妓女之通称。［22］萍水相交：谓偶然结识的朋友。［23］怀宁：即安徽怀宁人阮大铖，字圆海。初依东林名士左光斗得官，不久转而投靠魏忠贤。魏党败，被废斥。南明时，与马士英拥立福王有功，任兵部尚书。清兵南下时投降，从攻仙霞岭，触石死。［24］纳交：献财物礼品以相交结。［25］东洛才名：晋左思用十年时间写成《三都赋》，时人竞相传抄，出现洛阳纸贵景象。这里借指侯方域文学才名极高。［26］西汉文章：西汉司马迁、司马相如等人的文学作品成就很高，这里是说侯方域的文章写得很好。［27］争看坐车郎：相传西晋潘岳貌美，每次坐车出游，妇女争相观看，投以果饵。这里是说侯方域的风流美貌。［28］南邻大阮：晋代有"南北阮"之说，南阮指阮籍、阮咸等人，其中阮籍又被称为大阮。这里借指阮大铖。［29］年伯：称父之同年（同一年次科举考中的人）为年伯。阮大铖与侯方域父侯恂为同年，故方域呼其为"年伯"。［30］"圆老"四句：《明史·奸臣列传》："同邑左光斗为御史有声，大铖倚为重。四年春，吏科给事中缺。大铖次当迁，光斗招之。而赵南星、高攀龙、杨涟等以察典近，大铖轻躁不可任，欲用魏大中。大铖至，使补工科。大铖心恨，阴结中珰，寝推大中疏。吏部不得已，更上大铖名，即得请。大铖自是附魏忠贤。"此处杨文骢所言，歪曲事实，为阮大铖说项。赵梦白，即赵南星，字梦白，明末高邑人。熹宗时官吏部尚书，为魏忠贤所忌，矫旨削官，遣戍代州，死于戍所。魏党，即明末宦官魏忠贤为首的阉党，马士英、阮大铖为其余孽。东林，即东林党。宋代杨时在无锡建东林书院。明代顾宪成、高攀龙等人重修东林书院，作为讲学基地，激烈抨击以魏忠贤为首的政治集团，赢得许多进步知识分子和士大夫的支持与同情，被称为东林党。［31］水火：比喻彼此不相容。［32］复社：明天启年间代表中小地主利益的政治、文化团体，由张溥等倡导，为东林党的后劲，对阉党不断抨击，引起阉党忌恨。［33］操同室之戈：即同室操戈，谓一家人相互倾轧。［34］谆谆：殷勤。［35］定生：陈贞慧字，江苏宜兴人，明亡不仕。次尾：吴应箕字，安徽贵池人，明亡后抗清，被俘牺牲。二人都是复社后期的著名人物。［36］分解：犹言辩解，辩白。［37］旁人短长：即他人说长道短的评论。　[38] 布荆：布裙荆钗，古代贫穷妇女的服饰。　[39] 忒(tè)：太，过于。　[40] 畏友：能够正言规劝人而令人敬畏的朋友。　[41] 学校朝堂：指读书做官的人。　[42] 不问青黄：是说不管是非黑白。　[43] 从井救人：意谓无益于人而有损于己，这里指不顾自己的名节去救助别人。　[44]"多情"句：语出苏轼《蝶恋花·花褪残红》词。　[45]"乘兴"句：本东晋王子猷语。王子猷曾雪夜乘船访戴安道，中途折回，人问其故，答道："乘兴而来，兴尽而返，何必见戴。"　[46] 孤负：即辜负。　[47] 些须：即些许，意谓一点儿，少许。　[48] 花钱粉钞：妇女用于花粉装饰之资，借指妆奁之资。　[49] 湘君解佩：屈原《九歌·湘君》："遗余佩兮澧浦。"形容湘君的却奁。佩，衣带之装饰物。

【选评】

[清] 顾彩《〈桃花扇〉序》：斯时也，适然而有却奁之义姬，适然而有掉舌之二客，适然而事在兴亡之际，皆所谓奇可以传者也。彼既奔赴于腕下，吾亦发抒其胸中，可以当长歌，可以代痛哭，可以吊零香断粉，可以悲华屋山丘。

[清] 徐旭旦《〈桃花扇〉题词》：场上歌舞，局外指点，知三百年之基业，隳于何人？败于何事？消于何年？歇于何地？不独令观者感慨涕零，亦可惩创人心，为末世之一救矣。

[清] 梁廷枏《曲话》：《桃花扇》以《余韵》折作结，曲终人杳，江上峰青，留有余不尽之意，脱尽团圆俗套。

[清] 刘中柱《〈桃花扇〉题词》：一部传奇描写五十年前遗事，君臣将相，儿女友朋，无不人人活现，遂成天地间最有关系文章。往昔之汤临川、近今之李笠翁，皆非敌手。

[清] 刘凡《〈桃花扇〉题词》：奇而真，趣而正，谐而雅，丽而清，密而淡，词家之能事毕矣！

【备考】

一、信史。孔尚任《〈桃花扇〉凡例》："朝政得失，文人聚散，皆确考时地，全无假借。"吴镜庵《〈桃花扇〉传奇后序》："《桃花扇》……乃故明弘光朝君臣将相之史实，其中以东京才子侯朝宗、南京名妓李香君作一部针线。"吴梅《〈桃花扇〉跋》："观其自述《本末》及历记《考据》各条，语语可作信史。"

二、违史。顾彩《〈桃花扇〉序》："虽人其人而事其事，若一无所避忌者,然不必目为词史也。……作者虽有轩轾之文,余则仍视为太虚浮云、空中楼阁云尔。"梁启超《〈桃花扇〉注·第三十八出沉江》注一:"则事隔十三日,从何牵合,无稽甚矣。云亭著书在康熙中叶,不应于此等大节目尚未考定,其所采用俗说者,不过为老赞礼出场点染地耳。但既作历史剧,此种与历史事实太违反之记载,终不可为训。"

三、历史真实与艺术真实的统一。王季思《〈桃花扇〉校注本前言》:"一面继承了我国戏剧善恶分明、爱憎强烈,'公忠者雕以正貌,奸邪者刻以丑形'的优秀传统;一面尽可能的忠实于历史事实,使读者不仅当作艺术作品欣赏,而且当作有借鉴意义的历史事件来看待。"张庚、郭汉城主编《中国戏曲通史》:"《桃花扇》不是历史的简单摹写,不是史料的堆砌。……就是不能当成信史来读,尽管剧作家说他'全无假借'。……作家这样改造生活材料(历史材料)是有利于使之成为典型的戏剧情节的。"《中国大百科全书·戏曲曲艺》中刘世德撰"桃花扇"条、郭预衡主编《中国古代文学史》等,皆从之。

按:一切历史剧,就其品质而言,都该是艺术而非史著。作者虽声明剧作事俱按实,并列出《〈桃花扇〉考据》一览表,但《桃花扇》既不是历史教科书,更不是"实录",如梁启超于《〈桃花扇〉注》中就曾考证出剧作违背史实者多达近二百处。即便如此,《桃花扇》毕竟以史为据,尤其通过艺术加工使历史环境、历史人物更为典型。任何单方面的强调真实与虚构,既不符合艺术创作的规律,也不符合艺术创作的实际。故一说、二说不妥,三说成立。

杨 潮 观

杨潮观(1710—1788),字宏度,号笠湖,金匮(今江苏无锡)人。十四岁有诗名。乾隆元年中恩科举人。初入京供职,后外放三十多年,担任州县地方官十六任,为政廉明有声。任四川邛州知州时,据说在卓文君妆楼遗址筑吟风阁一座,延揽文士吟咏其间。后集所作戏曲,题为《吟风阁杂剧》,现存乾隆二十九年(1764)甲申恰好处刻本、乾隆三十九年(1774)甲午恰好处重刻本。此外,著有《笠湖诗稿》《左鉴》《古今治平汇要》《周礼指掌》《易象举隅》等。

寇莱公思亲罢宴

【解题】

《吟风阁杂剧》包括三十二种短剧，每剧一折，各为独立的故事，并仿照《诗经》和白居易《新乐府》的作法在每剧前作一小序，说明创作目的。取材历史故事、神话传说，内容多写文人遭遇和前人政绩，远譬近指，反映百姓疾苦，针砭官吏贪暴，赞美廉洁勤俭，讽刺世态恶习，具有积极的现实意义，但偶然流露出世思想。曲文充满诗意，清新优美；宾白平易流畅，风趣机警。

据《宋史·寇准传》，寇准字平仲，宋下邳人。太宗朝举进士，累擢枢密院直学士。尝奏事殿中，语不合，帝怒起，准引帝衣使复坐，事决乃退。太宗嘉之，以比魏徵。天禧时封莱国公，故《寇莱公思亲罢宴》剧中称寇莱公。剧写寇准在相州节度任上，准备为庆寿大摆筵宴。女佣刘婆为了劝阻，通过回忆寇准幼时所接受的母教和生活上的艰苦，巧妙地使寇准幡然悔悟，取消了寿宴。寇准思亲怀旧的事，史有记载。邵伯温《邵氏闻见前录》："寇莱公既贵，因得月俸置堂上，有老媪泣曰：'太夫人捐馆时，家贫，欲绢一匹作衣衾不可得，不及公之今日也。'公闻之大恸。"司马光《涑水纪闻》："寇莱公少时，不修小节，颇爱飞鹰走狗。太夫人性严，尝不胜怒，举秤锤投之，中足流血。由是折节从学。及贵，母已亡，扪其痕辄哭。"杨潮观据此敷演，重点写寇准追忆早年生活的贫苦和寇母抚孤的艰辛。剧作情节安排细腻，结构紧凑，排场合理，曲文和宾白皆能体现人物性格特征，具有很强的感染力，前人推此为《吟风阁杂剧》之首，至今还流行在戏曲舞台上。

罢宴，思罔极也[1]。长言不足而嗟叹之，不自知其泪痕渍纸，哀丝急管[2]，风木增声[3]，恐听者与《蓼莪》俱废尔[4]。

〔北中吕〕〔粉蝶儿〕（老旦扮刘婆扶杖上）白发青裙，画堂前尚蒙恩养。想当初独伴孤孀[5]，今日个受黄封[6]、膺紫诰[7]，偌大风光[8]！怎知道孟母先亡[9]，倒是咱贱残生，趁着他暮年安享。

梅花雪压深难见，谁道春来香已遍？绕树还依画栋飞，旧时王谢堂前燕[10]。自家寇丞相府中一个老婢子刘婆便是。我家相爷，官居一品，禄享千钟，才辞了军国平章[11]，又拜了相州节度[12]，出将入相，荫子封妻。你们只见他富贵当前，岂知他幼年孤露[13]。当日太夫人青年守节，零丁孤苦，把他教养成名，不想今日荣华，太夫人早已辞世。如今府中，只有老婢子还是当初服侍太夫人的，因此上，相爷夫人念其旧日，留养府中,多蒙另眼相看,倒也十分自在。只是咱酒星照命,最是贪杯,虽则相府存身,寔乃醉乡度日,终日醺醺,不省人事,因此府中上下,都叫我是个女刘伶[14],这也不在话下。明日是相爷的千秋大庆[15],文武官僚,齐来上寿。听得今番的酒筵歌舞,比前异样丰华。你看笙歌醉饱僮奴队,罗绮光华婢妾身。眼见得咱又有一番侥幸了也!

〔上小楼〕清闲一向,幸衰鬓依然无恙。看到他贵子贤孙,兰桂齐芳[16]。春满华堂。只笑我靠糟床[17],闻酒响,便喉咙搔痒。这是俺女刘伶,半边也那风样[18]。

(副净扮院子跑上[19]) 宰相家人七品官。官不算,还要短一段。宰相肚里好撑船。船不软,还要转一转。(老旦) 院子,为何这样慌张?(副净) 老妈妈,你还不知道我的慌张,其实郎当。只因相爷庆寿,比前异样铺张。色色翻新换旧,差我前往苏、扬。广征水陆千品,妙选伎乐成行。舞女珠圆翠绕,歌童玉琢金装。不是贵人夸耀,怎得奴辈猖狂。领了雪花一万[20],嫖赌去了半方[21]。谁知干事停当,小伙恨未分赃。撺掇相爷火发[22],带怒下了教场。回来就要发放[23],险些性命存亡。妈妈,烦你通个内信,夫人解劝从旁[24]。但肯周旋则个,谢你手帕一方。(老旦) 你是说些甚么?我已醉的胡涂,听不明白,等我醒过来,你再说罢。(副净) 好话!你的酒也难醒,我的事也难等。(下) (老旦) 你看那院子,仓皇而去。我想起来,相爷福禄齐天,如此豪华,怎生还不知足?虽则贵人性大,也不该十分忘怀了。不免从回廊走将过去,看是如何?你看潭潭府第[25],画栋珠帘,列幕张灯,如同白昼。别院笙歌乍起,满阶珠翠齐迎,想是相爷教场回来了。(作跌介) 阿呀!是甚么将吾滑倒?一连跌了几交。

〔么篇〕稳不住齐眉拄杖,猛将咱玉山颓放[26]。原来是歌舞连宵,蜡泪千行,堆徧回廊。滑溜溜扒的忙,跌的慌,几乎把老身停当。咱正要借因由,去把那旧情来讲。

听得相爷夫人同在后堂,正好上前厮见[27]。只怕的酒逢知己千盅少,话不投机半句多。(下) (外扮寇莱公戎装拥众上) 赤手擎天一着高,生平从此显英豪。澶州事业相州节[28],不觉蝉冠已二毛[29]。下官莱国公寇准。现在节度相州。今日,教场合营大操,事毕回来,不觉已是上灯时候。退下! (众下) (更衣介) 不如意事,十常八九。只因下官初度[30],文武官僚,合当加礼酬答,欢宴军门。筵宴所需,都令翻新换旧,不料为采办家奴所误,以致不能成礼,因此心中十分不快,已曾吩咐将那厮绑出辕门,定当一顿处死。请夫人出堂! (旦扮寇夫人上) 夫君镇大藩,象服称河山[31]。治国难而易，齐家易却难[32]。相公，当此千秋大庆，百福俱全，正该燕喜开怀[33]，缘何却生烦恼？就是家奴无礼，处治何难。今当家庆之辰，且请停刑造福。（外）夫人有所不知，下官入参朝政，出总兵权，无令不行，无人不服，今乃家奴贱才，玩纵如此，家之不齐，岂能治国乎？（内老旦哭介）（外）你听是何人啼哭？唤他过来。（老旦上）（旦）原来是这风婆子。你是风了？醉了？怎到此啼哭起来？（老旦）老迈龙钟，在回廊走过，被几堆蜡烛油滑倒，一连跌上两交。只为老婢子，是从不曾经过跌踬的，大意了些。（旦）想是跌痛了？（老旦）痛是不曾很痛。因此一跌，想起太夫人，不觉掉下泪来，失声一哭，刚被相爷夫人听见，合该万死。（外）你是怎地想起太夫人来也？（老旦）相爷，你自然忘了。老婢子还记得你幼年时节，自从先太爷亡后，并无遗下田园，太夫人百般哀苦，把你教养成名，那时节灯火寒窗，停针课读[34]，就是你读书的灯油，都是太夫人十指上做出来供应你的，你如今功成名遂，富贵荣华，每夜府中辉煌灿烂，四壁厢高烧绛烛，遍地里蜡泪成堆，真那彼一时此一时，可怜当日太夫人的苦楚，竟不曾受享你一日！

〔满庭芳〕想当初辛勤教养，他挑灯伴读落叶寒窗，那有余辉东壁分光亮[35]。单仗着十指缝裳，继膏油叫你读书明朗[36]，拈针线见他珠泪双双。真恓怆，到如今，怎金莲银炬照不见你憔悴老萱堂[37]？

想到其间，老婢子不觉的老泪交流，不能自止了。你休怪我！

〔快活三〕不由人遇繁华更惨伤，不由人提往事独凄凉，也只为小来看觑感恩长[38]，剩今日头白还相傍。

（外背立挥泪介）（旦）既是你为太夫人吊泪，也不怪你。只是今朝欢庆，你休说得相公感伤起来。你且到后厢自在去罢！（外）夫人且住。下官闻言悲感，烦恼顿消，倒要他把旧时甘苦，细细说一番也。左右，可将绑出那厮，暂且押回，听候另行发放者！（内应介）（外）老婆子你且说来，下官不嫌絮烦也。（老旦）当日太夫人守着孤孺，千辛万苦，如今已日久年深，连老婢子也渐渐相忘了。

〔朝天子〕则记得太夫人呵，抚孤儿暗伤，代先人义方[39]，为延师尽把钗梳当[40]。只要你成名不负十年窗，倚定门闾望[41]。怎知他独自支当，背地糟糠。要你男儿志四方，又怕你在那厢我在这厢，眼巴巴，巴到你学成一举登金榜。

（旦）那年太夫人泥金报信[42]，可也欢喜？（老旦）他就此开颜一笑。争奈他筋力已枯，淹淹一病，空费了无限勤劬[43]，你后来的富贵，都不及见了。

〔四边静〕今日呵，他身先黄壤，博得你富贵夫妻同受享。你如今纵玉盌瑶觞，热腾腾亲捧着三牲养[44]，恁羹香酒香[45]，也滴不到泉台上。

老婢子语言颠倒，冲撞贵人，望乞恕罪。（外）呀，你说那里话！（老旦）老婢子还想起一事来，当日太夫人曾有一个遗念，留在老婢子处。（外）快去取来！（老旦下）（末、生扮院子上）（末）禀相爷，朝内王侯卿相，各路节将监司[46]，抬送寿山福海等物，礼单一一呈上。（生）禀相爷，合属文武官员，率领将吏耆民[47]，称觞制锦[48]，预祝千秋，明早都在辕门伺候。（外）正要吩咐中军，明日罢宴。一应贺仪贺客，俱免传宣。寿乐寿筵，概停伺候。（末生应下）（老旦取画上）（旦）这画如何说？（老旦）挂起来看。你看这画中，母子二人，孤灯一盏，是那个来？可不太夫人音容如在！当初你在京新科及第，太夫人已得病在家，不起的了。记得他临危之际，特叫老婢子到跟前，（外挥泪介）那时有何说话来？（老旦）那时他也没多说话，就把这轴画儿交付于我，也不知甚么意思，他只说道：你的小官人，将来前程自然远大，只是没爹的孩儿，从小任性，我又失教，怕他一朝得志起来，就这一件，我做娘的放心不下。话犹未了，只见他几声呜咽，两泪分流，竟是回首了[49]。我的太夫人呵！你好苦也！

〔耍孩儿〕你眼穿但把孩儿望，怎知道临去也莫话衷肠。只这一幅旧形相，费他无限思量。则为你小来心性无拘检，反着我秃尾乌鸦教凤凰[50]。（指画介）你开图像，看这仪容萧瑟，怎禁仔细端详！

（外哭倒众救介）感念亡亲慈训，画中之意，何敢刻忘！（旦）可将此像悬挂中堂，我夫妇好朝夕展拜。（外）正该如此。可奈下官忘亲纵欲，刘婆，怎生把我尽情数说一番，只当我自家怨艾也！（老旦）老婢子怎敢。

〔五煞〕则是你受君恩，恩可酬；受亲恩，亲已亡，故园攀柏真堪怆[51]。早知道鼎钟不逮团圞日[52]，反不如菽水亲供田舍郎[53]。你休回想，今日个朱门酒肉，（指画介）当日个白发糟糠。

（旦）先姑如此恩勤，怎生这般命苦？（外）树欲静而风不宁，子欲养而亲不逮。真是古今同此一恨也！（老旦）相爷，你富贵当身，原该享用，因此罢宴，足见你夫妇的孝思。

〔四煞〕一霎时喜宴开，一霎时怒气张，欢娱烦恼都劳攘[54]。他那里亡亲骨冷荒郊草，你这里贵子笙歌昼锦堂[55]。怎不成悲怆！亲在日，受不起你莱衣半彩[56]，亲亡后，消不尽那介酒千觞[57]。

（外）听你说来，令人不堪回首。下官真乃忠孝两亏也。（老旦）话到其间，教你如何不要痛苦。但似你的显亲扬名也就彀了。

〔三煞〕他做慈亲愿已酬，他抚孤儿名已扬，一重重紫泥封诰来天上。虽则你含悲捧土情难塞，早知他含笑归泉恨已忘。人长往，毕竟是显扬为大，更何如忠孝成双。

（外）生前缺养，死后邀荣，瞻仰丰碑，令人徒增悲痛耳！（旦）每念先姑早亡，今得刘婆话旧，相公既不胜哀感，贱妾亦无限伤情。只是欲报无从，空悲何益，依妾愚见，既是明日寿辰，停筵罢宴，何不广延僧众，设醮修斋，且慰孝思[58]，庶资冥福。相公意下何如？（外）言之有理，就请过遗容，供在明日斋坛之上。（收画介）（旦）明日太夫人灵位前，换水添香，须得刘婆去者。（老旦）这个当得。

〔二煞〕净瓶儿佛座前，绣幡儿慈位傍，看源头一滴杨枝上。早知他尘根净处无磨劫，只怕你钟磬声中带惨伤。空悲仰，千钟粟盛来斋钵，一品衣披在灵床。

夫人，明日修斋设醮，自然合府中断酒除荤，但老婢子是一天断不得酒的，合先禀告。（旦）风婆子，你不比别人，不来管你。（外）能有几个旧人！诸凡由他适意便了。（老旦）感谢不尽。

〔一煞〕你则为念微劳注意深[59]，感慈亲遗爱长，恩波似酒俱无量。不嫌我趋承不入时人队，不嫌我老朽无知醉后狂。还只是含悲向，他抛我，似遗簪弃舄[60]，你怜我，知物在人亡。

（外、旦同哭介）（老旦）相爷夫人，请且宽怀，凭仗佛筵，太夫人自当早升天界。老婢子唠叨了一会，口渴难熬，要到厨房下，讨三杯去也。

〔煞尾〕看家鸡，还逸廊。看飞雏，便远扬。问人生谁没有娘亲想，怎到头来，偏是有禄的人儿不逮养？（老旦下）

（外挥泪不止介）（旦）刘婆这番说话，听者都要伤心，只是子孝无穷，亲年有尽，相公若哀感伤和，反不是仰体先人的意儿了。（外）咳！教我心中如何过得也！夫人，我孤苦娘亲骨已寒，如今纵荣华富贵也徒然。（旦）相公，我在家不敢常提起，也只怕你孺慕终朝泪不干[61]。

清乾隆甲午恰好处重刻本《吟风阁杂剧》
所收本《寇莱公思亲罢宴》杂剧

【注释】

[1] 罔极：《诗经·小雅·蓼（lù）莪（é）》："欲报之德，昊天罔极。"是说父母之恩，像天一样无穷，不知所以为报。后人因称父母之恩为"罔极之恩"。　[2] 哀丝急管：指舞台上哀伤激越的音乐。　[3] 风木：比喻亲亡不得奉养。本于《韩诗外传》所载周代孝子皋鱼"树欲静而风不止，子欲养而亲不待"的话。　[4]《蓼莪》俱废：《诗经·小雅·蓼莪》是写儿子追念

父母的诗篇。《晋书·王裒传》载，晋王裒读此诗至"哀哀父母，生我劬劳"，常流涕，于是其门人便废《蓼莪》篇不诵读。［5］孤孀：孤儿寡妇，这里指寇准母子。［6］黄封：宋代皇帝的封诰多用黄麻纸，故称黄封。［7］膺：受。紫诰：谓诏书，以紫泥封之。这里指寇准接受皇帝的任命，做了大官。［8］偌：如此，这样。［9］孟母：孟子母亲，这里指寇准母亲。［10］旧时王谢：王谢两族，从晋以后，世代簪缨，至南朝而不衰，故云旧时王谢。刘禹锡《乌衣巷》诗："旧时王谢堂前燕，飞入寻常百姓家。"［11］平章：官名。宋承唐制，以"同中书门下平章事"为宰相的官称。［12］相州：地名，今河南安阳。节度：唐时地方最高长官，宋时收回兵权，后成荣誉衔。宋真宗天禧四年，寇准因劝真宗患风疾不能理政而禅让给太子一事，被贬为太常卿，知相州。这里的"相州节度"之说与史不尽符。［13］孤露：孤，指幼年丧父或母。露，指穷困无人庇护。［14］刘伶：据《晋书·刘伶传》，刘伶字伯伦，西晋人，为竹林七贤之一，性放荡，嗜酒，尝携酒乘车，使人荷锸随之，曰："死便埋我。"后世即以代称酒徒。［15］千秋大庆：指生日。［16］兰桂：比喻好的子弟。［17］糟床：古代榨酒的器具。杜甫《羌村》诗："赖知禾黍收，已觉糟床注。"［18］风样：风度。这两句是说，我刘婆嗜酒的程度抵得上半个刘伶了。［19］院子：家人。［20］雪花：白银的代称。［21］半方：犹言半万。方、万形近，俗以方为万字的隐语。［22］撺掇：挑唆。［23］发放：处理。［24］夫人：指寇准妻子。［25］潭潭：深广貌。［26］玉山：人的身体。［27］厮见：相见。［28］澶州事业相州节：澶州事业，指辽兵南侵，寇准请真宗亲征，北进至澶州（河南濮阳），杀辽大将挞览事。相州节，即指上文相州节度。［29］蝉冠：即貂蝉冠，古时贵显者所戴。二毛：鬓发半黑半白，就是半老的人。潘岳《秋兴赋》："晋十有四年，余春秋三十有二，始见二毛。"［30］初度：生日。［31］象服：即袆衣，是一种华贵的绘着文采的画衣，为古时后夫人的礼服。《诗·鄘风·君子偕老》："象服是宜。"［32］齐家：治理家庭。古人将修身、齐家、治国、平天下作为人生奋斗的几个重要阶段。［33］燕喜：宴饮欢庆。燕，通"宴"。［34］停针课读：放下针线活，教导（寇准）读书。［35］东壁分光亮：化用李白《陈情赠友人》诗句"愿假东壁辉，余光照贫女"。［36］继膏油：增添灯油。［37］萱堂：指母亲。［38］小来看觑：指寇准小时刘婆照看过他。［39］先人：指寇准早逝的父亲。义方：行事应该遵守的规范和道理。《逸周书·官人》："省其居处，观其义方。"《左传》隐公三年："石碏谏曰：'臣闻爱子教之以义方，弗纳于邪。'"后因多指教子的正道。［40］延：聘请。［41］倚定门闾望：这里是说望子成名的殷切。

[42] 泥金：金箔和胶水制成的金色颜料，用来书写登科的喜报。 [43] 勤劬：勤劳辛苦。 [44] 三牲养：指用猪、牛、羊的供养，极言供养的恭敬态度。 [45] 恁（rèn）：任凭。 [46] 监司：宋代诸路转运使兼掌按察使的职务称为监司，是州郡官的直属上司。 [47] 耆民：父老。 [48] 称觞：举杯。 [49] 回首：指去世。 [50] 秃尾乌鸦：刘婆自谓。 [51] 攀柏：据《晋书·王裒传》，王裒痛父之死，筑庐墓侧，旦夕至墓拜哭，攀柏悲号，涕着树，树为之枯。 [52] 鼎钟：谓丰富的祭祀。团圞（luán）：团圆。 [53] 菽（shū）水：啜豆饮水，贫家的生活。菽，豆类的总称。《礼·檀弓下》："子路曰：'伤哉贫也，生无以为养，死无以为礼也。'孔子曰：'啜菽饮水尽其欢，斯谓之孝。'"此两句犹欧阳修《泷冈阡表》所言"祭而丰，不如养之薄"。 [54] 劳攘：请排除。 [55] 昼锦堂：是宋韩琦住宅中的堂名。在河南安阳东南。琦以宰相出任镇安武胜军节度使、司徒兼侍中，并执管家乡相州，建此堂，反用项羽"富贵不归故乡，如衣锦夜行"语名其堂曰昼锦。 [56] 莱衣半彩：春秋楚国有个老莱子，性至孝，年七十还常穿五彩衣，在地上学婴儿玩耍，以博得父母高兴。 [57] 介酒：祝寿的酒。《诗经·豳风·七月》："为此春酒，以介眉寿。" [58] 设醮（jiào）修斋：请僧道做道场，为死者祷告神灵，以禳除灾祟。 [59] 注意深：想得周到。 [60] 舄（xì）：鞋子。 [61] 孺慕：《礼记·檀弓下》："有子与子游立，见孺子慕者，有子谓子游曰：'予岂不知夫丧之踊也，予欲去之久矣，情在于厮，其是也夫。'"郑玄注："丧之踊，犹孺子之号慕。"后谓对父母的哀悼、悼念为"孺慕"。

【选评】

[清] 陈侠君《吟风阁杂剧序》：先生谱《吟风阁杂剧》三十二回，将朝野隔阂，国富民贫，重重积弊，生生道破；心摩神追，寄托遥深，别具一副手眼。文情艳丽，科白滑稽，光怪陆离，独标新义，扫尽浮词，不落前人窠臼，似非寻常随腔按谱填曲编白可比也。

[清] 焦循《剧说》：寇莱公罢宴一折，淋漓慷慨，音能感人。阮大中丞巡抚浙江，偶演此剧，中丞痛哭，时亦为之罢宴。盖中丞亦幼贫，太夫人实教之，阮贵，太夫人久已下世，故触之生悲耳。

【备考】

关于寇准生活的奢俭，正史稗乘都有记载，有两种相反的说法。

一、《宋史·寇准传》："准少年富贵，性豪侈，喜剧饮，每宴客，多阖扉脱骖，家未尝爇油灯，虽庖匽所在，必燃炬烛。"欧阳修《归田录》："邓州花蜡烛名著天下，虽京师不能造。相传云是寇莱公烛法。公尝知邓州，而自少年富贵，不点油灯。尤好夜宴剧饮，虽寝室亦燃烛达旦。每罢官去，后人至官舍，见厕溷间烛泪在地，往往成堆。"

二、邵伯温《邵氏闻见前录》："寇莱公既贵，因得月俸置堂上，有老媪泣曰：'太夫人捐馆时，家贫，欲绢一匹作衣衾不可得，不及公之今日也。'公闻之大恸。故居家俭素，所卧青帷，二十年不易。"

按：《寇莱公思亲罢宴》巧妙地将这些材料融入剧中，表现寇准在富贵之后虽偶有奢侈，却能够及时悔悟的良好质量。

方　成　培

方成培（1731—1789），字仰松，号岫云词逸。黄山（今安徽歙县）人。少年多病，不能入场屋，曾学医多年。勤奋好学，博览群书，尤精于音韵律吕之学。乾隆三十六年（1771）客扬州。五十一年旅居汉皋（今湖北武汉汉口），卒于此地。诗文、乐府酷似姜夔，又以其经历、词曲风格与同里周暟相似，时人并称"黄山二布衣""双白石"。其生平经历，见清方成培《〈尔雅翼〉跋》、周暟《〈布衣词合稿〉序》、今人赵景深、张增元《方志著录元明清曲家传略》所录诸方志，今人邓长风《明清戏曲家考略三编·十三位清代戏曲家的生平材料·黄图珌和方成培》考证甚详。其著述甚富，著有《听弈轩小稿》《香研居随笔》《飞鸿堂随笔》《叠嶂楼诗钞》《汉皋小草》《岫云诗草》《黄山新咏》《香研居词麈》《布衣词合稿》（方成培与周暟词作合集）等。并汇诸家词曲，考订格律，著《词榘》26卷。撰有传奇《双泉记》，已佚；改编传奇《雷峰塔》，今存。

雷　峰　塔（断桥）

【解题】

白蛇传故事，最早见于唐人小说《李黄》（《太平广记》卷458），南宋《西湖三塔记》中已有雏形，至明冯梦龙《警世通言·白娘子永镇雷峰塔》基本定型。明陈六龙撰《雷峰塔》传奇，今佚。最迟自清康熙年间始，至乾隆、嘉庆时期，白蛇传故事成为戏曲舞台最盛演的故事之一。但梨园演出本众多，而无定本。乾隆三年（1738），出现黄图珌据梨园旧本而改编的《雷峰塔》传奇刊本，三十六年（1771）方成培客居扬州时又加以改编，并于次年刊行。今除存黄本、方本外，还存有相传为梨园昆腔名丑陈嘉言父女演出本的旧钞本。黄本（32出）、方本（34出）、旧钞本（38出）互有差异。方本剧情梗概：在峨嵋山连环洞修炼的白云仙姑，原系白蛇化身，因羡慕人间繁华，来到杭州西湖，化为白娘子，与在西湖修炼的蛇妖小青约为主婢。白娘子与青年许宣一见钟情，结为夫妇。镇江金山寺法海和尚一再破坏她与许宣的婚姻。端午节，白娘子错饮雄黄酒，露出原形。许宣惊怖而死，幸得白娘子求得南极仙翁还魂草，将他救活。法海不肯罢休，引诱许宣至金山寺，将其禁闭寺中。白娘子寻夫，水漫金山寺，战败逃遁杭州，生子许士麟。产子后，白娘子即被法海擒拿，镇压在西湖畔雷峰塔下。小青亦遭擒，被锁闭七宝池边。许宣出家。二十年后，士麟得中状元，奉旨祭塔。白娘子、小青灾限已满，修成正果，出与相见后，升入天界。这是一部美丽的神话悲剧。白娘子以其勇于反抗封建压迫，热烈追求幸福爱情与婚姻而显得可亲可爱，广大被压迫的妇女在为白娘子一掬热泪的同时，也从白娘子的不懈追求与反抗中受到鼓舞。方本在梨园旧本基础上改编，保持了擅场之曲的特征，使其成为继《长生殿》《桃花扇》之后最重要的传奇作品之一。方本《雷峰塔》，现存清乾隆三十七年（1772）水竹居刻本。

《断桥》是方本《雷峰塔》的第26出。该出是全剧的精华所在。作者刻画了三个性格鲜明的人物形象：白娘子忠勇坚强而又柔情似水，小青疾恶如仇而又忠义爽直，许宣软弱摇摆而又不乏良心。作品安排三人在经历折磨、产生重重冲突后，再次相会于当初定情之处，使戏剧冲突更加尖锐复杂、扣人心弦。人物的语言、心理等描写，也极为丰富准确。

（旦、贴上[1]）（旦）
〔商调山坡羊〕顿然间鸳鸯折颈，奴薄命孤鸾照命[2]。好教我心头暗哽，怎知他一旦多薄幸[3]。（贴）娘娘，吃了苦了。（旦）青儿，不想许郎听信法海言语[4]，竟不下山。我和他争斗，奈他法力高强，险被擒拿，幸借水遁[5]，来到临安[6]。哎呀，不然险遭一命。（贴）娘娘，仔细想将起来，都是许宣那厮薄幸。若此番见面，断断不可轻恕！（旦）便是。（贴）如今我每往那里去藏身才好？（旦）我向闻许郎有一姐姐[7]，嫁与李仁，在此居住。我和你且投奔到彼。（贴）只是从未识面，倘不相留，如何是好？（旦）我每到彼[8]，再作区处[9]。（贴）如此，娘娘请。（旦行作腹痛介）哎哟！（贴）娘娘为甚么呵？（旦）青儿，我腹中疼痛，寸步难行，怎生挨得到彼。（贴）只怕要分娩了。前面已是断桥亭，待我且扶到亭内，少坐片时，再行便了。（旦）咳，许郎呵，我为你恩情非小,不想你这般薄幸。哎呀,好不凄惨人也!(贴)可怜。(旦)歹心肠铁做成,怎不教人泪雨零。奔投无处形怜影,细想前情气怎平?(合)凄清,竟不念山海盟;伤情,更说甚共和鸣[10]。(同下)

(生随外上[11])(外)许宣,你且闭着眼。

〔前腔〕一程程钱塘将近[12],蓦过了千山万岭。锦重重遥望层城,虚飘飘到来俄顷[13]。许宣,来此已是临安了。(生惊介)果然是临安了。奇呵!(外)你此去若见此妖,不必害怕。待他分娩之后,你可到净慈寺来[14],付汝法宝收取便了。(生)是。待弟子相送到彼。(外)不消。你可作速归家,方才之言不可忘了!记此行漏言祸匪轻[15]。(下)(生)前情往事重追省[16],只怕他怨雨愁云恨未平。萍梗[17],叹陟危命欲倾[18];伤情,痛遭魔心暗惊。

(旦、贴内)许宣,你好狠心也!(生跌介)阿呀,吓,吓死我也。你看那边,明明是白氏青儿。哎哟,我今番性命休矣!

〔仙吕宫引五供养〕今朝蹭蹬[19]。(旦、贴内)许宣,你好薄情也!(生)忽听他怒喊连声,遥看妖孽到,势难撄[20]。空叫苍天,更没处将身遮隐。怎支撑?不如拚命向前行。(奔下)(贴扶旦上)(旦)

〔仙吕过曲玉交枝〕轻分鸾镜[21],那知他似狼心性。思量到此真堪恨,全不念伉俪深情[22]。(贴)娘娘,你看许宣见了我每,略不回头[23],潜身逃避,咦,好可恨!(旦)不必多言,我和你急急赶上前去!恶狠狠装航翻欲绝云英[24],喘吁吁叹苏卿倒赶不上双渐的影[25]。(闪介)(贴)娘娘看仔细。(旦)哎哟,望长堤疾急前征,顾不得绣鞋帮腿。(同下)(生上)阿呀!阿呀!

〔川拨棹〕真不幸,共冤家狭路行。吓得我气绝魂惊,吓得我气绝魂惊。且住,方才禅师说,此去若遇妖邪,不必害怕。那,那,那,看他紧紧追来,如何是好?也罢,我且上前相见,生死付之天命便了!我向前时,又觉心中战兢。(旦、贴上)(旦)谢伊家曩日多情[26],恨奴家平日无情。

(见生扯住介)许宣,你还要往那里去?你好薄幸也!(哭介)(生)阿呀!娘子,为何这般狠狈?(旦、贴)你听信谗言,把夫妇恩情,一旦相抛。累我每受此苦楚,还来问甚么?(生)娘子,请息怒。你且坐了,听卑人一言相告。(贴)那,那,他又来了。(生)那日上山之时,本欲就回,不想被法海那厮,将言煽惑,一时误信他言,致累娘子受此苦楚,实非卑人之故嘘!(哭介)(贴)啐!你且收了这假慈悲。走来,听我一言。(生)青姐,有何说话?(贴)我娘娘何等待你?(生)娘子是好的呵。(贴)可又来,也该念夫妻之情,亏你下得这般狠心!(生)阿呀,冤哉!(贴)于心何忍呢?(生)青姐,这都是那妖僧不肯放我下山。(贴回头不理介)(生)娘子,望恕卑人之罪!(旦)咳,许郎呵!(贴代旦挽发介)(旦)

〔商调集曲金落索〕〔金梧桐〕我与你嗈嗈弋雁鸣[27]，永望鸳交颈。不记当时，曾结三生证[28]。如今负此情，〔东瓯令〕背前盟。（生）卑人怎敢？（旦）贝锦如簧说向卿[29]，因何耳软轻相信？（拭泪起唱介）〔针线箱〕催挫娇花任雨零，〔解三酲〕真薄幸。〔懒画眉〕你清夜扪心也自惊。（生）是卑人不是了。〔寄生子〕（旦）害得我漂泊零丁，几丧残生，怎不教人恨、恨！（转坐哭介）（贴揉旦背介）娘娘，不要气坏了身子。（生）

〔前腔〕愁烦且暂停，念我诚堪悯。连理交枝[30]，实知愿偕欢庆。风波意外生，望委曲垂情[31]。（旦）你既知夫妇之情，怎么听信秃驴言语？（生）叵耐妖僧忒煞狠[32]，教人怎不心儿警。听他一划胡言[33]，我合受惩。（旦）阿哟，气死我也！（生）只看平日恩情啊，求容忍。（旦）啐！（贴）这时候赔罪，可不迟了？（生）善眼劝解全赖你娉婷[34]，蹙眉山泪雨休零[35]，且暂消停[36]。

（跪介）（旦）下次可再敢如此？（生）再不敢了。（旦）起来，起来，起来呀。（生）多谢娘子。（贴气介）咳！（旦）只是如今我每向何处安身便好？（生）不妨，请娘子权且到我姐夫家中住下，再作区处。（旦）此去切不可说起金山之事，倘若泄漏，我与你决不干休[37]！（贴）与你定不干休！（生）谨依尊命。青姐，我和你扶娘娘到前面去。（贴不应介）（生）娘子，你看青姐，总是怨着卑人，怎么处！（旦）青儿，青儿！（贴）娘娘。（旦）我想此事，非关许郎之过，都是法海那厮不好，你也不要太执性了。（贴）娘娘，你看官人，总是假慈悲，假小心，可惜辜负娘娘一点真心。（旦）咳。（生）娘子请。（旦）哎哟，只是我腹中十分疼痛，寸步难行。（生）不妨，我和青姐且扶到前面，唤乘小轿而行便了。（旦）

〔尾声〕此行休似东君泄漏柳条青[38]，（生）还学并蒂芙蓉交映。（合）再话前欢续旧盟。

（旦）还恐添成异日愁（温庭筠），（贴）朝成恩爱暮仇雠[39]（翁绶）。

（生）当年顾我长青眼[40]（许浑），纵杀微躯未足酬（方干）。

（同下）

清乾隆壬辰水竹居刻本《雷峰塔》传奇

【注释】

[1] 旦：这里扮白娘子。贴：这里扮小青。　[2] 孤鸾照命：相传汉时西域罽（jì）宾国国王获一彩鸾，三年不鸣。其夫人说，尝闻鸾得同类则鸣，何不悬镜照之？国王依言取镜，鸾见了自己的影子，悲鸣冲霄，一奋而绝。后以孤鸾喻指夫妇的失偶或分离。　[3] 薄幸：薄情，负心。　[4] 不想：不

料，没想到。　　[5] 水遁：传说中的仙家五遁之一，即借水遁逃。　　[6] 临安：南宋都城，即今浙江杭州。　　[7] 向：从前。　　[8] 每：们。　　[9] 区处（chǔ）：打算。　　[10] 共和鸣：即鸾凤和鸣，比喻夫妻关系亲密。　　[11] 生：这里扮许宣。外：这里扮金山寺僧人法海。　　[12] 钱塘：古称杭州为钱塘。柳永《望海潮》词："东南形胜，江吴都会，钱塘自古繁华。"　　[13] 俄顷：形容时间极短。　　[14] 净慈寺：位于杭州西湖边。　　[15] 漏言：泄露机密。匪：同"非"。　　[16] 省（xǐng）：检讨自己的思想行为。　　[17] 萍梗：浮萍与断梗随风飘荡，比喻孤身飘零，行踪不定。唐许浑《晨自竹径至龙兴寺崇隐上人院》："客路随萍梗，乡园失薜萝。"　　[18] 阽（diàn）危：面临危险。阽，临近（危险）。　　[19] 蹭蹬：坎坷，潦倒。　　[20] 撄（yīng）：接触，触犯。　　[21] 轻分鸾镜：轻易拆散夫妇。用南朝陈徐德言与乐昌公主将镜破为两半执以逃难的故事，典出唐孟棨《本事诗》。　　[22] 伉（kàng）俪（lì）：夫妇。　　[23] 略：全，都。表示范围的副词。　　[24] "裴航"句：唐传奇《裴航》写秀才裴航在蓝桥遇云英，后结为夫妻。这里反用其意，说许宣欲拒绝自己。　　[25] "苏卿"句：《醉翁谈录》等记载有双渐与苏小卿相爱，后苏小卿沦落，双渐与她月夜乘舟逃走事。这里反用其意，是说即便许宣狠心绝情，自己仍要追赶他。　　[26] 曩（nǎng）日：从前。　　[27] 嗈（yōng）嗈弋雁鸣：意谓受伤的雁互相依赖。嗈嗈，鸟和鸣声。宋玉《九辩》："雁嗈嗈而南游兮，鹍鸡啁而悲鸣。"　　[28] 三生证：谓永世不变的盟誓。佛家以前生、今生、来生为三生。　　[29] 贝锦如簧：谓花言巧语的诬陷诽谤之词。贝锦，编成贝形花纹的锦缎。《诗经·小雅·巷伯》："萋兮斐兮，成是贝锦。彼谮人者，亦已太甚。"郑玄笺："喻谗人集作己过以成于罪，犹女工之集采色以成锦文。"后因以贝锦指谗人编造的罪名。如簧，语出《诗经·小雅·巧言》："巧言如簧，言之厚矣。"意思是，所说表面动听，实则虚伪。　　[30] 连理交枝：喻恩爱夫妻。　　[31] 垂情：留情，宽恕。　　[32] 叵耐：无奈。忒（tè）煞：特别，过分。　　[33] 一划（chàn）：一派，一味。　　[34] 娉婷：形容女子的姿态美。　　[35] 蹙（cù）：皱（眉头）。眉山：形容女眉如山。　　[36] 消停：舒缓，宽停。　　[37] 干休：同"甘休"。　　[38] "此行"句：化用唐杜甫《腊日》"侵陵雪色还萱草，漏泄春光有柳条"句意。东君：春神。　　[39] 仇雠（chóu）：仇人。雠，同"仇"。　　[40] 青眼：好眼色。《晋书·阮籍传》："籍又能为青白眼。见礼俗之士，以白眼对之。及嵇喜来吊，籍作白眼。喜不怿而退。喜弟康闻之，乃赍酒携琴造焉。籍大悦，乃见青眼。"青眼，与"白眼"相对，表示对人的尊敬或喜爱。青，黑。

【选评】

[清] 汪宗沔《〈雷峰塔〉题词》：回峰陈迹付斜阳，情绪游丝白尺长。但使曲终能奏雅，卮言何害近荒唐。纷纷乐部费淫蛙，旧谱聊将笔削加。壁垒一新精采异，知君握内有灵蛇。

[近人] 吴梅《瞿安读曲记·雷峰塔》：观其自序，煞费苦心。然剧中篇幅过狭，套数失次，亦非尽美之作。……此书传唱，今所存者，止《水斗》《断桥》二支，而一仿《长生》，一仿《浣纱》，且并旁谱亦效之，殊可哂也。

【备考】

一、以黄本为底本改编。李修生主编《古本戏曲剧目提要》中卓连营所撰方成培改本"雷峰塔"条："但剧本是从黄图珌《雷峰塔传奇》改编来的。"徐朔方、李梦生主编《元明清戏曲经典·方成培〈雷峰塔〉》："清乾隆初，黄图珌作有《雷峰塔》传奇三十二出，方成培据以改编，分四卷三十四出。"

二、以三十八出梨园旧钞本为底本改编。杜颖陶《〈雷峰塔〉传奇的作者》："《雷峰塔》传奇的作者，应是看山阁主人（按即黄图珌），至于陈嘉言等，或即上文所指狗尾续貂的好事者，方成培改订时所根据的本子，当是通俗演唱的本子而非原本（按指黄本），因为原本是没有许士林的故事在内的。"（《剧学月刊》4卷8期，1935年8月）傅惜华《〈白蛇传集〉序》："此外一种是梨园旧本，舞台上《雷峰塔》的实演本，也就是方成培改编时所采用的底本。"阿英《〈雷峰塔〉传奇叙录》、黄裳《〈西厢记〉与〈白蛇传〉》、张庚、郭汉城主编《中国戏曲史》、郭英德《明清传奇综录》《中国大百科全书·戏曲曲艺》中沈达人撰"雷峰塔"条等，皆持此观点。

三、以三十八出梨园旧钞本之外的众多梨园演出本为底本改编。邓长风《明清戏曲家考略三编·康熙残钞本〈称心缘〉传奇的发现与〈雷峰塔〉版本、情节衍变之推考》："三卷三十八出的旧钞本并非方成培据以改编的本。……他在改编中必定大量参考了当时所能见到的梨园本《雷峰塔》，而非仅据一本；……三卷三十八出的梨园旧钞本《雷峰塔》，是至今存世的梨园本中情节最完整的一本，它的祖本可以上溯到康熙时，其基本成型或在方成培本问世以后；……方成培据以改编的底本不一定是陈嘉言父女的改本，也不是三卷三十八出的旧钞本。"

按：方成培《〈雷峰塔〉自叙》明言，其因对梨园演出不满而加以改编，故改编底本自然是梨园演出本无疑。而将三卷三十八出的梨园旧钞本与方本进行比勘，又发现其中诸多方面的差异与方成培《〈雷峰塔〉自叙》中所言的具体改动情况不合。因此，一说、二说不成立，三说成立。

无 名 氏

打 渔 杀 家

【解题】

　　选自《庆顶珠》。《庆顶珠》据陈忱《水浒后传》第九、十两回改编，由"得宝""庆珠""比武""珠聘""打渔""恶讨""屈责""献珠""杀家""投亲""劫牢""珠圆"等折组成，剧中萧恩是阮小五（一说阮小二）的化名。清嘉庆十五年（1810）留春阁小史辑《听春新咏》载，该剧曾以秦腔演出，后成为京剧剧目。晚清以来，"打渔"（殴打渔霸）和"杀家"（杀死渔霸一家）两折戏并为一折即《打渔杀家》，又名《讨渔税》，是京剧老生常演不衰的剧目，也是京剧中具有强烈战斗性的优秀剧目之一。现存《故宫珍本丛刊·乱弹单出戏》所收清昇平署抄本（题名《庆顶珠》）、吴下健儿撰述、钝根编辑《戏考》第二册所收本、聆音馆主编纂《戏典》第一集所收本等。清昇平署抄本多处涂改不清，《戏典》本与之内容基本一致。

　　《打渔杀家》写土豪劣绅勾结贪官污吏，欺压渔民，曾经参加过梁山起义的老英雄萧恩被逼无奈，杀死仇人全家，表现了被压迫者的反抗精神。剧作详细展示了萧恩被逼造反的过程，塑造其爱憎分明、虑事审慎、刚毅果敢的性格。他一开始虽然对恶霸贪官深恶痛绝，但是自度力量悬殊，只得委曲求全；后来面对丁府教师的步步强逼，他以武力自卫，痛打了教师，而又对官府存在幻想，以为抢个"原告"就可以解决问题，结果反遭毒打，被令到丁府"陪罪"，至此他才彻底醒悟，决意杀仇。剧作通过生动的对话描写，刻画人物复杂细腻的心理活动。为了不愿使自己的女儿被人轻视，萧恩叫女儿桂英不要渔家打扮，但又不便明说；桂英虽然因为年幼而对斗争充满恐惧，但是最终舍不得离开相依为命的父亲，表现萧恩父女之间深厚的感情。该剧情节紧凑，排场合理，角色全面，具有一定的讽刺喜剧色彩。

登场人物

剧中人名	扮演角色
萧恩（渔夫）	老生
桂英（萧恩的女儿）	青衣
李俊（萧恩的朋友）	须生
倪荣（李俊的朋友）	大面
大教师（丁家的保镖）	丑
小教师四人	
郭先生（丁家的幕友）	
丁员外（土豪）	
丁郎（丁家的小使）	

第 一 场

（李俊、倪荣同上）

李俊　拳打南山猛虎。

倪荣　足踢北海蛟龙。

李俊　俺，混江龙李俊。

倪荣　俺，卷毛虎倪荣。

李俊　贤弟请了。

倪荣　请了。

李俊　今日闲暇无事，不免江边游玩一回。

倪荣　请。

李俊　（唱西皮摇板[1]）忆昔当年征方腊[2]。

倪荣　（接唱）弟兄猛勇果不差。

李俊　（接唱）蟒袍玉带不愿挂。

倪荣　（接唱）愿在江湖访豪家。（李俊、倪荣同下）

第 二 场

桂英　（在幕内唱西皮倒板[3]）海水滔滔白浪发。（桂英、萧恩同上，作划船状）

桂英　（唱西皮快板）那个渔儿常在家，青山绿水难描画，父女们河下就作生涯。

萧恩　（唱西皮摇板）父女们打鱼在江下[4]，家贫那怕人笑咱，桂英儿掌稳舵，父把网撒，怎奈我年迈衰老气力不加。

桂英　爹爹年迈，河下生意不做也罢。

萧恩　本当不做这河下买卖，怎奈难以度日。

桂英　（哭）哎呀！

萧恩　儿啊，不必啼哭。天气炎热，你我父女找一柳林之下，歇歇去罢，儿啊，为父今日，打了几条鲜鱼，我儿在船舱收拾了，为父要饮酒。

李俊、倪荣　（在幕内喊）走啊！（李俊、倪荣同上）

李俊　（唱西皮摇板）闲来无事江边游。

倪荣　（接唱）江水滔滔往东流。

李俊　（接唱）手搭凉篷用目望。

倪荣　（接唱）芦苇之下一小舟。

李俊　来此江边，看一小舟之上，好似萧兄模样，你我冒叫一声。呐，那傍敢是萧兄？

桂英　啊，爹爹，岸上有人叫你！

萧恩　岸上有人叫我？待我看来，原来是李贤弟，莫非要船上走走？

李、倪　（同声）正要上船走走。

萧恩　待愚兄与你搭了扶手。（李、倪二人作上船状）

萧恩　此位是谁？

李俊　这位是卷毛虎倪荣，来见过萧兄。

倪荣　萧兄，这里有礼了。

萧恩　这做什么？

倪荣　试试你的胆量。

萧恩　老了，不中用了。（笑）哈哈，儿啊，出舱见过二位叔父。

桂英　参见二位叔父。

倪荣　此位是谁？

萧恩　小女桂英。

李俊　多大年纪？

萧恩　一十六岁。

李俊　可曾许配人家？

萧恩　许配人家了。

李俊　但不知许配那一家？

萧恩　花荣之子，名唤花逢春。

李俊　到也门当户对。告辞。

萧恩　　且慢！愚兄今日打了几尾鲜鱼，你我兄弟，在船头畅饮一回。

李、倪　（同声）到此就要叨扰[5]。

萧恩　　自己兄弟，何出此言？儿啊，捧酒来呐。二位贤弟，愚兄做的河下买卖，忌的"干旱"二字，有人提起"干旱"二字，不敢说罚，必须要敬酒三杯。（三人同饮）

萧恩　　请。

李俊　　干。

萧、倪　（同声）哈哈，罚酒三杯。（郭先生上）

郭先生　（唱西皮摇板）闲来无事江边走，看见河上一小舟。
　　　　（白）哎呀，看见小舟之上，有一绝色女子，待我来偷瞧一下。

李、倪　（同声）萧兄，岸上有一人，前去看来。

萧恩　　二位贤弟少待，待我看来。（作下船状）呔，做什么的？

郭先生　问路的。

萧恩　　你问的是那一家？

郭先生　问的是丁府。

萧恩　　你看，前面八字粉墙[6]，黑漆大门楼，两座大旗杆，那就是丁府。咳，听见没有！

郭先生　哦哦。（郭先生下）

萧恩　　狗头狗脑，定不是好人。（作上船状）

李俊　　干什么的？

萧恩　　乃是问路的。

倪荣　　那里是问路的，分明是觑[7]……

萧恩　　咳，谅他也不敢啊，请啊。

三人　　（同声）请。（丁郎上）

丁郎　　离了家下，来到河下，说来说去，总是这两句话。来到河下，也不知这只船是不是萧恩的船？待我冒叫一声。呔，萧恩，萧恩。

李俊　　岸上有人唤你。

萧恩　　哦，又有人唤我，我再饮几杯。

李、倪　（同声）酒也够了。

萧恩　　（作下船登岸状）哦，原来是丁郎儿，你前来做甚？

丁郎　　我是前来讨鱼税银子的。

萧恩　　你看天干水浅，鱼不上网，改日有了银钱，与你送上府去就是。

丁郎　　话倒是两句好话，改日有了银钱，与我送上府去！跑坏了鞋子，谁给我钱买？（萧恩作下船状）

李、倪 （同声）做什么的？
萧恩 丁郎儿，前来讨鱼税银子的。
李俊 待我唤他回来问他几句。
萧恩 不要与他生气。
李俊 晓得了。呔，滚回来！
丁郎 哦，又出来一个。回来了。
李俊 你前来做甚？
丁郎 前来讨鱼税银子的。
李俊 催讨鱼税银子，可有圣上旨意？
丁郎 没有。
李俊 可有六部公文？
丁郎 也没有。
李俊 凭着何来？
丁郎 本县的太爷所断。
李俊 敢是那吕子秋？
丁郎 本县的太爷。
李俊 你回去，对他言讲，鱼税银子，免了便罢，如若不然，大街之上撞见俺，有些儿不便！
丁郎 你说此大话，你叫怎么名字？
李俊 俺，混江龙李俊。
丁郎 哦，你就是混堂里屄精。
李俊 我打你这忘八禽的！（萧恩连忙拦住）
倪荣 呔，滚回来！
萧恩 不要与他生气。
倪荣 待我嘱咐他几句。
丁郎 呀，这个喉咙比那个还大。转来了，甚么事？
倪荣 我且问你，这鱼税银子可有圣上旨意？
丁郎 没有。
倪荣 六部公文？
丁郎 也没有。
倪荣 凭着何来？
丁郎 本县太爷所断。
倪荣 敢是那吕子秋？
丁郎 正是太爷。

倪荣　回去言讲，鱼税银子，免了便罢。

丁郎　如若不免？

倪荣　大街之上撞着某家，我挖他的眼睛泡烧酒喝，我剥他的皮熬狗皮膏药，记下了？

丁郎　你不要海外大奇谈，你叫什么名字？

倪荣　俺叫卷毛虎倪荣。

丁郎　哦，你叫卵毛里臭虫。

倪荣　什么话，我打你这个忘八羔的！

丁郎　你要打，不要忙，等我摘了帽子，脱了衣裳。

倪荣　怎样，怎样？（萧恩连忙劝住）

丁郎　你拉牢了他，我好逃走。（丁郎下）

李、倪　（同声）萧兄，为何这等软弱！

萧恩　他们的势力大。

李、倪　（同声）那怕他是王侯！

萧恩　他们人多。

李、倪　（同声）咱弟兄人也不少！

萧恩　他们有银钱。

李、倪　（同声）买咱弟兄不动！

萧恩　这就难讲话了。

李、倪　（同声）这河下生意不做也罢。

萧恩　本当不做河下生意，怎奈囊中羞涩。

李俊　小弟送银十两。

倪荣　小弟送白米十担。

萧恩　那位贤弟送来？

倪荣　小弟送来。

萧恩　愧领了。

李、倪　（同声）告辞了。

萧恩　奉送。

李俊　（唱西皮摇板）听说令爱配花家。

倪荣　（接唱）门当户对果不差。

李俊　（接唱）但等令爱将出嫁。

倪荣　（接唱）花红彩礼送到家。（李俊、倪荣同下）

萧恩　二位贤弟慢走，愚兄不能远送了，这才是我的好朋友啊！

桂英　爹爹，这二位叔父，是何等样人呀？

萧恩　儿问的是他二人？儿啊，
　　　（唱西皮摇板）他本是江湖一豪家，诛擒方腊也有他。蟒袍玉带不愿挂，弟兄双双走天涯。
桂英　（唱西皮摇板）昔日子期访伯牙[8]，爹爹交友也不差，女儿催舟往前驾。
萧恩　（唱摇板）猛抬头见红日坠落西下。
　　　（白）天色不早，将船摇回去罢。
桂英　遵命。
萧恩　正是，父女打鱼在江下[9]。
桂英　家贫那怕人笑咱。
萧恩　有雾不知天早晚。
桂英　一轮明月转回家。（萧恩、桂英同下）

第 三 场

（丁员外、郭先生同上）
员外　家有千担粮。
郭先生　前仓堆后仓。（丁郎上）
丁郎　离了河下，来到家下，还是这么两句话。参见员外。
员外　罢了。命你催讨鱼税银子，怎么样了？
丁郎　待我慢慢的来告诉你罢。我奉了员外之命，去到河下，看见许多船只，我也认不清那只是萧恩的船，我正在岸上高叫几声，看见萧恩出来了，到讲得蛮好，叫我对员外说，这几日天旱水浅，鱼不上网，改日有了银钱，送上府去，这个倒也罢了。我刚要走，出来一个黑胡子的，叫了一声，叫我回来。
员外　哦，这是什么人呢？
丁郎　那时我就回去，问他什么事。他就说了："我且问你，你是那里来的？"我就说了："是丁府上来的，催讨鱼税银子。"他就说了："鱼税银子，可有圣上旨意？"
员外　无有。
丁郎　"六部的公文？"
员外　也无有。
丁郎　"凭着何来？"
员外　本县太爷所断。
丁郎　"敢是那吕子秋？"

员外　哎，本县的太爷。
丁郎　他又说了："将这鱼税银子，免了便罢。"
员外　如若不免？
丁郎　"如若不免，大街之上，撞着与俺，有些不便。"
员外　你可曾问他的名字？
丁郎　我到问了，他叫混堂里屁精。
员外　哎，敢是混江龙李俊。
丁郎　不错，他叫混江龙李俊。正说之间，又出来一个，喉咙比他还要大，叫我滚回来。
员外　你可曾滚回去？
丁郎　我没有滚回去，我是走回去的。我问他什么事，他也是这么两句话，说："这个鱼税银子，免了便罢。"
员外　如若不免？
丁郎　"大街之上，撞着了俺，我挖他的眼睛泡烧酒喝，剥他的皮熬狗皮膏药。"
员外　他叫什么名字？
丁郎　他叫卵毛里臭虫。
员外　哎，卷毛虎倪荣。
丁郎　不错，卷毛虎倪荣，他说的。
员外　有这等事！下面歇息。（丁郎下）
员外　来，搭轿。
郭先生　且慢，些些小事，待卑职代劳。
员外　小心了。（员外下）
郭先生　我想此事，非要教师爷[10]，前去走一趟不可。啊，教师爷！
　　　　（四小教师上）
四小教师　（同声）郭先生，什么事情？
郭先生　你家师父呢？
四小教师　在里头炼功夫。
郭先生　请他出来，就说郭先生要会他。
四小教师　晓得了，有请师父。（大教师上）
大教师　好吃好喝好睡觉，听说相打我先跑。徒弟们什么事？
四小教师　郭先生要会会你。
大教师　郭先生要会我，待我去看看。嗳，郭先生！
郭先生　啊，教师爷！

大教师　你把我们爷儿几个，弄了出来，有什么事情？
郭先生　请了出来。
大教师　不错，请了出来，有什么事情？
郭先生　员外命丁郎，前去催讨鱼税银子，被他们羞辱一场，我想此事，要请教师爷们辛苦一趟。
大教师　我们来看家护院的，不是来催讨鱼税银子的。
郭先生　就是一次。
大教师　下次不可，那么你套车子。
郭先生　敢是拉银子。
大教师　拉不了银子，还拉不了人么？
郭先生　取笑了，哈哈。（郭先生下）
大教师　徒弟们，谁认识萧恩这厮？
四小教师　我们认识。
大教师　好，一路检鸡毛。
四小教师　此话怎么讲？
大教师　凑胆子走。（五人同下）

第　四　场

（萧恩上）

萧恩　（唱西皮快三眼[11]）昨夜晚吃酒醉和衣而卧，稼场鸡惊醒了梦里南柯[12]，二贤弟在河下相劝于我，他叫我把打鱼事一旦丢却，我本当不打鱼关门闲坐，怎奈我家贫穷无计奈何，清早起开柴扉乌鸦叫过[13]，飞过来叫过去（转唱二六）却是为何？将身儿来至在草堂内坐，桂英儿取茶来为父解渴。（桂英捧茶上）
桂英　（唱西皮摇板）遭不幸我的母早亡故，撇下了奴桂英孤苦伶仃。
　　　（白）爹爹用茶。
萧恩　儿啊，为父怎样嘱咐于你？不叫儿渔家打扮，儿还是渔家打扮。
桂英　孩儿生在渔家，不叫孩儿渔家打扮，怎样打扮？
萧恩　哽，不听为父之言，儿就为不孝。
桂英　爹爹不必生气，孩儿改过就是。
萧恩　这便才是。（大教师、四小教师同上）
大教师　走走走。
四小教师　不要走了，到了。
大教师　不要倒，留在喂狗。到那里呢？

四小教师　到了萧恩家里了。

大教师　怎么到了萧恩家里了？

四小教师　上头挂住渔网了。

大教师　待我看来，回去罢，回去罢。

四小教师　干什么回去？

大教师　萧恩不在家。

四小教师　怎么不在家？

大教师　关住门了。

四小教师　关住门在家，锁住门不在家。

大教师　嘎，关住门在家，锁住门不在家？好，去叫门去！

四小教师　师父没有教过我，我们不会。

大教师　叫门还要教么，看着师父，我的叫门是这个样子，这叫拦门式，你们学着一点，他不出来便罢，他要出来，上头一拳，底下一腿，他会倒了，学着一点。萧恩开门来，来来来开门来！呔，开门来！

萧恩　外面有人叫门，待我看来。（桂英下）

萧恩　是那一位？（作开门状）（大教师想动手反被萧恩摔跌一交）

大教师　地下那里来的西瓜皮，把师父我滑倒了[14]。

四小教师　萧恩出来了。

大教师　怎么，萧恩出来了？待我会会他，原来是个糟老头！

萧恩　你们是那里来的？

大教师　我们是丁府上来的教师爷。

萧恩　原来是丁府上来的教师爷，小老儿不知，多多有罪。

大教师　哦，会两下，不要紧，不要紧。

萧恩　你们前来则甚？

大教师　一不请安，二不问好，与你讨鱼税银子来的。

萧恩　你看天旱水浅，鱼不上网，改日有了银钱，与你送上府去，何必你来？

大教师　（向小教师们）哦，会点穴[15]，师父有工夫，不要紧，（向萧恩）萧恩，别人来了，三言两语，让你哄回去了，今日教师爷来了，就得要给银子了。

萧恩　别人来了没有，今日教师爷你来了么，哼哼，越发的没有。（作要动手状）

大教师　哦，他又来了，亏着师父躲的快，差点又被他点上了。徒弟们跟他说软的不行，跟他动硬的。

四小教师　动硬的。

大教师　链子带来没有？

四小教师　带来了。

大教师　我拿链子一套他的膊子，你们拉住就走。

四小教师　哦，套上，我们拉着就走，晓得了，晓得了。

大教师　不要忘了，萧恩你可认识这个？

萧恩　朝廷的王法，要他则甚？

大教师　这个不是朝廷王法，是你老老怕你长不大，与你打了一个百家锁。

萧恩　不用。（萧恩打落链子，把牠踏在地下[16]）

大教师　差一点打了我的脚，徒弟们，去把我的链子拿来！

四小教　师父没教过我们。

大教师　又没教你们，你们真是饭桶！看师父我的！咳，这老头用的是这一功。萧恩，可看见，嘘嘘哈！

萧恩　什么嘘嘘哈？

大教师　一个鹊两个脑袋。

萧恩　在那里？

大教师　在那里？在这里。（萧恩随着望去，大教师连忙将链拾起，要套在萧恩的颈上，被萧恩躲脱）

萧恩　哼，狗头狗脑的东西！

大教师　徒弟们，我套上去，你们拉着。萧恩，有银子便罢，没有银子，我要锁你！

萧恩　娃娃，你当真要锁？

大教师　当真要锁。

萧恩　果然要锁？

大教师　果然要锁。

萧恩　你与我锁，你与我锁。（大教师想套住萧恩，不料反被萧恩锁住他的颈）

四小教师　拉着跑，拉着跑。

大教师　不要拉了，你把我拉到那里去？

四小教师　我拉错了。

大教师　你们几个人，连一个有眼睛的都没有！这个老头有点扎手，硬的不行，还是动软的。

四小教师　还是动软的。

大教师　萧二太爷，有银子没有银子不要紧，你跟我们爷们过荡江[17]，见着我们家员外爷，银子给不给在你，要不要在他，把我们爷们差事，可了了呢，你看好不好？

萧恩　你说此话，老汉明白了，莫非叫老汉跟你们过一荡江，见了你家员外，银子要与不要，但凭于他，没有你等事了，你们是也不是？哼哼，你二太爷可惜没有工夫！

大教师　哦，又跑出一个这么二太爷来了，这个老头软硬不吃，还是打。萧恩，你不识相，跟你要银子，没有，叫你过江，你要不去，你看咱们带的人多？

萧恩　人多便怎么样？

大教师　要讲打。

萧恩　娃娃，讲打，老汉幼年之间，听说打架，好比小孩子过新年，穿新鞋子的一般。如今我老了，行不动了，哈哈。

大教师　哦，这是个譬解。萧恩啊，年轻力壮，我也打他不动，我也好有一比。

萧恩　比作何来？

大教师　老鼠舐猫鼻子，有一点作死。

萧恩　娃娃，你当真要打？

大教师　当真要打。

萧恩　果然要打？

大教师　果然要打。

萧恩　也罢，将老汉衣帽留在家中，待老夫打个样儿，与你们见识见识。（唱西皮倒板）听一言不由我七孔冒火。

大教师　听一言不由你七孔冒火，教师爷打你个八窍生烟！

萧恩　（唱西皮摇板）不由我年迈人咬碎牙窝。（四小教师上前被萧恩打得跌跌倒倒）

萧恩　（唱摇板）江湖上叫萧恩不才是我[18]。

大教师　江湖上叫萧恩不才就是你，教师爷好有一比。

萧恩　比作何来？

大教师　我好比是铜锤，将你顽铁打。（萧恩将小教师来一个打一个）

萧恩　（唱摇板）大战场小战场会过许多，爷本是出山虎独自一个。（萧恩将小教师接连打去）

大教师　什么你是出山虎独自一个，教师爷好有一比，好比那个打猎的，单打你这个死老虎！

萧恩　（唱摇板）尔好比看家犬一群一窝，你本是奴下奴敢来欺我。

大教师　打啊！打啊！

四小教师　不要打了，人家骂下来了！

大教师　骂什么？

四小教师　骂咱们是奴下奴。

大教师　我去问问他。萧恩，你骂我们是奴下奴，我们是丁府上奴，不是你萧家的奴，这么办，经的住教师爷三羊头[19]，鱼税银子不要了。

萧恩　慢说三羊头，就是三狗头二太爷何惧？

大教师　人头变的狗头了。你站好了，待我运运气。

萧恩　咳，小心二太爷的零碎！

大教师　哦，你倒夸口，你站好了。（大教师向萧恩撞三羊头，四小师教上前帮忙被萧恩打得逃走下去）

大教师　二太爷，我跪下来了。他们都跑了，你也让我过去罢！

萧恩　要过去也不难，你是丁府上的教师么，今日到要领教领教。

大教师　有什么本事，无非是混饭吃。

萧恩　一定要领教。

大教师　一定要领教，我用点工夫与你看看。（两手捏拳将右臂向前，左臂向后，伸直平举着）

萧恩　这叫什么？

大教师　这叫扁担。

萧恩　不好。

大教师　不好？你再看这个。（将两臂前后换一下）

萧恩　这叫什么？

大教师　这叫担扁。

萧恩　不好。

大教师　你再看这一个。（将身子略蹲下，手臂屈曲作茶壶的壶嘴和壶的把手状）

萧恩　这叫什么？

大教师　这叫茶壶。

萧恩　不好。

大教师　不好，我没有了，你放我过去罢！

萧恩　放你过去不难，你方才撞你二太爷三羊头，如今你二太爷，打你三拳头，放你过去。

大教师　慢说三拳头，三百拳头也不要紧，待我运运气。

萧恩　你站好了。
大教师　你把这个东西拿掉。
萧恩　照打。
桂英　打。(大教师逃下)
桂英　孩儿打的可好?
萧恩　打的好,打出祸来了!
桂英　什么祸来了?
萧恩　那贼回去必不甘心,取为父衣帽过来,待我前去抢他一个原告。
桂英　他乃官宦之家,不去也罢。
萧恩　小孩子家懂得什么,看守门户。(桂英下)
萧恩　正是闭门家里坐,祸从天上来。(萧恩下)

第 五 场

(大教师、四小教师同上)

大教师　打啊!
四小教师　都打坏了,还打什么?
大教师　找郭先生去。(郭先生暗上)
郭先生　啊,教师爷回来了,银子可曾要来?
大教师　银子倒没有要来,我们爷们儿几个都让他们打回来了。
郭先生　教师爷不必动怒,明日将他送在有司衙门[20],打他几十板子,出出教师爷的气。
大教师　你早有这个事,省得我们去了。
郭先生　后面歇息。
大教师　徒弟们,随师父后面养伤去罢!(六人同下)

第 六 场

(桂英上)

桂英　(唱西皮原板)奴这里只把那棍徒来恨,他那里倚富豪欺压黎民,我的父上公堂前去评论,这时候不见回奴不放心。
众衙役　(在幕内作打板子声连喊)一十,二十,三十,四十,赶下堂去!
　　　　(萧恩上)
萧恩　好贼子啊!
　　(唱西皮摇板)恼恨那吕子秋为官不正,欺压我三江口贫穷的良民,上公堂原被告一言不问,责打我四十板赶出了头门,没奈何咬牙关忙往家奔，叫一声桂英儿你快来开门。
桂英　（唱摇板）老爹爹回家来气色不正，莫不是在公堂受了苦刑，骂一声狗贼子行事不正，害我父女们你所为何情？
　　　（白）爹爹回来了，为何这等模样？
萧恩　为父上得堂去，那贼官一言不发，将我责打四十大板。
桂英　好贼子啊，爹爹受屈了。
萧恩　这还算受屈？那贼官言道，叫为父明日过去赔罪。
桂英　爹爹去不去？
萧恩　说什么去与不去，为父的恨不得胁插双翅，我要杀……
桂英　禁声，杀什么？
萧恩　杀他的全家。
桂英　白日杀人人不容，暗夜杀人天不容，爹爹不去也罢。
萧恩　小孩子家懂得什么，取为父衣帽戒刀过来[21]！
桂英　是，衣帽在此。
萧恩　好好看守门户。
桂英　孩儿也要去！
萧恩　女流之辈，不去也罢。
桂英　壮壮胆量，也是好的。
萧恩　好，取你的衣帽过来。
桂英　是。
萧恩　随为父的走！
桂英　哎，爹爹这个门呢。
萧恩　这门么，不要管牠了。
桂英　（哭）哎呀，爹爹这动用的家伙呢？
萧恩　这动用的家伙么，也不要了。
桂英　（仍哭着）哎呀。
萧恩　儿啊，那颗庆顶珠[22]，可曾带在身边？
桂英　带在身边了。
萧恩　倘有不测，也好逃往你婆家去罢。
桂英　爹爹你呢？
萧恩　为父的么，你不要管了。
桂英　（哭）哎呀。（二人作上船状）
萧恩　儿啊夜晚行船，比不得白日，儿要掌稳了舵啊！
　　　（唱西皮快板）恨奸贼不由我心中冒火，心儿里一阵阵咬碎牙角，那贼官凭势力欺压于我，今夜晚过江去将儿杀却，恨不得生双翅越江而过，我的儿因何故撒了篷索。

桂英　爹爹，此去杀人是真是假？

萧恩　自然是真，那有什么假。

桂英　如此孩儿不去了。

萧恩　呀呸，先前为父不叫儿前来，儿是一定要来，如今舟行至半江之中，儿要回去。也罢，待为父的送儿回去。

桂英　孩儿不回去了。

萧恩　为何不去？

桂英　孩儿舍不得爹爹。

萧恩　啊，桂英我的儿啊！

（哭唱西皮摇板）我的儿说此话双眼泪落，眼见得我父女就要离却[23]。（二人作停船下船状）

萧恩　儿啊，记准了此地，此番杀人，倘有不测，就在此处上船逃走[24]。将衣服穿好，到了那里，为父叫你骂，你就骂，叫你打，你就打。

桂英　遵命。

萧恩　来此已是。呔，有人么，走出一个来！（大教师上）

大教师　是谁？（作开门状）咦？二太爷，你怎么打上我们的门上来了？

萧恩　过府赔罪来了。

大教师　不怕你不来。

萧恩　哩。

大教师　你退后一点，我好与你通禀。

萧恩　哦，退后点。

大教师　还要退后些。

萧恩　哩，叫你二太爷退到那里去？

大教师　你爱那儿站就那儿站。有请家爷！（员外、郭先生、四小教师同上）

员外　昨晚一梦梦的丑。

郭先生　阎王请我吃烧酒。

员外　何事？

大教师　萧恩过府赔罪。

员外　叫他进来。

大教师　吓，叫你们进来！

萧恩　随为父进来，请了。

员外　胆大萧恩,将我家下人,打的狼狼狈狈,是何道理?

萧恩　这鱼税银子,可有圣上旨意?

员外　无有。

萧恩　六部公文?

员外　也无有。

萧恩　凭着何来?

员外　本县太爷所断。

萧恩　敢是那吕子秋?

大教师　太爷。

萧恩　呸。(大教师下)

萧恩　(唱西皮摇板)骂一声吕子秋作事太恶,责打我四十板却是为何?(白)儿啊,骂!

桂英　奸贼啊!(唱摇板)骂一声狗奸贼天良丧尽,仗势力压良民死无葬身。

员外　来!拿下了!

萧恩　且慢,我父女有好心献上。

员外　有什么好心?

萧恩　我父女在河下,打的一颗庆顶珠,特来献上。

员外　呈上来。

萧恩　耳目甚众。

员外　两厢退下。(四小教师下)

萧恩　在这里。(萧恩将员外、郭先生杀死下)

萧恩　儿啊,随为父的杀!

桂英　遵命!(四小教师上,被萧恩、桂英杀死下。大教师上,被萧恩杀死下。萧恩、桂英同下)

聆音馆主编纂《戏典》第一集所收本《打渔杀家》

【注释】

　　[1] 西皮:是京剧所用的主要唱腔之一。摇板:无板无眼、节拍不固定的节奏。　[2] 方腊:安徽歙县人,北宋末年著名的农民起义军领袖。　[3] 倒板:一种无固定节拍的节奏。　[4] 鱼:原作"渔",据文意改。　[5] 叨扰:打搅,受人宴请时常说的客气话。　[6] 八字粉墙:墙顶向两面倾斜像八字形的围墙。　[7] 觑:窥视。原作"取",据文意改。　[8] 子期访伯牙:春秋时鼓琴家伯牙与子期友好,子期能理解伯牙所奏每一曲,伯牙识子期

为知音。后子期死,伯牙绝弦不复弹。此处比喻萧恩与李俊、李荣的友好关系。　[9]鱼:原作"渔",据文意改。　[10]教师爷:旧时豪门家中请来训练家丁的武术教师。　[11]快三眼:一板三眼、速度较快的节奏。　[12]稼场:打谷场。　[13]柴扉:用柴草禾秆做成的门。　[14]师父我:原作"我师父",据文意改。下同。　[15]穴:原作"血",据《周信芳演出剧本新编》本改。点穴:用手指用力点在人的穴位上,可使人麻木、疼痛,甚至无法行动。　[16]牠:即"它"。　[17]荡:用同"趟",量词。　[18]不才:对自己的谦称,意谓自己没有才能。　[19]三羊头:指大教师用头撞三下。　[20]有司:指官吏。　[21]戒刀:出家人用来割制衣物、不许杀生的短刀。此处泛指刀,有被迫无奈而使用之意。　[22]庆顶珠:珠宝名,是花家送给桂英的订婚之物。　[23]此处原为"(哭唱西皮摇板)啊,桂英我的儿啊!"据《故宫珍本丛刊·乱弹单出戏》所收《庆顶珠》本改。　[24]记准了此地,此番杀人,倘有不测,就在此处上船逃走:此处原为"记好了,在此下船",语焉未详,据《故宫珍本丛刊·乱弹单出戏》所收《庆顶珠》本改。

【选评】

[清]留春阁小史辑录《听春新咏》别集"玩月"条:《无底洞》《杀四门》《庆顶珠》等剧,戎衣结束,莲瓣飞扬,握槊持刀,有雪舞风回之妙,娘子军中殊堪领队。

【备考】

关于该剧的主题:

一、赞颂斗争。如王起主编《中国戏曲选》:"剧作通过萧恩的遭遇及其反抗,深刻地揭示了劳苦大众和封建统治者之间不可调和的矛盾,展示了封建社会里善良的百姓无以为生的悲惨现实,赞颂了以萧恩为代表的梁山好汉的斗争精神。"

二、教唆滥杀。[清]余治《得一录》卷十一之二:"《打渔杀家》,以小愤而杀及全家,……皆作者欲图快人意,信笔写去,未及究其流弊耳。蔑法纪而炽杀心,更使足开武夫滥杀之风,破坏王法,端在于此。"

按:余治从维护封建制度的立场,发表对《打渔杀家》的不满言论,不足取。

四、弹　　词

陈　端　生

陈端生（1751—1790），字符贞，钱塘（今浙江杭州）人。出身于文名诗教家庭，颇有诗才。丈夫范秋塘因事谪边，在家奉养长辈，饱尝艰辛。著有《绘影阁诗集》（佚）、《再生缘》弹词。《再生缘》现存清道光二年（1822）宝宁堂刻本、光绪十七年（1891）宏道堂刻本、光绪二十一年（1895）上海肇记书局石印本等。

再　生　缘（第一卷第二回节选）

【解题】

　　弹词也叫"南词"，是盛行于清代南方民间的说唱兼备、以唱为主的曲艺形式。表演时用琵琶、三弦伴奏，文字包括说白和唱词两部分，前者为散体，后者以七言韵文为主，穿插以三言句。弹词适宜家庭的日常娱乐，一些地位较高家庭中的妇女常有听读弹词的喜好。弹词内容多写女性生活，许多有才华的女性也参与弹词的创作，以抒发其人生感想。

　　《再生缘》为长篇弹词，共二十卷。写女子孟丽君与皇甫少华曲折的爱情故事，其中重点叙述孟丽君女扮男装，应试及第，累官至宰相，与丈夫皇甫少华同朝而不合居之事，表达了旧时妇女要求建功立业的愿望。情节具有浓厚的传奇色彩，文笔细腻，语言优美。作者写至卷十七，书未成而辞世。后三卷由钱塘另一位女诗人梁德绳及其夫许宗彦续成。

　　本文选自《再生缘》第一卷第二回《皇甫敬麟凤双生》，写孟士元为爱女孟丽君招亲比武的扣人心弦的过程和场面。为了凸显皇甫少华，而写刘奎璧以作对比与衬托。刘奎璧的武艺虽不及皇甫少华，但亦不甚低，其之所以败给皇甫少华，主要在于其人品与性格上的缺陷，这既区别于一般的比武描写，又为后文写刘奎璧对皇甫少华的阴谋陷害埋下了伏笔，在全书中具有特殊的意义。叙述角度灵活多样，从两位比武当事人的表现和孟府主仆、邻里父老、比武当事人家奴的感受与反应等多角度叙述,转换自如。作者善于综合使用细致的动作描写、心理描写、外貌描写等手法,成功刻画了各色人物的性格特征与价值取向,富有感染力。

话说皇甫少华,一到临期初四日,全身的披挂。带一顶凤翅紫金冠,披一件绿罗云锦服。带领四名家将,竟向孟家而来。

一鞭催动马蹄旋,金翅云袍美少年。四个家丁随左右,手持羽箭共冰弦。銮铃响处滔滔去,遥望刘郎早在前。公子一观忙举手,刘兄何往恁忙然?前边惊动刘奎璧,回首观睄便转鞍。彼此殷勤相见毕,并骑而走叙寒暄。刘家公子忙欢问,少刻扳弓谁在先。大抵姻缘前世定,失袍人,不须惆怅与羞惭。看来今日吾难中,准拟君家必万全。皇甫少华称不敢,自然当逊长兄前。况吾武艺非人上,一定君家独占先。奎璧闻听心暗喜,愿皇天,威灵相助得姻缘。助吾百步穿杨法,管取宫袍披在肩。但不知,孟宅千金何等女,可能相称我心田?倘蒙月老垂怜念,恰把嫦娥配少年。奎璧暗思心内悦,玉鞭挥动马蹄旋。一双豪杰齐齐至,且表尚书事一番。

话说孟尚书,这日早命厨司摆宴,着人收拾后花园,就在双鹤亭中款待。把这一件御赐的蜀锦大红宫袍,挂在一株顶大的垂杨树上,下边又挂着个碗大的金钱,这是反手射的。整备停当。尚书父子正然用过膳饮茶毕,只见门公孟宁入报:启老爷得知,刘荫袭与皇甫公子到了[1]。

回唤夫人快快行,速到春明楼上去,隔湘帘,暗中好看两儿郎。韩素心,春风满面连声应,立起身来正正裳。吩咐丫环前去请,少夫人,可来楼上看端详。丫环答应称知道,手拔鞋根走得忙。跑进君松堂一座,喘吁吁,揭帘入内道端详。少奶奶,夫人相请,可去看射箭么?飞凤听言忙移步,妆台掠鬓正罗衣。就呼侍女看房户,我到花园不许离。仆妇丫环心着急,尔言我语乱纷纷。今朝射箭真佳事,却命看房不许观。不若锁门随了去,也教我等展双眉。众人私语纷纷论,飞凤回呼锁上门。侍婢婆娘心内喜,相随主母走如飞。堪堪行近千金室,章氏掀帘把话提。姑娘吓,外厢已到两英雄,少刻花园就射袍。奴与姑娘同去看,睄睄两位定低高。丽君小姐方闲坐,听见相呼转柳腰。含笑答言奴不往,请君自去莫相邀。飞凤又呼苏映姐,何妨你也去睄睄。佳人答应移莲步,低唤千金听事苗[2]。奶奶相招奴暂别,少停即刻返闺寮[3]。娇娥低首无言语。映雪抬身正整衣,款步相随飞凤走。苏娘子,一同出看乐滔滔。夫人已在高楼上,坐对花林向外睄。当下一齐楼上坐,启纱窗,低垂帘幕映花梢。乳娘映雪凭栏立,一众丫环倚栏瞧。只等一声相请进,大家争看夺宫袍。住谈里面夫人事,且表尚书接两豪。

话说孟尚书接进两家荫袭，就大厅上见礼，略坐谈一会。孟尚书先到园亭，然后嘉龄[4]相陪入内。

翰苑相陪入后园，两家荫袭各当先。未曾步进花园内，早觉幽香到面前。奎璧少华抬首看，园林风景果非凡。悠悠小径生芳草，曲曲长栏砌玉砖。迭迭假山遮锦树，层层古木霭苍烟。丝丝柳树随风舞，片片桃花落水翻。淡淡横波飘荇带，盈盈斜壁点苔斑。翩翩粉蝶穿花去，恰恰流莺聒耳喧。隐隐幽轩摇竹影，沉沉静院挂珠帘。霏霏春露含娇蕊，剪剪春风漾碧澜。好景无边观不尽，真个是，千红万紫艳阳天。两家荫袭齐相玩[5]，赞赏名园淑景鲜。不表二人同入内，且谈韩氏在楼观。夫人坐在珠帘内，听见声音往下看。美貌佳人苏映雪，倚栏杆，星眸婉转细观瞻。只看远远嘉龄进，后面相随二少年。先看左边刘氏子，果然一表觉非凡。但见他，凛凛威风十六春，全身披挂貌超群。鱼鳞细甲迎红日，蟒袖长袍织锦云。面白唇红真俊俏，眉清目秀有丰神。端严品格非凡相，一壁高谈一壁行。再看右边人一位，果然又觉胜三分。只见他，紫凤金冠翠翅摇，明珠映额吐光豪。黄金交抹龙初现，白玉双拖佩渐摇。腰系丝銮长宝带，身穿锦片绿罗袍。匣中暗隐青锋剑，鞘下明悬雁尾刀。面映梨花含夜雨，眉分柳叶带烟绡。秋水冷冷生眼媚，春风淡淡上窗娇。朱唇一点胭脂染，玉耳双垂白粉描。虎背龙腰奇相貌，珠庭广额美丰标。行如瑶树临风媚，住若山峰捧日高。举止安详真俊杰，笑谈慷慨果英豪。胸怀壮志安边戍，腹隐奇才报圣朝。凛凛英贤堪绝世，堂堂侠气可冲霄。能于他日悬金印，何况今朝夺锦袍。韩夫人，看罢少华贤荫袭，万重喜色上眉梢。阿呀，妙呀！好两位将门公子！刘姓男儿亦可夸，姿容美丽同称绝，举止轻挑略觉差。右首少华皇甫客，果然一半胜于他。你看他，年方十五貌非常，绣甲宫袍俊俏郎。龙凤之姿天上表，算来千古也无双。但祈天意垂怜念，三箭连开中绿杨。若此英雄婚爱女，真称一位美东床。夫人观看心欢喜，飞凤傍边大赞扬。婆婆呵，两家公子尽青年，还让英雄督抚男。凤表龙姿应拜相，珠庭广额必登坛。今朝同把宫袍夺，一定穿杨不费难。皇甫少华如作婿，俺姑娘，凤冠霞帔必周全。夫人见说心中悦，满面春风再细观。不表夫人楼上事，露台前，看呆映雪女婵娟[6]。两痕红晕生香颊，一点春情上翠山。天呀，须怜才子与佳人，保佑英才皇甫门。天下风流惟此子，老爷何必请刘君。堂堂品格真堪敬，凛凛丰姿实可钦。如若是袍刘府得，算来不是凤凰群。愿天暗助英豪力，莫误多娇孟丽君。我千金，沉鱼落雁容非俗，闭月羞花貌出群。莫道丰姿堪绝世，犹评情性亦清真。良缘若配风流客，正是天生一对人。叹息微身十五，寒儒门第未联姻。母亲携入尚书府，托赖夫人念善门。到今朝，遇此年少风流子，令人怎不感幽情。可惜千金犹未见，定然观面亦生情。不知映雪苏家女，日后终身似怎生。倘若妆台随小姐,也叫不负我深心。苏娘暗暗心中想,一众丫环喜又惊。乱乱哄哄呼映姐,快些观看莫留停。我家公子相陪进,两个风流小俊英。乳母在旁忙摆手,轻轻连道莫高声。胡言乱语休多说,知道姑爷是甚人。露台之上丫环叫,惊动园中两俊英。错听上边呼小姐,一齐偷眼看分明。但观一座高楼上,身靠栏杆多少人。后有一家年少女,斜扶老妇态轻盈。青丝巧挽盘龙髻,翠鬟双分薄似云。斜插宫花添俏丽,半笼罗袖弄娉婷[7]。香囊中挂银红袄,宝带低拖元色裙。面带微红曾傅粉,腮含深晕似生情。翠眉淡淡如山远,星眼盈盈若水清。小小珠环垂玉耳,纤纤春笋正罗衣。娇身半隔垂杨树,掩映娇容百媚生。二位郎君观看毕,刘奎璧,意荡神迷乱了心。偷赞叹,暗沉吟,可是千金孟丽君?隐约方才呼小姐,莫非果是女千金?羞花闭月真堪爱,落雁沉鱼实可惊。虽则倾城人尚有,并无见过此娉婷。娶妻如若能如此,也称风流一片心。斜倚栏杆朝下看,莫非她,不知射箭为婚姻。皇天呀,奎璧堂堂一丈夫,娶妻必要此娇娥。总然力量今朝尽,不夺宫袍不另图。如此佳人难到手,后来怎样掌兵符。不惟众目相轻我,就使春光也笑吾。恨煞少华皇甫姓,一身武艺有雄图。今朝既到尚书府,定逞威风不让吾。奎璧若然难得胜,从今与彼两情疏。一般立世称英杰,全在名园作此图。他若得袍颜面在,我如失箭姓名无。真个是,既生周瑜何生亮,使我彷徨主见疏。奎璧沉吟心暗虑,少华公子也疑狐。阿呀,奇哉!既为宦室贵千金,岂在高楼看外人。大料娇娃非小姐,适才误听女环称。堪奇此女芳容美,百样娇娆动我心。但是如何楼上立,看来必定是千金。多应他是兰闺伴,故敢凭栏看我们。若此佳人真堪爱,娶妻似彼亦如心。两家公子同偷视,翰苑连称请进亭。一到花园抬首看,孟公移步起身迎。英雄二位深深拱,让入亭台坐定身。一道香茶人送到,廿四盘,干鲜果品排均匀。尚书父子殷勤逊,点过重新饮细茗。只见园公亭下禀,小人上启大人闻。

启老爷得知:今有左右邻家男妇,闻得尚书府射袍招婿,都要求老爷的恩典,放进园中看看,不知老爷意下何如?

司马闻听笑满腮[8],说声放入内园来。厢厅一座多宽大,令彼诸人在内排。不许喧哗和吵闹,好生观看二英才。园丁答应如飞去,男女纷纷赶进来。抱女携男含着笑,一齐都入内庭阶。苏娘见有邻人进,退入珠帘不出来。尚书当下抬身看,就唤家丁把椅排。俱在庭前廊下座,呼人备马莫迟挨。家人答应忙牵马,司马含欢把口开:两家公子那一位先射垂杨?好待老夫敬酒。少华公子欠身云,先请刘兄上马行。弟愧无才难妄僭[9],射袍当逊你为尊。刘郎此际虚推托,道是贤兄请早行。司马孟公称勿逊,刘公子,提弓上马莫迟停。此时奎璧称遵命,深揖连云恕罪名。一按绣鞍忙上马,孟尚书,助威亲递酒三杯。家丁捧上弓和箭,奎璧刘郎乱了心。两片红霞飞上颊,千条愁想乱于心。

尚书坐在庭前看，两下英才共翰林。本宅家丁齐踊跃，邻居男女乱纷纭。喧不住，叫连声，快看刘郎莫暂停。奎璧鞍中抬首看，又悲又喜又耽惊。但见那，万树垂杨遮半天，千丝翠带映浓烟。一株高树冲空立，斜挂宫袍在上边。映日半如飘锦幔，随风浑似动云帆。今朝既到花园内，怎可藏才不占先。只见他，白龙马上逞威风，看定垂杨不放松。急拔金批三尺箭，忙开铁靶一张弓。喝声快中冰弦响，直透垂杨几万重。正中挂袍枝上响，一丝柳线两丝崩。邻居男女齐观看，众人齐呼震碧空。阿唷，妙呀！好一个刘家公子，箭中垂杨了！一齐喝叫震天关，喜坏尚书孟士元。立起身来呼好箭，小将军，果然神法不同凡。翰林喝采真飞将[10]，皇甫才郎出位言。阿唷，刘兄恭喜了。请再射金钱。画楼之上见分明，大悦夫人韩素心。夸俊杰，赞奇英，只恐良缘属此人。飞凤在傍含笑道，方交一箭未为能。如能射断红绳索，才算他，侯将儿郎武艺精。韩氏夫人言称是，且观天意定婚姻。不谈女眷楼中事，且表英才马上人。看见称扬心大悦，放双眉，又拔雕翎箭一根。窥仔细，验分明，背抿朱红去似星，当唧唧，箭中金钱穿过眼，喊声摇动锦乾坤。尚书大悦连催促，快射红绳莫暂停。到底是，侯府儿郎多武艺，何愁不做挂袍人。一班奴仆园中看，暗把姑爷隐隐称。刘府家人齐踊跃，乱呼公子莫留停。孟大人，亲身坐在庭前看，你快把，百步神威逞逞能。三箭若然都得中，挂宫袍，巍巍赫赫返家门。刘门奴仆齐声叫，督府家人各带嗔[11]。暗骂刘门夸大口，难道说，我家公子不如人？算来未射三枝箭，看伊家，夺得成时夺不成。不表众人多护主，且谈奎璧小将军。一观射中金钱眼，满面春风喜又惊。生兴致，长精神，自觉昂然是俊英。忙在鞍鞒连拱手，言称得罪两三声。此时要射三枝箭，皇甫贤兄恕罪名。公子欠身称不敢，无才当逊有才人。今朝虽到尚书府，我无非，叨领三杯喜酒吞。奎璧鞍中心大悦，开弓拔箭逞才能。金钱柳枝都能中，不把宫袍放在心。随手开来随手发，冰弦未满箭先腾。好奇怪呵，一枝羽箭出弓梢，随着风儿慢慢飘。未近垂杨先落地，却原来，不能射中大红袍。邻居男妇齐声喊，刘公子，今朝不得结鸾交。可惜弓弦开不满，空教输却这宫袍。童男幼女哈哈笑，唤母呼爷叫得高。阿呀，射不着了！这个人儿武艺低，空披战甲跨征驹。一枝箭杆随风去，今日威光一旦虚。原要在家先演习，如何胡言逞威仪。此日难中三枝箭，笑煞堂堂七尺身。男女众人齐阻挡，打儿骂女哭啼啼。夫人楼上分明见，叹息东床不是伊。飞凤傍边心暗笑，果然奴，一双眼力不为虚。刘君难中三枝箭，定然英雄挂锦衣。不表高楼婆媳语，尚书父子更惊疑。孟公座上长吁气[12]，说道是，天定姻缘不可移。皇甫少华心暗骇，这刘兄，傲心反倒失威仪。当场不中红绳索，男妇喧呼尽笑伊。此等羞惭何可忍，大丈夫，英雄名声一朝虚。既然奎璧难成事，少不得，待我消停夺锦衣。公子暗思心辗转，刘郎

四、弹词 **189**

马上似痴迷。一闻男妇齐齐笑,怒气冲空揽战衣。连叫两声吾好丑,险些晕倒白龙驹。红云两片生双颊,怒气千重上二眉。嘿嘿无言心自想,今朝羞愧怎回去。阿唷,上天呀!我本侯门富贵郎,风流时节正刚强。抛球场上吾为首,走马坡前我擅场。不合今朝来孟府,要凭武艺逞刚强。两枝箭中应全胜,不料偏偏坠在场。难就婚姻犹自可,被人谈笑怎生当。阿唷,我好恨呀!众目争观夺锦袍,其间方始见英豪。当场不中三枝箭,侯府威名一旦消。如若少华同一样,残身还可立人曹。倘若夺了宫袍去,吾命如何保得牢?只道可称双俊杰,谁知惟有一英豪。怪不得,愚夫贱妇齐声笑,原是我,少智无才艺不高。我欲今朝提剑刎,反叫人,笑吾惭愧赴阴曹。万般留此残身在,好把千秋大恨消。奎璧羞容成了怒,掷雕弓,飞身跳下锦鞍鞒。上亭一拱辞兵部,含怒开言道事苗。大人呀,不才原是一无能,辜负垂青刘姓门。天败英雄真可恨,刘奎璧,羞惭一世不能伸。平生习武从家父,弓箭之为也算精。射雁穿杨当戏耍,谁知道,今朝出丑在园林。弓弦虽说没开满,也是狂风调弄人。所谓婚姻难勉强,暗中成败有神明。台前就此相辞去,年幼无知负大人。奎璧言完忙告退,一腔愤怒不能平。尚书急扯刘公子,含笑殷勤启口云。此事不干贤荫袭,算来成败在天心。婚姻原有三生约,武艺之精君本能。这阵东风来得猛,雕羽发处不能禁。事由前定谁堪笑,宽坐此时再转门。翰苑在旁同拱手,回移交椅逊连声。刘郎难却诸人意,勉强消停坐定身。司马回头呼取酒,家丁立刻献金杯。老爷亲斟芙蓉露,满面春风叫一声。皇甫郎君,请酒,老夫为小将军助威。少华公子起身来,立饮三杯把口开。荷感大人垂顾盼,春园赌射念微才。今朝只得呈粗艺,但恐荒疏事不谐。司马笑言何出此,请君速射莫迟挨。少华公子深施礼,方唤家人牵马来。这公子,手按金盔正战袍,虎身一纵上鞍鞒。眉边杀气重重起,面上英风凛凛高。立马居中抬首看,星眸看准绿杨条。雕弓一扯圆如月,箭去犹疑出海蛟。但见那,三尺雕翎出了弦,流星一点透人寒。分开红杏林边路,劈破青云影外山。好似波涛摇蟒尾,犹疑风雨动龙鳞。一声射中垂杨叶,两下诸人动地欢。呵呀好了,正中挂袍的枝上了!邻居男女助神威,合口欢呼震似雷。司马亭前心大悦,翰林座上展双眉。随来家将齐欢喜,吐气扬眉若有威。韩氏夫人心内悦,隔帘喝采小英才。旁边喜坏章飞凤,如此英才更有谁。力勇神奇无不中,今朝一定挂袍归。栏前惊动苏家女,粉面含春笑晕堆。暗想才郎如此勇,何愁不得作门楣[13]。愿求天地神明佑,免使千金事有亏。不表佳人心内喜,且谈皇甫小英魁。一观射中垂杨叶,带转龙驹不久违。背挽朱红呼快中,冰弦一响逞风威。又见他,风流体态坐雕鞍,反手开弓月影圆。百鸟惊飞云外坠,千花乱舞水边翻。英风凛凛真非俗,壮志堂堂果不凡。只见雕羽离百步,当啷啷,一声响亮中金钱。邻人喧闹都休表,喜坏尚书孟士元。

阿唷妙呵！天生如此小将军，何虑江山不太平。背射金钱如正射，当年李广逊三分。翰林踊跃连称好，奎璧沉吟乱了心。可恨少年如此勇，当场故意弄精神。两枝箭中多容易，那怕宫袍夺不成。但愿上天留薄面，莫叫皇甫得全赢。不言奎璧刘公子，且说经天纬地人。一见中钱心大悦，万重喜气上眉飞。此时要射三枝箭，不免其间加小心。公子欣然重带马，开弓就射挂袍绳。但见他，旋回宝马不迟疑，拽满弓弦箭似飞。三尺青龙归大海，一条白马上清虚。穿花只听风声响，过树惟看凤尾移[14]。万线绿杨飘细细[15]，千枝红杏映霏霏。雕翎过处红绳断，一片春风落锦衣。左右诸人齐喊叫，同声喝采震清虚。呵呀好了，这就是孟大人的姑爷了！我等快些道喜。纷纷跑出侧厅中，要向花亭贺孟公。楼上夫人亲看见，春风满映玉芙蓉。欢不尽，乐无穷，合掌当先向碧空。多谢上天怜念我，今朝赐此好乘龙[16]。娇儿嫁此风流婿，何虑他年不显荣。可见婚姻前世定，应该招赘这英雄。夫人大悦言道好，飞凤欣然带笑容。喜坏佳人苏映雪，娇声连赞好英雄。三枝羽箭无虚发，不枉千金绝世容。娘子在旁连赞叹，今朝喜得不成空。香闺小姐多洪福，神助姑爷胆略雄。如此才容真绝世，他年龙凤自和同。一班侍女皆喧笑，齐下高楼去似风。三五成群谈射箭，尔称我赞乱哄哄。夫人婆媳同回后，治办诸般莫细穷。按下内堂欢悦事，且谈皇甫小英雄。凝眸一见红绳断，傅粉腮边长笑容。

话说皇甫少华一见红绳射断，心中大悦，催坐骑接住宫袍。

将军催马上前行，接住宫袍面带春。弓箭俱交家将手，虎身跳下战鞍心。眉带喜，面含欢，一壁披袍一壁行。金蟒缠身鳞片片，彩云绕袖锦层层。桃花映面春风起，柳叶横眉喜气生。倍显风流奇品格，更加潇洒美丰神。上亭亲手移交椅，欠体含欢叫大人。请大人台座，待小婿少华拜见。英雄言讫正衣冠，八拜深深叫泰山[17]。多谢赐袍联伉俪，从今二姓结姻缘。婿当归禀家君晓，择吉行盘大礼完。年少英雄参岳父，孟尚书，心中大悦急相搀。春风满面呼佳婿，可喜朱门出后贤。三箭不空都射中，名传四海果非凡，老夫弱女三生幸，得配风流年少人。今日结成鸾凤侣，与尊翁，姻眷亲家意更欢。就请前媒秦布政，执柯已定百年缘。老夫深愧冰清语，佳婿应称玉润言。荷感天公成巧合，一朝佳话万年传。老爷言讫心中悦，挽起英雄把揖还。郎舅二人重见礼，词林深敬小英贤。旁边气倒刘公子，坐不宁来立不安。眉头怒气重重起，面上红云隐隐添。暗暗叫声吾好恨，恨不能，双靴一跺刎龙泉[18]。上前无奈称恭喜，施礼连连告别还。司马因知留不住，殷勤相送出花园。少华执手同相送，刘奎璧，怒目而观上了鞍。翁婿相携齐转步，翰林微笑口开言。刘兄不怪无神艺，反倒生嗔带怒颜。妹夫先前曾让你，谁叫无力扯冰弦。婚姻也是前生定，此刻何须意不甘。相别忙忙骑上马，世兄见识惹人嫌。尚书见说微微笑，少年人，出语伤人莫乱谈。只为邻人齐耻笑,故而含怒不能安。谅来凡事皆前定,勿笑刘家艺不全。言毕入亭齐坐下,尚书回首叫排筵。家丁答应忙传谕,顷刻厨司治办完。下席相邀家将饮,上筵铺设在花园。居中首位尊娇客,主席相陪是泰山。翰苑嘉龄坐下面,花亭之内大开筵。但见那,锦屏开处见烟霞,双袅芸香翠镂斜。绮席初回金雀影,琼觞已泛玉莲华。绿烟绕座飘杨柳,红雨飞帘拂杏花。细细风来怜粉蝶,溶溶日转见归鸦。名园春暖真无价,尽兴方休意更佳。亭内欣然同饮酒,早见那,西楼窗外夕阳斜。

清道光宝宁堂刻本《再生缘全传》(以光绪宏道堂刻本参校)

【注释】

[1] 荫袭:旧时因先辈有功,子孙受庇荫而承袭官爵。这里是对宦门子弟的尊称。 [2] 事苗:事情的缘由。 [3] 闺寮:即闺房。寮,对小屋、小室的通称。 [4] 嘉龄:孟士元之子,年少高拔,点了翰院词林,故下文称其为翰苑、翰林、词林。 [5] 玩:玩赏、欣赏。 [6] 婵娟:原意为姿态美好,这里指美人。 [7] 娉婷:形容姿态美好的样子。 [8] 司马:孟士元官兵部尚书,故被称为司马。 [9] 僭:超越本分,冒用在上者的职权、名义行事,后用为谦词。 [10] 飞将:飞将军的省称,泛指敏捷善战的将领。 [11] 督府家人:指皇甫少华家人。皇甫少华父皇甫敬任云南总督。 [12] 吁气:吐气。 [13] 门楣:指女婿。元无名氏《举案齐眉》第三折:"我穷则穷是秀才的妻室,你穷则穷是府君的门楣。" [14] 凤尾:凤尾竹,泛指竹子。 [15] 细细:缓缓地。杜甫《江畔独步寻花》:"繁枝容易纷纷落,嫩叶商量细细开"。 [16] 乘龙:比喻得佳婿。《艺文类聚》卷四十引《楚国先贤传》:"孙儁字文英,与李元礼俱娶太尉桓焉女。时人谓桓叔元两女俱乘龙,言得婿如龙也。" [17] 泰山:岳父的别称。 [18] 龙泉:古时宝剑名,即龙渊,唐人避唐高祖李渊言得婿如龙也讳,改称龙渊为龙泉。后世泛指剑。

【选评】

陈寅恪《论〈再生缘〉》:世人往往震矜于天竺、希腊及西洋史诗之名,而不知吾国亦有此体。

郭沫若《〈再生缘〉的前十七卷和它的作者陈端生》:陈端生的确是一位天才作家,她的《再生缘》比《天雨花》好。如果要和《红楼梦》相比,与其说"南花北梦",倒不如说"南缘北梦"。

【备考】

关于主题,有三种不同看法。

一、维护封建礼法。[清]香叶阁主人(侯芝)《再生缘叙》:"叙事言情,厝归礼法。"

二、反对封建秩序。陈寅恪《论再生缘》:"端生心中于吾国当日奉为金科玉律之君父夫三纲,皆欲借此等描写以摧破之也。"

三、思想矛盾。郭沫若《〈再生缘〉的前十七卷和它的作者陈端生》:"挟封建道德以反封建秩序,挟爵禄名位以反男尊女卑,挟君威而不认父母,挟师道而不认丈夫,挟贞操节烈而违抗朝廷。"章培恒《中国文学史》:"利用封建道德教条来反对封建秩序,书中所公开标榜的正统伦理成了似是而非、只要对己有用就可以随意搬弄的东西。"

按:虽然在具体叙事中,作品流露出思想上的抵牾,但是从根本上讲,作者还是表达了对封建礼教压抑女性现象的强烈不满,这正是作品最终不愿将孟丽君的命运设计为回归依附男性地位的根本原因。

五、散　　文

彭　士　望

彭士望（1610—1683），字躬庵，又字树庐，江西南昌人。少负大名，曾师事黄道周。道周下狱，士望竭力营救，几遭不测。清兵南下，又入史可法幕，助其抗清。南明亡后，绝意仕进，与魏祥、魏禧等隐居翠微峰讲学，为"易堂九子"之一。其学以躬行为本，故其文亦多针砭时事。魏禧为其文集作序说："遇事感慨激昂，连类旁及，棱轹古今，呼抢天地，而不能自忍。"是其性情的显现，也反映了他的文章风格。著《耻躬堂诗文合钞》十六卷，有咸丰二年（1852）重刻本。

九牛坝观觝戏记

【解题】

本文通过观看一次民间艺人的高超的杂技表演，引发了作者的一系列感慨。文章的前半部分写民间艺人的表演非常生动细致，令读者有身临其境、亲眼目睹的感觉。后半部分表现了作者对自食其力的艺人的向往、赞美，同时指出，在社会的底层中有不少有所作为的人才，他们可以为国家作出应有的贡献，借以表现自己不被重用的感慨。

树庐叟负幽忧之疾于九牛坝茅斋之下[1]。戊午闰月除日[2]，有为角觝之戏者[3]，踵门告曰："其亦有以娱公？"叟笑而颔之。因设场于溪树之下。密云未雨，风木泠然[4]，阴而不燥。于是邻幼生，周氏之族、之宾、之友戚，山者牧樵，耕者犁犊，行担簦者[5]，水桴楫者，咸停释而聚观焉[6]。

初则累重案，一妇仰卧其上，竖双足承八岁儿，反覆卧起，或鹄立合掌拜跪[7]，又或两肩接足。儿之足亦仰竖，伸缩自如。间又一足承儿[8]，儿拳曲如莲出水状。其下则二男子、一妇、一女童与一老妇，鸣金鼓，俚歌杂佛曲和之。良久乃下。又一妇登场，如前卧，竖承一案，旋转周四角[9]，更反侧背面承之；儿复立案上，拜起如前仪。儿下，则又承一木槌，槌长尺有半，径半之。两足圆转，或竖抛之而复承之。妇既罢，一男子登焉，足仍竖，承一梯可五级，儿上至绝顶，复倒竖穿级而下。叟悯其劳，令暂息，饮之酒。

其人更移场他处，择草浅平坡地，去瓦石，乃接木为跻[10]，距地约八尺许。一男子履其上，傅粉墨，挥扇杂歌笑，阔步坦坦[11]，时或跳跃，后更舞大刀，回翔中节。此戏，吾乡暨江左时有之[12]。更有高丈馀者，但步不能舞。最后设软索，高丈许，长倍之；女童履焉，手持一竹竿，两头载石如持衡，行至索尽处，辄倒步，或仰卧，或一足立，或偃行，或负竿行如担，或时坠挂，复跃起；下鼓歌和之，说白俱有名目，为时最久，可十许刻[13]。女下，妇索帕蒙双目为瞽者[14]，番跃而登[15]，作盲状，东西探步，时跌若坠，复摇晃似战惧，久之乃已；仍持竿，石加重，盖其衡也。

方登场时，观者见其险，咸为之股栗，毛发竖，目眩晕，惴惴惟恐其倾坠。叟视场上人，皆暇整从容而静[16]，八岁儿亦斋栗如先辈主敬[17]，如入定僧[18]。此皆诚一之所至，而专用之于习，惨淡攻苦，屡蹉跌而不迁，审其机以应其势，以得其致力之所在；习之又久，乃至精熟，不失毫芒，乃始出而行世，举天下之至险阻者皆为简易。夫曲艺则亦有然者矣[19]！以是知至巧出于至平，盖以志凝其气，气动其天，非卤莽灭裂之所能效[20]。此其意庄生知之[21]，私其身不以用于天下[22]；仪、秦亦知之[23]，且习之[24]，以人国戏[25]，私富贵以自贼其身与名[26]。庄所称僚之弄丸[27]，庖丁之解牛[28]，伛偻之承蜩[29]，纪渻子之养鸡[30]，推之伯昏瞀人临千仞之蹊，足逡巡垂二分在外[31]，吕梁丈人出没于悬水三十仞，流沫四十里之间[32]，何莫非是[33]，其神全也[34]。叟又以视观者，久亦忘其为险，无异康庄大道中，与之俱化。甚矣，习之能移人也！

其人为叟言：祖自河南来零陵[35]，传业者三世，徒百馀人。家有薄田，颇苦赋役；携其妇与妇之娣姒[36]，兄之子，提抱之婴孩，糊其口于四方，赢则以供田赋。所至江、浙、两粤、滇、黔、口外绝徼之地[37]，皆步担，器具不外贷。谙草木之性，捃摭续食[38]，亦以哺其儿。

叟视其人，衣敝缊[39]，飘泊羁穷，陶然有自乐之色，群居甚和适。男女五六岁即授技，老而休焉，皆有以自给。以道路为家，以戏为田[40]，传授为世业。其肌体为寒暑风雨冰雪之所顽[41]，智意为跋涉艰远、人情之所儆怵磨砺[42]，男妇老稚皆顽钝。儇敏机利[43]，捷于猿猱，而其性旷然如麋鹿[44]。

叟因之重有感矣[45]。先王之教，久矣夫不明不作[46]，其人恬自处于优笑巫觋之间[47]，为夏仲御之所深疾[48]；然益知天地之大，物各遂其生成，稗稻并实，无偏颇也。彼固自以为戏，所游历几千万里，高明巨丽之家[49]，以迄三家一巷之村市，亦无不以戏视之，叟独以为有所用。身老矣，不能事洴澼絖[50]，亦安所得以试其不龟手之药[51]，托空言以记之。固哉，王介甫谓鸡鸣狗盗之出其门，士之所以不至[52]！患不能致鸡鸣狗盗耳，吕惠卿辈之谄谩[53]，曾鸡鸣狗盗之不若。鸡鸣狗盗之出其门，益足以致天下之奇士，而孟尝未足以知之。信陵、燕昭知之[54]，所以收浆、博、屠者之用[55]，千金市死马之骨，而遂以报齐怨[56]。宋亦有张元、吴昊[57]，虽韩、范不能用[58]，以资西夏[59]，宁无复以叟为戏言也[60]。悲夫！

清咸丰二年重刻本《彭躬庵文钞》卷八

【注释】

[1] 树庐叟：作者自称。彭士望一字树庐。叟，老者。 [2] 戊午闰月：康熙十七年（1678）闰三月。除日：一个月的最后一天。 [3] 角觝之戏：古代的一种技艺表演，包括扛鼎、爬竿、走索等。 [4] 泠然：清凉的样子。 [5] 行担簦（dēng）者：行路挑担、打着簦（有柄的笠）的人。 [6] 停释：停下来，放下东西。 [7] 鹄立：像鹄一样延颈而立。 [8] 间：间或。 [9] 周：环绕。 [10] 跻：高跻。 [11] 坦坦：平易的样子。 [12] 江左：一般指芜湖、南京长江河段以东地区。 [13] 可十许刻：大约达十多刻时间。说明时间长。 [14] 为：装扮成。瞽者：盲人。 [15] 番：轮流。 [16] 暇整："好整以暇"的省称，指紧张之中能保持镇静。 [17] 斋栗：敬畏恐惧的样子。主敬：持守诚敬。 [18] 入定：僧人静坐敛心，不起杂念，使心定于一处。 [19] 曲艺：细小的技艺。这里指杂技。 [20] 卤莽灭裂：粗鲁莽撞，草率苟且。《庄子·则阳》："长梧封人问子牢曰：'君为政焉勿卤莽，治民焉勿灭裂。昔予为禾，耕而卤莽之，则其实亦卤莽而报予；芸而灭裂之，其实亦灭裂而报予。'"成玄英疏："卤莽，不用心也；灭裂，轻薄也。" [21] 庄生：即庄子，名周，战国时思想家。 [22] 私其身不以用于天下：洁身自爱，保全自己的身心，不参与天下之事。私，爱。 [23] 仪、秦：即张仪、苏秦，战国时策士。 [24] 习之：精通之。 [25] 以人国戏：拿别人国家的命运来开玩笑。人国，别人的国家。 [26] 私富贵：使自己得到富贵。贼：残害。张仪与苏秦同学于鬼谷先生，以合纵、连横游说各国诸侯，取得了高官厚禄，但最后都落得个身败名裂的下场。 [27] 庄：庄子。僚之弄丸：《庄子·徐无鬼》："市南宜僚弄丸而两家之难解。"熊宜僚为春秋时楚国勇士，善弄丸。弄丸，即以众丸投空，以手相接，使其不落地。 [28] 庖丁之解牛：庖丁肢解割切牛肉本领非常高强。事见《庄子·养生主》。

[29] 伛偻: 驼背人。蜩: 蝉。据《庄子·达生》记载,庄子在路上看到一个驼背老人,在用竿粘树上的蝉,百无一失。 [30] 纪渻(shěng)子之养鸡: 纪渻子为齐王养斗鸡,经过四十天的训练,鸡被养得好像木鸡,其他鸡见了都退身而去,不敢与其相斗。见《庄子·达生》。 [31] "伯昏瞀人"二句: 伯昏瞀人一作伯昏无人,楚国隐者,传说他可以走上高山,面临深渊而不害怕。见《庄子·田子方》。 [32] "吕梁丈人"二句: 吕梁山的一个男子可以在飞悬的瀑布下游泳。见《庄子·达生》。 [33] 何莫非是: 有哪个不是如此呢? [34] 神: 精神。全: 聚集而不分散。 [35] 零陵: 在湖南。 [36] 娣姒: 妯娌。兄妻为姒,弟妻为娣。 [37] 口外: 泛指我国长城以北地区。口,长城的关隘。绝徼之地: 极其偏远的地方。 [38] 捃摭: 拾取,收集。续: 接续,引申为接济、补充。 [39] 衣: 这里作动词,穿着。敝: 破旧。缊: 旧絮。这句是说他们穿着破旧的衣服。 [40] 以戏为田: 以表演技艺来维持生活。田,比喻生活的来源。 [41] 顽: 顽强,这里为"磨炼"。 [42] 智意: 意志。儆怵: 因恐惧而引起警戒。 [43] 儇敏机利: 敏捷机灵。儇,轻捷。 [44] 旷然: 放任达观。麋鹿: 麋鹿性情温顺。 [45] 重: 深。 [46] 不明不作: 不再宣明,不再推行。 [47] 恬: 安然,无动于衷。优笑: 古代以乐舞戏谑为业的艺人。巫觋(xí): 古代装神弄鬼的人。女巫为巫,男巫为觋。 [48] 夏仲御: 夏统,字仲御,晋代人。他反对女巫装神弄鬼。疾: 痛恨。 [49] 高明: 高大而明亮。巨丽: 大栋梁。 [50] 事: 从事于。洴(píng)澼(pì)纩(kuàng): 在水中漂洗棉絮。洴,浮。澼,漂。纩,棉絮。 [51] 不龟(jūn)手之药: 使手不皲裂的药。《庄子·逍遥游》中说,古代宋国有一个世代漂洗棉絮的人,善于配制使手不皲裂的药。后来他将这药方卖给了一个人,那个人因此立了功,并得到了封地。 [52] 王介甫: 王安石。"鸡鸣狗盗"等: 见《史记·孟尝君列传》。王安石在《读〈孟尝君传〉》中分析了孟尝君结交鸡鸣狗盗的情况,因而认为"此士之所以不至也"。 [53] 吕惠卿: 字吉甫,宋泉州晋江(今福建晋江)人。初附和王安石新法,深得王安石信用。王安石去位后,则极力诋毁安石。 [54] 信陵: 战国时魏国公子信陵君,名无忌。燕昭: 战国时燕国昭王。信陵君、燕昭王都曾大量招纳天下才士。 [55] 浆、博、屠者: 都是信陵君招致的才士,包括卖酒浆的薛公、赌徒毛公、屠户朱亥,他们都为信陵君效力。 [56] "千金"二句: 燕国被齐国打败后,燕昭王采纳郭隗的计谋,用重金去买死去的千里马之骨,结果使大批才士投奔燕国,最后大破齐国报了仇。市,买。 [57] 张元、吴昊: 两人均为宋华州(今陕西华县)人,有才干,多次应科举考试而不中。两人曾谒韩琦、范仲淹,但未被重用。乃投奔西夏主赵元昊,为赵元昊出谋划

策,侵扰宋边疆达十余年。(参见宋洪迈《容斋三笔》卷一一) [58] 虽:纵然,即使。韩、范:韩琦、范仲淹。两人均任陕西经略招讨副使,改革政事,防御西夏侵扰。 [59] 资:资助。此指张元、吴昊投奔西夏。 [60] 宁:但愿。无复:不再。

【选评】

[清]曾灿篇末评曰:极小题发出许大道理作用,总是叟胸中蕴结沉痛,随地涌出,遇物肖形,不觉成此一篇绝奇文字,留为识者叹惜耳。

黄 宗 羲

黄宗羲(1610—1695),字太冲,号南雷,学者称梨洲先生,浙江余姚人。父亲黄尊素为东林党名士,被魏忠贤所杀。黄宗羲青年时代即参加了反宦官权贵的斗争,成为复社领导人之一。明亡后,在浙东召募义兵抗清,被南明鲁王任为左副都御史。事败后隐居著述,多次拒绝清王朝的征召。黄宗羲与顾炎武、王夫之同为明清之际的大思想家、著名学者,他又与孙奇逢、李颙并称为三大儒。他学识渊博,尤长于史学。其散文以议论见长,文笔犀利,语言条畅,思辨力很强。著有《宋元学案》《明儒学案》《明夷待访录》《南雷文选》等。今人将其著作编为《黄宗羲全集》,1985—1994年由浙江古籍出版社出版。

原 君

【解题】

《原君》是《明夷待访录》的首篇。原君,就是推究为君之道。作者对君主制度产生的历史作了追寻,指斥了君主专制制度的流弊,具有鲜明的民主色彩。文章大胆地把批判的矛头直指残暴的君主,将他们斥之为"寇仇""独夫""天下之大害",更难得的是,他把批判的锋芒直逼当今君主,使其批判更具现实性。文章大胆泼辣,充满激情,而且论证严密,论据充分,是颇有特色的政论文。

有生之初[1],人各自私也,人各自利也[2]。天下有公利而莫或兴之[3],有公害而莫或除之。有人者出[4],不以一己之利为利,而使天下受其利;不以一己之害为害,而使天下释其害[5]。此其人之勤劳,必千万于天下之人。夫以千万倍之勤劳,而己又不享其利,必非天下之人情所欲居也[6]。故古之人君[7],量而不欲入者[8],许由、务光是也[9];入而又去之者[10],尧、舜是也;初不欲入而不得去者[11],禹是也。岂古之人有所异哉?好逸恶劳,亦犹夫人之情也[12]。

后之为人君者不然。以为天下利害之权皆出于我,我以天下之利尽归于己,以天下之害尽归于人,亦无不可。使天下之人不敢自私,不敢自利,以我之大私为天下之大公[13]。始而惭焉,久而安焉,视天下为莫大之产业,传之子孙,受享无穷。汉高帝所谓"某业所就,孰与仲多"者[14],其逐利之情[15],不觉溢之于辞矣。

此无他,古者以天下为主,君为客,凡君之所毕世而经营者,为天下也。今也以君为主,天下为客,凡天下之无地而得安宁者,为君也。是以其未得之也[16],屠毒天下之肝脑[17],离散天下之子女,以博我一人之产业[18],曾不惨然[19]。曰:"我固为子孙创业也。"其既得之也,敲剥天下之骨髓,离散天下之子女,以奉我一人之淫乐,视为当然。曰: "此我产业之花息也。"[20]然则为天下之大害者,君而已矣!向使无君[21],人各得自私也,人各得自利也。呜呼!岂设君之道固如是乎?

古者,天下之人爱戴其君,比之如父,拟之如天,诚不为过也。今也天下之人怨恶其君,视之如寇仇,名之为独夫[22],固其所也[23]。而小儒规规焉以君臣之义无所逃于天地之间[24],至桀、纣之暴[25],犹谓汤、武不当诛之,而妄传伯夷、叔齐无稽之事,乃兆人万姓[26],崩溃之血肉,曾不异夫腐鼠[27]。岂天地之大,于兆人万姓之中,独私其一人一姓乎[28]?是故武王,圣人也;孟子之言[29],圣人之言也。后世之君,欲以如父如天之空名,禁人之窥伺者,皆不便于其言[30],至废孟子而不立[31],非导源于小儒乎?

虽然,使后之为君者,果能保此产业,传之无穷,亦无怪乎其私之也[32]。既以产业视之,人之欲得产业,谁不如我?摄缄縢[33],固扃鐍[34],一人之智力,不能胜天下欲得之者之众。远者数世,近者及身,其血肉之崩溃,在其子孙矣!昔人愿世世无生帝王家[35],而毅宗之语公主,亦曰:"若何为生我家?"[36]痛哉斯言!回思创业时其欲得天下之心,有不废然摧沮者乎[37]?是故明乎为君之职分,则唐、虞之世,人人能让,许由、务光非绝尘也;不明乎为君之职分,则市井之间[38],人人可欲,许由、务光所以旷后世而不闻也[39]。然君之职分难明,以俄顷淫乐,不易无穷之悲,虽愚者亦明之矣。

清道光刻本《明夷待访录》

【注释】

[1] 有生之初：自开始有人类之时。 [2] 自私、自利：均指人们只顾考虑自己的生计。 [3] 莫或兴之：没有人举办它。莫或，没有什么人。兴，举办。 [4] 有人者出：有这样的人出来。 [5] 释：解除，去掉。 [6] 必非天下之人情所欲居也：必定不是天下人情所愿意接受的。居，居其位。 [7] 人君：君主。 [8] 量：衡量，考虑。入：指就君位。 [9] 许由、务光：传说中的上古高士。据传唐尧要把天下让给许由，许由逃走，隐居箕山中。商汤要把天下让给务光，务光极力拒绝，负石自沉于蓼水。 [10] 入而又去之者：已经就了君位而又离开的。去，放弃。 [11] 初不欲入而不得去者：开始时不愿接受君位而又不能推却离开的。 [12] 亦犹夫人之情也：也同一般的人情一样啊。夫，语助词。 [13] 大公：普天下的公共利益。 [14] 某业所就，孰与仲多：我事业上的成就，与老二相比，哪个更多呢？这是西汉刘邦当了皇帝之后对自己父亲所说的话，见《史记·高祖本纪》。仲：排行第二，这里指刘邦的哥哥。 [15] 逐利：争利。 [16] 是以：因此。 [17] 屠毒天下之肝脑：残杀天下人民的生命。屠毒，屠杀、虐害。 [18] 博：求得。 [19] 曾：竟然。 [20] 花息：利息。 [21] 向使：假如。 [22] 独夫：一人。指众叛亲离，极端孤独的人。 [23] 固其所也：原是应该的。固，固然，理所当然。 [24] 小儒：指眼光短浅、头脑迂腐的读书人。规规焉：拘谨，死板。以：认为。这句意思是说，一班眼光短浅的读书人还死板地认为君与臣的伦理关系是普天下都存在的，是无法逃避的。 [25] 至：甚至于。 [26] 兆人万姓：千千万万的老百姓。 [27] 曾：竟然。腐鼠：发臭的老鼠，比喻毫无价值的东西。 [28] 私：偏爱。 [29] 孟子之言：指孟子有关君臣、君民关系的言论。 [30] 便：利。 [31] "至废"句：废除孟子在文庙中的牌位。明太祖朱元璋见到《孟子·尽心下》中有"民为贵，社稷次之，君为轻"的话，因感到对自己统治不利，下诏废除对孟子的祭祀。 [32] 私之：据（天下）为己有。 [33] 摄缄縢(téng)：紧紧地捆好。摄，收紧。缄，结。縢，绳索。 [34] 固扃鐍(jué)：牢牢地锁好。固，牢固。扃，关钮。鐍，锁钥。"摄缄縢，固扃鐍"，语见《庄子·胠箧》。 [35] "昔人愿"句：南朝宋顺帝刘准被迫让位于萧道成，出宫时讲了这番话。见《南史·王敬则传》。 [36] "而毅宗"句：毅宗即明朝崇祯皇帝朱由检。公主指朱由检长女长平公主。李自成军攻入北京，朱由检自缢前，用剑砍长平公主，并叹息道："你为什么要生在我的家里？"见《明史·公主列传》。 [37] 废然：颓丧的样子。摧沮：灰心丧气的样子。 [38] 市井：泛指民间。 [39] 旷后世而不闻：在后代历史中再也没有听说过。旷，空，绝。

顾 炎 武

作者简介见前"诗歌"。

复 庵 记

【解题】

　　复庵是明遗民范养民于明亡后隐居华山时的居所。范养民在房子门槛上大书"复庵"二字，表明了他匡复明室的意愿。顾炎武于康熙二年登临华山，住在复庵中。因借对复庵及范养民事迹的记述，表达了自己对明室的眷念，寄托了自己反清复明的政治抱负。文章首先叙写了复庵的地理位置及其来历。然后叙写自己寄住复庵中之所见，并因此联想到历史上的伯夷、叔齐、介子推等人物，以寄托自己的感慨。文章朴实，疏朗，看似平淡，实隐含着作者深深的哀痛之情。

　　旧中涓范养民[1]，以崇祯十七年夏，自京师徒步入华山为黄冠[2]。数年，始克结庐于西峰之左[3]，名曰复庵。华下之贤士大夫多与之游；环山之人皆信而礼之[4]。而范君固非方士者流也[5]。幼而读书，好《楚辞》；诸子及经史多所涉猎。为东宫伴读[6]。方李自成之挟东宫二王以出也[7]，范君知其必且西奔，于是弃其家走之关中[8]，将尽厥职焉[9]。乃东宫不知所之，而范君为黄冠矣。

　　太华之山[10]，悬崖之巅，有松可荫，有地可蔬，有泉可汲，不税于官，不隶于宫观之籍[11]。华下之人或助之材[12]，以创是庵而居之。有屋三楹[13]，东向以迎日出。

　　余尝一宿其庵。开户而望，大河之东[14]，雷首之山苍然突兀[15]，伯夷叔齐之所采薇而饿者[16]，若揖让乎其间[17]，固范君之所慕而为之者也。自是而东，则汾之一曲[18]，绵上之山出没于云烟之表[19]，如将见之，介子推之从晋公子[20]，既反国而隐焉，又范君之所有志而不遂者也[21]。又自是而东，太行、碣石之间，宫阙山陵之所在[22]，去之茫茫[23]，而极望之不可见矣，相与泫然[24]！

　　作此记，留之山中，后之君子登斯山者，无忘范君之志也。

《四部丛刊》影印清康熙刻本《亭林文集》卷五

【注释】

[1] 旧:指明朝。因本文写于清朝,所以称明朝为"旧"。中涓:内侍太监。 [2] 黄冠:本指道士的装束,这里用来指代道士。 [3] 克:能够。结庐:建屋居住。 [4] 信:相信。礼:尊敬。这里用作动词。 [5] 方士:有方术的人。这句意思是说,范养民虽然出家当了道士,但他并不是玩弄方术的人,不过是用方士来遮人耳目罢了。 [6] 东宫:指太子,因太子一般居东宫。伴读:陪伴太子读书。 [7] 东宫:指明思宗的太子朱慈烺。二王:定王朱慈炯、永王朱慈炤。 [8] 走:速行。之:往。 [9] 尽厥职:尽到他(为东宫伴读)的责任。厥,其,他的。 [10] 太华之山:太华山,即华山。 [11] 隶:隶属。宫观(guàn):道士庙宇。籍:登记簿籍。两句的意思是:不用向官府纳税,不用纳入寺庙财产的登记簿里。 [12] 材:建筑材料。 [13] 楹:此指房屋的间数。 [14] 大河:黄河。 [15] 雷首之山:雷首山,就是首阳山,在今山西省永济市南。相传商代孤竹君之子伯夷、叔齐不食周粟,在首阳山采薇充饥,终于饿死。苍然:深青色。突兀:山势高大险峻。 [16] 薇:一种草本植物,种子和嫩叶、茎可以充饥。 [17] 揖让:拱手为礼。 [18] 汾之一曲:汾河的一个转折处。 [19] 绵上之山:指介山,在今山西省介休市。绵上,古地名。 [20] 介子推:春秋时人。传说晋公子重耳流亡各地时,介子推曾割自己的肉给重耳充饥。后重耳回国即位,介子推不肯说出自己的功劳,于是和母亲一起到介山隐居。晋公子:晋国公子重耳。 [21] 不遂:没有成功。 [22] 宫阙:皇宫。山陵:皇帝的陵墓。 [23] 去:离开。 [24] 泫然:流泪的样子。

侯 方 域

侯方域(1618—1655),字朝宗,河南商丘人。少有才名,年二十一岁至南京应考,参加复社,广与东南名士交游。抨击魏忠贤余党,深为马士英、阮大铖等人嫉恨。南明福王立,侯方域投奔高杰、史可法部。清兵南下,返回原籍。清顺治八年(1651)被迫参加河南乡试,中副榜,并上《剿抚十议》。被时人认为大节不终,侯方域自己也深为悔恨,抑郁忧闷而卒。侯方域以散文著称,文章颇有奇气,与魏禧、汪琬并称为清初三大家。其文笔明白流畅,说理委曲透辟,其传记文尤善于刻画人物。著《壮悔堂文集》十卷《遗稿》一卷《四忆堂诗集》六卷,有清顺治刻增修本。

李 姬 传

【解题】

　　本篇作者以深情的笔墨,着力写了李香君劝说自己不与阮大铖交结、勉励自己珍重名节、拒绝与奸党来往这三件事,从而着力刻画了一位才貌双全、卓尔不群,虽沦落风尘,但依然孤标傲世,颇具是非正义感的秦淮歌妓李香君的形象。文中的一些描述成为孔尚任创作《桃花扇》的重要素材。

　　李姬者名香[1],母曰贞丽[2]。贞丽有侠气,尝一夜博[3],输千金立尽[4]。所交接皆当世豪杰,尤与阳羡陈贞慧善也[5]。姬为其养女,亦侠而慧,略知书,能辨别士大夫贤否,张学士溥、夏吏部允彝亟称之[6]。少风调皎爽不群[7],十三岁,从吴人周如松受歌玉茗堂四传奇[8],皆能尽其音节。尤工《琵琶》词[9],然不轻发也[10]。

　　雪苑侯生[11],己卯来金陵[12],与相识。姬尝邀侯生为诗,而自歌以偿之[13]。初,皖人阮大铖者[14],以阿附魏忠贤论城旦[15],屏居金陵[16],为清议所斥[17]。阳羡陈贞慧、贵池吴应箕实首其事[18],持之力[19]。大铖不得已,欲侯生为解之,乃假所善王将军[20],日载酒食与侯生游。姬曰:"王将军贫,非结客者,公子盍叩之[21]?"侯生三问,将军乃屏人述大铖意[22]。姬私语侯生曰:"妾少从假母识阳羡君[23],其人有高义,闻吴君尤铮铮[24],今皆与公子善,奈何以阮公负至交乎?且以公子之世望[25],安事阮公[26]!公子读万卷书,所见岂后于贱妾耶[27]?"侯生大呼称善,醉而卧。王将军者殊怏怏,因辞去,不复通[28]。

　　未几,侯生下第[29]。姬置酒桃叶渡,歌《琵琶》词以送之,曰:"公子才名文藻,雅不减中郎[30]。中郎学不补行[31],今《琵琶》所传词固妄[32],然尝昵董卓[33],不可掩也[34]。公子豪迈不羁,又失意,此去相见未可期,愿终自爱,无忘妾所歌《琵琶》词也!妾也不复歌矣!"

　　侯生去后,而故开府田仰者[35],以金三百锾[36],邀姬一见。姬固却之。开府惭且怒,且有以中伤姬,姬叹曰:"田公宁异于阮公乎[37]?吾向之所赞于侯公子者谓何[38]?今乃利其金而赴之,是妾卖公子矣[39]!"卒不往。

清顺治刻增修本《壮悔堂文集》卷五

【注释】

　　[1] 李姬:又称香君,明末南京秦淮河边名歌妓。　　[2] 贞丽:姓李,

字淡如，秦淮名妓，为香君养母。　[3] 博：赌博。　[4] 立尽：一会儿即光。　[5] 阳羡：即江苏宜兴。陈贞慧：字定生，复社领袖之一。曾与顾杲、吴应箕等草《留都防乱公檄》，声讨阮大铖。明亡，隐居不出。　[6] 张学士溥：张溥，字天如，江苏太仓人。明朝进士。复社发起人之一。夏吏部允彝：夏允彝，字彝仲，松江人。曾供职明廷吏部。与陈子龙等创建几社。明亡，起兵抗清，兵败投水自沉。亟：屡屡。　[7] 风调：风度韵致。皎爽：开朗豪迈。不群：超尘拔俗，不同于一般人。　[8] 周如松：明末著名昆曲家，艺名苏昆生。玉茗堂：明代戏曲家汤显祖的堂名。四传奇：汤显祖的四部代表作：《紫钗记》《还魂记》（即《牡丹亭》）《南柯记》《邯郸记》。　[9]《琵琶》词：明初戏曲家高明（则诚）所作《琵琶记》的唱词。　[10] 发：发声，歌唱。　[11] 雪苑侯生：即侯方域。雪苑，即"雪满梁苑"之意。梁苑在河南商丘，侯方域借以点明自己的乡里籍贯。　[12] 己卯：明崇祯十二年（1639）。　[13] 偿：回报。　[14] 阮大铖：字集之，号圆海，安徽怀宁人。初附阉党魏忠贤，残害忠良。魏忠贤败，被废为民。崇祯末又依附权奸马士英，在南京拥立福王，任南明小朝廷兵部尚书，兴党狱。后降清兵，被清兵所杀。　[15] 魏忠贤：明宦官。河间肃宁人。万历时入宫，泰昌元年（1620）被任为司礼秉笔太监，后兼掌东厂。在位专断国事，遭东林党人弹劾。遂大兴党狱，杀东林党人杨涟等。私党甚众。崇祯帝即位后畏罪自尽。论：定罪处理。城旦：本为秦汉时徒刑名称，白天防寇，夜间筑城。此处代指"徒刑"。　[16] 屏居：隐藏行踪而居。　[17] 清议：公正的舆论。　[18] 吴应箕：字次尾，安徽贵池人。复社领袖之一。清兵破南京，起兵抗清，兵败被执，不屈死。首其事：陈贞慧、吴应箕首先揭发、声讨阮大铖的罪恶行迹。　[19] 持之力：竭力坚持这样做。　[20] 假：借；请托。王将军：阮大铖门客。　[21] 盍：何不。叩之：请问他。　[22] 屏人：屏退外人。　[23] 假母：即养母，指李贞丽。阳羡君：指陈贞慧。　[24] 吴君：指吴应箕。铮铮：刚直不阿。　[25] 世望：世代为人推崇敬仰。因侯父曾参与东林党反对魏忠贤，故有此说。　[26] 安事：何必侍奉。　[27] 后：不如。贱妾：古代女子自谦之词。　[28] 通：交往。　[29] 下第：应科举考试未中。　[30] 雅：向来。中郎：东汉蔡邕，曾官左中郎将，故称。《琵琶记》即以蔡邕与赵五娘的故事为题材。　[31] 学不补行：学问虽好但不能弥补其德行上的缺陷。　[32] 今《琵琶》所传词固妄：现在《琵琶记》中所记述的蔡邕的故事诚然是虚妄的。　[33] 昵：亲近。董卓：汉末曾自为相国、太师、专权凶暴，为王允、吕布所杀。蔡邕深为董卓叹息。　[34] 掩：掩盖。　[35] 开府：明清时称督抚为开府。田仰：马士英亲戚，南明弘光时为淮阳巡抚。　[36] 锾（huán）：

古代重量单位，此用指货币单位。　[37] 宁：岂，难道。　[38] 向：往昔。赞：评说。　[39] 卖：出卖，负心。

【选评】

[清] 徐作肃篇末评曰：事奇而传足以称之。

周　　容

周容（1619—1679），字茂山，一字鄮山，浙江鄞县（今鄞州）人。明诸生，曾受业于黄宗羲。明亡后一度削发为僧，不久还俗。康熙十八年（1679）清廷开博学鸿词科，总督李之芳欲荐其应征，力辞不赴，不久病死。周容生当明清易代之际，常怀黍离之感，俯仰身世，多寄慨于文。其文篇幅狭小而意味深长。著《春酒堂文存》四卷、《诗存》六卷、《诗话》一卷、《外纪》一卷，有《四明丛书》本。

芋 老 人 传

【解题】

本文记述了一个相国前后食芋而感觉不同的故事，通过"芋老人"之口，说明了"时位移人"的道理，并由食芋一事论及德行操守等人生大事，告诫人们不可因地位变化而丢掉做人的基本准则。文章结构严谨，说理精警。

芋老人者，慈水祝渡人也[1]。子佣出[2]，独与妪居渡口。一日，有书生避雨檐下，衣湿袖单，影乃益瘦[3]。老人延入坐，知从郡城就童子试归[4]。老人略知书，与语久，命妪煮芋以进。尽一器，再进，生为之饱，笑曰："他日不忘老人芋也。"雨止，别去。

十余年，书生用甲第为相国[5]。偶命厨者进芋，辍箸叹曰："何向者祝渡老人之芋之香而甘也[6]？"使人访其夫妇，载以来。丞、尉闻之[7]，谓老人与相国有旧，邀见讲钧礼[8]，子不佣矣。

至京，相国慰劳曰："不忘老人芋，今乃烦尔妪一煮芋也。"已而妪煮芋进，相国亦辍箸曰："何向者之香而甘也？"老人前曰："犹是芋也[9]，而向之香且甘者，非调和之有异[10]，时位之移人也[11]。相公昔自郡城走数十里[12]，困于雨，不择食矣。今者堂有炼珍[13]，朝分尚食[14]，张筵列鼎[15]，尚何芋是甘乎？老人犹喜相公之止于芋也[16]。老人老矣，所闻实多：村南有夫妇守贫者，织纺井臼[17]，佐读勤苦，幸获名成[18]，遂宠妾媵[19]，弃其妇，致郁郁死。是芋视乃妇也[20]。城东有甲乙同学者，一砚[21]，一灯，一窗，一榻，晨起不辨衣履[22]。乙先得举[23]，登仕路，闻甲落魄，笑不顾，交以绝，是芋视乃友也。更闻谁氏子，读书时，愿他日得志，廉干如古人某[24]，忠孝如古人某，及为吏，以污贿不饬罢[25]，是芋视乃学也。是犹可言也[26]。老人邻有西塾[27]，闻其师为弟子说前代事，有将、相，有卿、尹，有刺史、守、令，或绾黄纡紫[28]，或揽辔塞帷[29]，一旦事变中起[30]，衅孽外乘[31]，辄屈膝叩首迎款[32]，惟恐或后，竟以宗庙、社稷、身名、君宠，无不同于芋焉。然则世之以今日而忘其昔日者，岂独一箸间哉[33]！"

老人语未毕，相国遽惊谢曰[34]："老人知道者[35]！"厚资而遣之。于是芋老人之名大著。

赞曰：老人能于倾盖不意[36]，作缘相国[37]，奇已！不知相国何似[38]，能不愧老人之言否？然就其不忘一芋，固已贤夫并老人而芋视之者[39]。特怪老人虽知书，又何长于言至是[40]，岂果知道者欤？或传闻之过实耶？嗟夫！天下有缙绅士大夫所不能言，而野老鄙夫能言之者，往往而然[41]。

《四明丛书》本《春酒堂文存》卷二

【注释】

[1]慈水：在浙江慈溪境内。祝渡：即祝家渡，在慈溪城西南约15公里处。 [2]佣出：外出做雇工。 [3]影：身影，指形体。 [4]童子试：明清两代士人取得生员（秀才）资格的入学考试。 [5]用甲第为相国：因考中进士第一等而官至宰相。用，因。 [6]向者：从前。 [7]丞、尉：县丞、县尉，都是知县的助理官员。 [8]讲钧礼：行平等之礼。钧，通"均"。 [9]是：这。 [10]调和：这里作烹调讲。 [11]时位之移人：因为时间和地位的变化，改变了人的性情。 [12]相公：对宰相的尊称。 [13]炼珍：烹调精美的食品。 [14]朝分尚食：在朝廷中分得皇帝赏赐的食品。尚食，皇帝吃的食品。 [15]张筵：大摆筵席。列鼎：列鼎而食。这里都是指达官贵人生活豪华，馔食丰美。 [16]止于芋：只是在吃芋这一件事上忘了旧事。 [17]井臼：汲水、舂米。 [18]名成：功名成就。 [19]妾媵（yìng）：姬妾。 [20]是芋视乃妇也：这是像对待芋头一样来看待自己的妻子。 [21]一砚：同用一砚。下文"一灯"等用法同。 [22]不

辨衣履：衣服鞋子不分彼此，喻关系非常亲密。　[23] 得举：科举考试考中。　[24] 廉干：廉洁而干练。　[25] 不饬（chì）：行为不谨。罢：被罢官。　[26] 是犹可言也：意为这还说得过去。　[27] 西塾：私塾老师。　[28] 绾黄纡紫：形容官员们身系官印。绾，系。黄，金印。纡，系结。紫，系印的紫色绶带。　[29] 揽辔褰帷：抓住驾驭马匹的缰绳，揭开遮蔽车子的帷幔，意谓将做出准备匡世救民的样子。　[30] 事变中起：宫廷中发生变故。　[31] 衅孽外乘：外部乘机挑起事端。　[32] 迎款：迎降归顺。　[33] 岂独一箸间哉：难道只是表现在停筷不吃这一种事情上。　[34] 遽：赶紧。谢：谢罪。　[35] 道：高深的事理。　[36] 倾盖不意：无意之中相遇。　[37] 作缘：结缘。　[38] 何似：像哪种人。　[39] "固已"句：本来要好于那些把老人也当作芋的一类人。　[40] 长于言：善于讲道理。　[41] 然：如此，这样。

魏　　禧

魏禧（1624—1681），字冰叔，一字叔子，号裕斋，又号勺庭，江西宁都人。明末诸生，明亡后绝意仕进。康熙年间开博学鸿词科，魏禧托病拒征，隐居翠微峰，攻读经史，与兄魏祥、弟魏礼及彭士望等九人讲学易堂，因有"易堂九子"之称。有文名，以散文见长，与兄祥、弟礼又有"宁都三魏"之称，以魏禧成就最高。其文章风格凌厉，气势刚劲雄健，且善持议论，指事精切。著《魏叔子文集外篇》二十二卷，有清康熙易堂刻《宁都三魏全集》本。

大铁椎传

【解题】

本文塑造了一个身怀绝技、有胆有识的侠客形象，反映了作者对现实的不满、对英雄豪杰的企慕及对人才不为世用的感慨。作者笔下的人物形象极其生动，那种神勇豪爽、刚直雄健的性格特征十分鲜明。星夜格斗的场面也描摹得惊心动魄，精彩传神。

庚戌十一月[1]，予自广陵归[2]，与陈子灿同舟。子灿年二十八，好武事，予授以左氏兵谋兵法[3]，因问数游南北，逢异人乎？子灿为述大铁椎，作《大铁椎传》。

大铁椎，不知何许人。北平陈子灿省兄河南，与遇宋将军家。宋，怀庆青华镇人[4]，工技击，七省好事者皆来学，人以其雄健，呼宋将军云。宋弟子高信之，亦怀庆人，多力善射，长子灿七岁，少同学，故尝与过宋将军[5]。时座上有健啖客[6]，貌甚寝[7]，右胁夹大铁椎，重四五十斤，饮食拱揖不暂去。柄铁折叠环复，如锁上练，引之长丈许。与人罕言语，语类楚声[8]。扣其乡及姓字，皆不答。

　　既同寝，夜半，客曰："吾去矣！"言讫不见。子灿见窗户皆闭，惊问信之。信之曰："客初至，不冠不袜，以蓝手巾裹头，足缠白布，大铁椎外，一物无所持，而腰多白金[9]。吾与将军俱不敢问也。"子灿寐而醒，客则鼾睡炕上矣。

　　一日，辞宋将军曰："吾始闻汝名，以为豪，然皆不足用。吾去矣！"将军强留之，乃曰："吾尝夺取诸响马物，不顺者辄击杀之。众魁请长其群，吾又不许。是以仇我。久居此，祸必及汝。今夜半，方期我决斗某所[10]。"宋将军欣然曰："吾骑马挟矢以助战。"客曰："止！贼能且众，吾欲护汝，则不快吾意[11]。"宋将军故自负，且欲观客所为，力请客[12]。客不得已，与偕行。将至斗处，送将军登空堡上，曰："但观之，慎弗声，令贼知汝也。"

　　时鸡鸣月落，星光照旷野，百步见人。客驰下，吹觱篥数声[13]。顷之，贼二十余骑四面集，步行负弓矢从者百许人，一贼提刀纵马奔客曰："奈何杀我兄。"言未毕，客呼曰："椎！"贼应声落马，马首尽裂。众贼环而进，客从容挥椎，人马四面仆地下，杀三十许人。宋将军屏息观之，股栗欲堕[14]。忽闻客大呼曰："吾去矣。"地尘且起，黑烟滚滚东向驰，去，后遂不复至。

　　魏禧论曰：子房得力士椎秦皇帝博浪沙中[15]，大铁椎其人与？天生异人，必有所用之。予读陈同甫《中兴遗传》[16]，豪俊侠烈魁奇之士，泯泯然不见功名于世者又何多也？岂天之生才不必为人用与？抑用之自有时与？子灿遇大铁椎为壬寅岁[17]，视其貌当年三十，然则大铁椎今四十耳。子灿又尝见其写市物帖子[18]，甚工楷书也。

清康熙易堂刻本《魏叔子文集外篇》卷一七

【注释】

　　[1] 庚戌：康熙九年（1670）。　[2] 广陵：今江苏扬州。　[3] 左氏兵谋兵法：指《左传》。《左传》中多论及军事韬略的文字。　[4] 怀庆：怀庆府，治所在今河南沁阳。　[5] 与过：一同拜访。　[6] 健啖客：食量很大的人。啖，吃。　[7] 寝：丑陋。　[8] 楚声：湖北、湖南一带地区的口音。　[9] 白金：银子。　[10] 期：约定。　[11] 不快吾意：意为自己不

能随心所欲。　[12] 力请：极力请求。　[13] 觱篥（bì lì）：古代一种乐器，以竹为管，芦苇做嘴。　[14] 股栗：双腿发抖。　[15] "子房"句：相传张良曾与力士在博浪沙椎杀秦始皇，未中。　[16] 陈同甫：南宋爱国词人陈亮。《中兴遗传》：书名，记宋初抗金志士事略，分为大臣、大将、死节等12门。　[17] 壬寅：康熙元年（1662）。　[18] 市物帖子：买东西的单子。

【选评】

　　[清] 彭士望篇末评曰：若灭若没，疑诚八面，须知是写钜鹿昆阳王铁枪笔法，不是传红线聂隐娘局段中，有物在故。

　　[清] 陈玉璂篇末评曰：摹写处奕奕有生气，顿挫虚实之妙。真神明于左史者。

汪　　琬

　　汪琬（1624—1691），字苕文，号钝庵，长洲（今江苏苏州）人。少孤家贫，勤奋好学。顺治十二年（1655）进士。观政通政司，官刑部郎中、户部主事等。所历官皆有政绩。康熙九年（1670）以病假归，结庐太湖尧峰山，学者固称尧峰先生。康熙十八年举博学鸿词科，授编修，与修明史。因受排挤，在职仅60余日即辞归，隐居读书。其论文要求明于辞义，合乎经旨，并轨于法度。其散文受欧阳修、归有光等影响，简洁平实，条达疏畅。与魏禧、侯方域并以古文名，称"清初三大家"。著《钝翁类稿》《尧峰文钞》，有康熙刻本。

送王进士之任扬州序[1]

【解题】

　　《送王进士之任扬州序》为汪琬送别王士禛而作。时汪琬在京任户部主事，王士禛出任扬州推官，临行之际，汪琬写了此文。汪琬虽年长王士禛十岁，又早为进士，但两人在文坛同负盛名，在京城交游甚密，故此文写得十分恳切，表现了挚友惜别时的难舍心情。汪琬曾因奏销案而辞职，对官场险恶有切身感受，所以临行之际对朋友的忠告很实在。文章虽不足二百字，但写得含蓄隽永，委婉动人。最后一节借景抒怀，显得情韵悠然。

诸曹失之[2]，一郡得之，此十数州县之庆也。国家得之，交游失之[3]，此又二三士大夫之憾也。

吾友王子贻上，年少而才。既举进士，于甲第当任部主事[4]，而用新令，出为推官扬州[5]，将与吾党别[6]。吾见憾者方在燕市[7]，而庆者已翘足企首[8]，相望江淮之间矣。

王子勉旃[9]：事上宜敬[10]，接下宜诚[11]，莅事宜慎，用刑宜宽，反是罪也[12]。吾告王子止此矣。

朔风初劲，雨雪载涂[13]，摇策而行[14]，努力自爱。

清康熙三十二年刻本《尧峰文钞》卷二四

【注释】

[1] 王进士：王士禛（1634—1711），字子真，一字贻上，号阮亭，别号渔洋山人。山东新城（今桓台）人。顺治十五年（1658）进士。之任：到任。[2] 诸曹：朝廷各部司官的通称。[3] 交游：指朋友。[4] 甲第：也称为甲科，科举考试中的第一等，明清时通称进士。主事：官名。此句意为：王士禛考得进士，可以留在中央部一级机构任主事。[5] 出：到地方任职。推官：官名，清初掌管一府刑狱之事。[6] 党：朋友。[7] 燕市：北京。此句意为我方在北京感到遗憾。[8] 翘足企首：热切期盼。此句意为扬州府因得贤官而庆幸，早已在热切盼望。[9] 勉旃：鼓励，劝勉。旃，助词。[10] 事上：奉事上司。[11] 接下：接待下属。[12] 反：违反。是：这些。指上文所说"事上宜敬"等劝勉之言。[13] 载：充满。涂：路途。[14] 策：马鞭。

姜宸英

姜宸英（1628—1699），字西溟，号湛园，浙江慈溪人。康熙三十六年（1697）七十始举进士，授编修。三十八年任顺天乡试副考官，旋因科场案牵连，病死狱中。少以诗文名世，未出仕前，与无锡严绳孙、嘉兴朱彝尊齐名，并称为"江南三大布衣"。其文长于议论，峭拔挺劲，气势充沛，《四库提要》称"闳肆雅健，往往有北宋人意"。其诗注重比兴，多反映社会现实。工词，精书法。著《姜先生全集》三十三卷，有光绪十五年（1889）毋自欺斋校刻本。

《奇零草》序

【解题】

《奇零草》是明末抗清志士张煌言的诗集。因其诗多作于明王朝风雨飘摇之际，且诗集所辑是张煌言诗歌的残余部分，故名曰《奇零草》。姜宸英对这位乡先贤极为崇敬。他不顾该书已被清廷列为禁毁之书的现实，毫无顾忌地收藏了此书，并为之作序。本文竭力表彰了张煌言的爱国气节，表达了作者的推崇、敬仰之情，同时也委婉地希望清朝统治者能正确对待历史。

予得此于定海[1]，命谢子大周抄别本以归[2]。凡五、七言近体若干首，今久失之矣，聊忆其大概，为之序以藏之。

呜呼！天地晦冥[3]，风霾昼塞[4]，山河失序，而沉星殒气于穷荒绝岛之间[5]，犹能时出其光焰，以为有目者之悲喜而幸睹[6]。虽其撑抑于一时[7]，然要以俟之百世[8]，虽欲使之终晦焉[9]，不可得也。客为予言，公在行间[10]，无日不读书，所遗集近十余种，为逻卒取去[11]，或有流落人间者。此集是其甲辰以后[12]，将解散部伍，归隐于落迦山所作也[13]。公自督师[14]，未尝受强藩节制[15]，及九江遁还[16]，渐有掣肘[17]，始邑邑不乐[18]。而其归隐于海南也[19]，自制一椑[20]，置寺中，实粮其中[21]，俟粮且尽死。门有两猿守之，有警，猿必跳踯哀鸣。而间之至也[22]，从后门入。既被羁会城[23]，远近人士，下及市井屠贩卖饼之儿，无不持纸素至羁所争求翰墨[24]。守卒利其金钱，喜为请乞。公随手挥洒应之，皆《正气歌》也，读之鲜不泣下者[25]。独士大夫家或颇畏藏其书，以为不祥。不知君臣父子之性[26]，根于人心[27]，而征于事业[28]，发于文章[29]，虽历变患，逾不可磨灭[30]。

历观前代，沈约撰《宋书》[31]，疑立《袁粲传》[32]，齐武帝曰："粲自是宋忠臣，何为不可？"欧阳修不为周韩通立传[33]，君子讥之。元听湖南为宋忠臣李芾建祠[34]，明长陵不罪藏方孝孺书者[35]，此帝王盛德事。为人臣子处无讳之朝[36]，宜思引君当道[37]。臣各为其主，凡一切胜国语言[38]，不足避忌。予欲稍掇拾公遗事，成传略一卷，以备惇史之求[39]，犹惧蒐访未遍，将日就放失也[40]。悲夫！

清光绪十五年刻本《姜先生全集》卷四

【注释】

[1] 此：指《奇零草》。定海：在今浙江舟山。 [2] 谢子大周：谢大周，事迹不详。别本：另外一本。 [3] 晦冥：昏暗。 [4] 霾（mái）：大风扬尘。塞：遮蔽。 [5] 殒气：陨落。 [6] 幸睹：侥幸看到。 [7] 摈抑：受到压制故而被埋没。 [8] 世：三十年为一世。 [9] 终晦：一直被埋没。 [10] 行（háng）间：行伍军旅间。 [11] 逻卒：巡逻看守的士兵。 [12] 甲辰：康熙三年（1664）。此为"客"所误。据张煌言《奇零草自序》所说，此集编定于壬寅（康熙元年）。 [13] 落迦山：即普陀山。此说张煌言归隐于落迦山有误。张煌言归隐地为浙江象山县南面海中的悬岙（ào）岛。 [14] 督师：统率军队。 [15] 强藩：指郑成功。南明曾封郑成功为延平郡王。 [16] 九江遁还：顺治十六年（1659），郑成功自金门率兵北伐，张煌言为前锋，攻至安徽芜湖。后郑成功兵败南京，张煌言退路被清兵截断，军队溃散，张煌言从小路潜行，逃归舟山。 [17] 渐有掣肘：渐受牵制。张煌言曾劝郑成功暂缓收复台湾，先恢复中原。其建议未被采纳，故有此言。 [18] 邑邑：同"悒悒"，忧闷不乐。 [19] 海南：此指悬岙岛。 [20] 椑（bì）：棺材。 [21] 实：装满。 [22] 间（jiàn）：间谍。 [23] 会城：省会，这里指杭州。 [24] 纸素：纸张和绢帛。素，白色的生绢。 [25] 鲜：少。 [26] 君臣父子之性：指忠君、孝亲之类的品德。 [27] 根于人心：根源在人心中。根，事物的本原。 [28] 征于事业：表现在行为上。征，证明。 [29] 发于文章：表现在文字上。 [30] 逾：通"愈"，更加。 [31] 沈约：字休文，南朝梁吴兴武康人。史学家、文学家。历仕宋、齐、梁三朝。撰有《宋书》一百卷。 [32] 疑立：对是否立传存有疑虑。袁粲，字景倩，南朝宋顺帝时迁中书监，出镇石头城。时萧道成欲起兵伐宋，袁粲派兵攻之。事泄被杀。沈约撰《宋书》，问萧道成之子齐武帝萧赜，是否要为袁粲立传。萧赜因说："袁粲自是宋家忠臣。" [33] 欧阳修：字永叔，北宋文学家。撰有《五代史记》七十四卷，世称《新五代史》。韩通：后周恭帝时为侍卫亲军马步军副都指挥使。宋太祖赵匡胤代周自立，韩通率军抵抗，被杀。 [34] 听：听任。李芾：南宋德祐初知潭州（今湖南长沙）。元兵围城，李芾率军拼死抵抗，城破被杀。 [35] 长陵：此指明成祖朱棣。方孝孺：明建文帝时为侍讲学士。朱棣兵攻下南京，请方孝孺起草登极诏书，被方孝孺拒绝。因被杀，并灭十族。 [36] 处无讳之朝：处在不必讲求忌讳的朝代。 [37] 引君当道：引导君主行事合乎正道。 [38] 胜国：已被灭亡的前一朝代。 [39] 惇（dūn）史：忠实、正直的史官。 [40] 日就放失：一天天地被散失。

【选评】

[清] 李祖陶辑《国朝文录·湛园未定稿文录》卷二：表章忠烈，议论激昂，末幅尤人所不敢开之口。

宋荦

宋荦（1634—1713），字牧仲，号漫堂，又号西陂，河南商丘人。顺治四年（1647）入宫廷当侍卫。康熙三年（1664）授黄州通判，二十二年授通永道，二十六年擢山东按察使，寻迁江苏布政使。次年擢江西巡抚，三十一年调江苏巡抚，多有惠政。四十四年内迁吏部尚书。宋荦诗文皆为当时所推，曾与吴伟业、陈维崧、宋琬、王士禛等相唱和，名列"十子"中。又以提倡风雅颂，曾编选《江左十五子诗》及《三家文钞》。自著《西陂类稿》五十卷，有康熙五十年商丘宋氏刻本。

游姑苏台记

【解题】

本文是宋荦在康熙三十五年（1696）游苏州姑苏台时所写的一篇游记。作者以动人的笔触写出了江南农村明丽的田园风光、姑苏台秀美的山川景物，以及留云庵中淳朴恬淡的人情世风，给读者留下了美好和谐的形象。但作者又不是在单纯写景。他在世外桃源式的田园风光中看到了农人的劳苦，在山川景物的变迁中看到了古今历史的兴衰，在与亲人同游的欢悦中又因一个儿子的缺席而感到惆怅。这样就在景物的描摹中寄托了自己的无限感慨。

予再莅吴将四载[1]，欲访姑苏台未果。丙子五月廿四日，雨后，自胥江泛小舟出日晖桥[2]。观农夫插莳[3]，妇子满田塍，泥淬被体，桔槔与歌声相答，其劳苦殊甚。

迤逦过横塘[4]，群峰翠色欲滴。未至木渎二里许[5]，由别港过两小桥，遂抵台下。山高尚不敌虎丘，望之仅一荒阜耳[6]。舍舟乘竹舆[7]，缘山麓而东，稍见村落，竹树森蔚，稻畦相错如绣。山腰小赤壁，水石颇幽，仿佛虎丘剑池。夹道稚松丛棘，薝葡点缀其间如残雪[8]，香气扑鼻。时正午，赤日炎歊[9]，从者皆喘汗。予兴愈豪，褰衣贾勇，如猿猱腾踏而上。陟其巅，黄沙平衍，南北十馀丈，阔数尺，相传即胥台故址也[10]。颇讶不逮所闻。吾友汪钝翁《记》称[11]："方石中穿，传为吴王用以竿旌者[12]。"又"矮松寿藤，类一二百年物"。今皆无有。独见震泽，掀天陷日[13]，七十二峰出没于晴云潇淼中[14]。环望穹窿、灵岩、高峰、尧峰诸山[15]，一一献奇于台之左右。而霸业销沉[16]，美人黄土[17]，欲问夫差之遗迹，而山中人无能言之者，不禁三叹。

从山北下，抵留云庵。庵小有泉石[18]。僧贫而无世法[19]，酌泉烹茗以进。山中方采杨梅，买得一筐，众皆饱啖，仍携其馀返舟中。时已薄暮[20]，饭罢，乘风容与而归[21]。

侍行者，幼子筠[22]、孙韦金、外孙侯戬。六日前，子至方应试北上[23]，不得与同游。赋诗纪事，怅然者久之。

清康熙五十年刻本《西陂类稿》卷二六

【注释】

[1] 莅：到。吴：此指苏州。 [2] 胥江：苏州胥门外的一条河。 [3] 插莳（shì）：插秧。 [4] 迤逦（yǐ lǐ）：曲曲折折。横塘：《姑苏志》卷一八《乡都》："去县西南十三里有横塘桥，风景特胜。" [5] 木渎：镇名，在苏州西南。 [6] 阜：土丘。 [7] 竹舆：竹子做的轿子。 [8] 薝葡：栀子花。 [9] 炎歊（xiāo）：热气。 [10] 胥台：即姑苏台，在姑苏山上，即今灵岩山上。相传是越王勾践为吴王夫差所作。 [11] 汪钝翁：汪琬。《记》，指汪琬作《游姑苏台记》。 [12] 竿旌：插竿悬挂旗帜。 [13] 震泽：即太湖。 [14] 七十二峰：太湖中的山峰。潇淼（xiāo miǎo）：形容湖水浩瀚广远。 [15] 穹窿、灵岩、高峰、尧峰：均为苏州西南郊山峰名。 [16] 霸业销沉：谓春秋时吴王夫差的霸业已成历史陈迹。 [17] 美人：指西施。 [18] 小：稍微。 [19] 世法：世俗的生活方法。 [20] 薄：临近。 [21] 容与：悠闲自在。 [22] 筠：宋筠，康熙四十八年（1709）进士。 [23] 子至：儿子宋至，康熙四十二年（1703）进士。

戴 名 世

戴名世（1653—1713），字田有，一字褐夫，号南山，别号忧庵，安徽桐城人。一生以教家馆、做幕僚为生。存有反清思明的民族意识，故颇留心明代史事。康熙四十一年（1702）刊行《南山集》，集中多采用方孝标《滇黔纪闻》所记载南明桂王时事。康熙四十八年中进士，授翰林院编修。两年后，御史赵申乔以《南山集》有"狂悖"语参奏戴名世，戴被下狱。康熙五十二年戴名世被杀，《南山集》亦遭禁。此事前后牵连三百余人。戴名世长于散文，其作品简洁明快，而寓意深刻，言辞犀利。在散文创作上主张道、法、辞并重，精、气、神合一，成为桐城文派的奠基者之一。道光二十一年（1841）戴存庄搜其遗文编成《戴南山先生全集》十四卷，有光绪刻本。

醉 乡 记

【解题】

本文借对一个虚拟的"醉乡"的描写，对胸无大志、逃避现实、无所作为的人进行了严肃的批评，表现了作者对社会现实的愤懑和不满，也表现了作者对忧时愤世、敢于和社会黑暗相抗争的斗士的呼唤。

昔余尝至一乡，辄颓然靡然[1]，昏昏冥冥，天地为之易位，日月为之失明，目为之眩，心为之荒惑，体为之败乱。问之人："是何乡也？"曰："酣适之方[2]，甘旨之尝，以徜以徉[3]，是为醉乡。"

呜呼！是为醉乡也欤？古之人直余欺也[4]。吾尝叹夫刘伶、阮籍之徒矣[5]。当是时，神州陆沉[6]，中原鼎沸，而天下之人，放纵恣肆，淋漓颠倒，相率入醉乡不已。而以吾所见，其间未尝有可乐者。或以为可以解忧云耳[7]。夫忧之可以解者，非真忧也；夫果其有忧焉，抑亦不必解也，况醉乡实不能解其忧也。然则入醉乡者，皆无有忧也。

呜呼！自刘、阮以来，醉乡遍天下；醉乡有人，天下无人矣。昏昏然，冥冥然，颓堕委靡，入而不知出焉。其不入而迷者，岂无其人也欤[8]？而荒惑败乱者率指以为笑[9]，则真醉乡之徒也已。

清康熙尤云鹗宝翰楼刻本《忧患集偶钞》

【注释】

[1] 颓然靡然：颓唐萎靡的样子。该句以下七句，都是写"醉乡"醉酒人的状况。　[2] 酣适：酣畅适意。方：处所。　[3] 徜徉：自在安逸。　[4] "是为"二句：唐王绩《醉乡记》："醉之乡，去中国不知其几千里也。其土旷然无涯，无丘陵阪险，其气和平一揆，无晦明寒暑。其俗大同，无邑居聚落。其人甚精，无爱憎喜怒，吸风饮露，不食五谷。其寝于于，其行徐徐，与鸟兽鱼鳖杂处，不知有舟车器械之用。"直余欺，即不过是欺骗我罢了。意思是说古人所记载的"醉乡"不可信。　[5] 刘伶、阮籍：都是西晋人，纵

酒放诞，蔑视封建礼教。　[6] 神州：中国。陆沉：国家陷于灾祸。　[7] 解忧：解除忧愁。　[8] "其不入"二句：意思是说难道没有不入醉乡而昏迷惑乱的人吗？　[9] "而荒惑"句：意思是说那些在醉乡中的昏乱者不自知其颓唐，反而耻笑未喝酒的清醒者。

方　苞

方苞（1668—1749），字凤九，号灵皋，晚号望溪，安徽桐城人，生于上元（今南京）。康熙四十五年（1706）进士。曾因戴名世《南山集》一案牵连入狱，后得赦。官至礼部侍郎。为文颖馆、经史馆、三礼馆总裁。方苞为散文流派桐城派的创始人。在散文理论方面，他提出了"义法"说，主张文章要有充实的内容，同时也要注重形式技巧。他以"雅洁"作为散文艺术的标准，在用语上主张"辞无芜累"。方苞的古文写作实践了他的理论主张。他的文章一般都写得简练雅洁，不枝不蔓、章法严谨，对清代古文写作有重要影响。著《望溪文集》，刻本甚多。

左忠毅公逸事

【解题】
　　这篇文章记述了左光斗不为世人所知的几件逸事，赞美了左光斗知人的卓见和以国事为重、不计较个人生死荣辱的品格。本文通过简练的语言，塑造了左光斗这一动人的形象，体现了方文"雅洁"的特点。文章记事不杂，用笔精细，故而人物形象十分丰满。写左光斗、史可法狱中相见一段，尤为大气凛然。

　　先君子尝言[1]，乡先辈左忠毅公视学京畿[2]，一日，风雪严寒，从数骑出[3]，微行入古寺[4]。庑下一生伏案卧[5]，文方成草[6]。公阅毕，即解貂覆生，为掩户[7]。叩之寺僧[8]，则史公可法也[9]。及试[10]，吏呼名至史公，公瞿然注视[11]，呈卷，即面署第一[12]。召入，使拜夫人，曰："吾诸儿碌碌，他日继吾志事[13]，惟此生耳！"
　　及左公下厂狱[14]，史朝夕狱门外。逆阉防伺甚严[15]，虽家仆不得近。久之，闻左公被炮烙[16]，旦夕且死。持五十金，涕泣谋于禁卒，卒感焉。一日，使史更敝衣草屦，背筐，手长镵[17]，为除不洁者[18]，引入。微指左公处,则席地倚墙而坐,面额焦烂不可辨,左膝以下,筋骨尽脱矣。史前跪,抱公膝而呜咽。公辨其声,而目不可开,乃奋臂以指拨眦[19],目光如炬,怒曰:"庸奴! 此何地也? 而汝来前! 国家之事,糜烂至此。老夫已矣,汝复轻身而昧大义[20],天下事谁可支柱者? 不速去,无俟奸人构陷,吾今即扑杀汝!"因摸地上刑械,作投击势。史噤不敢发声,趋而出[21]。后常流涕述其事,以语人,曰:"吾师肺肝,皆铁石所铸造也!"

崇祯末,流贼张献忠出没蕲、黄、潜、桐间[22]。史公以凤庐道奉檄守御[23]。每有警,辄数月不就寝,使将士更休[24],而自坐幄幕外[25]。择健卒十人,令二人蹲踞而背倚之,漏鼓移,则番代[26]。每寒夜,起立,振衣裳,甲上冰霜迸落[27],铿然有声。或劝以少休,公曰:"吾上恐负朝廷,下恐愧吾师也。"

史公治兵[28],往来桐城,必躬造左公第[29],候太公、太母起居[30],拜夫人于堂上。

余宗老涂山[31],左公甥也。与先君子善,谓狱中语,乃亲得之于史公云。

清咸丰元年戴钧衡刻本《望溪先生文集》卷九

【注释】

[1] 先君子:尊称已经去世的父亲。 [2] 乡先辈:乡里的长辈。视学京畿:任京城地区的学政。京畿,京城管辖的地区。万历四十八年(1620)左光斗督畿辅学政。 [3] 骑(jì):一人一马。 [4] 微行:皇帝或官员装扮成普通人外出调查、考察民情。 [5] 庑下:厢房里。生:书生。案:书案。 [6] 草:草稿。成草,写成草稿。 [7] 掩户:关门。 [8] 叩:问。 [9] 史公可法:史可法,南明时以兵部尚书、武英殿大学士督师扬州,抵御清兵。参见全祖望《梅花岭记》。 [10] 及试:到考试时。此指左光斗主持的院试。 [11] 瞿然:惊奇地注视。 [12] 面署:当面写定。 [13] 志事:志向事业。 [14] 厂狱:东厂掌管的监狱。东厂,明代由宦官主管的特务机构。 [15] 逆阉:指魏忠贤。 [16] 炮烙:相传为商纣王所使用的一种酷刑。后泛指用烧红的金属烫灼肉体的酷刑。 [17] 镵(chán):一种类似铲子的工具。 [18] 为:装作。除不洁者:清扫工。 [19] 眦(zì):眼眶。 [20] 轻身而昧大义:不顾自己生命危险到狱中探望左光斗,而不明白挽救国家的大事。 [21] 趋:小步紧走。 [22] 流贼:对明末李自成、张献忠农民起义军的诬称。蕲、黄、潜、桐:今湖北蕲春、黄冈,安徽潜山、桐城。 [23] 凤庐道:管辖凤阳府、庐州府政务的官员。道,明代制度,一省

下分为若干道,负责若干州府的政务。一道的长官称道员。　[24]更休:轮流休息。　[25]幄幕:军用帐篷。　[26]番代:轮番替换。　[27]甲:铠甲。　[28]治兵:训练军队,统率军队。　[29]躬造左公第:亲自到左光斗宅拜望。　[30]候:问候。太公、太母:指左光斗父母。　[31]宗老:自己宗族中的老辈。塗山:方苞的族祖方文,字尔止,号明农,又号嵞山("嵞"即"塗"字)。

郑　燮

作者简介见前"诗歌"。

游　江

【解题】

本文写了作者在一次游江中所见到的景物。先写舟中所见,接着写入室所见,又写从室内向外所见。通过从不同的方位看到不同的景物,悟出作文、画画的道理,即从不同的角度进行观察、描写,往往会收到不同的效果。文章描摹所见景物极为生动,有声有色,远近动静相结合,组成一幅优美的风俗画。

昨游江上,见修竹数千株[1],其中有茅屋,有棋声,有茶烟飘飏而出,心窃乐之。次日过访其家,见琴书几席,净好无尘,作一片豆绿色,盖竹光相射故也。静坐许久,从竹缝中向外而窥,见青山大江,风帆渔艇,又有苇洲,有耕犁,有饁妇[2],有二小儿戏于沙上,犬立岸傍,如相守者,直是小李将军画意[3],悬挂于竹枝竹叶间也。由外望内,是一种境地。由中望外,又是一种境地。学者诚能八面玲珑,千古文章之道,不出于是,岂独画乎?

乾隆戊寅清和月[4],板桥郑燮画竹后又记。

齐鲁书社1985年版《郑板桥全集》"集外诗文"

【注释】

[1]修竹:长竹。修,长。　[2]饁(yè)妇:给田间耕作的人送饭的妇女。　[3]小李将军:唐代画家李昭道,开元(713—741)中太原府仓曹直集贤院,官至太子中舍。善画山水鸟兽。　[4]乾隆戊寅:乾隆二十三年(1758)。清和月:农历四月的别称。

刘大櫆

刘大櫆（1698—1779），字才甫，又字耕南，号海峰，安徽桐城人。雍正七年（1729）副榜，乾隆元年（1736）举博学鸿词，后又举经学，皆不遇，官安徽黟县教谕。他曾从方苞学，而文章能自成一体。论文强调"义理、书卷、经济"，文章讲究神气、音节、字句。为桐城派重要作家，姚鼐曾奉其为师。著《海峰文集》，刻本甚多。

游万柳堂记

【解题】

刘大櫆主张文章要"简"，《游万柳堂记》就是一篇体现这一主张的简短的游记文。文章通过自己三游万柳堂的所见，反映了一个庭院逐步衰败的过程，从中寄托了自己无限的感慨。

昔之人贵极富溢[1]，则往往为别馆以自娱[2]，穷极土木之工[3]，而无所爱惜。既成，则不得久居其中，偶一至焉而已；有终身不得至者焉。而人之得久居其中者，力又不足以为之。夫贤公卿勤劳王事，固将不暇于此[4]，而卑庸者类欲以此震耀其乡里之愚[5]。

临朐相国冯公[6]，其在廷时无可訾亦无可称[7]，而有园在都城之东南隅[8]。其广三十亩，无杂树，随地势之高下，尽植以柳，而榜其堂曰"万柳之堂"[9]。短墙之外，骑行者可望而见。其中径曲而深，因其洼以为池，而累其土以成山，池旁皆兼葭云水[10]，萧疏可爱[11]。

雍正之初，予始至京师，则好游者咸为予言此地之胜。一至，犹稍有亭榭。再至，则向之飞梁架于水上者[12]，今欹卧于水中矣[13]。三至，则凡其所植柳，斩焉无一株之存[14]。

人世富贵之光荣，其与时升降[15]，盖略与此园等。然则士苟有以自得[16]，宜其不外慕乎富贵[17]。彼身在富贵之中者，方殷忧之不暇[18]，又何必朘民之膏以为苑囿也哉[19]！

《续修四库全书》影印清刻本《海峰文集》卷五

【注释】

[1] 贵极富溢：富贵到极点。　[2] 别馆：别墅。自娱：供自己享乐。
[3] 工：精巧。　[4] 固：本来。　[5] "而卑"句：而卑劣、平庸的人大都想要借以向家乡愚昧无知的人炫耀自己的权势富贵。　[6] 临朐（qú）：今属山东。相国冯公：这里指康熙朝时文华殿大学士冯溥。　[7] 訾：非议。称：称颂。　[8] 都城：北京。　[9] 榜：题名。　[10] 蒹葭（jiān jiā）：初生未长穗的芦苇。　[11] 萧疏：此意指清幽、疏旷。　[12] 向：从前。飞梁：架空的桥梁。　[13] 攲（qī）：倾斜。　[14] 斩焉：砍光的样子。
[15] 与时升降：随着时间的变化而升降。　[16] 苟：如果。有以自得：从中得到启发。　[17] 宜：应当。外慕：思慕身外之物。　[18] 殷忧：深忧。
[19] 朘（juān）：剥削。膏：此指民脂民膏。

【选评】

《海峰文集》本篇篇末评曰：感寄高远，而文境奇创，求之前人，不得其形似者。

彭　端　淑

彭端淑（1699—1778?），字乐斋，号仪一，四川丹棱人。雍正十一年（1733）进士。历任吏部郎中、顺天乡试同考官等职。晚年辞官还家，著书自娱。曾主讲于四川锦江书院。性淡泊。诗文质实厚重，与张向陶、李调元并称为清代诗文的"蜀中三杰"。著《白鹤堂文稿》，有乾隆刻本。

为学一首示子侄

【解题】

本文通过资质愚钝的曾参传孔子之道的历史传闻和蜀中一贫僧去南海的故事，说明了读书做学问的道理。告诫子侄天下事并无难易之分，关键在于有所行动。只要志向坚定，刻苦勤勉，即使自己条件不好，也照样能够获得成功。文章短小精粹，通俗晓畅。通篇使用对比手法，增加了文章的说服力。

天下事有难易乎？为之，则难者亦易矣；不为，则易者亦难矣。人之为学有难易乎[1]？学之，则难者亦易矣；不学，则易者也难矣。

吾资之昏[2]，不逮人也[3]，吾材之庸[4]，不逮人也；旦旦而学之，久而不怠焉，迄乎成[5]，而亦不知其昏与庸也。吾资之聪，倍人也，吾材之敏，倍人也；屏弃而不用，其与昏与庸无以异也。圣人之道[6]，卒于鲁也传之[7]，然则昏庸聪明之用，岂有常哉！

蜀之鄙[8]，有二僧：其一贫，其一富，贫者语于富者曰："吾欲之南海[9]，何如？"富者曰："子何恃而往[10]？"曰："吾一瓶一钵足矣。"富者曰："吾数年来欲买舟而下，犹未能也。子何恃而往！"越明年，贫者自南海还，以告富者，富者有惭色。西蜀之去南海，不知几千里也，僧之富者不能至，而贫者至之。人之立志，顾不如蜀鄙之僧哉[11]！

是故聪与敏，可恃而不可恃也；自恃其聪与敏而不学者，自败者也。昏与庸，可限而不可限也；不自限其昏与庸而力学不倦者，自力者也。

清同治六年彭效宗刻本《白鹤堂文稿》

【注释】

[1] 为学：做学问。　[2] 资：人的资质。昏：愚钝。　[3] 不逮人：不及别人。　[4] 材：才能。庸：平庸、平常。　[5] 迄乎成：直到成功。　[6] 圣人之道：孔子的学说。　[7] 卒：终于。于：由。鲁：愚钝。指孔子学生曾参。《论语·先进》："参也鲁。"　[8] 鄙：边远之地。　[9] 南海：此指我国佛教圣地普陀山。　[10] 恃：依靠，凭借。　[11] 顾：此作为转折副词用，反而。

【选评】

[清] 蔡寅斗本篇评曰：岂独似曾、王，其高古直上武、荀、韩诸子。

[清] 李祖陶《国朝文录·白鹤堂文录》：最足醒人，妙不词费。

全　祖　望

全祖望（1705—1755），字绍衣，一字谢山，自署鲒埼亭长，浙江鄞县（今宁波）人。乾隆元年（1736）进士，选庶吉士。因忤张廷玉，散馆以知县用。遂辞官返里，主讲蕺山、端溪书院，从学甚众。性格耿直，负气任性，曾广泛收辑南明史料，为大量明末遗民及抗清人士作传。全祖望博学多才，曾校读《水经注》，又续补《宋元学案》。著《鲒埼亭集》三十八卷，《外编》五十卷，有嘉庆九年史梦蛟刻本。

梅花岭记

【解题】

　　《梅花岭记》是全祖望散文的代表作。它记述了史可法抗击清军，最后以身殉国的事迹，歌颂了史可法忠贞不贰、大义凛然的崇高气节。文章首先写了强敌压境之际史可法与城池共存亡的决心，及他对后事的安排。接着写了史可法"被捕"和"就义"时的情景，充分显示了他视死如归的英雄气概。又通过孙兆奎之口颂扬了史可法的坚贞不屈，鞭挞了可耻的变节行为。最后抒发了作者自己的无限感慨。本文语言简明生动，准确传神，深刻地揭示了史可法的内心世界，也将其坚贞不屈的形象生动地再现于世人面前。作者以"梅花岭"为题，既因史可法衣冠葬于此处，更借"梅花"这一意象来显示史可法品质的坚贞高洁。

　　顺治二年乙酉四月[1]，江都围急[2]。督相史忠烈公知势不可为[3]，集诸将而语之曰："吾誓与城为殉[4]，然仓皇中不可落于敌人之手以死，谁为我临期成此大节者[5]？"副将军史德威慨然任之。忠烈喜曰："吾尚未有子，汝当以同姓为吾后。吾上书太夫人，谱汝诸孙中[6]。"

　　二十五日，城陷，忠烈拔刀自裁[7]。诸将果争前抱持之。忠烈大呼德威，德威流涕，不能执刃，遂为诸将所拥而行，至小东门，大兵如林而至，马副使鸣騄、任太守民育及诸将刘都督肇基等皆死。忠烈乃瞠目曰："我史阁部也[8]。"被执至南门，和硕豫亲王以先生呼之[9]，劝之降。忠烈大骂而死。初，忠烈遗言："我死当葬梅花岭上。"至是，德威求公之骨不可得，乃以衣冠葬之。

　　或曰："城之破也，有亲见忠烈青衣乌帽，乘白马，出天宁门投江死者，未尝殒于城中也。"自有是言，大江南北遂谓忠烈未死。已而英、霍山师大起[10]，皆托忠烈之名，仿佛陈涉之称项燕[11]。吴中孙公兆奎以起兵不克[12]，执至白下[13]。经略洪承畴与之有旧[14]，问曰："先生在兵间，审知故扬州阁部史公果死耶[15]，抑未死耶[16]？"孙公答曰："经略从北来，审知故松山殉难督师洪公果死耶，抑未死耶？"承畴大恚[17]，急呼麾下驱出斩之。

　　呜呼！神仙诡诞之说，谓颜太师以兵解[18]，文少保亦以悟大光明法蝉蜕[19]，实未尝死。不知忠义者圣贤家法[20]，其气浩然，常留天地之间，何必出世入世之面目[21]！神仙之说，所谓为蛇画足。即如忠烈遗骸，不可问矣。百年而后，予登岭上，与客述忠烈遗言，无不泪下如雨，想见当日闱城光景，此即忠烈之面目宛然可遇，是不必问其果解脱否也，而况冒其未死之名者哉[22]？

清嘉庆九年史梦蛟刻本《鲒埼亭集外编》卷二〇

【注释】

[1]顺治二年乙酉：公元1645年。 [2]江都围急：顺治二年四月，扬州被清军包围，孤立无援，形势十分危急。江都，今扬州。 [3]督相史忠烈公：即史可法。南明福王朱由崧任史可法为兵部尚书、武英殿大学士，督师扬州，故称督相。忠烈，史可法死后的谥号。 [4]殉：为事业而献身。 [5]临期：指到城破之时。大节：指为国捐躯。 [6]谱：宗谱。此作为动词讲，谓收入史氏宗谱中。 [7]自裁：自杀。 [8]史阁部：明朝称大学士为入阁，史可法当时是大学士兼管兵部，故称为"史阁部"。 [9]和硕豫亲王：清太祖努尔哈赤第十五子，名多铎。和硕，满洲语，意思是"旗"。在清代，亲王、公主的称号前都加"和硕"二字。 [10]英、霍山师：英山（今属湖北）、霍山（今属安徽）一带的抗清义军。 [11]陈涉之称项燕：秦末陈涉起义时，曾假借楚国将军项燕的名义，以号召民众。 [12]吴中：旧苏州府属的通称，即今苏州市一带。孙兆奎：字君昌，江苏吴江人。清兵攻克吴江，他与同邑吴易率兵抗清，号孙吴军。兵败，被洪承畴杀害于南京。 [13]白下：江宁（南京）别称。 [14]洪承畴：字亨九，福建南安人。明崇祯十二年以经略名义总督蓟辽军务。与清军战于松山，兵败被俘降清。任七省经略，时驻江宁。当时曾有传闻，称他在与清军作战时遇难，崇祯皇帝设坛哭祭，所以下文有"故松山殉难督师洪公"之语，以嘲讽之。有旧：有旧交情。 [15]审知：确凿地知道。 [16]抑：还是，可是。 [17]大恚：愤怒、怨恨。 [18]颜太师：唐颜真卿，德宗时任太子太师。后被叛将李希烈杀害。兵解：因被杀而成仙。兵，兵器。解，解脱躯壳以成仙。传说颜真卿被害后十余年，其仆人在洛阳同泰寺看到他身穿长白衫，坐在佛殿上，因而称其已得到兵解。参见《太平广记》卷三二引《仙传拾遗》。 [19]文少保：文天祥，官至右丞相，加少保。南宋末募兵抗元，兵败被俘，被囚燕京（北京）不屈死。传说数日后其妻收尸，颜面如生，后人遂附会说他悟大光明而成道。大光明法：指佛法。文天祥在狱中写有诗句："谁知真患难，忽遇大光明。"蝉蜕：像蝉脱壳一样留下躯壳，比喻人脱离肉身而成道。 [20]圣贤家法：圣贤之人传统的道德准则。 [21]出世入世之面目：按佛家语，出世即脱离尘俗，入世即生于世上。此句意为：忠烈之士英灵永在，所以我们不必去追问

他们的形骸是否存在,也不必去追问他们是出世成仙,还是入世为人。
[22] 冒:冒用。

袁　枚

作者简介见前"诗歌"。

祭 妹 文

【解题】

　　这是袁枚祭奠三妹袁机的文章。袁机卒于乾隆二十四年(1759),时袁枚人在扬州,闻病奔归,三妹已气绝。袁枚感到十分悲痛,又感到非常愧疚。时隔八年,袁枚将三妹安葬于江宁阳山。回忆往昔,不觉悲从中来,因写下了这篇著名的祭文。作者回忆了幼年时期兄妹之间的往事,记述了三妹不幸的情感生活,描绘了三妹临终时的可哀情态,并从三妹的不幸中联想到自身的遭际。本篇自始至终贯注着一个"情"字,透露着作者的深情、真情。通篇以"吾""汝"相称,似作家常对语,尤使人感到真切感人。感叹词、语气词的大量运用,增强了全文的悲凉气氛,也使全文富于抒情意味。

　　乾隆丁亥冬[1],葬三妹素文于上元之羊山[2],而奠之以文曰[3]:
　　呜呼!汝生于浙而丧于斯[4],离吾乡七百里矣。当时虽觭梦幻想[5],宁知此为归骨所耶!
　　汝以一念之贞[6],遇人仳离[7],致孤危托落[8],虽命之所存,天实为之;然而累汝至此者,未尝非予之过也。予幼从先生授经,汝差肩而坐[9],爱听古人节义事;一旦长成,遽躬蹈之[10]。呜呼!使汝不识诗书,或未必艰贞若是。
　　余捉蟋蟀,汝奋臂出其间;岁寒虫僵,同临其穴[11]。今予殓汝葬汝[12],而当日之情形,憬然赴目[13]。予九岁憩书斋,汝梳双髻,披单缣来[14],温《缁衣》一章[15]。适先生奓户入[16],闻两童子音琅琅然,不觉莞尔[17],连呼则则[18]。此七月望日事也,汝在九原[19],当分明记之。予弱冠粤行,汝掎裳悲恸[20]。逾三年,予披宫锦还家[21],汝从东厢扶案出,一家瞠视而笑,不记语从何起,大概说长安登科[22],函使报信迟早云尔。凡此琐琐,虽为陈迹,然我一日未死,则一日不能忘。旧事填膺,思之凄梗，如影历历，逼取便逝。悔当时不将婴婉情状[23]，罗缕纪存[24]。然而汝已不在人间，则虽年光倒流，儿时可再，而亦无可与为印证者矣。

汝之义绝高氏而归也[25]，堂上阿奶，仗汝扶持；家中文墨，眡汝办治[26]。尝谓女流中最少明经义、谙雅故者；汝嫂非不婉嫕[27]，而于此微缺然。故自汝归后，虽为汝悲，实为予喜。予又长汝四岁，或人间长者先亡，可将身后托汝；而不谓汝之先予以去也。前年予病，汝终宵刺探，减一分则喜，增一分则忧。后虽小差[28]，犹尚殗殜[29]，无所娱遣。汝来床前，为说稗官野史可喜可愕之事，聊资一欢。呜呼！今而后，吾将再病，教从何处呼汝耶？

汝之疾也，予信医言无害，远吊扬州，汝又虑戚吾心[30]，阻人走报。及至绵惙已极[31]，阿奶问："望兄归否？"强应曰："诺！"已予先一日梦汝来诀，心知不详，飞舟渡江。果予以未时还家[32]，汝以辰时气绝[33]；四支犹温，一目未瞑，盖犹忍死待予也。呜呼痛哉！早知诀汝，则予岂肯远游？即游，亦尚有几许心中言，要汝知闻，共汝筹画也。而今已矣！除吾死外，当无见期。吾又不知何日死，可以见汝；而死后之有知无知，与得见不得见，又卒难明也。然则抱此无涯之憾，天乎，人乎！而竟已乎！

汝之诗，吾已付梓[34]；汝之女，吾已代嫁；汝之生平，吾已作传[35]；惟汝之窀穸[36]，尚未谋耳。先茔在杭，江广河深，势难归葬，故请母命而宁汝于斯[37]，便祭扫也。其旁葬汝女阿印，其下两冢，一为阿爷侍者朱氏，一为阿兄侍者陶氏。羊山旷渺，南望原隰[38]，西望栖霞[39]，风雨晨昏，羁魂有伴[40]，当不孤寂。所怜者，吾自戊寅年读汝哭侄诗后[41]，至今无男[42]；两女牙牙，生汝死后，才周晬耳[43]。予虽亲在未敢言老[44]，而齿危发秃，暗里自知，知在人间尚复几日？阿品远官河南[45]，亦无子女，九族无可继者[46]。汝死我葬，我死谁埋？汝尚有灵，可能告我？

呜呼！生前既不可想，身后又不可知；哭汝既不闻汝言，奠汝又不见汝食。纸灰飞扬，朔风野大，阿兄归矣，犹屡屡回头望汝也。呜呼哀哉！呜呼哀哉！

清乾隆刻本《小仓山房文集》卷一四

【注释】

[1] 乾隆丁亥：乾隆三十二年（1767）。　[2] 素文：袁枚三妹，名机，字素文，别号青琳居士。据袁枚《女弟素文传》，袁机卒于乾隆二十四年十一月，年四十。上元：县名，今属南京。羊山：即阳山，在南京市东约20公里处。　[3] 奠：祭奠，向鬼神献上祭品。　[4] 浙：浙江杭州。斯：这里，即羊山。　[5] 觭（qí）梦：怪异的梦。觭，通"奇"。　[6] 一念之贞：袁

机不满周岁即许嫁如皋高氏子。后高氏子不肖，高家曾主动提出解除婚约。但袁机却囿于"从一而终"的封建礼教，不愿毁约。婚后备受虐待，袁机忍无可忍，与高氏断绝关系，回娘家住。此即"一念之贞"。　[7] 遇人：此谓嫁人。仳（pǐ）离：妇女被遗弃而离去。　[8] 孤危：孤独危殆。托落：落拓，失意。　[9] 差（cī）肩：并肩。　[10] 遽：骤然。躬蹈：亲身履行。[11] 同临其穴：指同到埋葬蟋蟀的地方去凭吊。临，凭吊死者。　[12] 殓：给死人穿衣入棺。　[13] 憬然：醒悟的样子，清清楚楚地。　[14] 单缣：细绢做的单衫。　[15]《缁衣》：《诗经·郑风》中的一篇。　[16] 奓（zhà）户：开门。　[17] 莞尔：微笑。　[18] 啧啧：赞叹的声音。　[19] 九原：指墓地。　[20] 掎（jǐ）裳：拉着衣裳。　[21] 披宫锦：唐代进士及第后，披宫袍以示荣耀，后遂称中进士为"披宫锦"。还家：袁枚于乾隆四年（1739）中进士，授翰林院庶吉士，冬请假南归完婚。　[22] 长安：代指国都北京。登科：考中进士。　[23] 婴婗（yī ní）：幼年。　[24] 罗缕：详尽而有条理地。　[25] 义绝：指离婚。　[26] 眴（shùn）：以目示意。[27] 婉嫕（yì）：柔顺。　[28] 小差（chài）：病情稍有好转。差，同"瘥"。　[29] 奄殗（yè dié）：病而不甚重，半卧半坐。　[30] 虑戚吾心：怕我担心。　[31] 绵惙（chuò）：病情沉重，气息微弱。　[32] 未时：午后一点到三点。　[33] 辰时：上午七点到九点。　[34] 付梓：付印。袁枚将袁机《素文女子遗稿》一卷，刻入《随园三十种》中。　[35] 作传：袁枚曾作《女弟素文传》，见《小仓山房文集》卷七。　[36] 窀穸（zhūn xī）：墓穴。　[37] 宁：安葬。　[38] 原隰（xí）：平原低洼之地。　[39] 栖霞：山名，在南京市东。　[40] 羁魂：寄居他乡的灵魂。　[41] 戊寅：乾隆二十三年（1758）。此年袁枚丧子，袁机作哭侄诗《阿兄得子不举》以悼之。[42] 至今无男：袁枚作此文时尚无子，两年后妾钟氏生子名阿迟。　[43] 周晬（zuì）：周岁。　[44] 亲在：其时袁枚母亲尚在。　[45] 阿品：袁枚堂弟袁树，时任河南正阳县令。　[46] 九族：本身以上的父、祖、曾祖、高祖，本身以下的子、孙、曾孙、玄孙，连同本身在内，合称九族，亦称九亲。

钱　大　昕

　　钱大昕（1728—1804），字晓征，一字辛楣，号竹汀，嘉定（今属上海）人。乾隆十九年（1754）进士。历官侍讲学士、詹事府少詹事、广东提学使。充山东、湖南、浙江、河南乡试及会试考官。归田后主讲钟山、娄东、紫阳等书院。治学范围极广，元史、西北地理、谱牒、金石等均有研究，于音韵训诂尤多创见。亦工诗词。古文内容浩博，考证精审，论述缜密。著《潜研堂文集》五十卷，《诗集》二十卷，《诗续集》十卷，有嘉庆十一年（1806）家刻全集本。其他主要著作有《廿二史考异》《十驾斋养新录》等。江苏古籍出版社1997年出版《嘉定钱大昕全集》。

弈 喻

【解题】

　　文章先写看人下棋，觉得别人智慧不如自己，再写自己亲自下棋，就感到自己的技艺处处不如别人。由此想到读书、处世亦是如此。读古人书，常常诋毁古人的缺点，与今人相处，又喜欢数说别人的不足。作者以此认为一个人必须时时省察自己，不要一味攻击议论别人。本文通过看人下棋这个具体过程来说明一个抽象的道理，显得平易近人，通俗明畅。

　　予观弈于友人所，一客数败[1]，嗤其失算，辄欲易置之[2]，以为不逮己也[3]。顷之，客请与予对局，予颇易之[4]。甫下数子[5]，客已得先手。局将半，予思益苦[6]，而客之智尚有余。竟局数之，客胜予十三子。予赧甚，不能出一言。后有招予观弈者，终日默坐而已。

　　今之学者，读古人书，多訾古人之失[7]；与今人居，亦乐称人失。人固不能无失，然试易地以处，平心而度之[8]，吾果无一失乎？吾能知人之失而不能见吾之失，吾能指人之小失而不能见吾之大失。吾求吾失且不暇，何暇论人哉！

　　弈之优劣有定也，一著之失，人皆见之，虽护前者不能讳也[9]。理之所在，各是其所是[10]，各非其所非[11]，世无孔子，谁能定是非之真？然则人之失者未必非得也，吾之无失者未必非大失也，而彼此相嗤，无有已时，曾观弈者之不若已[12]。

清嘉庆十一年刻本《潜研堂文集》卷一七

【注释】

　　[1] 数（shuò）：屡次。　[2] 辄：每每。易：改换，取代。置：指下棋布子。易置之，改变其下棋的路数。　[3] 不逮己：不及自己。　[4] 易之：轻视他。　[5] 甫：刚刚。　[6] 思益苦：越来越想不出对付的办法。　[7] 訾（zǐ）：诋毁。　[8] 度（duó）：推测，估计。　[9] 护前：袒护以

前的过失。[10] 各是其所是：各人以为他自己所肯定的就是正确的。前一个"是"作动词用，即"以……为是"。[11] 各非其所非：各人以为他自己所否定的即是错误的。前一个"非"作动词用，即"以……为非"。[12] 曾：几乎，简直。不若：不如。

姚　鼐

姚鼐（1732—1815），字姬传，一字梦毂，室名惜抱轩，安徽桐城人。乾隆二十八年（1763）进士，官刑部郎中，历充山东、湖南乡试考官，《四库全书》纂修官。后乞病告归，主讲扬州梅花、江宁钟山、歙县紫阳等书院四十余年。姚鼐为清代散文流派桐城派的代表人物之一。论学主张"义理""考据""文章"三者合一；论文提出神、理、气、味、格、律、声、色八个方面，并主张通过格、律、声、色来实现文章的神、理、气、味。姚鼐的文章雅洁、明晰，富于韵味。著有《惜抱轩文集》十六卷，《后集》十卷，编选有《古文辞类纂》等，有嘉庆刻本。

登泰山记

【解题】

乾隆三十九年（1774）冬，姚鼐辞官返回故乡，途经泰安，与好友朱孝纯冒雪同登泰山，写下了这篇游记。文章描绘了雪后初晴的泰山的雄奇和日出的壮美，再现了祖国山川的雄浑壮丽。文章结构严谨，语言简净，字里行间极富生气和情趣，为姚鼐写景散文的代表作。

泰山之阳[1]，汶水西流[2]；其阴，济水东流[3]。阳谷皆入汶[4]，阴谷皆入济，当其南北分者，古长城也[5]。最高日观峰，在长城南十五里。

余以乾隆三十九年十二月[6]，自京城乘风雪，历齐河、长清[7]，穿泰山西北谷，越长城之限[8]，至于泰安[9]。是月丁未[10]，与知府朱孝纯子颍由南麓登[11]。四十五里，道皆砌石为磴[12]，其级七千有余。泰山正南面有三谷，中谷绕泰安城下，郦道元所谓环水也[13]。余始循以入[14]，道少半，越中岭，复循西谷，遂至其巅。古时登山，循东谷入，道有天门[15]。东谷者，古谓之天门谿水，余所不至也。今所经中岭，及山巅崖限当道者[16]，世皆谓之天门云。道中迷雾冰滑，磴几不可登。及既上，苍山负雪，明烛天南[17]，望晚日照城郭，汶水、徂徕如画[18]，而半山居雾若带然[19]。

戊申晦[20]，五鼓，与子颍坐日观亭待日出。大风扬积雪击面。亭东自足下皆云漫[21]，稍见云中白若樗蒲数十立者[22]，山也。极天[23]，云一线异色，须臾成五采，日上，正赤如丹[24]，下有红光，动摇承之[25]。或曰：此东海也。回视日观以西峰，或得日，或否[26]，绛皓驳色[27]，而皆若偻[28]。

亭西有岱祠[29]，又有碧霞元君祠[30]。皇帝行宫在碧霞元君祠东[31]。是日，观道中石刻，自唐显庆以来[32]，其远古刻尽漫失[33]，僻不当道者，皆不及往。

山多石，少土。石苍黑色，多平方，少圜。少杂树。多松，生石罅[34]，皆平顶。冰雪，无瀑水[35]，无鸟兽音迹。至日观，数里内无树，而雪与人膝齐。

桐城姚鼐记。

清嘉庆十二年刻本《惜抱轩文集》卷一四

【注释】

[1] 阳：山的南面为阳，北面为阴。 [2] 汶水：即大汶河，发源于山东莱芜东北的原山，流经泰安。 [3] 济水：发源于河南济原的王屋山，流经济南。现济水在山东的河道已为黄河所占夺。 [4] 阳谷：指阳面山谷中的水流。下文"阴谷"指阴面山谷中的水流。 [5] 古长城：指战国时齐国所筑的长城。 [6] 乾隆三十九年：1774年。 [7] 齐河、长清：皆为山东省县名。 [8] 限：界限。 [9] 泰安：在泰山南面，登泰山者大都从此上山。 [10] 是月丁未：指这年十二月二十八日。 [11] 朱孝纯子颖：朱孝纯，字子颖，山东历城人。时任泰安知府。 [12] 磴（dèng）：山上的石级。 [13] 环水：泰安护城河。 [14] 循以入：顺着中谷进山。 [15] 天门：由南麓登泰山有一天门（也称头天门）、二天门（也称中天门）和南天门。 [16] 崖限：像门户一样的山崖。限，门槛。 [17] 烛：照。 [18] 徂徕：山名，在泰安东南20公里。 [19] 居：停留。此句意谓半山腰间的云雾好像带子一样。 [20] 戊申：十二月二十九日。晦：农历每月的最后一天。 [21] 云漫：云雾迷漫。 [22] 樗蒲（chū pú）：古代的一种赌具，略似后来的骰子，其具体制法已不详。此句谓云中露顶的山峰，好像樗蒲散立在盘上一样。 [23] 极天：天际。 [24] 正赤：纯红。丹：朱砂。 [25] 承：托。 [26] 或得日，或否：有的受到日光照射，有的没有照到。 [27] 绛皓驳色：色彩斑驳。绛，红色。皓，白色。驳，杂。 [28] 若偻：好像弯腰

曲背的样子。日观峰以西诸峰都较低，故这样说。　［29］岱祠：一称岱庙，泰山神东岳大帝的庙。　［30］碧霞元君：传说中泰山神东岳大帝之女。　［31］行宫：皇帝出行时的居所。此处指清高宗乾隆帝登山所住的行宫。　［32］唐显庆：唐高宗李治年号（656—660）。　［33］漫失：磨灭、散失。　［34］罅（xià）：裂缝。　［35］瀑水：瀑布。

汪　　中

汪中（1744—1794），字容甫，江苏江都人。七岁而孤，家贫无力就学，由母邹氏教读。稍长，助书贾鬻书，得以遍读经史百家典籍。乾隆年间为拔贡生，因居家奉养老母，未应考。成年后外出依附幕府。汪中赋性亢直，疾恶如仇，不囿时俗，常恃才傲物，面折人过，被目为"狂人"。汪中为清代杰出的学者，在诗文创作方面也有极高的成就。他的诗作语言流畅，意象明快，被同时代人称为"清韵出尘，迥非时流所及"。在哀丽之中又透露着一股愤激不平之情。他的骈文创作吸收了六朝小赋注重抒情的优点，不堆砌辞藻典故，重在以情驱文，气使文转，文笔晓畅，情致高远，成为乾嘉时期最重要的骈文家之一。著述甚多，代表作有《述学》六卷，又有《容甫遗诗》六卷，嘉庆刻本。

哀　盐　船　文

【解题】

《哀盐船文》是汪中骈文的代表作之一。乾隆三十五年（1770）十二月的一天夜间，江苏仪征江面突发大火，成片盐船在烈焰中化为灰烬，许多船民葬身火海。本篇就是汪中目击这场惨祸后写下的哀吊文章。文章描写烈火焚烧的惨烈场面。作者对船民所遭受的不幸表现了极大的同情，表现了作者对遇难者的人道主义关怀。文章凝重而不板滞，流转而不轻浮，充分表现了作者"状难写之情，含不尽之意"的艺术才能，当时主讲扬州安定书院的杭世骏称之为"惊心动魄，一字千金"（《哀盐船文序》）。

乾隆三十五年十二月乙卯[1]，仪征盐船火[2]，坏船百有三十，焚及溺死者千有四百。是时盐纲皆直达[3]，东自泰州[4]，西极于汉阳，转运半天下焉。惟仪征绾其口[5]。列樯蔽空，束江而立，望之隐若城郭。一夕并命[6]，郁为枯腊[7]，烈烈厄运[8]，可不悲邪？

于时元冥告成[9]，万物休息，穷阴涸凝[10]，寒威凛栗，黑眚拔来[11]，阳光西匿。群饱方嬉[12]，歌哿宴食[13]。死气交缠[14]，视面惟墨[15]。夜漏始下[16]，惊飙勃发[17]，万窍怒呺[18]，地脉荡决[19]。大声发于空廓，而水波山立。

于斯时也，有火作焉[20]。摩木自生[21]，星星如血[22]。炎光一灼[23]，百舫尽赤。青烟睒睒[24]，熛若沃雪[25]。蒸云气以为霞，炙阴崖而焦蒸[26]。始连楫以下碇[27]，乃焚如以俱没。跳踯火中，明见毛发，痛曑田田[28]，狂呼气竭。转侧张皇，生涂未绝[29]。倏阳焰之腾高[30]，鼓腥风而一咉[31]。泊埃雾之重开，遂声销而形灭，齐千命于一瞬，指人世以长诀。发冤气之焄蒿[32]，合游氛而障日[33]。行当午而迷方[34]，扬沙砾之嫖疾[35]。衣缯败絮[36]，墨查炭屑[37]，浮江而下，至于海不绝。

亦有没者善游，操舟若神。死丧之威，从井有仁[38]，旋入雷渊[39]，并为波臣[40]。又或择音无门[41]，投身急濑[42]。知蹈水之必濡[43]，犹入险而思济[44]。挟惊浪以雷奔，势若阵而终坠[45]，逃灼烂之须臾，乃同归乎死地。积哀怨于灵台[46]，乘爽爽而为厉[47]。出寒流以浃辰[48]，目睊睊而犹视[49]。知天属之来抚[50]，憼流血以盈眦[51]，诉强死之悲心[52]，口不言而以意[53]。若其焚剥支离[54]，漫漶莫别[55]。圜者如圈，破者如玦[56]。积埃填窍[57]，挶指失节[58]。嗟狸首之残形[59]，聚谁何而同穴[60]。敚然灰之一抔[61]，辨焚余之白骨。呜呼哀哉！

且夫众生乘化[62]，是云天常[63]。妻孥环之[64]，绝气寝床。以死卫上，用登明堂[65]。离而不惩[66]，祀为国殇[67]。兹也无名，又非其命[68]。天乎何辜，罹此冤横[69]？游魂不归，居人心绝[70]。麦饭壶浆，临江呜咽。日堕天昏，凄凄鬼语。守哭迍遭[71]，心期冥遇[72]。唯血嗣之相依[73]，尚腾哀而属路[74]。或举族之沉波，终狐祥而无主[75]。悲夫！丛冢有坎[76]，泰厉有祀[77]。强饮强食[78]，冯其气类[79]。尚群游之乐[80]，而无为妖祟。

人逢其凶也邪？天降其酷也邪？夫何为而至于此极哉！

清嘉庆刻本《述学·补遗》

【注释】

[1] 乾隆三十五年：公元1770年。十二月乙卯：十二月十九日。《重修仪征县志》作乾隆三十六年十二月十九日。 [2] 仪征：今江苏省仪征市。 [3] 盐纲：旧时成批运输物资的组织，称为纲，有茶纲、盐纲、花石纲等。此指往来于长江和运河中的运盐船队。 [4] 泰州：今江苏省泰州市，位于

仪征东面。　[5] 绾其口：比喻处于水运的中枢地位。　[6] 并命：同命。此谓人、船同时灭亡。　[7] 郁：积聚貌。腊（xī）：干肉。此指人被烈焰烤炙，变成了焦枯的干肉。　[8] 烈烈：火焰炽盛的样子。　[9] 元冥：即玄冥，因避康熙皇帝玄烨名讳改作元冥。主管冬令的神。玄冥告成，谓冬季即将结束。　[10] 穷阴：极阴，指岁末寒冬极其阴沉的天气。　[11] 黑眚：黑色雾气。拔来：突然袭来。　[12] 群饱方嬉：大伙吃饱了，正在嬉戏游乐。　[13] 謼：击鼓而歌。此指无伴奏而歌唱。　[14] 死气交缠：迷信的说法，认为人将遇凶祸，会有死气出现。　[15] 墨：晦色。　[16] 夜漏始下：天刚晚。漏，古代计时器。　[17] 惊飙突发：狂风突然发作。　[18] 万窍怒号（háo）：万孔千穴齐声号叫，形容风声。号，吼叫。　[19] 地脉荡决：河水震荡决口。地脉，地的脉络，指河水。水行地中，就像人的脉络一样。　[20] 作：兴起。　[21] 摩木自生：谓木与木相摩擦而生火。　[22] 星星：犹点点。　[23] 炎光：炽烈的大火。　[24] 睒睒（shǎn）：火焰闪烁。　[25] 熛（biāo）：飞火。沃雪：用沸水浇雪。此句谓飞火烧船，就像用沸水浇雪一样。极言其速。　[26] 爇（ruò）：燃烧。　[27] 连樯：船与船相连接。下碇：抛锚。碇，船停泊时沉入水中以系定船只的石头。　[28] 痛謈（bó）：痛楚的喊叫声。田田：象声词。　[29] 生涂：生路。　[30] 倏：快速。阳：明亮。　[31] 吷（xuè）：微小的声音。　[32] 焄（xūn）：气。蒿：气的散发。　[33] 游氛：飘荡的凶气。　[34] 迷方：迷失方向。　[35] 嫖疾：迅猛。　[36] 衣缯败絮：指各种衣服碎片。　[37] 墨查：浮在水面上的烧焦的木头。查，同"楂"。　[38] 从井有仁：语见《论语·雍也》："井有仁也，其从之也？"郑玄笺："仁者必济人于患难，故问有仁者堕井，将自投下从而出之不乎？"这里四句的意思是说：那些善于潜水的人冒着死亡的威胁，去营救其他人。　[39] 雷渊：水底。　[40] 波臣：水族。这两句是说坠入水中，同被溺水而死。　[41] 音：通"荫"，避难之处。　[42] 急濑：急流。　[43] 濡：犹淹没。　[44] 济：犹救活。　[45] 陞：同"跻"，上升。　[46] 灵台：内心。《庄子·庚桑楚》："不可内于灵台。"　[47] 精爽：犹言魂魄。厉：恶鬼。　[48] 浃辰：十二天。古代以干支纪日，自子至亥一周十二日为浃辰。　[49] 睍睍：侧视貌。　[50] 天属：指有血缘关系的亲属。《庄子·山木》："或曰：'……弃千金之璧，负亦子而趋，何也？'林回曰：'彼以利合，此以天属也。'"　[51] 憖（yìn）：伤痛。盈眦：充满眼眶。　[52] 强死：犹言横死，谓遭横祸而死于非命。　[53] 意：通"臆"，胸臆，心意。贾谊《鹏鸟赋》："鹏乃叹息，举首奋翼，口不能言，请对以意。"此句的意思是，按民间的说法，人暴死后，在亲人临尸时，死者会眼鼻流血以表示哀怨、哭诉。 [54] 支离：不全。 [55] 漫漶：模糊不清。 [56] 玦：环形有缺口的玉器。 [57] 窍：此指七窍，即口、眼、耳、鼻。 [58] 捩（lì）：折断。节：骨节。 [59] 狸首：谓形体不全，亦即"残形"。韩愈《残形操序》："曾子梦见一狸，不见其首作。" [60] 谁何：何人。 [61] 然：同"燃"。抔（póu）：一捧。 [62] 且夫：发语词。众生：众人。乘化：顺着自然规律死去。 [63] 天常：自然的规律。 [64] 孥：儿女。 [65] 明堂：古代君主宣明政教、策功叙德的处所。此句意为用生命保卫君王的人，在明堂上受到君王的隆重祭祀。 [66] 离：此指身首分离。惩：屈服、悔恨。此句意为身首异处而不屈服。《楚辞·九歌·国殇》："首身离兮心不惩。" [67] 国殇：为国牺牲的烈士。 [68] 非其命：死于意外的灾难。 [69] 罹（lí）：遭受。 [70] 居人：指活着的亲人。 [71] 迍邅（zhūn zhān）：行进艰难、徘徊不去的样子。 [72] 冥遇：死后在地下相见。冥，称死者所居之处。 [73] 血嗣：嫡亲子女。 [74] 腾哀：高声哀哭。属路：相连接于道路。属，连接。 [75] 狐祥：即孤伤，死后无人供祀。《战国策·楚策》："鬼孤祥而无食。"《史记·春申君列传》引作"孤伤"。无主：无人主管祭祀。 [76] 丛冢：乱坟场。坎：墓穴。古称江河山谷的祭典为坎祭。 [77] 泰厉：死而无后的鬼。《礼记·祭法》王为群姓立七祀，其五曰："泰厉。"孔颖达疏："曰泰厉者，谓……此鬼无所依归，好为民作祸，故祀之也。" [78] 强饮强食：尽量吃些喝些。此为祭祀语。 [79] 冯：通"凭"，凭借、依靠。气类：气味相投的人群。 [80] 尚：崇尚。

龚 自 珍

作者简介见前"诗歌"。

病 梅 馆 记

【解题】

《病梅馆记》又题《疗梅说》，是龚自珍散文的代表作。作者以简洁生动的语言，生动逼真地描写了江南梅树因受人工摧残而变为病态畸形的情况，借以寄托了对封建统治者禁锢思想、扼杀人才的强烈不满。作者又通过开辟疗梅馆疗救病态梅树的描述，抒发了自己追求个性自由的理想。文章融叙事、抒情、议论于一体，言简意深，为散文中之名篇。

江宁之龙蟠[1]，苏州之邓尉[2]，杭州之西溪[3]，皆产梅。或曰：梅以曲为美，直则无姿[4]；以欹为美[5]，正则无景；梅以疏为美，密则无态[6]。固也[7]。此文人画士，心知其意，未可明诏大号[8]，以绳天下之梅也[9]；又不可以使天下之民，斫直、删密、锄正，以夭梅[10]、病梅为业以求钱也[11]。梅之欹、之疏、之曲，又非蠢蠢求钱之民[12]，能以其智力为也[13]。有以文人画士孤癖之隐[14]，明告鬻梅者，斫其正，养其旁条[15]，删其密，夭其稚枝[16]，锄其直，遏其生气，以求重价[17]，而江浙之梅皆病。文人画士之祸之烈至此哉[18]。

予购三百盆，皆病者，无一完者。既泣之三日，乃誓疗之，纵之[19]，顺之，毁其盆，悉埋于地，解其棕缚[20]；以五年为期，必复之全之[21]。予本非文人画士，甘受诟厉[22]，辟病梅之馆以贮之[23]。乌乎！安得使予多暇日[24]，又多闲田，以广贮江宁、杭州、苏州之病梅，穷予生之光阴以疗梅也哉[25]？

清光绪二十三年万本书堂刻本《定盦续集》卷三

【注释】

[1] 江宁：即今南京，清代为江宁府治。龙蟠：即龙蟠里，在清凉山下。[2] 邓尉：山名，在苏州西南。相传汉时邓尉曾隐居于此，故名。[3] 西溪：在杭州灵隐山西北松木场。[4] 姿：风姿。[5] 欹（qī）：倾斜。[6] 态：神态。[7] 固也：本来就是这样的。[8] 明诏大号：公开通告和大张旗鼓地号令。诏，告语。号，号令。[9] 绳：用一定的标准来衡量。[10] 夭梅：使梅早死。夭，早死。[11] 业：职业。[12] 蠢蠢：愚昧无知。蠢蠢求钱之民：这里指梅农。[13] 为：做到。[14] 孤癖之隐：个人内心的奇特嗜好。隐，内心深处。[15] 旁：旁斜的枝条。[16] 稚枝：幼枝、嫩枝。[17] 重价：高价。[18] "文人"句：文人画士造成的祸害竟达到这种地步。烈，厉害。[19] 纵：放纵，听任。[20] 棕缚：棕绳的束缚。[21] 复之全之：恢复其自然的形态，保全它的生机。[22] 诟厉：辱骂，指责。[23] 辟：开辟，设置。[24] 安：如何，怎么。[25] "穷予生"句：竭尽我一生的时光来给梅治病。穷，竭尽。

魏　　源

作者简介见前"诗歌"。

《海国图志》序

【解题】

《海国图志》是道光二十一年（1841）魏源受林则徐嘱托，根据《四洲志》及其他中外文资料编纂而成的，在当时是最为详备的世界史地参考书。《海国图志》打开了人们的眼界，激发了人们的爱国热情，也打击了当时的投降派。魏源在《序》里，首先指出了本书的资料来源和基本内容，接着指出了本书的编纂目的，最后提出了自己的政治主张。《序》明确指出：编纂本书的目的是"为以夷攻夷""为师夷长技以制夷"，即利用、学习西方先进的科学技术来达到战胜敌人的目的。但魏源认为仅此是不够的，还需要在政治上加以改革。他认为要外御强敌，就必须改革各种弊政，要战胜敌人，就必须发愤图强，讲求实效。魏源的这些主张为以后的改良主义运动起到了"创榛辟莽，前驱先路"的作用。文章纵横自如，剖析详明，说理透辟，体现了思想前驱特有的文风特点。

　　《海国图志》六十卷[1]，何所据？一据前两广总督林尚书所译西夷之《四洲志》[2]，再据历代史志，及明以来岛志，及近日夷图、夷语[3]，钩稽贯串[4]，创榛辟莽[5]，前驱先路。大都东南洋、西南洋[6]，增于原书者十之八[7]；大小西洋、北洋、外大西洋[8]，增于原书者十之六。又图以经之，表以纬之[9]，博参群议以发挥之。

　　何以异于昔人海图之书？曰：彼皆以中土人谭西洋[10]，此则以西洋人谭西洋也。

　　是书何以作？曰：为以夷攻夷而作[11]，为以夷款夷而作[12]，为师夷长技以制夷而作[13]。

　　《易》曰："爱恶相攻而吉凶生，远近相取而悔吝生，情伪相感而利害生。"[14]故同一御敌，而知其形与不知其形，利害相百焉[15]；同一款敌，而知其情与不知其情，利害相百焉。古之驭外夷者[16]，诹以敌形[17]，形同几席[18]；诹以敌情，情同寝馈[19]。

　　然则执此书即可驭外夷乎？曰：唯唯，否否[20]。此兵机也，非兵本也；有形之兵也，非无形之兵也。明臣有言："欲平海上之倭患，先平人心之积患。"[21]人心之积患如之何？非水非火[22]，非刃非金[23]，非沿海之奸民，非吸烟贩烟之莠民[24]。故君子读《云汉》《车攻》，先于《常武》《江汉》[25]，而知二《雅》诗人之所发愤；玩卦爻内外消息，[26]而知大《易》

作者之所忧患[27]。愤与忧，天道所以倾否而之泰也[28]，人心所以违寐而之觉也[29]，人才所以革虚而之实也[30]。昔准噶尔跳踉于康熙、雍正之两朝[31]，而电扫于乾隆之中叶[32]。夷烟流毒[33]，罪万准夷[34]。吾皇仁勤，上符列祖[35]，天时人事，倚伏相乘[36]。何患攘剔之无期[37]，何患奋武之无会[38]。此凡有血气者所宜愤悱[39]，凡有耳目心知者所宜讲画也[40]。去伪，去饰，去畏难，去养痈，去营窟[41]，则人心之寐患祛其一[42]。以实事程实功[43]，以实功程实事，艾三年而蓄之[44]，网临渊而结之[45]，毋冯河[46]，毋画饼[47]，则人材之虚患祛，其二。寐患去而天日昌，虚患去而风雷行。传曰："孰荒于门，孰治于田，四海既均，越裳是臣。"[48]叙《海国图志》。

道光二十有二载[49]，岁在壬寅嘉平月[50]，内阁中书邵阳魏源叙于扬州，时夷艘出江甫逾三月也[51]。

原刻六十卷，道光二十七载刻于扬州，咸丰二年重补成一百卷，刊于高邮州。

清光绪二年魏光焘平庆泾固道署刻本《海国图志》卷首

【注释】

［1］海国：指世界各国。图志：附有地图的地志书。六十卷：《海国图志》初编为五十卷，道光二十二年（1842）由作者初刻于扬州，道光二十七年重刻本增补为六十卷，咸丰二年（1852）又增补为一百卷。此处所录为一百卷本之序，"六十卷"云云是沿用旧刻未改。　［2］两广：广东、广西。林尚书：林则徐。《四洲志》：林则徐主持编译的一部世界地理志。它介绍了世界五大洲三十余国之地理、历史、政情。林则徐被构陷去职后，将《四洲志》及大量相关资料给了魏源。　［3］夷图：外国地图和外国科技图纸。夷语：外文资料。　［4］钩稽：探索考核。　［5］创榛辟莽：比喻艰难地开创事业，做前人没做过的事。　［6］东南洋：指南海、东南亚各国。西南洋：指印度洋各国。　［7］原书：指《四洲志》。　［8］大小西洋：大西洋指欧洲各国。小西洋：指印度半岛东西两岸。北洋：指俄国和北欧各国。　［9］"图以经之"二句：谓图与表互相配合。　［10］中土：中国。谭：同"谈"。　［11］以夷攻夷：用西方国家的东西抵制西方国家。　［12］款：议和。　［13］师：学习。长技：先进的科学技术。　［14］"《易》曰"四句：《周易》说：爱恶相互对抗产生吉凶，远近相互争夺产生悔恨，真诚与虚伪相互交杂产生利害。几句意思是说，对待同一事物，各自的主观态度不同，就会产生不同的结果。［15］相百：相差百倍，此句指利害关系相差很大。　［16］驭：控制，驾驭。

[17] 诹：询问。　[18] 几席：家具。此句意为好像自己身边的东西一样清楚。[19] 寝：睡觉。馈：吃饭。此句意为好像平常睡觉吃饭一样熟悉。　[20] 唯唯，否否：先表示承应，后表示否定。　[21] "欲平"二句：意为要平定海上的倭寇之患，首先要破除人们心中的坏念头。　[22] 水、火：指自然灾害。　[23] 刃、金：指战乱。　[24] 莠（yǒu）民：坏人。　[25]《云汉》：《诗经·大雅》中的篇名。《车攻》：《诗经·小雅》中的篇名。这两篇诗赞美周宣王为安定天下而改革内政、发愤图强。《常武》：《诗经·大雅》中的篇名，赞美周宣王"自将以伐淮北之夷"。《江汉》：《诗经·大雅》中的篇名，赞美周宣王"命召穆公平淮南之夷"。这两篇赞美了周宣王的对外征讨。这二句的意思是说，有识见的人注重整治内政的诗，超过讨伐外寇的诗。[26] 玩：体会。此句谓仔细观察、体会爻卦的情形。　[27] 忧患：《易经·系辞》说："作《易》者其有忧患乎？"　[28] 天道：事物发展的规律。倾：转化。否（pǐ）：凶，坏事。之：至。泰：吉，好事。这句意为，如果能够发愤或具有忧患意识，就能变闭塞为亨通，变坏事为好事。　[29] 违：脱离。寐：本指睡觉，这里指愚昧。觉：觉醒。　[30] 革：变革。虚：缺乏真才实学。　[31] 准噶尔：我国西北部地区的少数民族部落，清朝时为厄鲁特蒙古四卫拉特之一。自康熙二十九年（1690）开始，准噶尔汗噶尔丹不断发动叛乱，制造分裂。乾隆二十二年（1757）被最后平定。跳踉（liáng）：腾跃跳动，此指猖獗。　[32] 电扫：迅速扫平。　[33] 夷烟：外国的鸦片烟。[34] 准夷：准噶尔部。　[35] 列祖：清朝历代皇帝。　[36] 倚伏相乘：《老子》说："祸兮福所倚，福兮祸所伏。"此句是说福与祸是相互依存，又相互转化的。　[37] 攘剔：指禁绝鸦片。　[38] 奋武：奋发图强。　[39] 愤悱：悲愤，忧虑。[40] 讲画：议论，谋划。　[41] 养痈：姑息养奸。营窟：营私谋利。　[42] 寐患：愚昧无知的毛病。祛（qū）：除去。　[43] 程：计量，考核。[44] 艾三年而蓄之：艾是可供针灸用的一种草药，越陈越好。这句是说，要取得事业上的成功，必须早做准备。　[45] 网临渊而结之：《汉书·董仲舒传》："临渊羡鱼，不如退而结网。"意思是说，到河边羡慕鱼的美味，不如回去结网。说明应该多做实际工作。　[46] 冯（píng）河：不用船只，徒步渡河。毋冯河，意思是说不要冒险行事。　[47] 画饼：徒有虚名，不务实际。　[48] "传曰"几句：语出韩愈《琴操十首·越裳操》。孰，谁，哪里。均，政治清明。越裳，古南海国名，泛指外国。臣，臣服，归顺。这几句意思是说，只有治理好内政，才能抵御外侮，战胜侵略者。　[49] 道光二十有二载：1842 年。　[50] 壬寅：按干支纪年，道光二十二年为壬寅年。嘉平月：农历十二月。　[51] "时夷艘"句：光绪刻本无此句，兹据原

刻本补。夷艘出江，中英《南京条约》签订后，英国军舰退出长江。甫逾三月，刚过了三个月。魏源在这里特别标出时间，表明他对时局的变化十分关切，对清廷被迫签订不平等条约十分悲愤。

梅 曾 亮

梅曾亮（1786—1856），原名曾荫，后改今名。字葛君，一字伯言、柏枧，江苏上元（今南京）人。姚鼐于南京主讲钟山书院，梅曾亮与管同就学其门，深得姚鼐赞许，与管同、方东树、姚莹并称"姚门四弟子"。道光二年（1822）中进士，以知县分贵州，不就，援例改户部郎中。在京师二十余年，颇有文名。二十九年告归，主讲扬州书院。咸丰六年（1856）卒于淮安。少工骈文，后受管同规劝，致力于古文，"义法本桐城，稍参以异己者之长，选声练色，务穷尽笔势"（《清史稿》本传）。著《柏枧山房文集》十六卷，有咸丰六年（1856）刻本。

游小盘谷记

【解题】

　　本文按时间顺序，记叙了自己的一次游览经历。开头即点出自己所要游览的名胜是小盘谷。但小盘谷在何处，是否真有其地，作者似乎难以肯定。文章故意写得扑朔迷离，以显示其景的幽僻，也更激起读者的好奇心。以下写作者等人的游历，依次叙述沿途所见的景物，中间又夹叙了历史传闻，使其景显得幽深莫测。然而直到游览结束，游者尚不知所游是否真是小盘谷。景致在虚虚实实之间，游者也在恍恍惚惚之中。虽然最后所游是否为小盘谷仍不能肯定，但作者本意在显示人与自然的亲近，显示人在自然中身心得到的解放。文字洁净，出神入化，是本文写作上的特点。

　　江宁府城[1]，其西北包卢龙山而止[2]。余尝求小盘谷，至其地。土人或曰无有。惟大竹蔽天，多歧路，曲折广狭，如一探之不可穷。闻犬声，乃急赴之，卒不见人。

　　熟五斗米顷，行抵寺，曰归云堂。土田宽舒，居民以桂为业。寺旁有草径甚微，南出之，乃坠大谷。四山皆大桂树，随山陂陀[3]。其状若仰大盂，空响内贮，謦欬不得他逸[4]；寂寥无声，而耳听常满。渊水积焉，尽山麓而止。

由寺北行，至卢龙山，其中阮谷洼隆，若井灶龈腭之状。或曰："遗老所避兵者[5]，三十六茅庵，七十二团瓢[6]，皆当其地。"

日且暮，乃登山循城而归。暝色下积，月光布其上，俯视万影摩荡，若鱼龙起伏波浪中。诸人皆曰："此万竹蔽天处也，所谓小盘谷，殆近之矣。"

同游者：侯振廷舅氏、管君异之、马君湘帆、欧生岳庵、弟念勤，凡六人。

清咸丰六年刻本《柏枧山房文集》卷一〇

【注释】

[1] 江宁：今南京。 [2] 卢龙山：即狮子山。在南京城西北处，明太祖朱元璋曾败陈友谅于此。 [3] 陂陀（pō tuó）：倾斜不平貌。 [4] 謦欬（qǐng kài）：咳嗽。 [5] 遗老所避兵者：清兵南下，明朝遗民躲避清兵的地方。 [6] 茅庵：草房。团瓢：圆形草屋。三十六、七十二，极言其多。

鲁 一 同

鲁一同（1805—1863），字通甫，一字兰岑，或作蓝尘，原籍安东（今江苏涟水），后迁山阳（今江苏淮安）。道光十五年（1835）举人。林则徐总督湖广，请一同前往，以亲老止。鸦片战争爆发后，他力主抵抗，著文斥责投降派，并为被诬革职的主战派姚莹鸣不平。太平天国战争时期由曾国藩推荐辅佐安徽巡抚江忠源，未就。曾从梅曾亮学，致力于经世致用之学。其诗"事皆征实，言通里俗"。其文"达性明事"，"古茂峻厉"，为李慈铭、周天爵等推崇。著《通甫类稿》四卷、《续编》二卷、《诗存》四卷、《诗存之余》二卷，有咸丰九年山阳鲁氏刻本。

关忠节公家传

【解题】

本文通过为关天培立传，满腔热情地歌颂了这位著名爱国将领为国捐躯的英雄事迹，指斥了投降派头子琦善之流妥协退让的懦弱行为，反映了作者御侮自强、爱国自尊的立场。作者叙述传主事迹，略写虎门之役之前的事，而详写虎门之战，着力表现了关天培忠贞果毅、视死如归的形象。

公名天培[1]，字仲因，一字滋圃，姓关氏，山阳人也。起家行伍[2]，历淮安城守营守备，扬州中营守备，获私铸王国英等十八人[3]，署溧阳营都司[4]，获匪严加烈等二十五人，移两江督标左营守备，历中军都司，外海水师奇营守备，奇营游击[5]。道光二年[6]，外洋获盗最[7]。三年，署吴淞营参将[8]，旋即真[9]。后二年，东南方议海运。海运自明以来，辍数百年，议者纷错，大府举公任其事[10]。六年二月，督米船千百四十五艘，米百二十四万一千余石，自吴淞抵天津，先期功最，署太湖营副将。明年，署苏松镇总兵官，旋即真。十三年入朝，上御便殿召见[11]，五军机记名[12]。

明年，夷事萌芽[13]。先是，西南诸夷暹罗、真腊、安南之属[14]，皆龚顺受职贡[15]。惟英吉利最远，强黠。嘉庆间一入贡，严卫出海。至是夷目律劳卑来，不如约，兵船驶至黄埔河，两广总督卢坤、水师提督李增阶坐疏防落职[16]，而以公为广东水师提督。公至则亲历重洋[17]，观扼塞，建台守，排铁索，军务肃然，东南倚以为重。公容貌如常人，悛悛畏谨[18]，而洞识机要，口占应对悉中。暇则习弓马击技，技绝精。在广著《筹海集》，识者比之戚少保云[19]。

居虎门六年而禁烟事起。当是时，洋烟流毒遍天下；前侍郎黄爵滋发其事[20]，上命内外大臣杂议，议定，著为令。而英吉利趸船适至。趸船者，贩烟船也。公既习于海，而前钦差大臣林公则徐，威略素著，与公尤协力，至则拘夷目，锢其船，船不得发，获烟土二万二百余箱焚之。奏闻，上大悦，叙功有差[21]。

夷计不得逞，明年四月，骤师入浙江，据定海。分船溯大洋[22]，上天津，诡投书乞和，而前直隶总督琦善，驰传赴广东[23]，林公以罪去[24]。于是和议兴，海防撤矣。广东边海门户曰香山、虎门。香山奥衍[25]，易盘踞，去省少纡远[26]；虎门险狭，海道曲折，去省近。虎门外列十台，最外大角、沙角二台，屹为东南屏蔽。是年十二月，夷攻大角、沙角，坏师船，而大帅日以文书与夷往来[27]，冀得少辽缓[28]。夷不报命而急战，战方交则投书议和，书报复战[29]，昼夜攻掠不已。时诸军集广府者，驻防满兵、督标、抚标兵，共不下万人，又调集客兵、团练、乡勇、民兵数万，而大帅所遣助守台者，抚标二百人，驻东莞提标兵二百人备策应。由是二台日益孤危，相继陷没。

二十一年春正月，夷进攻威远、靖远诸台，守者羸兵数百[30]，公遣将恸哭请师，无应者。初，公以海运入都也，时从故人饮酒肆中，醉而言曰："日者谓我禄命[31]，生当扬威，死当血食[32]。今吾年四十余，安有是哉！"已而叹曰："丈夫受国恩，有急，死耳，终不为妻子计。"公老母年八十余，长子奎龙，吴淞参将，前卒。幼子先遣归。及是乃缄一匣寄家人[33]，坚不可开，公死后启视，则坠齿数枚，旧衣数袭而已[34]。公既自度众寡不敌而援绝，乃决自为计，住靖远台，昼夜督战，已而夷大艍奄至[35]，公率游击麦廷章奋勇登台，大呼督厉士卒，自卯至未[36]，所杀伤过当[37]，而身亦受数十创，血淋漓，衣甲尽湿。事急，呼其仆孙长庆使去。长庆哭曰："奴随主数十年矣，今有急，义不使主死而已独全。"手持公衣不可开。公怒，拔刀筑之曰[38]："吾上负皇上，下负老母，死犹晚，汝不去，今斩汝矣。"投之印，长庆号而走。比及山半，回顾，公陨绝于地。时二月六日也。

长庆既去，悬厂自缒下[39]，下负水多芦根[40]，刺体如蝟，卒负重创，送印大府所，而身复至台求公尸。夷人严兵守台，则乞通事吴某以情告[41]。吴某者，尝为汉奸，公得之，宥弗杀，给事左右，恒思所以报公。至是为长庆说夷，诚恳反复，夷人义许之。入求尸，铍交于胸[42]。长庆膝行前，遍索不得。卒诣公所立处，举他尸数十乃得之，半体焦焉。事闻，天子震悼[43]，予骑都尉世职，谥忠节，赐葬如礼[44]。丧至之日，士大夫数百人，缟衣送迎，道旁观者，或痛哭失声。而长庆得公尸后，复求得麦廷章之半体，与公尸皆徒负以归，水陆七百里。公葬后，恒郁郁不乐，言及公，必泣下。未几卒。

论曰：甚矣！虎门之败也。悲夫！可为流涕者矣。方公之经营十台，累战皆捷。奏上，公卿相贺，主上为之前席[45]，嘉叹至于再三。然而衅发于定海，诈成于天津，夷不为无谋，要岂夷人能死公哉[46]！诗曰："谁生厉阶，至今为梗。"[47]厉有阶矣。长庆义士，诚感犬羊，吴某奸耳，知感恩为一日之报，异哉。

清咸丰九年山阳鲁氏刻本《通甫类稿》卷四

【注释】

[1] 公名天培：关天培（1780—1841），字仲因，一字（或作号）滋圃，山阳（今江苏淮安）人。嘉庆八年（1803）由行伍考取武生。道光十四年（1834）任广东水师提督。协助林则徐禁烟，并抓紧训练水师，修筑炮台，功勋卓著。二十一年英军进犯虎门，关天培率靖远炮台孤军奋战，壮烈牺牲。清廷谥忠节。著有《筹海初集》。《清史稿》卷三七八有传。　[2] 行（háng）伍：泛指军队。　[3] 私铸：私自铸造钱币。　[4] 溧阳：今属江苏。　[5] 游击：统领都司的武官名。　[6] 道光二年：公元1822年。　[7] 最：功劳最大。　[8] 署：代理。　[9] 旋：很快。即真：正式就任。　[10] 大府：上级官府。　[11] 上御便殿召见：皇帝亲自在便殿召见。御，旧时对帝王所作所为及所用物的指称。　[12] 军机记名：清制，武官有功绩，交军机

处记名,以备提升。　[13]夷事萌芽:即英国兵船向我无理挑衅,鸦片战争即将爆发。　[14]暹罗、真腊、安南:分别为泰国、柬埔寨、越南的旧称。[15]龚:通"恭",敬。　[16]坐:指办罪的因由。落职:革职。　[17]重洋:远洋。　[18]悛悛(xún xún):谦恭谨慎的样子。　[19]戚少保:明代抗倭名将戚继光。　[20]黄爵滋:江西宜黄人,曾任刑部侍郎。道光十八年(1838)上疏主张严禁鸦片。　[21]叙功有差:按功劳大小行赏。　[22]溯:逆流而上。此处指英军北上。　[23]驰传:派传车急速前往。　[24]林公以罪去:林则徐被投降派诬陷而革职,后充军新疆。　[25]奥衍:海岸深曲。　[26]省:此指省城广州。　[27]大帅:指琦善,时接替林则徐为钦差大臣。　[28]辽缓:推迟时间。　[29]报:回复。　[30]羸(léi):弱。　[31]日者:古代占候卜筮的人。　[32]血食:受祭祀。因古代祭祀用牲牢,故称"血食"。　[33]缄:封闭。　[34]袭:整套的衣服。[35]奄至:突然到来。　[36]卯:上午五时至七时。未:下午一时至三时。[37]杀伤过当:杀伤敌人的数目超过自己伤亡的数目。　[38]筑:打,击。[39]厈(hàn):水边岩石突出处。　[40]负水:水面以下。　[41]通事:翻译。　[42]铍(pī):武器。交于胸:交叉挡在孙长庆胸前。　[43]震悼:沉痛地悼念。　[44]赐葬如礼:皇帝赐命按照规定的礼仪办丧事。[45]前席:移坐向前,表示敬重。　[46]要:总之。死公:使关天培死。此句是说英人难道能使关天培死去吗?意为关天培实死于投降派琦善之手。[47]谁生厉阶,至今为梗:此为《诗经·大雅·桑柔》中的诗句。厉阶,灾祸的由来。梗,病。此句指出灾祸的原因在琦善不发兵救援关天培,致使虎门失守,关天培殉国。

冯　桂　芬

　　冯桂芬(1809—1874),字林一,号景亭,晚年自号邓尉山人,江苏吴县人。道光二十年(1840)一甲二名进士。授编修,官至詹事府左春坊右中允。林则徐抚苏辑《西北水利说》,桂芬与其编校。咸丰十年(1860)苏州城被太平军攻破,逃至上海,议设"会防局"。后入李鸿章幕。曾主讲金陵、上海、苏州诸书院,注重经世致用之术,主张变法图强,提倡采西学,制洋器,筹国用,改科举。其思想对洋务派及资产阶级改良派都有重要影响。著有《校邠庐抗议》等。文集有《显志堂稿》十二卷,光绪二年(1876)冯氏校邠庐刻本。

复庄卫生书

【解题】
本文是冯桂芬写给庄受祺（字卫生）的一封复信。冯桂芬在这封信里反对桐城文派所提出的"义法""文统""道统"等说法，主张文章要切实反映社会现实。这是作者经世致用思想在文学创作方面的反映。

蒙读书为文三四十年[1]，所作实不少。而才力苶靡不能振[2]，天实限之，亦何敢侈口论文[3]？顾独不信义法之说[4]。窃谓文者，所以载道也[5]。道非必"天命""率性"之谓[6]。举凡典章制度，名物象数，无一非道之所寄，即无不可著之于文。有能理而董之[7]，阐而明之，探其奥赜[8]，发其精英，斯谓之佳文。

故长于经济者[9]，论事之文必佳，宣公奏议[10]，未必不胜韩、柳；长于考据者，论古之文必佳，贵与考序[11]，未必不胜欧、苏。文之佳者，随其平、奇、浓、淡、短、长、高、下，而无不佳。自然有节奏，有步骤，反正相得，左右咸宜，不烦绳削而自合[12]。称心而言[13]，不必有义法也；文成法立，不必无义法也。

反是言之，魏叔子为昭代名家[14]，而序梅氏《历算全书》[15]，不知所云；梅伯言亦近时能手[16]，而序郝氏《尔雅义疏》[17]，开口便错。无他，强以所不知，困于所不能也[18]。以彼其文，岂不周规折矩，尺步绳趋[19]？佳乎否乎？惟碑版之作，前贤成式俱在[20]。身处后代，不宜偭规矩而改错[21]。故金石不妨言例，而他文不可言义法。於乎[22]！诂经者以例说《春秋》[23]，而《春秋》晦[24]，必非游、夏一堂之论也[25]；为政者以例治天下，而天下乱，必非唐、虞、三代之法也；操觚者以义法为古文[26]，而古文卑，必非先秦、两汉之作也。

瞽论如是[27]，藉求是正[28]。如有以发我矇固[29]，所愿闻耳。执事躬仪黼黻[30]，王路驰驱[31]。际兹国步艰难，方当拨乱反正。别有经天纬地之大文，为同谱光荣，又岂仅区区翰墨为勋绩邪[32]！

清光绪二年冯氏校邠庐刻本《显志堂稿》卷五

【注释】
[1] 蒙：自谦词，与"愚"字用法相同。 [2] 苶（nié）靡：柔弱。 [3] 侈口：夸口。 [4] 顾：但是。义法：桐城派所提出的写作古文的准则。

"义"指"言有物",即作品要有符合儒家传统思想的内容;"法"指"言有序",文章在结构条理、语言运用等方面,要符合古代散文的规范。 [5] 载道:记载、阐发道理或思想。 [6] 天命、率性:《礼记·中庸》:"天命之谓性,率性之谓道。"宋代理学家将其解释为性命之学,认为一切封建伦理都出于天定。 [7] 理而董之:分析并使合乎规范。 [8] 奥赜(zé):幽深奥妙。 [9] 经济:经世济民。这里指理政。 [10] 宣公:唐代陆贽(754—805),曾任唐朝宰相,卒谥"宣",因称宣公。陆贽的奏议说理透辟,富于气势,历来为人所重。 [11] 贵与:宋代马端临(1254—1323),字贵与。积二十余年之力作《文献通考》,考论古今典章非常翔实,为史学名著。 [12] 绳削:按照一定的规矩对文章进行删改修正。 [13] 称心而言:按照自己的思想去写。 [14] 魏叔子:清代魏禧(1624—1681),字冰叔,一字叔子,著名散文家。明亡隐居不仕。昭代:政治清明的时代,旧时常用以美称本朝。这里指清朝。 [15] 梅氏:梅文鼎(1633—1721),清代著名数学家、天文学家。 [16] 梅伯言:梅曾亮(1786—1856),字伯言。清代桐城派重要作家。 [17] 郝氏:郝懿行(1755—1823),清代经学家,训诂学家。 [18] "无他"三句:没有其他原因,就在于勉强以他所不懂的不具备的知识,来做他不能胜任的事,所以遇到了困难。 [19] "岂不"二句:均指按照一定的准则、规矩行事。 [20] 前贤:以前的著名作家。成式:长期形成的固定格式。 [21] 偭(miǎn)规矩:违背通常的准则。偭,违反。 [22] 於(wū)乎:同"呜呼",感叹词。 [23] 诂:以今言解释古言。以例:按照定例。 [24] 晦:其意义不明白。 [25] 游、夏:子游、子夏,均为孔子弟子。作者认为子游、子夏都是孔子的弟子,所以能理解孔子作《春秋》的意义。 [26] 操觚(gū):表示写作。觚,古代写字用的木板。 [27] 瞽论:瞎说。这是自谦的说法。 [28] 是正:匡正。 [29] 发:启发。矇固:愚钝,固塞鄙陋。 [30] 躬仪:意思为身着。黼黻(fǔ fú):古代礼服上所绣的花纹。这里指官服。 [31] 王路驰驱:为国家奔走效力。 [32] 区区:微不足道。翰墨:文笔。这句的意思是说写文章并不就是为了取得功名。

薛 福 成

薛福成(1838—1894),字叔耘,号庸庵,江苏无锡人。同治六年(1867)充曾国藩幕僚,后随李鸿章办外交。光绪五年(1879)作《筹洋刍议》,提出变法主张。十年任浙江宁绍台道,十四年任湖南按察使。次年出任驻英、法、比、意四国公使。在此期间，他考察了西方国家的政治经济文化制度，积极主张推行君主立宪制，强调发展中国的工商业。归国后升任左副都御史。《清史稿》有传。其著作汇编为《庸盦全集》（有光绪中无锡薛氏刻本）、《薛叔耘遗著》（稿本）。

观巴黎油画记

【解题】

本文记叙了作者在巴黎参观蜡人馆和油画院的情景，着重记参观油画院。文章通过观看《普法交战图》，点明了法人作画以"昭炯戒，激众愤，图报复"的目的，实际上也是在警示国人要牢记历次战败的教训，要努力发愤，起而挽救国家危亡，表现了作者强烈的爱国主义精神。文章篇幅不长，但对画面的描绘十分生动逼真，使人有身临其境之感。

光绪十六年春闰二月甲子[1]，余游巴黎蜡人馆，见所制蜡人，悉仿生人形体态度，发肤颜色[2]，长短丰瘠[3]，无不毕肖。自王公卿相以至工艺杂流[4]，凡有名者，往往留像于馆：或立，或卧，或坐，或俯，或笑，或哭，或饮，或博[5]；骤视之，无不惊为生人者。余亟叹其技之奇妙[6]。

译者称西人绝技，尤莫逾油画，盍驰往油画院，一观普法交战图乎[7]？

其法为一大圜室[8]，以巨幅悬之四壁，由屋顶放光明入室。人在室中，极目四望，则见城堡冈峦，溪间树林，森然布列[9]。两军人马杂遝[10]：驰者，伏者，奔者，追者，开枪者，燃碳者[11]，搴大旗者[12]，挽碳车者，络绎相属。每一巨弹堕地，则火光迸裂，烟焰迷漫；其被轰击者，则断壁危楼，或黔其庐[13]，或赭其垣[14]。而军士之折臂断足，血流殷地[15]，偃仰僵仆者，令人目不忍睹。仰视天，则明月斜挂，云霞掩映[16]；俯视地，则绿草如茵，川原无际；几自疑身外即战场[17]，而忘其在一室中者。迨以手扪之[18]，始知其为壁也，画也，皆幻也。

余闻法人好胜，何以自绘败状，令人气丧若此？译者曰："所以昭炯戒[19]，激众愤，图报复也。"则其意深长矣！夫普法之战，迄今虽为陈迹，而其事信而有征。然则其画果真邪幻邪，幻者而同于真邪？真者而托于幻邪？斯二者盖皆有之。

清光绪十九年刻本《庸盦文外编》卷四

【注释】

[1] 光绪十六年：1890年。闰二月甲子：农历闰二月二十四日。 [2] 悉仿生人：完全仿照活生生的人。 [3] 丰：胖。瘠：瘦。 [4] 杂流：各行各业的人。 [5] 博：赌博。 [6] 亟：再三，屡屡。 [7] 普法交战图：1870年普鲁士与法国发生战争，第二年法国战败，法国向普鲁士割地赔款。后法国人以此题材作画，警示法人不忘国耻。 [8] 圜：同"圆"。 [9] 森然：众多的样子。 [10] 杂遝（tà）：纷乱的样子。 [11] 礮（pào）：炮。 [12] 搴（qiān）：举。 [13] 黔其庐：把房屋烧成焦黑。黔，黑色，这里作动词用，是"使……变黑"的意思（下文"赭""殷"用法同）。 [14] 赭（zhě）：赤褐色。垣：围墙。 [15] 血流殷地：血流下来把地都染红了。 [16] 掩映：映照。 [17] 几（jī）：几乎，差点儿。 [18] 扪：抚摸。 [19] 所以：用来。昭：昭示。炯戒：明显的警戒。

谭嗣同

作者简介见前"诗歌"。

仁　学（节选）

【解题】

本文选自《仁学》。《仁学》为谭嗣同的代表作，共五十篇，涉及内容十分广泛。本文着重阐明"民本""君末"思想，从而批判了封建君主专制制度，宣扬了资产阶级改良主义思想。谭嗣同认为，君主都是民主推举的结果，因此君民在地位上是平等的。作者接着严厉批判了"死节忠君"这种愚昧的封建道德观念，从"君亦一民"的思想出发，否定了君主所拥有的各种特权。最后又从平等的角度对"忠"的思想做了自己的阐释。文章语言通俗，说理透辟，很有鼓动性。

生民之初[1]，本无所谓君臣，则皆民也。民不能相治，亦不暇治，于是共举一民为君。夫曰共举之，则非君择民，而民择君也；夫曰共举之，则其分际又非甚远于民[2]，而不下侪于民也[3]；夫曰共举之，则因有民而后有君，君末也，民本也。天下无有因末而累及本者，亦岂可因君而累及民哉？夫曰共举之，则且必可共废之。

君也者，为民办事者也；臣也者，助办民事者也。赋税之取于民，所以为办民事之资也。如此而事犹不办，事不办而易其人，亦天下之通义也。观夫乡社赛会，必择举一长，使治会事，用人理财之权咸隶焉[4]。长不足以长则易之[5]，虽愚夫愿农[6]，犹知其然矣！何独于君而不然？岂谓举之戴之，乃以竭天下之身命膏血，供其盘乐怠傲[7]，骄奢而淫杀乎？供一身之不足，又滥纵其百官，又欲传之世世万代子孙。一切酷毒不可思议之法，由此其繁兴矣！民之俯首帖耳，恬然坐受其鼎镬刀锯[8]，不以为怪，固已大可怪矣，而君之亡犹欲为之死节。故夫死节之说，未有如是之大悖者矣[9]。

君亦一民也，且较之寻常之民而更为末也。民之于民，无相为死之理；本之与末，更无相为死之理。然则古之死节者，乃皆不然乎？请为一大言断之曰[10]："止有死事的道理，决无死君的道理！"死君者，宦官宫妾之为爱，匹夫匹妇之为谅也[11]。人之甘为宦官宫妾，而不免于匹夫匹妇，又何诛焉[12]？夫曰共举之，犹得曰吾死吾所共举，非死君也；独何以解于后世之君，皆以兵强马大力征经营而夺取之，本非自然共戴者乎！况又有满、汉种类之见，奴役天下者乎？夫彼奴役天下，固甚乐民之为其死节矣。

一姓之兴亡渺渺乎小哉，民何与焉[13]？乃为死节者，或数万而未已也。本末倒置，宁有加于此者？伯夷、叔齐之死，非死纣也，固自言以暴易暴矣[14]。则亦不忍复睹君主之祸，遂一瞑而万世不视耳。且夫彼之为前主死也，固后主之所深恶也，而事甫定，则又祷之祠之[15]，俎豆之[16]，尸祝之[17]，岂不亦欲后之人之为我死，犹古人娶妻者，取其为我詈人也[18]。

若夫山林幽贞之士，固犹在室之处女也[19]。而必胁之出仕，不出仕则诛，是挟刀刃搂处女而乱之也。既乱之，又诟其不贞，暴其失节，至为贰臣传以辱之[20]。是岂惟辱其人哉，又阴以吓天下后世，使不敢背去[21]。夫以不贞而失节于人也，淫凶无赖子之于娼妓，则有然矣。始则强奸之；继又防其奸于人也，而幽锢之；终知奸之不胜防，则标著其不当从己之罪，以威其余。夫在弱女子，亦诚无如之何，而不能不任其所为耳。奈何四万万智勇材力之人，彼乃娼妓畜之[22]。不第不敢微不平于心，益且诩诩然曰："忠臣忠臣。"[23]

古之所谓忠乃尔愚乎[24]？古之所谓忠，以实之谓忠也[25]。下之事上当以实，上之待下乃不当以实乎？则忠者，共辞也，交尽之道也，岂可专责之臣下乎？

孔子曰："君君臣臣。"又曰："父父子子，兄兄弟弟，夫夫妇妇。"[26]教主言未有不平等者。古之所谓忠，中心之谓忠也。抚我则后[27]，虐我则仇，应物平施[28]，心无偏袒，可谓中矣，亦可谓忠矣。君为独夫民贼，而犹以忠事之，是辅桀也，是助纣也。其心中乎？不中乎？

呜呼，三代以下之忠臣[29]，其不为辅桀助纣者几希[30]！况又为之掊克聚敛[31]，竭泽而渔，自命为理财，为报国，如今之言节流者，至分为国与民为二事乎？国与民已分为二，吾不知除民之外，国果何有？无惑乎君主视天下为其囊橐中之私产，而犬马土芥乎天下之民也[32]。民既摈斥于国外，又安得少有爱国之忱！何也？于我无与也！继自今，即微吾说[33]，吾知其必无死节者矣。

民国六年排印本《谭浏阳全集·仁学》

【注释】

[1] 生民：人民。 [2] 分际：身份，地位。 [3] 下侪（chái）于民：下面与人民同类。侪，辈，类。 [4] 咸隶焉：全部归属于他。 [5] 长：长处。不足以长：不足以胜任负责人的职责。 [6] 愿：谨。愿农：老实忠厚的农民。 [7] 盘乐：游乐。 [8] 恬然：安然，无动于衷的样子。鼎镬刀锯：指各种酷刑。 [9] 大悖：极端地违背情理。 [10] 大言：夸口之言。 [11] 谅：诚信。 [12] 诛：责怪。 [13] 民何与焉：与人民有什么关系呢？ [14] "伯夷"三句：伯夷、叔齐，商代孤竹君的两个儿子。周武王灭商，他们耻食周粟，隐于首阳山，采薇而食，后饿死。当他们饿死前，曾作歌唱道："登彼西山兮，采其薇矣，以暴易暴兮，不知其非矣。"以暴易暴，谓周武王起兵伐纣，是一个暴君代替另一个暴君。 [15] 祷之祠之：为他祈祷求福，并建立祠堂祭祀他。 [16] 俎豆之：俎、豆都是古代祭祀用的器具，这里为动词，即祭祀的意思。 [17] 尸祝之：古代代表死者受祭的活人叫尸，祭时司告鬼神的人叫祝。尸祝之，意思是礼拜祝颂的意思。 [18] "犹古人娶妻者"二句：《战国策·秦策一》："楚人有两妻者，人挑其长者，长者詈之；挑其少者，少者许之。居无几何，有两妻者死，客谓挑者曰：'汝取长者乎？少者乎？''取长者。'客曰：'长者詈汝，少者和汝；汝何为取长者？'曰：'居彼人之所，则欲其许我也；今为我妻，则欲其为我詈人也。'" [19] 在室：女子在家未出嫁。 [20] 贰臣：在两个朝代做官的臣子。清乾隆四十一年（1776）下诏，在国史中增列《贰臣传》，收录明代旧臣降清者一百二十余人。 [21] 背去：背叛。 [22] "彼乃娼妓畜之"：意思是说，清朝统治者像对待娼妓一样看待其臣民。 [23] "不第"句：意思是说，这些臣民不但不敢稍有不平之心，反而夸耀说自己是"忠臣忠臣"。 [24] 乃尔愚乎：是如此愚昧吗？ [25] 实：诚实。 [26] "孔子曰"六句：《论语·颜渊》："齐景公问政于孔子，孔子对曰：'君君臣臣，父父子子。'"《周易·家人》卦："家人有严君焉，父母之谓也。父父子子，兄兄弟弟，夫夫妇

妇，而家道正。"孔子原意在说明君臣父子兄弟夫妇之间存在的等级差别，谭嗣同用作君臣"平等"的理论依据。［27］抚我则后：如果安抚我那么我就承认其为君主。后，君主。［28］应物平施：待人接物一律平等。［29］三代：指夏、商、周。［30］几希：很少。［31］掊（pǒu）克：《诗经·大雅·荡》："曾是掊克。"朱熹注："掊克，聚敛之臣也。"［32］"而犬马"句：把天下平民当作犬马土芥来对待。犬马土芥，这里为动词。［33］微：没有。

【备考】

梁启超《仁学序》："《仁学》何为而作也？将以光大（康）南海之宗旨，会通世界圣哲之心法，以救全世界之众生也。南海之教学者曰：'以求仁为宗旨，以大同为条理，以救中国为下手，以杀身破家为究竟。'《仁学》者即发挥此语之书也。"

章　炳　麟

章炳麟（1869—1936），一名绛，字枚叔，号太炎，浙江余杭人。1895年（光绪二十一年）参加强学会。后至日本，结识孙中山，开始反对改良派，投身于民族民主革命。1902年与蔡元培在上海组织爱国学社。1903年在《苏报》发表《驳康有为论革命书》与《〈革命军〉序》，在当时产生了巨大影响。因发生"苏报案"，被捕入狱。1906年出狱，到日本，参加同盟会，并任《民报》主编。辛亥革命后回国，任孙中山总统府枢密顾问。1913年因策动讨袁而被软禁，袁世凯死后恢复自由。五四运动后在上海、苏州等地提倡读经，设立国学讲习会，出版《制言》杂志。章太炎在经学、史学、文学上都很有成就，其政论散文分析透辟，富于感染力。今人将其著作编为《章太炎全集》，1982—1987年由上海人民出版社出版。

《革命军》序

【解题】

《革命军》是邹容19岁时写的一本通俗读物。全书共七章，从历史、政治、思想、文化方面揭露了清王朝封建专制统治的黑暗，论证了革命的必要性和迫切性，提出了在中国建立资产阶级性质的"中华共和国"的政治方案。

邹容写完此书后,"自念语过泄露",因请章炳麟为其修饰,章氏于是写了这篇序言。章炳麟的序言充分揭示了《革命军》一书宣传民族民主革命的重要意义,对《革命军》一书作了高度评价,同时也肯定了宣传对革命的重要作用,指出了宣传应当采用的语言形式。文章立意深刻,剖析透辟,文笔也简练古朴。

蜀邹容为《革命军》方二万言[1],示余曰:"欲以立懦夫,定民志,故辞多恣肆,无所回避,然得无恶其不文耶?"余曰:"凡事之败,在有其唱者而莫与为和,其攻击者且千百辈,故仇敌之空言,足以堕吾实事。"

夫中国吞噬于逆胡二百六十年矣[2]。宰割之酷,诈暴之工,人人所身受,当无不昌言革命[3]。然自乾隆以往,尚有吕留良、曾静、齐周华等持正议以振聋俗[4],自尔遂寂泊无所闻。吾观洪氏之举义师[5],起而与为敌者,曾、李则柔煦小人[6],左宗棠喜功名、乐战事,徒欲为人策使,顾勿问其韪非枉直,斯固无足论者。乃如罗、彭、邵、刘之伦[7],皆笃行有道士也。其所操持,不洛、闽而金溪、余姚[8]。衡阳之《黄书》[9],日在几阁。孝弟之行,华戎之辨,仇国之痛,作乱犯上之戒,宜一切习闻之。卒其行事,乃相缪戾如彼[10]。材者张其角牙以覆宗国,其次即以身家殉满洲[11],乐文采者则相与鼓吹之。无他,悖德逆伦,并为一谈,牢不可破。故虽有衡阳之书,而视之若无见也。然则洪氏之败,不尽由计画失所,正以空言足与为难耳。

今者风俗臭味少变更矣。然其痛心疾首,恳恳必以逐满为职志者,虑不数人。数人者,文墨议论,又往往务为温藉,不欲以跳踉搏跃言之[12],虽余亦不免是也。

嗟乎!世皆嚚昧而不知话言[13],主文讽切[14],勿为动容。不震以雷霆之声,其能化者几何?异时义师再举,其必堕于众口之不俚[15],既可知矣。

今容为是书,壹以叫咷恣言[16],发其惭恚,虽嚚昧若罗、彭诸子,诵之犹当流汗祇悔[17]。以是为义师先声,庶几民无异志,而材士亦知所返乎!若夫屠沽负贩之徒[18],利其径直易知而能恢发智识,则其所化远矣。藉非不文,何以致是也!

抑吾闻之,同族相代,谓之革命[19];异族攘窃,谓之灭亡;改制同族,谓之革命;驱除异族,谓之光复[20]。今中国既灭亡于逆胡,所当谋者光复也,非革命云尔。容之署斯名,何哉?谅以其所规画,不仅驱除异族而已,虽政教、学术、礼俗、材性,犹有当革者焉,故大言之曰"革命"也。共和二千七百四十四年四月[21],余杭章炳麟序。

1903年出版《革命军》卷首

【注释】

[1] 邹容（1885—1905）：中国早期资产阶级革命家。原名绍陶，字蔚丹，又作威丹。重庆巴县人。1898 年在重庆从日人习英语、日语，开始接受新学，同情维新变法。1902 年春自费留学日本，积极参加中国留日学生的革命活动，并编写通俗革命读物。1903 年 4 月回上海，5 月发起成立中国学生同盟会，撰成《革命军》，号召推翻清朝封建专制统治，建立中华共和国。章炳麟为其作序。6 月苏报案发，邹容自动到巡捕房投案，被判处徒刑两年。1905 年 4 月病逝于狱中，年 20 岁。　　[2] 逆胡：旧称侵扰中原地区的北方少数民族。此指清朝统治者。　　[3] 昌言：直言无所畏忌。　　[4] 吕留良（1629—1683）：初名光轮，字用晦，号晚村。崇德（今浙江桐乡）人。与黄宗羲等交结。明亡，散家财结客，图谋复兴。事败，以授徒为业。后剪发为僧，法名耐可。学宗程朱，强调夷夏之辨。著有《吕晚村文集》等。曾静：湖南郴州人。雍正间试图策反四川总督岳钟琪反清，事发被捕，供认以见吕留良著作而受其影响。后吕留良因被剖棺戮尸，著述亦被焚毁。齐周华：字巨山，浙江天台人。雍正诸生。以保吕留良及被告发所著《天台游记》中有"犯上"语而被处死刑。　　[5] 洪氏：太平天国领袖洪秀全。洪秀全领导太平天国起义，反抗清朝，所以说他"举义师"。　　[6] 曾、李：曾国藩、李鸿章。均为清廷大臣。　　[7] 罗：罗泽南，字仲岳，号罗山，湖南湘乡人。彭：彭玉麟，字雪琴，自号退省庵主人，湖南衡阳人。邵：邵懿辰，字位西，浙江仁和（今杭州）人。刘：刘蓉，字孟容，号霞仙，湖南湘乡人。四人都曾组织地方武装同太平军作战。其中罗、刘为湘军重要将领，彭玉麟为湘军水师首领。　　[8] 洛、闽：指程朱理学。程颢、程颐兄弟为北宋洛阳人，他们所代表的学派因被称为"洛学"。朱熹因曾侨寓并讲学于福建路的建阳，他所代表的学派因被称为"闽学"。罗泽南、邵懿辰笃信程朱理学。金溪、余姚：指陆王心学。陆九渊为南宋抚州金溪人，王守仁为明朝浙江余姚人。彭玉麟深受王守仁学说影响。刘蓉早年接受程朱理学，晚年崇尚王守仁学说。　　[9] 衡阳：王夫之，湖南衡阳人。《黄书》：王夫之早年的政论作品。书中反对民族压迫，也流露出大汉族主义。此书深受湘军将领推崇。　　[10] 缪（zhěn）戾：扭曲、暴戾。　　[11] 以身家殉满洲：为清朝统治者而死。罗泽南在攻打武昌时被太平军击毙，邵懿辰在太平军攻下杭州后被处死。　　[12] 跳踉（liáng）：腾跃跳动。此指激烈愤怒的态度。　　[13] 嚚（yín）昧：愚昧。话言：善言。　　[14] 主文：尚文。此谓说话作文讲究含蓄蕴藉。　　[15] 俚：通"理"。《孟子·尽心》下："稽大不理于口。"赵岐注："为众口所讪。理，赖也。"焦循正义："赖，利也。不理于口，犹云不利于人口也。"　　[16] 叫咷恣言：指放言高

论，无所拘忌。　[17] 祇（qí）悔：非常后悔。祇，大。《易·复》："无祇悔。"孔颖达疏："是无大悔。"　[18] 屠沽负贩之徒：泛指出身低微的人。[19] 革命：实施变革以应天命。古代认为帝王受命于天，故称朝代更替为革命。《易·革》："汤武革命，顺乎天而应乎人。"　[20] 光复：恢复、归还祖业。史可法《复多尔衮书》："亦未尝不许以行权，幸其光复旧物也。"[21] 共和二千七百四十四年四月：1903年5月。共和元年为公元前841年，中国历史自此始有准确年代。作者因不承认清朝，所以不用清朝年号纪年，而用共和纪年。

梁　启　超

作者简介见前"诗歌"。

少年中国说（节选）

【解题】

　　本文作于光绪二十六年（1900）。文章驳斥了外国侵略者污蔑、讥讽我国为"老大帝国"的谰言，指出中国是一个正在开始成长的充满希望的"少年中国"。作者从资产阶级改良主义立场出发，批判了长达几千年的封建统治的腐朽，对民族的缺点也进行了深刻的剖析，展现了未来中国的光明前途，表现了作者渴望祖国富强的迫切愿望和强烈的民族自信心。文章热情奔放，气势磅礴，极尽铺张渲染之能事，具有强烈的感染力。这是梁启超的代表作之一，也是当时"新文体"的代表作之一，它标志着晚清散文发展的一个新的阶段。当然以老年、少年来比喻中国的过去和现在，并不十分恰当，过分的铺叙也使文章显得不够凝练。

　　日本人之称我中国也，一则曰老大帝国，再则曰老大帝国。是语也，盖袭译欧西人之言也[1]。呜呼！我中国其果老大矣乎？梁启超曰[2]：恶[3]，是何言！是何言！吾心目中有一少年中国在。

　　欲言国之老少，请先言人之老少。老年人常思既往，少年人常思将来。惟思既往也，故生留恋心；惟思将来也，故生希望心。惟留恋也故保守，惟希望也故进取。惟保守也故永旧，惟进取也故日新。惟思既往也，事事皆其所已经者，故惟知照例；惟思将来也，事事皆其所未经者，故常敢破格。老年人常多忧虑，少年人常好行乐。惟多忧也，故灰心；惟行乐也，故盛气。惟灰心也，故怯懦；惟盛气也，故豪壮。惟怯懦也，故苟且；惟豪壮也，故冒险。惟苟且也，故能灭世界；惟冒险也，故能造世界。老年人常厌事，少年人常喜事。惟厌事也，故常觉一切事无可为者；惟好事也，故常觉一切事无不可为者。老年人如夕照，少年人如朝阳。老年人如瘠牛[4]，少年人如乳虎。老年人如僧，少年人如侠。老年人如字典[5]，少年人如戏文[6]。老年人如鸦片烟，少年人如泼兰地酒[7]。老年人如别行星之陨石[8]，少年人如大洋海之珊瑚岛[9]。老年人如埃及沙漠之金字塔[10]，少年人如西伯利亚之铁路。老年人如秋后之柳，少年人如春前之草。老年人如死海之潴为泽[11]，少年人如长江之初发源。此老年与少年性格不同之大略也。梁启超曰：人固有之，国亦宜然。

梁启超曰："伤哉，老大也！浔阳江头琵琶妇[12]，当明月绕船，枫叶瑟瑟，衾寒于铁，似梦非梦之时，追想洛阳尘中春花秋月之佳趣。西宫南内[13]，白发宫娥，一灯如穗，三五对坐，谈开元天宝间遗事，谱霓裳羽衣曲。青门种瓜人，左对孺人，顾弄孺子，忆侯门似海珠履杂遝之盛事[14]。拿破仑之流于厄蔑[15]，阿剌飞之幽于锡兰[16]，与三两监守吏或过访之好事者，道当年短刀匹马驰骋中原，席卷欧洲，血战海楼，一声叱咤，万国震恐之丰功伟烈，初而拍案，继而抚髀[17]，终而揽镜：呜呼，面皱齿尽[18]，白发盈把，颓然老矣！若是者，舍幽郁之外无心事[19]，舍悲惨之外无天地，舍颓唐之外无日月，舍叹息之外无音声，舍待死之外无事业。美人豪杰且然，而况于寻常碌碌者耶？生平亲友，皆在墟墓，起居饮食待命于人。今日且过，遑知他日[20]，今年且过，遑恤明年[21]。普天下灰心短气之事，未有甚于老大者。于此人也，而欲望以拿云之手段[22]，回天之事功[23]，挟山超海之意气[24]，能乎不能？

呜呼，我中国其果老大矣乎？立乎今日，以指畴昔[25]，唐虞三代，若何之郅治[26]；秦皇汉武，若何之雄杰；汉唐来之文学，若何之隆盛；康乾间之武功[27]，若何之烜赫[28]。历史家所铺叙，词章家所讴歌，何一非我国民少年时代良辰美景赏心乐事之陈迹哉！而今颓然老矣！昨日割五城，明日割十城，处处雀鼠尽，夜夜鸡犬惊。十八省之土地财产[29]，已为人怀中之肉；四百兆之父兄子弟[30]，已为人注籍之奴[31]。岂所谓"老大嫁作商人妇"者耶[32]？呜呼，凭君莫话当年事，憔悴韶光不忍看！楚囚相对[33]，岌岌顾影[34]，人命危浅，朝不虑夕。国为待死之国，一国之民为待死之民。万事付之奈何，一切凭人作弄，亦何足怪！

梁启超曰：我中国其果老大矣乎？是今日全地球之一大问题也。如其老大也,则是中国为过去之国,即地球上昔本有此国,而今渐渐灭[35],他日之命运殆将尽也。如其非老大也,则是中国为未来之国,即地球上昔未现此国,而今渐发达,他日之前程且方长也。欲断今日之中国为老大耶?为少年耶?则不可不先明国字之意义。夫国也者,何物也?有土地,有人民,以居于其土地之人民,而治其所居之土地之事,自制法律而自守之,有主权,有服从,人人皆主权者,人人皆服从者。夫如是斯谓之完全成立之国。地球上之有完全成立之国也,自百年以来也。完全成立者,壮年之事也。未能完全成立而渐进于完全成立者,少年之事也。故吾得一言以断之曰:欧洲列邦在今日为壮年国,而我中国在今日为少年国……

龚自珍氏之集有诗一章,题曰《能令公少年行》[36]。吾尝爱读之,而有味乎其用意之所存[37]。我国民而自谓其国之老大也,斯果老大矣。我国民而自知其国之少年也,斯乃少年矣。西谚有之曰:"有三岁之翁,有百岁之童。"然则,国之老少,又无定形,而实随国民之心力以为消长者也。吾见乎玛志尼之能令国少年也[38],吾又见乎我国之官吏士民能令国老大也。吾为此惧。夫以如此壮丽浓郁翩翩绝世之少年中国,而使欧西日本人谓我老大者何也?则以握国权者皆老朽之人也。非哦几十年八股[39],非写几十年白折[40],非当几十年差,非捱几十年俸,非递几十年手本[41],非唱几十年喏[42],非磕几十年头,非请几十年安,则必不能得一官,进一职。其内任卿贰以上[43],外任监司以上者[44],百人之中,其五官不备者[45],殆九十六七人也,非眼盲,则耳聋,非手颤,则足跛,否则半身不遂也。彼其一身饮食步履视听言语,尚且不能自了,须三四人在左右扶之捉之,乃能度日,于此而乃欲责之以国事,是何异立无数木偶而使之治天下也!且彼辈者,自其少壮之时既已不知亚细亚、欧罗巴为何处地方,汉祖唐宗是那朝皇帝,犹嫌其顽钝腐败未臻其极[46],又必搓磨之[47],陶冶之,待其脑髓已涸,血管已塞,气息奄奄,与鬼为邻之时,然后将我二万里山河,四万万人命,一举而畀于其手[48]。呜乎!老大帝国,诚哉其老大也!而彼辈者,积其数十年之八股、白折、当差、捱俸、手本、唱喏、磕头、请安,千辛万苦,千苦万辛,乃始得此红顶花翎之服色[49],中堂大人之名号[50],乃出其全付精神,竭其毕生力量,以保持之。如彼乞儿,拾金一锭,虽轰雷盘旋其顶上,而两手犹紧抱其荷包,他事非所顾也,非所知也,非所闻也。于此而告之以亡国也,瓜分也,彼乌从而听之[51],乌从而信之!即使果亡矣,果分矣,而吾今年既七十矣八十矣,但求其一两年内,洋人不来,强盗不起,我已快活过了一世矣;若不得已,则割三头两省之土地[52],奉申贺敬,以换我几个衙门,卖三几百万之人民作仆为奴,以赎我一条老命,有何不可,有何难办!呜呼!今以所谓老后老臣老将老吏者[53]，其修身齐家治国平天下之手段，皆具于是矣。西风一夜催人老，凋尽朱颜白尽头。使走无常当医生[54]，携催命符以祝寿，嗟乎痛哉！以此为国，是安得不老且死，且吾恐其未及岁而殇也。

梁启超曰：造成今日之老大中国者，则中国老朽之冤业也。制出将来之少年中国者，则中国少年之责任也。彼老朽者何足道？彼与此世界作别之日不远矣，而我少年乃新来而与世界为缘。如僦屋者然[55]，彼明日将迁居他方，而我今日始入此室处。将迁居者，不爱护其窗栊，不洁治其庭庑，俗人恒情，亦何足怪。若我少年者，前程浩浩，后顾茫茫，中国而为牛为马为奴为隶，则烹脔鞭箠之惨酷[56]，惟我少年当之；中国如称霸宇内，主盟地球，则指挥顾盼之尊荣，惟我少年享之。于彼气息奄奄与鬼为邻者何与焉！彼而漠然置之，犹可言也；我而漠然置之，不可言也。使举国之少年而果为少年也，则吾中国为未来之国，其进步未可量也。使举国之少年而亦为老大也，则吾中国为过去之国，其澌亡可翘足而待也。故今日之责任，不在他人，而全在我少年。少年智则国智，少年富则国富，少年强则国强，少年独立则国独立，少年自由则国自由，少年进步则国进步，少年胜于欧洲则国胜于欧洲，少年雄于地球则国雄于地球。红日初升，其道大光；河出伏流[57]，一泻汪洋；潜龙腾渊，鳞爪飞扬；乳虎啸谷，百兽震惶；鹰隼试翼，风尘吸张；奇花初胎，矞矞皇皇[58]；干将发硎[59]，有作其芒[60]；天戴其苍，地履其黄；纵有千古，横有八荒[61]，前途似海，来日方长。美哉我少年中国，与天不老！壮哉我中国少年，与国无疆！

"三十功名尘与土，八千里路云和月。莫等闲白了少年头，空悲切。"此岳武穆《满江红》词句也[62]。作者自六岁时即口受记忆，至今喜诵之不衰。自今以往，弃"哀时客"之名[63]，更自名曰："少年中国之少年。"作者附识。

1932年中华书局出版《饮冰室合集·文集之五》

【注释】

[1] 袭译：袭用翻译。 [2] 梁启超曰：一本作"任公曰"。 [3] 恶(wū)：叹词，表示惊讶与否定。 [4] 瘠牛：瘦弱的牛。 [5] 字典：字典富于经验、知识，但却呆板不生动。 [6] 戏文：戏曲剧本内容丰富，活泼生动，与"字典"形成鲜明对照。 [7] 波兰地：酒名，今通译作"白兰地"。性醇烈，有提神、活血等功能，与上句所说毒品"鸦片烟"正相对比。 [8] 陨石：喻老年人生命结束。 [9] 珊瑚岛：主要由大量珊瑚虫骨骼堆积成的岛屿。此处取其色泽美丽和充满旺盛生命力的特性，与上句"陨石"相对。 [10] 金字塔：取其仅供观赏而无实际用途之意，与下句富于实用的

"铁路"对比。　[11] 死海：在巴勒斯坦、约旦和以色列之间的巴勒斯坦湖，因湖中含盐分24%以上，很多生物不能生长，故称死海。这里用来比喻老年人如同死海一样，死气沉沉，也说明已走到人生终点。与下句长江发源地生气勃勃、奔腾不息，犹如生命的开端相对比。潴（zhū）：水聚集之处。　[12] "浔阳江头"等句：此用白居易《琵琶行》故事。谓长安歌女年老色衰之时追忆青春年少往事，不胜飘零之感。　[13] "西宫南内"等句：西宫，唐代太极宫。南内，唐代兴庆宫。白居易《长恨歌》："西宫南内多秋草。"白发宫娥：用元稹《行宫》诗意。《行宫》诗："寥落古行宫，宫花寂寞红。白头宫女在，闲坐说玄宗。"开元、天宝：唐玄宗年号。霓裳羽衣曲：本名婆罗门，源出印度，开元中传入中国。这几句写老年宫娥只能回忆往日旧事，以喻老年的悲哀。　[14] "青门"等句：青门，长安东南门。种瓜人，指汉初邵平，秦末为东陵侯，秦亡，在长安东门外种瓜为业。孺人：指妻子。这几句写当年显官年老时回忆旧日荣华富贵，十分伤感，以喻"老大"的悲哀。　[15] "拿破仑"句：拿破仑战败后被流放于厄蔑（今译厄尔巴）岛。　[16] "阿剌飞"句：阿剌飞，一译阿拉比（1839—1911），埃及民族解放运动领袖，曾领导军队反抗英法殖民统治。后为英军所败，流放于锡兰岛。　[17] 抚髀（bì）：抚股，指慨叹英雄壮志难酬。　[18] 皴（cūn）：皮肤因风吹或受冻而开裂，此指皮肤生出皱纹。　[19] 幽郁：深沉的忧郁。　[20] 遑知：无暇知道。[21] 恤：顾及。　[22] 拿云：李贺《致酒行》："少年心事当拿云。"比喻志气高远。　[23] 回天：《新唐书·张玄素传》："张公论事，有回天之力。"比喻能挽回形势。　[24] 挟山超海：《孟子·梁惠王上》："挟泰山以超北海。"比喻本领超凡，具有巨大的力量。　[25] 畴昔：过去。　[26] 郅（zhì）治：至治，极乎治，即盛世之意。　[27] 康乾：清代康熙、乾隆两朝，曾多次平定边疆的叛乱，维护了国家领土的完整统一。　[28] 烜赫：形容声威极盛。　[29] 十八省：清初全国共设立18个省，光绪末年已增至23个省，但习惯上仍称18省。此用以概指全国。　[30] 四百兆：一百万为一兆，四百兆即四亿。这是当时中国的总人口。　[31] 注籍之奴：指沦为别人的奴隶。[32] 老大嫁作商人妇：白居易《琵琶行》中之诗句。此指腐败没落的清王朝。　[33] 楚囚相对：《世说新语·言语》云："过江诸人，每至美日，辄相邀新亭，藉卉饮宴。周侯中坐而叹曰：'风景不殊，正自有山河之异！'皆相视流泪。唯王丞相（导）愀然变色曰：'当共戮力王室，克复神州，何至作楚囚相对！'"此喻清廷及古代的中国受制于强敌，窘迫无计。　[34] 岌岌：极端危急。　[35] 澌灭：灭亡，消灭。　[36]《能令公少年行》：龚自珍诗篇名，此取其意中永葆青春之意。　[37] 味：体会。　[38] 玛志尼：意大利革命志士，曾创立"少年意大利党"，创办《少年意大利》报，为完成意大利的独立统一事业作出了杰出贡献。〔39〕哦：吟诵。八股：明清科举考试所规定的文体，形式死板，又束缚人的思想。〔40〕白折：清代考卷之一。〔41〕手本：明清时门生拜见老师或下级官吏进见上级官吏所用的名帖。〔42〕唱喏（rě）：古人相见，作揖问好。〔43〕内任：在朝廷、京内任职。卿贰：卿指朝廷各部的长官，贰指副职。〔44〕外任：到地方任职。监司：清代通称各省布政使、按察使及各道道员。〔45〕五官不备：指年老者耳聋、眼花等。〔46〕臻：至。极：顶端。〔47〕搓磨：切磋琢磨。〔48〕畀（bì）：给予。〔49〕红顶花翎：清制：文武一二品官员帽顶的顶珠，用红宝石，称红顶。花翎，清代官员的冠饰。用孔雀翎饰于冠后，以翎眼多寡为等差。〔50〕中堂大人：清代对大学士的称呼，后也包括协办大学士。〔51〕乌：何，哪里。〔52〕三头两省：闽粤方言，指二三个省份。〔53〕老后：指慈禧太后。老臣：指李鸿章等。〔54〕走无常：迷信说法，阴司用活人为鬼役，专门勾摄应死者的魂魄，这种人称为走无常。〔55〕僦（jiù）：租赁。〔56〕烹脔筆鞭：指任人宰割，受人欺凌。脔，切成小块的肉，此作动词讲，是宰割之意。筆，"棰"的异体字。棰，木棍，此作动词讲，是捶打之意。〔57〕伏流：地下水流。《水经注·河水》："河出昆仑，伏流地中万三千里。"〔58〕矞矞（yù yù）皇皇：形容艳丽美盛。〔59〕干将：古代宝剑名。硎：磨刀石。发硎，意指刀刃新磨，极为锋利。〔60〕有作其芒：形容新磨的宝剑光芒四射。〔61〕八荒：八方荒远之地。〔62〕岳武穆：岳飞，谥武穆。〔63〕哀时客：梁启超曾用之笔名。

秋　　瑾

作者简介见前"诗歌"。

普告同胞檄稿

【解题】

本文是1907年夏秋瑾为组织光复军武装起义而起草的告全国同胞书，题目据陶成章《浙案纪略》补。文章向全国人民揭示了当前国家、民族所面临的危险形势，痛斥封建专制统治给人民带来的种种灾难，号召人民起来革命，推翻清朝统治。文章气势充沛，锋芒毕露，具有很强的鼓动性。

嗟夫[1]！我父老子弟，其亦知今日之时势，为如何之时势乎？其亦知今日之时势，有不容不革命者乎？欧风美雨[2]，澎湃逼人，满贼汉奸[3]，网罗交至，我同胞处于四面楚歌声里[4]，犹不自知，此某等为大义之故，不得不恺切劝谕者也[5]。夫鱼游釜底，燕处焚巢[6]，且夕偷生，不自知其频于危殆[7]，我同胞其何以异是耶？财政则婪索无厌[8]，虽负尽纳税义务，而不与人以参政之权[9]；民生则道路流离，而彼方升平歌舞。侈言立宪[10]，而专制乃得实行；名为集权，则汉人尽遭剥削[11]。南北兵权，既纯操于满奴之手，天下财赋，又欲集之一隅[12]。练兵也，加赋也，种种剥夺，括以一言[13]，制我汉族之死命而已。夫闭关之世[14]，犹不容有一族偏枯之弊[15]，况四邻逼处[16]，彼乃举其防家贼、媚异族之手段，送我大好河山？嗟夫！我父老子弟，盍亦一念祖宗基业之艰难、子孙立足之无所[17]，而深思于满奴之政策耶？

某等眷怀祖国之前程，默察天下之大势，知有不容已于革命[18]，用是张我旗鼓，歼彼丑奴，为天下创[19]。义旗指处，是我汉族，应表同情也。

1982年人民文学出版社《秋瑾诗文选》

【注释】

[1] 嗟夫：慨叹词。 [2] 欧风美雨：指欧美资产阶级经济文化对中国的影响。 [3] 满贼汉奸：与下文所说"满奴"等，都是当时反清排满志士对清统治者及其汉族奸细的习称。 [4] "我同胞"句：意为我中国人民处在内忧外患的危难之中。 [5] 恺切：同"剀切"。切实，切中事理。 [6] 鱼游釜底，燕处焚巢：均比喻中国人民的处境极其危险。 [7] 频：通"濒"。迫近，靠近。 [8] 厌：通"餍"。满足。 [9] 参政之权：参与管理国家的权利。 [10] 侈言立宪：光绪三十二年（1906）清廷曾宣布"预备立宪"，但并不规定具体实行的时间，这实际是一种安抚民心而采用的欺骗手法，故说是"侈言"。侈言，即大肆谈论。 [11] "名为集权"二句：当时清廷曾提出"满汉平等""大权统于朝廷"等说法，但汉族人并无实际权力。 [12] 集之一隅：集中在一个角落。此指清朝最高统治者。 [13] 括以一言：用一句话来概括。 [14] 闭关之世：清廷自乾隆年间开始实行闭关政策，限制和禁止对外交通、贸易。 [15] 一族偏枯之弊：指满族贵族压迫汉族人民。 [16] 四邻逼处：指各国互相交往、通商贸易。 [17] 所：地方。 [18] 已：停止。 [19] 创：创始。

林 觉 民

林觉民（1887—1911），字意洞，号抖飞，又号天外生，福建闽侯（今福州）人。1900年入福建高等学堂，开始接受民主革命思想。1907年赴日本留学，参加了同盟会，积极开展革命活动。1911年春得黄兴、赵声通知回国，组织福建几十位革命同志参加广州起义。农历三月二十九日（4月27日）起义开始，随黄兴攻入清总督衙门。在退出衙门后与清军遭遇，激战中负伤被捕。几天后从容就义，葬黄花岗，为七十二烈士之一。

致 妻 书

【解题】

这封信是林觉民在参加广州起义的前三天写给妻子的。因是林觉民生前所写的最后一封信，所以也称为"绝笔书"或"诀别书"。在这封信里，作者向妻子诉说了自己为天下人谋永久幸福的抱负和理想，表达了自己一往无前、义无反顾的革命决心，并鼓励妻子要勇敢地面对残酷的现实，不要过分陷入一己的悲痛之中。文章朴素自然，叙述回环往复，字里行间处处体现着对自己妻子的无限柔情和对自己革命事业的满腔热情。

意映卿卿如晤[1]：

吾今以此书与汝永别矣！吾作此书时，尚是世中一人，汝看此书时，吾已成为阴间一鬼。吾作此书，泪珠和笔墨齐下，不能竟书而欲搁笔[2]。又恐汝不察吾衷[3]，谓吾忍舍汝而死，谓吾不知汝之不欲吾死也，故遂忍悲为汝言之。

吾至爱汝！即此爱汝一念，使吾勇于就死也。吾自遇汝以来，常愿天下有情人都成眷属[4]；然遍地腥云[5]，满街狼犬[6]，称心快意，几家能彀[7]？司马青衫[8]，吾不能学太上之忘情也[9]。语云：仁者"老吾老以及人之老，幼吾幼以及人之幼"[10]。吾充吾爱汝之心[11]，助天下人爱其所爱，所以敢先汝而死，不顾汝也。汝体吾此心，于啼泣之余，亦以天下人为念，当亦乐牺牲吾身与汝身之福利，为天下人谋永福也[12]。汝其勿悲[13]。

汝忆否？四五年前某夕，吾尝语曰："与使吾先死也，无宁汝先吾而死。"汝初闻言而怒，后经吾婉解[14]，虽不谓吾言为是，而亦无词相答。吾之意盖谓以汝之弱，必不能禁失吾之悲[15]，吾先死留苦与汝，吾心不忍，故宁请汝先死，吾担悲也[16]。嗟夫！谁知吾卒先汝而死乎[17]！

吾真真不能忘汝也！回忆后街之屋，入门穿廊，过前后厅，又三四折，有小厅，厅旁一屋，为吾与汝双栖之所。初婚三四个月，适冬之望日前后[18]，窗外疏梅筛月影[19]，依稀掩映[20]；吾与汝并肩携手，低低切切，何事不语？何情不诉？及今思之，空余泪痕！又回忆六七年前，吾之逃家复归也[21]，汝泣告我："望今后有远行，必以告妾，妾愿随君行。"吾亦既许汝矣。前十余日回家，即欲乘便以此行之事语汝[22]。及与汝相对，又不能启口；且以汝之有身也[23]，更恐不胜悲，故惟日日呼酒买醉。嗟夫！当时余心之悲，盖不能以寸管形容之[24]。

吾诚愿与汝相守以死，第以今日事势观之[25]，天灾可以死，盗贼可以死，瓜分之日可以死，奸官污吏虐民可以死，吾辈处今日之中国，国中无地无时不可以死！到那时使吾眼睁睁看汝死，或使汝眼睁睁看我死，吾能之乎？抑汝能之乎？即可不死，而离散不相见，徒使两地眼成穿而骨化石[26]，试问古来几曾见破镜能重圆？则较死为苦也，将奈之何？今日吾与汝幸双健。天下人之不当死而死与不愿离而离者，不可数计，钟情如我辈者[27]，能忍之乎？此吾所以敢率性就死不顾汝也[28]。吾今死无余憾，国事成不成自有同志者在。依新已五岁[29]，转眼成人，汝其善抚之，使之肖我[30]。汝腹中之物，吾疑其女也，女必象汝，吾心甚慰。或又是男，则亦教其以父志为志，则我死后尚有二意洞在也[31]。甚幸，甚幸！吾家后日当甚贫，贫无所苦，清静过日而已。

吾今与汝无言矣！吾居九泉之下，遥闻汝哭声，当哭相和也。吾平日不信有鬼，今则又望其真有。今人又言心电感应有道，吾亦望其言是实，则吾之死，吾灵尚依依旁汝也[32]，汝不必以勿侣悲[33]！

吾平生未尝以吾所志语汝，是吾不是处；然语之，又恐汝日日为吾担忧。吾牺牲百死而不辞，而使汝担忧，的的非吾所忍[34]。吾爱汝至[35]，所以为汝谋者惟恐未尽。汝幸而偶我[36]，又何不幸而生今日之中国！吾幸而得汝，又何不幸而生今日之中国！卒不忍独善其身。嗟夫！巾短情长[37]，所未尽者，尚有万千，汝可以模拟得之。吾今不能见汝矣！汝不能舍吾[38]，其时时于梦中得我乎？一恸[39]！

辛亥三月廿六夜四鼓[40]，意洞手书。

家中诸母皆通文[41]，有不解处，望请其指教，当尽吾意为幸[42]！

1992年上海书店出版《中国近代文学大系·书信日记集》一

【注释】

　　[1] 卿卿：旧时丈夫对妻子的亲昵称谓。如晤：如同见面一样。为书信开头的习用语。　[2] 竟书：写完。竟，完。　[3] 吾衷：我的内心。　[4] "常愿"句：引自王实甫杂剧《西厢记》。　[5] 遍地腥云：指清王朝的血腥统治遍及全国各地。　[6] 满街狼犬：谓到处是清朝统治者及其走狗。　[7] 彀：同"够"。　[8] 司马青衫：白居易《琵琶行》："座中泣下谁最多？江州司马青衫湿。"这里作者用来指自己看到"遍地腥云，满街狼犬"这种情况后，感到无限忧伤悲愤。　[9] 太上：指超凡脱俗的圣人。忘情：指对社会的灾难无动于衷。　[10] "老吾老"二句：此引用《孟子·梁惠王上》中之语，意思是说，孝敬自己的长辈，并孝敬一切人的长辈；爱护自己的子女，并爱护一切人的子女。　[11] 充：扩大。　[12] 永福：永久的幸福。　[13] 汝其勿悲：你不要悲伤。其，表祈使语，意为希望，应当。　[14] 婉解：婉转的解释。　[15] 禁：忍受。　[16] 担：承受。　[17] 卒：终于。　[18] 望日：农历每月十五日。　[19] 疏梅筛月影：月光透过稀疏的梅枝映照出来，如同被筛子筛过一样。　[20] 依稀：模模糊糊的。　[21] 逃家复归：林觉民曾偷着出门去进行反清革命活动，故曰"逃家"。　[22] 此行之事：指这次到广州参加起义一事。　[23] 有身：怀孕。　[24] 寸管：毛笔的代称。　[25] 第：但。　[26] 两眼成穿：用"望眼欲穿"成语之意。骨化石：用"望夫石"的故事。这里都用来说明夫妇分离相思之苦。　[27] 钟情：感情专注。　[28] 率性：按自己的性情行事。　[29] 依新：作者长子名。　[30] 肖：相似。　[31] 意洞：作者的字。　[32] 依依：依恋不舍的样子。　[33] 侣：作为伴侣。　[34] 的的：意谓的确确。　[35] 至：到极点。　[36] 偶：作动词"嫁"讲，作为配偶。　[37] 巾短情长：因为作者此信是写在一条白布方巾上的，故云。　[38] 舍吾：舍弃我。　[39] 一恸：真令人悲痛至极。　[40] 辛亥：1911年。廿六：二十六日。　[41] 诸母：各位伯母、婶母等。　[42] 当尽吾意为幸：务必完全理解我的意思才好。

六、小　说

蒲　松　龄

　　蒲松龄（1640—1715），字留仙，一字剑臣，自号柳泉居士，淄川（今山东淄博）人。顺治十五年（1658）以县、府、道三试第一，为诸生。次年，与张笃庆、李希梅等结郢中诗社，冀砥砺学问，以魁多士。然屡应乡试，无不铩羽而归。康熙四十九年（1710）七十一岁时，方援例为贡生。其间除康熙九年应宝应知县孙蕙之聘作幕年余外，长期以坐馆授徒、读书写作为事。尤以坐馆西铺毕府时间最长，达三十余年。生平事迹见张元《柳泉蒲先生墓表》、蒲箬《清故显考岁进士候选儒学训导柳泉公行述》、王洪谋《柳泉居士行略》及多种《年谱》。蒲氏才华横溢，工于著述，诗、词、文、赋、俚曲、杂著，无不当行出色。尤长于小说，是我国最伟大的短篇小说家。一生撰有短篇小说近五百篇，结集为《聊斋志异》。据康熙十八年所作《自志》，书在作者40岁左右已基本完成，以后又几经修改增补。在艺术上，《聊斋志异》可谓想象丰富、构思奇妙、情节曲折、境界瑰丽，塑造了一系列栩栩如生的感人形象，"用传奇法，而以志怪"（鲁迅《中国小说史略》），形成了独特的艺术风格。《聊斋志异》成书后，风靡海内外，被译成多种文字，"聊斋学"已成为一门国际显学。《聊斋志异》的版本极多。手稿今存半部（存二百零三篇，有影印本）。抄本有康熙抄本、康熙抄异史本（有排印本）、乾隆十六年铸雪斋抄本（有排印本）、乾隆黄炎熙选抄本等。刻本以乾隆三十一年青柯亭刻本为最早，此后通行本大多据此本翻印。

婴　宁

【解题】

　　本文"以笑立胎，以花为眼"，通过描写王子服与婴宁的爱情故事，成功地塑造了婴宁这样一位狐生鬼养、容貌绝代、笑容可掬、爱花成癖、既"憨"且"黠"的少女形象。为突出婴宁善笑与爱花的个性特征，作者处处写笑，又处处以花映带。哪里有婴宁，哪里就有鲜花，哪里就有笑声。各种各样的笑，出于天性，发乎真情，既是婴宁的防身之宝，又是她的进攻利器。而写花写笑，则又显示出作者的绝世笔力，诚如但明伦所言：小说"以拈花笑起，以摘花不笑收，写笑层见叠出，无一意冗复，无一笔雷同"。

　　王子服，莒之罗店人[1]。早孤。绝惠，十四入泮[2]。母最爱之，寻常不令游郊野。聘萧氏，未嫁而夭，故求凰未就也[3]。会上元[4]，有舅氏子吴生，邀同眺瞩。方至村外，舅家有仆来，招吴去。生见游女如云，乘兴独遨。有女郎携婢，拈梅花一枝，容华绝代，笑容可掬。生注目不移，竟忘顾忌。女过去数武[5]，顾婢曰："个儿郎目灼灼似贼[6]！"遗花地上，笑语自去。

　　生拾花怅然，神魂丧失，怏怏遂返。至家，藏花枕底，垂头而睡，不语亦不食。母忧之，醮禳益剧[7]，肌革锐减[8]。医师诊视，投剂发表[9]，忽忽若迷。母抚问所由，默然不答。适吴生来，嘱密诘之。吴至榻前，生见之泪下。吴就榻慰解，渐致研诘[10]。生具吐其实，且求谋画。吴笑曰："君意亦复痴！此愿有何难遂？当代访之。徒步于野，必非世家。如其未字[11]，事固谐矣。不然，拼以重赂，计必允遂。但得痊瘳，成事在我。"生闻之，不觉解颐[12]。吴出告母，物色女子居里，而探访既穷，并无踪绪。母大忧，无所为计。然自吴去后，颜顿开，食亦略进。数日，吴复来。生问所谋，吴绐之曰："已得之矣。我以为谁何人，乃我姑氏女，即君姨妹行，今尚待聘。虽内戚有婚姻之嫌[13]，实告之，无不谐者。"生喜溢眉宇，问："居何里？"吴诡曰："西南山中，去此可三十里。"生又付嘱再四，吴锐身自任而去。

　　生由是饮食渐加，日就平复。探视枕底，花虽枯，未便雕落。凝思把玩，如见其人。怪吴不至，折柬招之[14]。吴支托不肯赴招[15]。生恚怒，悒悒不欢。母虑其复病，急为议姻。略与商榷[16]，辄摇首不愿，惟日盼吴。吴迄无耗[17]，益怨恨之。转思三十里非遥，何必仰息他人[18]？怀梅袖中，负气自往，而家人不知也。伶仃独步，无可问程，但望南山行去。约三十余里，乱山合沓[19]，空翠爽肌，寂无人行，止有鸟道[20]。遥望谷底，丛花乱树中，隐隐有小里落。下山入村，见舍宇无多，皆茅屋，而意甚修雅[21]。北向一家，门前皆丝柳，墙内桃杏尤繁，间以修竹[22]，野鸟格磔其中[23]。意其园亭，不敢遽入。回顾对户，有巨石滑洁，因据坐少憩。俄闻墙内有女子，长呼"小荣"，其声娇细。方伫听间，一女郎由东而西，执杏花一朵，俯首自簪。举头见生，遂不复簪，含笑拈花而入。审视之，即上元途中所遇也。心骤喜。但念无以阶进，欲呼姨氏，顾从无还往，惧有讹误。门内无人可问。坐卧徘徊，自朝至于日昃[24]，盈盈望断[25]，并忘饥渴。时见女子露半面来窥，似讶其不去者。忽一老媪扶杖出，顾生曰："何处郎君？闻自辰刻便来[26]，以至于今。意将何为？得勿饥耶？"生急起揖之，答云："将以盼亲[27]。"媪聋聩不闻。又大言之[28]。乃问："贵戚何姓？"生不能答。媪笑曰："奇哉！姓名尚自不知，何亲可探？我视郎君，亦书痴耳。不如从我来，啖以粗粝[29]，家有短榻可卧。待明朝归，询知姓氏，再来探访，不晚也。"生方腹馁思啖，又从此渐近丽人，大喜。从媪入，见门内白石砌路，夹道红花，片片堕阶上。曲折而西，又启一关，豆棚花架满庭中。肃客入舍[30]，粉壁光明如镜。窗外海棠枝朵，探入室中。裀藉几榻[31]，罔不洁泽。甫坐，即有人自窗外隐约相窥。媪唤："小荣！可速作黍[32]。"外有婢子嗷声而应[33]。坐次，具展宗阀[34]。媪曰："郎君外祖，莫姓吴否？"曰："然。"媪惊曰："是吾甥也！尊堂，我妹子。年来以家窭贫，又无三尺男，遂至音问梗塞。甥长成如许，尚不相识。"生曰："此来即为姨也，匆遽遂忘姓氏。"媪："老身秦姓，并无诞育。弱息仅存[35]，亦为庶产[36]。渠母改醮[37]，遗我鞠养[38]。颇亦不钝，但少教训，嬉不知愁。少顷，使来拜识。"

未几，婢子具饭，雏尾盈握[39]。媪劝餐已，婢来敛具[40]。媪曰："唤宁姑来。"婢应去。良久，闻户外隐有笑声。媪又唤曰："婴宁，汝姨兄在此。"户外嗤嗤笑不已。婢推之以入，犹掩其口，笑不可遏。媪嗔目曰："有客在，咤咤叱叱[41]，是何景象？"女忍笑而立，生揖之。媪曰："此王郎，汝姨子。一家尚不相识，可笑人也。"生问："妹子年几何矣？"媪未能解。生又言之。女复笑，不可仰视。媪谓生曰："我言少教诲，此可见矣。年已十六，呆痴裁如婴儿[42]。"生曰："小于甥一岁。"曰："阿甥已十七矣，得非庚午属马者耶[43]？"生首应之。又问："甥妇阿谁？"答云："无之。"曰："如甥才貌，何十七岁犹未聘？婴宁亦无姑家[44]，极相匹敌[45]；惜有内亲之嫌。"生无语，目注婴宁，不遑他瞬。婢向女小语曰："目灼灼贼腔未改。"女又大笑，顾婢曰："视碧桃开未？"遽起，以袖掩口，细碎连步而出。至门外，笑声始纵。媪亦起，唤婢襆被，为生安置。曰："阿甥来不易，宜留三五日，迟迟送汝归。如嫌幽闷，舍后有小园，可供消遣。有书可读。"

次日，至舍后，果有园半亩，细草铺毡，杨花糁径[46]。有草舍三楹[47]，花木四合其所。穿花小步，闻树头苏苏有声，仰视，则婴宁在上。见生来，狂笑欲堕。生曰："勿尔，堕矣！"女且笑且下，不能自止。方将及地，失手而堕，笑乃止。生扶之，阴捘其腕[48]。女笑又作，倚树不能行，良久乃罢。生俟其笑歇，乃出袖中花示之。女接之，曰："枯矣。何留之？"曰："此上元妹子所遗，故存之。"问："存之何意？"曰："示相爱不忘也。自上元相遇,凝思成病,自分化为异物[49],不图得见颜色。幸垂怜悯。"女曰:"此大细事。至戚何所靳惜[50]?待郎行时,园中花,当唤老奴来,折一巨捆负送之。"生曰:"妹子痴耶?"女曰:"何便是痴?"生曰:"我非爱花,爱拈花之人耳。"女曰:"葭莩之情[51],爱何待言。"生曰:"我所谓爱,非瓜葛之爱[52],乃夫妻之爱。"女曰:"有以异乎?"曰:"夜共枕席耳。"女俯思良久,曰:"我不惯与生人睡。"语未已,婢潜至,生惶恐遁去。少时,会母所。母问:"何往?"女答以园中共话。媪曰:"饭熟已久,有何长言,周遮乃尔[53]?"女曰:"大哥欲我共寝。"言未已,生大窘,急目瞪之。女微笑而止。幸媪不闻,犹絮絮究诘。生急以他词掩之,因小语责女。女曰:"适此语不应说耶?"生曰:"此背人语。"女曰:"背他人,岂得背老母?且寝处亦常事,何讳之?"生恨其痴,无术可以悟之。食方竟,家中人捉双卫来寻生[54]。

先是,母待生久不归,始疑。村中搜觅几遍,竟无踪兆[55]。因往询吴。吴忆曩言,因教于西南山村行觅。凡历数村,始至于此。生出门,适相值,便入告媪,且请偕女同归。媪喜曰:"我有志,匪伊朝夕[56]。但残躯不能远涉,得甥携妹子去,识认阿姨,大好!"呼婴宁,宁笑至。媪曰:"有何喜,笑辄不辍?若不笑,当为全人。"因怒之以目。乃曰:"大哥欲同汝去,可便束装。"又饷家人酒食,始送之出,曰:"姨家田产丰饶,能养冗人。到彼且勿归,小学诗礼,亦好事翁姑[57]。即烦阿姨,为汝择一良匹。"二人遂发。至山坳,回顾,犹依稀见媪倚门北望也。

抵家,母睹妹丽,惊问为谁。生以姨女对。母曰:"前吴郎与儿言者,诈也。我未有姊,何以得甥?"问女,女曰:"我非母出。父为秦氏,没时,儿在襁中,不能记忆。"母曰:"我一姊适秦氏,良确。然殂谢已久[58],那得复存?"因审诘面庞、志赘,一一符合。又疑曰:"是矣。然亡已多年,何得复存?"疑虑间,吴生至,女避入室。吴询得故,惘然久之。忽曰:"此女名婴宁耶?"生然之。吴亟称怪事。问所自知,吴曰:"秦家姑去世后,姑丈鳏居[59],祟于狐,病瘠死。狐生女名婴宁,绷卧床上,家人皆见之。姑丈没,狐犹时来。后求天师符粘壁上[60],狐遂携女去。将勿此耶?"彼此疑参[61]。但闻室中吃吃皆婴宁笑声。母曰:"此女亦太憨生[62]。"吴请面之。母入室,女犹浓笑不顾。母促令出,始极力忍笑,又面壁移时,方出。才一展拜,翻然遽入,放声大笑。满室妇女,为之粲然[63]。

吴请往觇其异,就便执柯[64]。寻至村所,庐舍全无,山花零落而已。吴忆姑葬处,仿佛不远,然坟垅湮没,莫可辨识,诧叹而返。母疑其为鬼,入告吴言,女略无骇意;又吊其无家,亦殊无悲意,孜孜憨笑而已。众莫之测。母令与少女同寝止。昧爽即来省问[65]，操女红精巧绝伦[66]。但善笑，禁之亦不可止。然笑处嫣然，狂而不损其媚，人皆乐之。邻女少妇，争承迎之。母择吉将为合卺[67]，而终恐为鬼物，窃于日中窥之，形影殊无少异[68]。至日，使华装行新妇礼，女笑极不能俯仰，遂罢。生以其憨痴，恐漏泄房中隐事。而女殊密秘，不肯道一语。每值母忧怒，女至，一笑即解。奴婢小过，恐遭鞭楚，辄求诣母共话，罪婢投见，恒得免。而爱花成癖，物色遍戚党，窃典金钗，购佳种。数月，阶砌藩溷[69]，无非花者。

庭后有木香一架，故邻西家。女每攀登其上，摘供簪玩。母时遇见，辄诃之，女卒不改。一日，西人子见之，凝注倾倒。女不避而笑。西人子谓女意已属，心益荡。女指墙底笑而下，西人子谓示约处，大悦。及昏而往，女果在焉。就而淫之，则阴如锥刺，痛彻于心，大号而蹶。细视非女，则一枯木卧墙边，所接乃水淋窍也。邻父闻声，急奔研问，呻而不言。妻来，始以实告。爇火烛窍[70]，见中有巨蝎，如小蟹然。翁碎木捉杀之。负子至家，半夜寻卒。邻人讼生，讦发婴宁妖异。邑宰素仰生才[71]，稔知其笃行士[72]，谓邻翁讼诬，将杖责之。生为乞免，遂释而出。母谓女曰："憨狂尔尔，早知过喜而伏忧也。邑令神明，幸不牵累；设鹘突官宰[73]，必逮妇女质公堂，我儿何颜见戚里？"女正色，矢不复笑。母曰："人罔不笑，但须有时。"而女由是竟不复笑，虽故逗，亦终不笑，然竟日未尝有戚容。

一夕，对生零涕。异之。女哽咽曰："曩以相从日浅，言之恐致骇怪。今日察姑及郎，皆过爱无有异心，直告或无妨乎？妾本狐产，母临去，以妾托鬼母，相依十馀年，始有今日。妾又无兄弟，所恃者惟君。老母岑寂山阿[74]，无人怜而合厝之[75]，九泉辄为悼恨。君倘不惜烦费，使地下人消此怨恫[76]，庶养女者不忍溺弃。"生诺之，然虑坟冢迷于荒草。女但言无虑。刻日，夫妻舆榇而往[77]。女于荒烟错楚中指示墓处[78]，果得媪尸，肤革犹存。女抚哭哀痛。舁归，寻秦氏墓合葬焉。是夜，生梦媪来称谢，寤而述之。女曰："妾夜见之，嘱勿惊郎君耳。"生恨不邀留，女曰："彼鬼也，生人多，阳气盛，何能久居？"生问小荣，曰："是亦狐，最黠。狐母留以视妾，每摄饵相哺，故德之常不去心。昨问母，云已嫁之。"由是岁值寒食[79]，夫妻登秦墓，拜扫无缺。女逾年生一子，在怀抱中不畏生人，见人辄笑，亦大有母风云。

异史氏曰："观其孜孜憨笑，似全无心肝者；而墙下恶作剧，其黠孰甚焉。至凄恋鬼母，反笑为哭，我婴宁殆隐于笑者矣。窃闻山中有草，名'笑矣乎'[80]。嗅之，则笑不可止。房中植此一种，则合欢、忘忧[81]，并无颜色矣。若解语花[82]，正嫌其作态耳。"

三会本《聊斋志异》卷二

【注释】

［1］莒（jǔ）：明清散州，今山东莒县。　［2］入泮：考取秀才。春秋时鲁国学宫在泮水之旁，后遂称考得生员资格为入泮或游泮。　［3］求凰：指男子求偶。　［4］上元：上元节，农历正月十五。　［5］武：古以六尺为步，半步为武。　［6］个儿郎：这小伙子。个，这。　［7］醮禳（jiào ráng）益剧：意为越求神拜佛病情越重。醮禳，僧道祭神消灾的迷信活动。　［8］肌革锐减：身体很快消瘦。肌革，肌肤。　［9］投剂发表：中医的治病方法，即用药将疾病从体内表散出来。剂，药剂。表，表散。　［10］研诘：仔细询问。　［11］字：女子许婚。　［12］解颐：露出笑容。颐，面颊。　［13］"内戚"句：意谓同母系姨表亲结婚，因血统近，对后代不利，故有嫌忌。　［14］折柬：裁纸写信。　［15］支托：支吾推托。　［16］榷：同"榷"。　［17］耗：消息。　［18］仰息他人：依赖他人。仰，仰仗。息，鼻息。　［19］合沓：环绕重叠。　［20］鸟道：只有飞鸟可过的道路，形容道路极为险峻。　［21］意甚修雅：给人以整齐幽雅的感觉。　［22］修竹：细长的竹子。　［23］格磔（zhé）：形容鸟叫的声音。　［24］日昃（zè）：太阳偏西。　［25］盈盈望断：望穿双眼。盈盈，形容眼波流动，明澈如秋水。　［26］辰刻：上午七点至九点的时间。　［27］盼亲：探望亲戚。　［28］大言：大声说话。　［29］粗粝：糙米，比喻粗茶淡饭。　［30］肃客：请客人先进屋，表示尊敬。　［31］裀藉：坐垫。　［32］作黍：做饭。　［33］嚤（jiào）声而应：高声答应。　［34］展：陈述。宗阀：宗族门第。　［35］弱息：幼弱的子女，这里指婴宁。　［36］庶产：妾生的孩子。　［37］改醮：改嫁。　［38］鞠养：抚养。　［39］雏尾盈握：指肥嫩的雏鸡。盈握，满一把。　［40］敛具：收拾餐具。　［41］咤咤叱叱：意犹嘻嘻哈哈。　［42］裁：通"纔"，才。　［43］庚午属马：庚午年出生，属马。　［44］姑家：婆家。　［45］匹敌：般配。　［46］杨花糁径：白色的杨花星星点点地散落在小路上。糁，碎米屑。　［47］三楹：三间。　［48］捘（zùn）：捏。　［49］化为异物：死亡的委婉说法。异物，鬼的讳词。　［50］靳惜：吝惜。　［51］葭莩（jiā fú）之情：亲戚情谊。葭莩，芦苇内壁的薄膜，喻指亲戚。　［52］瓜葛：指亲戚。　［53］周遮：形容话多。　［54］捉双卫：牵着两头毛驴。卫，驴的别称。　［55］踪兆：踪迹。　［56］匪伊朝夕：不止一朝一夕。匪，非。伊，语助词。　［57］翁姑：公婆。　［58］殂谢：死亡。　［59］鳏居：丧妻后独居。　［60］天师：指张天师。汉代张道陵传播道教，元朝封张道陵为天师。其后世子孙在江西龙虎山从事炼丹画符等宗教活动，世人亦称为天师。　［61］疑参：疑惑不定。　［62］太憨生：过于娇痴。憨，痴傻。生，语助词。

[63] 粲然：露齿而笑。 [64] 执柯：做媒。 [65] 昧爽：黎明。省（xǐng）问：问安。旧礼子女必须早晚向父母请安。 [66] 女红（gōng）：指女子所做的纺织、缝纫、刺绣等事。 [67] 择吉：挑选吉日良辰。合卺：指婚礼。 [68] "窃于"二句：传说鬼在日光下没有身影，因而以此来检验婴宁是否为鬼物。 [69] 藩：篱笆。涸（hùn）：厕所。 [70] 爇（ruò）火：点燃灯火。 [71] 邑宰：县令。下文"邑令"义同。 [72] 笃行士：品行纯厚之士。 [73] 鹘（hú）突：糊涂。 [74] 岑寂山阿：孤寂地居处于山坳中。 [75] 合厝（cuò）：合葬。 [76] 恫：哀痛。 [77] 舆榇：用车子装着棺材。 [78] 错楚：灌木丛。 [79] 寒食：寒食节，在清明前二日。旧俗每年这天不生火煮饭不吃熟食。此指清明节上坟扫墓的风俗。 [80] 笑矣乎：传说有一种菌，因人吃了会无故发笑。便名"笑矣乎"。 [81] 合欢、忘忧：夜合花、萱草。传说这两种花可令人欢乐而忘记忧愁。 [82] 解语花：唐明皇对杨贵妃的昵称，后世用以比喻善于迎合人意的美女。

【选评】

[清] 但明伦评：此篇以笑字立胎，而以花为眼，处处写笑，即处处以花映带之。拈梅花一枝数语，已伏全文之脉，故文章全在提摄处得力也。以拈花笑起，以摘花不笑收，写笑层见叠出，无一意冗复，无一笔雷同。不笑后复用反衬，后仍结转笑字，篇法严密乃尔。

胡 四 娘

【解题】

这是一篇"写到十分，令人涕笑不得"的反映"炎凉世态，浅薄人情"（何守奇评语）的绝妙佳作。作者倾注全部心血，塑造了胡四娘这一端庄凝重、豁达大度的女性形象。面对兄嫂姐妹乃至亲朋婢仆的讥嘲、狎侮、揶揄，四娘"不怒亦不言""殊无惭怍"；面对艳羡、恭维，她依然"凝重如故"。从这看似"事事类痴"的描写之中，凸现出一个参透了世情的奇女子，淋漓尽致地揭露了势利社会的人情世态。但明伦评云："看其轻描淡写，急弦促响，数语中如珠盘错落，如飞瀑激扬，又鞺鞳嗡吰，大声发于水上，如闻无射之音，此为何等笔力！"

程孝思，剑南人[1]。少惠能文。父母俱早丧，家赤贫，无衣食业，求佣为胡银台司笔札[2]。胡公试使文，大悦之，曰："此不长贫，可妻也。"银台有三子四女，皆褓中论亲于大家；止有少女四娘，孽出[3]，母早亡，笄年未字[4]，遂赘程。或非笑之，以为髦髦之乱命[5]，而公弗之顾也。除馆馆生，供备丰隆。群公子鄙不与同食，仆婢咸揶揄焉。生默默不较短长，研读甚苦。众从旁厌讥之，程读弗辍；群又鸣钲锽聒其侧[6]，程携卷去，读于闺中。

初，四娘之未字也，有神巫知人贵贱，遍观之，都无谀词；惟四娘至，乃曰："此真贵人也！"及赘程，诸姊妹皆呼之"贵人"以嘲笑之；而四娘端重寡言，若罔闻之。渐至婢媪，亦率相呼。四娘有婢名桂儿，意颇不平，大言曰："何知吾家郎君，便不作贵官耶？"二姊闻而嗤之曰："程郎如作贵官，当抉我眸子去[7]！"桂儿怒而言曰："到尔时，恐不舍得眸子也！"二姊婢春香曰："二娘食言，我以两睛代之。"桂儿益恚，击掌为誓曰："管教两丁盲也[8]！"二姊忿其语侵，立批之[9]。桂儿号咷。夫人闻知，即亦无所可否，但微哂焉。桂儿噪诉四娘；四娘方绩[10]，不怒亦不言，绩自若。

会公初度[11]，诸婿皆至，寿仪充庭[12]。大妇嘲四娘曰："汝家祝仪何物？"二妇曰："两肩荷一口！"四娘坦然，殊无惭怍。人见其事事类痴，愈益狎之。独有公爱妾李氏，三姊所自出也，恒礼重四娘，往往相顾恤[13]。每谓三娘曰："四娘内慧外朴[14]，聪明浑而不露[15]，诸婢子皆在其包罗中而不自知。况程郎昼夜攻苦，夫岂久为人下者？汝勿效尤[16]，宜善之，他日好相见也。"故三娘每归宁[17]，辄加意相欢。

是年，程以公力得入邑庠[18]。明年，学使科试士[19]，而公适薨，程缞哀如子[20]，未得与试。既离苦块[21]，四娘赠以金，使趋入"遗才"籍[22]。嘱曰："曩久居，所不被呵逐者，徒以有老父在；今万分不可矣！倘能吐气，庶回时尚有家耳。"临别，李氏、三娘赂遗优厚[23]。程入闱[24]，砥志研思[25]，以求必售。无何，放榜，竟被黜。愿乖气结，难于旋里[26]，幸囊资小泰，携卷入都。时妻党多任京秩[27]，恐见诮讪[28]，乃易旧名，诡托里居，求潜身于大人之门。东海李兰台[29]，见而器之，收诸幕中，资以膏火[30]，为之纳贡[31]，使应顺天举[32]；连战皆捷，授庶吉士[33]。自乃实言其故。李公假千金，先使纪纲赴剑南[34]，为之治第。时胡大郎以父亡空匮，售其沃墅，因购焉。既成，然后贷舆马往迎四娘。

先是，程擢第后，有邮报者[35]，举宅皆恶闻之；又审其名字不符，叱去之。适三郎完婚，戚眷登堂为馂[36]，姊妹诸姑咸在，独四娘不见招于兄嫂。忽一人驰入，呈程寄四娘函信；兄弟发视，相顾失色。筵中眷客始请见四娘。姊妹惴惴，惟恐四娘衔恨不至。无何，翩然竟来。申贺者，捉坐者，寒暄者，喧哗满屋。耳有听，听四娘；目有视，视四娘；口有道，道四娘；而四娘凝重如故。众见其靡所短长[37]，稍就安帖，于是争把盏酹四娘。方宴笑间，门外啼号甚急。群致怪问。俄见春香奔入，面血沾染。共诘之，哭不能对。二娘诃之，始泣曰："桂儿逼索眼睛，非解脱，几抉去矣！"二娘大惭，汗粉交下。四娘漠然，合座寂无一语，各始告别。四娘盛妆，独拜李夫人及三姊，出门登车而去。众始知买墅者程也。四娘初至墅，什物多阙。夫人及诸郎各以婢仆器具相赠遗，四娘一无所受；唯李夫人赠一婢，受之。

居无何，程假归展墓[38]，车马扈从如云。诣岳家，礼公柩，次参李夫人。诸郎衣冠既竟，已升舆矣[39]。胡公殁，群公子日竞赀财，柩弗顾。数年，灵寝漏败[40]，渐将以华屋作山丘矣[41]。程睹之悲，竟不谋于诸郎，刻期营葬，事事尽礼。殡日，冠盖相属[42]，里中咸嘉叹焉。

程十馀年历秩清显[43]，凡遇乡党厄急[44]，罔不极力。二郎适以人命被逮，直指巡方者[45]，为程同谱[46]，风规甚烈[47]。大郎浼妇翁王观察函致之[48]，殊无裁答[49]，益惧。欲往求妹，而自觉无颜，乃持李夫人手书往。至都，不敢遽进，觑程入朝，而后诣之。冀四娘念手足之情，而忘睚眦之嫌[50]。阍人既通[51]，即有旧媪出，导入厅事，具酒馔，亦颇草草。食毕，四娘出，颜温霁[52]，问："大哥人事大忙，万里何暇枉顾？"大郎五体投地，泣述所来。四娘扶而笑曰："大哥好男子，此何大事，直复尔尔？妹子一女流，几曾见呜呜向人？"大郎乃出李夫人书。四娘曰："诸兄家娘子，都是天人，各求父兄，即可了矣，何至奔波到此？"大郎无词，但顾哀之。四娘作色曰："我以为跋涉来省妹子，乃以大讼求贵人耶！"拂袖迳入。大郎惭愤而出。归家详述，大小无不诟詈；李夫人亦谓其忍。逾数月，二郎释放宁家[53]，众大喜，方笑四娘徒取怨谤也。俄而四娘遗价候李夫人[54]。唤入，仆陈金币，言："夫人为二舅事，遣发甚急，未遑字覆[55]。聊寄微仪，以代函信。"众始知二郎之归，乃程力也。后三娘家渐贫，程施报逾于常格。又以李夫人无子，迎养若母焉。

三会本《聊斋志异》卷七

【注释】

[1] 剑南：四川剑阁以南地区。 [2] 银台：明清称通政司为银台。胡银台即胡通政使。 [3] 孽出：庶出，妾生的孩子。 [4] 笄年：成年。古代女子十五岁行笄礼，盘髻插笄，表示成年。 [5] 惽髦（hūn máo）：年老糊涂。髦，通"耄"。乱命：本指病危昏迷时留下的遗命，这里指荒谬的命令。 [6] 鸣钲锽：敲锣击鼓。 [7] 眸子：眼珠。 [8] 两丁：两人。这是轻视的说法。 [9] 批：打耳光。 [10] 绩：原指绩麻，后亦可称纺纱。 [11] 初度：生日。 [12] 寿仪：即下文"祝仪"，祝寿的礼物。 [13] 顾

恤：照顾体恤。［14］内慧外朴：内心聪明，外表朴拙。［15］浑而不露：浑厚而不露锋芒。［16］效尤：学人坏样。尤，过错。［17］归宁：已婚女子回娘家探望父母。［18］入邑庠：进县学，指考取诸生。［19］学使：主管一省教育的官员。科试：也称科考。清代于乡试前，各省学政巡回举行考试，选拔优秀诸生参加乡试。［20］縗（cuī）哀如子：如亲生儿子一般，穿最重的孝服，哀痛哭泣。縗，亦作"衰"，古代最重的丧服，用粗麻布制成，披于胸前。［21］苫块："寝苫枕块"的缩语。苫，草荐。块，土块。［22］遗才：清代科举制度规定，诸生因故未参加科考者，在科考结束后可在省城举行一次补考，称为"录科"，也称"遗才试"。考试合格者可参加乡试。［23］赆遗（wèi）：赠送财物。［24］入闱：指进乡试考场。［25］砥志研思：深思熟虑。［26］旋里：返乡。［27］妻党：妻子家族之人。京秩：京官。［28］诮讪：讥诮谤讪。［29］兰台：御史的别称。［30］膏火：灯油，代指学习费用。［31］纳贡：明清时代，准许生员向官府纳资，捐得国子监监生的资格。监生有资格参加乡试。［32］应顺天举：参加在顺天府举行的乡试。［33］庶吉士：亦称庶常，由新进士考试前列者选任，散馆时再考试另行授官。［34］纪纲：仆人。［35］邮报：指考中进士的喜报。［36］餪（nuǎn）：即"餪女"。旧俗女嫁后三日，娘家馈送食物，称"餪"。［37］靡所短长：无所计较。［38］展墓：扫墓。［39］升舆：上轿。［40］灵寝：停放灵柩的内堂。［41］华屋作山丘：将房屋作为坟墓。［42］冠盖相属：指吊唁的官员络绎不绝。［43］历秩清显：历任清贵的要职。［44］乡党：同乡之人。［45］直指巡方者：指巡按御史。［46］同谱：同宗。谱，指族谱。［47］风规甚烈：为人刚正，执法严厉。［48］浼：求请。妇翁：岳父。观察：道员的别称。［49］裁答：裁笺作复，指回信。［50］睚眦之嫌：小小的怨仇。睚眦，怒目而视。［51］阍人：看门的仆人。［52］温霁：和颜悦色。［53］宁家：回家。［54］价：仆人。［55］未遑字覆：没来得及写回信。

【选评】

　　［清］但明伦评：写银台之卓识，写孝思之力学，写四娘之端默，中间杂以旁人之非笑，诸子之鄙薄，仆婢之揶揄，神巫之风鉴，婢媪之嘲呼，桂儿之怨恚，纷纭杂遝，聒耳乱心；而若网在纲，如衣挈领，如阵步燕，然首尾相应，以叙笔为提笔，以闲笔为伏笔。人第赏其后半之工，殊不知其得力全在此等处。

吴　敬　梓

吴敬梓（1701—1754），字敏轩，号粒民，又号秦淮寓客、文木老人。安徽全椒人。出身于科举世家，曾祖辈有兄弟四人中进士，祖父吴旦的两个兄弟吴昺、吴晟是榜眼、探花。他十三岁即随父亲吴霖起赴赣榆县教谕任上读书。性聪颖、善忆诵，精通《文选》，作诗赋提笔立成。二十岁中秀才。二十三岁父死回家。因族人侵夺和本人挥霍，不到十年，将二万余金家产耗尽，路人侧目，乡里以为戒。三十三岁迁居南京秦淮河畔。乾隆元年（1736）安徽巡抚赵国麟荐其应博学鸿词试，托病不赴。在贫困凄凉的困境中从事小说创作。乾隆十九年客死扬州。著作除《儒林外史》之外，还有《文木山房集》四卷，《尚书私学序》一篇，《金陵景物图诗》二十三首。

《儒林外史》是我国小说史上著名的讽刺小说。全书除楔子外，叙写了明代一百三十年间的事。小说没有贯穿始终的情节和人物，而通过许多各自独立的短篇故事，展示了不同类型的封建知识分子群像。前30回重在揭露批判，不仅对科举的内容、科举的弊端及其危害做了深刻的揭露批判，而且还把批判的矛头指向封建礼教社会世态，暴露了黑暗的社会现实。第30回以后侧重塑造正面人物，通过他们的言行，表现了道德规范和政治理想。《儒林外史》提供了塑造讽刺艺术形象的完整经验。其结构"是断片的叙述，没有线索"，是一种经过创造、结构新颖的长篇小说。《儒林外史》奠定了我国古典讽刺小说的基础。其结构艺术和讽刺手法对后代产生了深远的影响。

儒 林 外 史（周进与范进）

【解题】

本文选自《儒林外史》第三回《周学道校士拔真才　胡屠户行凶闹捷报》，包含周进中式、选才和范进中举两个具有相互内在联系的片段，是《儒林外史》中讽刺艺术发挥得最为淋漓尽致，讽刺艺术形象塑造最为成功的篇章。作品主要通过周进从头撞号板，捐监中第，到春风得意，荣任学政，主考广东的经过，以及范进中举后喜极而发疯的经过以及亲戚、乡邻对其前后态度的戏剧性变化，表现了科举制度对广大士子的毒害和对社会风气、世道人心的严重毒化，批判了科举制度的弊端。周进何以见到贡院号板就呼天撞地？范进中举后为何会喜极发疯？小说通过以胡屠户为代表的小市民人物前倨后恭的态度以及官场人物的言行作了生动形象的解释。周进评判老童生范进试卷文字时微妙的心理变化，及其天壤之别的两种结果，耐人寻味，形象地诠释了"功名富贵无凭据"的格言。作品对于封建社会末期的乡间风俗民情，小市民形象、封建官员乡绅的面目进行了全面扫描，真实地再现了封建末世的社会生活画卷，讽刺意味极为强烈，对世情的揭露入木三分，突现出小说反对封建科举制度的主题。艺术描写上讲究真实，尤其注意生活细节的真实；语言精练、婉曲；手法上运用各种巧妙的对比、夸张和细节描写；语言"戚而能谐，婉而多讽"（鲁迅语），臻于化境。《儒林外史》精湛而丰富的讽刺艺术经验于此可以窥豹一斑。

话说周进在省城要看贡院[1]，金有余见他真切，只得用几个小钱同他去看。不想才到天字号，就撞死在地下。众人多慌了，只道一时中了恶[2]。行主人道："想是这贡院里久没有人到，阴气重了，故此周客人中了恶。"金有余道："贤东[3]！我扶着他，你且到做工的那里借口开水灌他一灌。"行主人应诺，取了水来，三四个客人一齐扶着，灌了下去。喉咙里咯咯的响了一声，吐出一口稠涎来。众人道："好了。"扶着立了起来。周进看看号板，又是一头撞将去；这回不死了，放声大哭起来。众人劝也劝不住。金有余道："你看，这不是疯了么？好好到贡院来耍，你家又不死了人，为甚么这样号淘痛哭？"周进也不听见，只管伏着号板，哭个不住；一号哭过，又哭到二号、三号，满地打滚，哭了又哭，哭的众人心里都凄惨起来。金有余见不是事，同行主人一左一右，架着他的膀子。他那里肯起来，哭了一阵，又是一阵，直哭到口里吐出鲜血来。众人七手八脚，将他扛抬了出来，在贡院前一个茶棚子里坐下，劝他吃了一碗茶；犹自索鼻涕，弹眼泪，伤心不止。

内中一个客人道："周客人有甚心事，为甚到了这里这等大哭起来？却是哭得利害。"金有余道："列位老客有所不知，我这舍舅，本来原不是生意人。因他苦读了几十年的书，秀才也不曾做得一个，今日看见贡院，就不觉伤心起来。"只因这一句话道着周进的真心事，于是不顾众人，又放声大哭起来。又一个客人道："论这事，只该怪我们金老客；周相父既是斯文人[4]，为甚么带他出来做这样的事？"金有余道："也只为赤贫之士，又无馆做，没奈何上了这一条路。"又一个客人道："看令舅这个光景，毕竟胸中才学是好的；因没有人识得他，所以受屈到此田地。"金有余道："他才学是有的，怎奈时运不济！"

那客人道："监生也可以进场[5]。周相公既有才学，何不捐他一个监进场？中了，也不枉了今日这番心事。"金有余道："我也是这般想，只是那里有这一注银子？"此时周进哭的住了。那客人道："这也不难，现放着我这几个兄弟在此,每人拿出几十两银子,借与周相公纳监进场;若中了做官,那在我们这几两银子?就是周相公不还,我们走江湖的人,那里不破掉了几两银子?何况这是好事,你众位意下如何?"众人一齐道:"君子成人之美。"又道:"'见义不为,是为无勇。'[6]俺们有甚么不肯?只不知周相公可肯俯就?"周进道:"若得如此,便是重生父母,我周进变驴变马,也要报效!"爬到地下,就磕了几个头;众人还下礼去。金有余也称谢了众人,又吃了几碗茶。周进再不哭了,同众人说说笑笑,回到行里。

次日,四位客人果然备了二百两银子,交与金有余;一切多的使费,都是金有余包办。周进又谢了众人和金有余,行主人替周进备一席酒,请了众位。金有余将着银子,上了藩库[7],讨出库收来[8]。正值宗师来省录遗[9],周进就录了个贡监首卷。到了八月初八日进头场,见了自己哭的所在,不觉喜出望外。

自古道:"人逢喜事精神爽。"那七篇文字,做的花团锦簇一般[10]。出了场,仍旧住在行里。金有余同那几个客人,还不曾买完了货。直到发榜那日,巍然中了。众人各各喜欢,一齐回到汶上县拜县父母、学师[11]。典史拿晚生帖子上门来贺[12]。汶上县的人,不是亲的,也来认亲;不认识的,也来认相与,忙了个把月。申祥甫听见这事,在薛家集敛了份子,买了四只鸡,五十个蛋,和些炒米小欢之类,亲自上县来贺喜。周进留他吃了酒饭去。荀老爷贺礼是不消说了。看看上京会试,盘费衣服,都是金有余替他设处。到京会试,又中了进士,殿在三甲[13],授了部属[14]。

荏苒三年[15],升了御史[16],钦点广东学道[17]。这周学道虽也请了几个看文章的相公,却自心里想道:"我在这里面吃苦久了,如今自己当权,须要把卷子都要细细看过,不可听着幕客[18],屈了真才。"主意定了,到广州上了任。

次日,行香挂牌[19],先考了两场生员。第三场是南海、番禺两县童生。周学道坐在堂上,见那些童生纷纷进来,也有小的,也有老的,仪表端正的,獐头鼠目的,衣冠齐楚的,褴褛破烂的。落后点进一个童生来,面黄肌瘦,花白胡须,头上戴一顶破毡帽。广东虽是地气温暖,这时已是十二月上旬;那童生还穿着麻布直裰,冻得乞乞缩缩,接了卷子,下去归号。

周学道看在心里,封门进去。出来放头牌的时节[20],坐在上面,只见那穿麻布的童生上来交卷,那衣服因为朽烂了,在号里又扯破了几块。周学道看看自己身上,绯袍锦带,何等辉煌?因翻一翻点名册,问那童生道:"你就是范进?"范进跪下道:"童生就是。"学道道:"你今年多少年纪了?"范进道:"童生册上写的是三十岁,童生实年五十四岁。"学道道:"你考过多少回了数?"范进道:"童生二十岁应考,到今考过二十余次。"学道道:"如何总不进学?"范进道:"总因童生文字荒谬,所以各位大老爷不曾赏取。"周学道道:"这也未必尽然。你且出去,卷子待本道细细看。"范进磕头下去了。

那时天色尚早,并无童生交卷,周学道将范进卷子用心用意看了一遍。心里不喜道:"这样的文字,都说的是些甚么话!怪不得不进学。"丢过一边不看了。又坐了一会,还不见一个人来交卷,心里又想道:"何不把范进的卷子再看一遍?倘有一线之明,也可怜他苦志。"从头至尾,又看了一遍,觉得有些意思;正要再看看,却有一个童生来交卷。

那童生跪下道:"求大老爷面试。"学道和颜道:"你的文字已在这里了,又面试些甚么?"那童生道:"童生诗、词、歌、赋都会,求大老爷出题面试。"学道变了脸道:"当今天子重文章,足下何须讲汉唐[21]?像你做童生的人,只该用心做文章;那些杂览[22],学他做甚么?况且本道奉旨到此衡文[23],难道是来此同你谈杂学的么?看你这样务名而不务实,那正务自然荒废,都是些粗心浮气的说话,看不得了!左右的!赶了出去!"一声吩咐过了,两旁走过几个如狼似虎的公人,把那童生又着膊子,一路跟头,叉到大门外。周学道虽然赶他出去,却也把卷子取来看看。那童生叫做魏好古,文字也还清通。学道:"把他低低的进了学罢。"因取过笔来,在卷子尾上点了一点,做个记认。又取过范进卷子来看,看罢,不觉叹息道:"这样文字,连我看一两遍也不能解,直到三遍之后,才晓得是天地间之至文[24],真乃一字一珠!可见世上糊涂试官,不知屈煞了多少英才!"忙取笔细细圈点[25],卷面上加了三圈,即填了第一名;又把魏好古的卷子取过来,填了第二十名。将各卷汇齐,带了进去。发出案来,范进是第一。谒见那日,着实赞扬了一回。点到二十名,魏好古上去,又勉励了几句"用心举业,休学杂览"的话,鼓吹送了出去。次日起马,范进独自送在三十里之外,轿前打恭。周学道又叫到跟前,说道:"'龙头属老成[26]。'本道看你的文字,火候到了[27];即在此科,一定发达。我复命之后,在京专候。"范进又磕头谢了,起来立着。学道轿子,一拥而去。范进立着,直望见门枪影子抹过前山,看不见了,方才回到下处,谢了房主人。他家离城还有四十五里路,连夜回来,拜见母亲。家里住着一间草屋,一厦披子。门外是个茅草棚。正屋是母亲住着,妻子住在披房里[28]。他妻子乃是集上胡屠户的女儿。

范进进学回家,母亲、妻子俱各欢喜。正待烧锅做饭,只见他丈人胡屠户,手里拿着一副大肠和一瓶酒,走了进来。范进向他作揖,坐下。胡屠户道:"我自倒运,把个女儿嫁与你这现世宝穷鬼,历年以来,不知累了我多少。如今不知因我积了甚么德,带挈你中了个相公[29],我所以带个酒来贺你。"范进唯唯连声,叫浑家把肠子煮了[30],烫起酒来,在茅草棚下坐着。母亲自和媳妇在厨下做饭。胡屠户又吩咐女婿道:"你如今既中了相公,凡事要立起个体统来。比如我这行事里[31],都是些正经有脸面的人,又是你的长亲,你怎敢在我们跟前妆大?若是家门口这些做田的,扒粪的,不过是平头百姓,你若同他拱手作揖,平起平坐,这就是坏了学校规矩,连我脸上都无光了。你是个烂忠厚没用的人,所以这些话我不得不教导你,免得惹人笑话。"范进道:"岳父见教的是。"胡屠户又道:"亲家母也来这里坐着吃饭。老人家每日小菜饭,想也难过。我女孩儿也吃些。自从进了你家门,这十几年,不知猪油可曾吃过两三回哩!可怜!可怜!"说罢,婆媳两个都来坐着吃了饭。吃到日西时分,胡屠户吃的醺醺的。这里母子两个,千恩万谢。屠户横披了衣服,腆着肚子去了[32]。

次日,范进少不得拜拜乡邻。魏好古又约了一班同案的朋友[33],彼此来往。因是乡试年,做了几个文会[34]。不觉到了六月尽间,这些同案的人约范进去乡试。范进因没有盘费,走去同丈人商议,被胡屠户一口啐在脸上,骂了一个狗血喷头,道:"不要失了你的时了!你自己只觉得中了一个相公,就'癞虾蟆想吃起天鹅肉'来!我听见人说,就是中相公时,也不是你的文章,还是宗师看见你老,不过意,舍与你的。如今痴心就想中起老爷来[35]!这些中老爷的都是天上的'文曲星'!你不看见城里张府上那些老爷,都有万贯家私,一个个方面大耳?像你这尖嘴猴腮,也该撒泡尿自己照照!不三不四,就想天鹅屁吃!趁早收了这心,明年在我们行事里替你寻一个馆,每年寻几两银子,养活你那老不死的老娘和你老婆是正经!你问我借盘缠,我一天杀一个猪还赚不得钱把银子,都把与你去丢在水里,叫我一家老小嗑西北风[36]!"一顿夹七夹八,骂的范进摸门不着。辞了丈人回来,自心里想:"宗师说我火候已到,自古无场外的举人,如不进去考他一考,如何甘心?"因向几个同案商议,瞒着丈人,到城里乡试。出了场,即便回家。家里已是饿了两三天。被胡屠户知道,又骂了一顿。

到出榜那日,家里没有早饭米,母亲吩咐范进道:"我有一只生蛋的母鸡,你快拿集上去卖了,买几升米来煮餐粥吃,我已是饿的两眼都看不见了。"范进慌忙抱了鸡,走出门去。才去不到两个时候[37],只听得一片声的锣响,三匹马闯将来。那三个人下了马,把马拴在茅草棚上,一片声叫道:"快请范老爷出来,恭喜高中了!"母亲不知是甚事,吓得躲在屋里;听见中了,方敢伸出头来,说道:"诸位请坐,小儿方才出去了。"那些报录人道[38]:"原来是老太太。"大家簇拥着要喜钱。正在吵闹,又是几匹马,二报、三报到了,挤了一屋的人,茅草棚地下都坐满了。邻居都来了,挤着看。

老太太没奈何，只得央及一个邻居去寻他儿子。

那邻居飞奔到集上，一地里寻不见；直寻到集东头，见范进抱着鸡，手里插个草标[39]，一步一踱的，东张西望，在那里寻人买。邻居道："范相公，快些回去！你恭喜中了举人，报喜人挤了一屋里。"范进道是哄他，只装不听见，低着头往前走。邻居见他不理，走上来，就要夺他手里的鸡。范进道："你夺我的鸡怎的？你又不买。"邻居道："你中了举了，叫你家去打发报子哩。"范进道："高邻，你晓得我今日没有米，要卖这鸡去救命，为甚么拿这话来混我？我又不同你顽，你自回去罢，莫误了我卖鸡。"邻居见他不信，劈手把鸡夺了，掼在地下，一把拉了回来。报录人见了道："好了，新贵人回来了。"正要拥着他说话，范进三两步走进屋里来，见中间报帖已经升挂起来[40]，上写道："捷报贵府老爷范讳进高中广东乡试第七名亚元[41]。京报连登黄甲[42]。"范进不看便罢，看了一遍，又念一遍，自己把两手拍了一下，笑了一声，道："噫！好了！我中了！"说着，往后一跤跌倒，牙关咬紧，不省人事。老太太慌了，慌将几口开水灌了过来。他爬将起来，又拍着手大笑道："噫！好！我中了！"笑着，不由分说，就往门外飞跑，把报录人和邻居都吓了一跳。走出大门不多路，一脚躧在塘里，挣起来，头发都跌散了，两手黄泥，淋淋漓漓一身的水。众人拉他不住，拍着笑着，一直走到集上去了。众人大眼望小眼，一齐道："原来新贵人欢喜疯了。"老太太哭道："怎生这样苦命的事！中了一个甚么举人，就得了这个拙病[43]！这一疯了，几时才得好？"娘子胡氏道："早上好好出去，怎的就得了这样的病！却是如何是好？"众邻居劝道："老太太不要心慌。我们而今且派两个人跟定了范老爷。这里众人家里拿些鸡蛋酒米，且管待了报子上的老爹们，再为商酌。"

当下众邻居有拿鸡蛋来的，有拿白酒来的，也有背了斗米来的，也有捉两只鸡来的。娘子哭哭啼啼，在厨下收拾齐了，拿在草棚下。邻居又搬些桌凳，请报录的坐着吃酒，商议他这疯了，如何是好。报录的内中有一个人道："在下倒有一个主意，不知可以行得行不得？"众人问："如何主意？"那人道："范老爷平日可有最怕的人？他只因欢喜狠了，痰涌上来，迷了心窍。如今只消他怕的这个人来打他一个嘴巴，说：'这报录的话都是哄你，你并不曾中。'他吃这一吓，把痰吐了出来，就明白了。"众邻都拍手道："这个主意好得紧，妙得紧！范老爷怕的，莫过于肉案子上胡老爹。好了！快寻胡老爹来。他想是还不知道，在集上卖肉哩。"又一个人道："在集上卖肉，他倒好知道了；他从五更鼓就往东头集上迎猪[44]，还不曾回来。快些迎着去寻他。"

一个人飞奔去迎，走到半路，遇着胡屠户来，后面跟着一个烧汤的二汉[45]，提着七八斤肉，四五千钱，正来贺喜。进门见了老太太，老太太大哭着告诉了一番。胡屠户诧异道:"难道这等没福?"外边人一片声请胡老爹说话。胡屠户把肉和钱交与女儿,走了出来。众人如此这般,同他商议。胡屠户作难道:"虽然是我女婿,如今却做了老爷,就是天上的星宿[46]。天上的星宿是打不得的!我听得斋公们说[47]:打了天上的星宿,阎王就要拿去打一百铁棍,发在十八层地狱,永不得翻身。我却是不敢做这样的事!"邻居内一个尖酸人说道:"罢么!胡老爹,你每日杀猪的营生,白刀子进去,红刀子出来,阎王也不知叫判官在簿子上记了你几千条铁棍;就是添上这一百棍,也打甚么要紧?只恐把铁棍子打完了,也算不到这笔帐上来。或者你救好了女婿的病,阎王叙功,从地狱里把你提上第十七层来,也不可知。"报录的人道:"不要只管讲笑话。胡老爹,这个事须是这般,你没奈何,权变一权变[48]。"屠户被众人局不过[49],只得连斟两碗酒喝了,壮一壮胆,把方才这些小心收起,将平日的凶恶样子拿出来,卷一卷那油晃晃的衣袖,走上集去。众邻居五六个都跟着走。老太太赶出来叫道:"亲家,你只可吓他一吓,却不要把他打伤了!"众邻居道:"这自然,何消吩咐。"说着,一直去了。

　　来到集上,见范进正在一个庙门口站着,散着头发,满脸污泥,鞋都跑掉了一只,兀自拍着掌,口里叫道:"中了!中了!"胡屠户凶神似的走到跟前,说道:"该死的畜生!你中了甚么?"一个嘴巴打将去。众人和邻居见这模样,忍不住的笑。不想胡屠户虽然大着胆子打了一下,心里到底还是怕的,那手早颤起来,不敢打到第二下。范进因这一个嘴巴,却也打晕了,昏倒于地。众邻居一齐上前,替他抹胸口,捶背心,舞了半日,渐渐喘息过来,眼睛明亮,不疯了。众人扶起,借庙门口一个外科郎中"跳驼子"板凳上坐着[50]。胡屠户站在一边,不觉那只手隐隐的疼将起来;自己看时,把个巴掌仰着,再也弯不过来。自己心里懊恼道:"果然天上'文曲星'是打不得的,而今菩萨计较起来了。"想一想,更疼的狠了,连忙问郎中讨了个膏药贴着。范进看了众人,说道:"我怎么坐在这里?"又道:"我这半日,昏昏沉沉,如在梦里一般。"众邻居道:"老爷,恭喜高中了。适才欢喜的有些引动了痰,方才吐出几口痰来,好了。快请回家去打发报录人。"范进说道:"是了。我也记得是中的第七名。"范进一面自绾了头发[51],一面问郎中借了一盆水洗洗脸。一个邻居早把那一只鞋寻了来,替他穿上。见丈人在跟前,恐怕又要来骂。胡屠户上前道:"贤婿老爷,方才不是我敢大胆,是你老太太的主意,央我来劝你的。"邻居内一个人道:"胡老爹方才这个嘴巴打的亲切,少顷范老爷洗脸,还要洗下半盆猪油来!"又一个道:"老爹,你这手明日杀不得猪了。"胡屠户道:"我那里还杀猪!有我这贤婿,还怕后半世靠不着也怎的?我每常说,我的这个贤婿,才学又高,品貌又好,就是城里头那张府、周府这些老爷,也没有我女婿这样一个体面的相貌。你们不知道,得罪你们说,我小老这一双眼睛,却是认得人的。想着先年,我小女在家里长到三十多岁,多少有钱的富户要和我结亲,我自己觉得女儿像有些福气,毕竟要嫁与个老爷,今日果然不错!"说罢,哈哈大笑。众人都笑起来。看着范进洗了脸,郎中又拿茶来吃了,一同回家。范举人先走,屠户和邻居跟在后面。屠户见女婿衣裳后襟滚皱了许多,一路低着头替他扯了几十回。

　　到了家门,屠户高声叫道:"老爷回府了!"老太太迎着出来,见儿子不疯,喜从天降。众人问报录的,已是家里把屠户送来的几千钱打发他们去了。范进拜了母亲,也拜谢丈人。胡屠户再三不安道:"些须几个钱,不够你赏人。"范进又谢了邻居。正待坐下,早看见一个体面的管家,手里拿着一个大红全帖[52],飞跑了进来:"张老爷来拜新中的范老爷。"说毕,轿子已是到了门口。胡屠户忙躲进女儿房里,不敢出来。邻居各自散了。

　　范进迎了出去,只见那张乡绅下了轿进来,头戴纱帽,身穿葵花色圆领[53],金带、皂靴[54]。他是举人出身,做过一任知县的,别号静斋,同范进让了进来,到堂屋内平磕了头,分宾主坐下。张乡绅先攀谈道:"世先生同在桑梓[55],一向有失亲近。"范进道:"晚生久仰老先生,只是无缘,不曾拜会。"张乡绅道:"适才看见题名录[56],贵房师高要县汤公,就是先祖的门生,我和你是亲切的世弟兄。"范进道:"晚生侥幸,实是有愧。却幸得出老先生门下,可为欣喜。"张乡绅四面将眼睛望了一望,说道:"世先生果是清贫。"随在跟的家人手里拿过一封银子来,说道:"弟却也无以为敬,谨具贺仪五十两[57],世先生权且收着。这华居其实住不得[58],将来当事拜往[59],俱不甚便。弟有空房一所,就在东门大街上,三进三间,虽不轩敞,也还干净,就送与世先生;搬到那里去住,早晚也好请教些。"范进再三推辞,张乡绅急了,道:"你我年谊世好,就如至亲骨肉一般;若要如此,就是见外了。"范进方才把银子收下,作揖谢了。又说了一会,打躬作别。胡屠户直等他上了轿,才敢走出堂屋来。

　　范进即将这银子交与浑家打开看,一封一封雪白的细丝锭子[60],即便包了两锭,叫胡屠户进来,递与他道:"方才费老爹的心,拿了五千钱来。这六两多银子,老爹拿了去。"屠户把银子攥在手里紧紧的,把拳头舒过来,道:"这个,你且收着。我原是贺你的,怎好又拿了回去?"范进道:"眼见得我这里还有这几两银子,若用完了,再来问老爹讨来用。"屠户连忙把拳头缩了回去,往腰里揣,口里说道:"也罢,你而今相与了这个张老爷,何愁没有银子用?他家里的银子,说起来比皇帝家还多些哩!他家就是我卖肉的主顾,一年就是无事,肉也要用四五千斤,银子何足为奇!"又转回头来望着女儿,说道:"我早上拿了钱来,你那该死行瘟的兄弟还不肯[61],我说:'姑老爷今非昔比,少不得有人把银子送上门来给他用,只怕姑老爷还不稀罕。'今日果不其然!如今拿了银子家去,骂这死砍头短命的奴才!"说了一会,千恩万谢,低着头,笑眯眯的去了。

自此以后,果然有许多人来奉承他;有送田产的,有人送店房的,还有那些破落户,两口子来投身为仆,图荫庇的[62]。到两三个月,范进家奴仆丫鬟都有了,钱米是不消说了。张乡绅家又来催着搬家。搬到新房子里,唱戏,摆酒,请客,一连三日。

到第四日上,老太太起来吃过点心,走到第三进房子内,见范进的娘子胡氏,家常戴着银丝髻;此时是十月中旬,天气尚暖,穿着天青缎套,官绿的缎裙;督率着家人、媳妇、丫鬟,洗碗盏杯箸。老太太看了,说道:"你们嫂嫂姑娘们要仔细些,这都是别人家的东西,不要弄坏了。"家人媳妇道:"老太太,那里是别人的,都是你老人家的。"老太太笑道:"我家怎的有这些东西?"丫鬟和媳妇一齐都说道:"怎么不是?岂但这个东西是,连我们这些人和这房子都是你老太太家的!"老太太听了,把细磁碗盏和银镶的杯箸,逐件看了一遍,哈哈大笑道:"这都是我的了!"大笑一声,往后便跌倒;忽然痰涌上来,不省人事。只因这一番,有分教:会试举人,变作秋风之客[63];多事贡生[64],长为兴讼之人[65]。

人民文学出版社《中国古典文学读本丛书》
(南京师范学院中文系校注本)

【注释】

[1] 贡院:明、清时乡、会试的场所。 [2] 中了恶:中了邪,因为冒犯了不正之气而引起的失常状态。 [3] 贤东:对行主人的敬称。 [4] 斯文:本指古代的礼乐制度,后引申为文人。 [5] 监生:在国子监读书的人。明清时期,有了监生资格,就可以参加考举人的乡试。 [6] 见义不为,是为无勇:见到应该做的事而不做,就是没有勇敢的表现。语出《论语》"见义不为,无勇也。" [7] 藩库:明清时期,各省布政使司称藩台,布政使衙门收付银钱的库房称藩库。 [8] 库收:藩库收银后所给的收据。 [9] 宗师:对提学道、提督学政的俗称,亦称学台。录遗:选录遗才。凡生员未参加科考,或科考未录取者,在乡试前可以补考一次,称为录遗。 [10] 花团锦簇:本指丝织品的华丽多彩;本文借喻文章的文采华丽。 [11] 县父母:对知县的尊称。学师:县学的教谕、训导。 [12] 典史:明、清两代知县的属官,明代主管公文、出纳,清代主管县狱、捕盗等。 [13] 殿试三甲:经过

殿试,录取为第三甲进士。　[14]部属:中央六部所属的官员。　[15]荏苒(rěn rǎn):时间渐渐消逝。　[16]御史:明、清两代都察院的主官,职掌纠察、弹劾等。　[17]钦点:皇帝直接指派的官员。学道:明、清两代主管各省学政的官员。　[18]幕客:地方官员私下聘请的协助自己处理政务的人员,又称幕友、幕宾,俗称相公。　[19]行香挂牌:行香,到孔庙烧香。挂牌,出牌发布公告,告示考试时间、地点,及有关规定。这是学政到任后的例行公事。　[20]放头牌:第一批放出已经交卷的考生。考生入场后不得随意出入,一般午前放一批,称放头牌。　[21]文章:八股制艺文。汉唐:指诗、词、歌、赋,因为汉、唐分别以赋和诗著称。　[22]杂览:科举考试内容之外的学问,指诗、词、歌、赋。　[23]衡文:衡量文章优劣高低。引申为主持考试。　[24]至文:最好的文章。　[25]圈点:评阅文章时,因为文字精彩、重要而加的符号。　[26]龙头属老成:科举考试的成功属于年长而有作为的人。龙头,本指科举及第的首位,泛指科举考试成功。老成,年长而有作为。　[27]火候:指举业的功夫、功力。　[28]披房:附在正房旁边的简陋、低矮的小屋。　[29]带挈(qiè):携带。　[30]浑家:妻子的代称。　[31]行(háng)事:行业。　[32]腆(tiǎn)着肚子:挺着肚子。　[33]同案:同年;同一年进学的秀才。　[34]文会:秀才为准备乡试,自行组织的讨论八股文、切磋学问的聚会。　[35]老爷:举人。当时秀才称相公,中了举人称老爷。　[36]嗑:同"喝"。　[37]两个时候:两个时辰,即四个小时。　[38]报录人:专门向升了官或者科举中式者家里送喜报,从而获取报酬的人。　[39]草标:旧时出卖的物品上,插一根草棍,作为标志。　[40]报帖:写着中式或升官喜讯的帖子。　[41]讳:避忌,表示不敢直呼其名,而又不得不写出名字。亚元:举人第二名。范进中的第七名,这是报录人说的奉承话。　[42]京报连登黄甲:这是写在喜报上的恭维话,意思是会试、殿试的喜报就要送到。　[43]拙病:倒霉的病。　[44]迎猪:买猪。　[45]二汉:佣工。　[46]星宿:星官、星神。　[47]斋公:住在家里吃长斋、念经的佛教徒;庙里打杂的人也叫斋公。　[48]权变:随机应变。权,变通。　[49]局:碍于情理,本人虽不愿意,但不得不按他人意愿办。　[50]跳驼子:江湖游医的绰号。　[51]绾(wǎn):盘绕打结,绾成髻子。　[52]全帖:拜客用的帖子有两种,单幅的叫单帖;全帖长宽十倍于单帖,折迭成册。用全帖表示恭敬和庄重。　[53]圆领:明朝官员的常礼服。　[54]皂靴:黑色官靴。　[55]世先生:对于有世交的同辈人的客气称呼。桑梓:古人宅旁多栽桑树、梓树,故以桑梓代家乡。　[56]题名录:同科考中的举人的名册。　[57]贺仪:祝贺喜事的财物或金钱。　[58]华居：美好的房子，这是对范进住宅的阿谀之词。　[59] 当事拜往：与地方官往来。当事、官府。　[60] 细丝锭子：细丝，表面有细波纹的标准银。锭子，相对于零碎银子而言有固定重量的元宝，有五十两、十两，等等。　[61] 行瘟：传播瘟疫，是骂人的话。　[62] 荫庇：附身于豪门贵族，以求庇护。　[63] 秋风：以某种借口，取得有钱人的馈赠。一作抽风，抽丰。　[64] 贡生：未考中而被选入京师国子监读书以谋求出身的称贡生，以与应乡试考中举人的正途出身相区别。　[65] 兴讼：打官司。

曹 雪 芹

　　曹雪芹（1715—1763），名霑，字梦阮，号雪芹，又号芹圃、芹溪居士。祖籍东北辽阳，先世为汉人，后入满洲籍，属汉军正白旗人。祖先随清兵入关。曾祖曹玺为首任江宁织造；祖父曹寅，少年时做康熙"侍读"，后与子侄曹颙、曹頫继任江宁织造，前后约六十年。康熙六次南巡有四次以织造府为行宫。曹雪芹少年时代在南京经历过一段富贵繁华的贵族生活。雍正五年（1727），曹家被革职抄家，次年遣回北京。一度在宗学任职，后悲歌燕市，卖画度日。晚年迁至西郊，过着"蓬牖茅椽，绳床瓦灶""举家食粥"的贫困生活。大约在乾隆二十八年（1763）秋天，爱子夭折，感伤成疾，逝于除夕。

　　曹雪芹性格诙谐、善谈吐，傲骨嶙峋，多才多艺。其著作除《红楼梦》外，还有诗《西郊信步憩废寺》一首（有目无文）及"白傅诗灵应喜甚，定教蛮素鬼排场"两句。

　　《红楼梦》又名《石头记》，一百二十回。通常认为前八十回为曹雪芹著，后四十回由高鹗所补。小说以贾府为典型，涉及贾府百年的历史。小说以贾宝玉的爱情、婚姻悲剧为线索，以贾府为典型，描写了封建统治阶级子孙不肖、后继无人的衰败史，表现了封建统治阶级灭亡的必然性。

　　《红楼梦》的艺术成就在于创造了现实主义小说的艺术高峰。小说运用"真事隐去、假语村言"的特殊手法，通过爱情婚姻等日常琐事来表现主题。小说成功塑造了一系列人物形象，写出了人物性格的复杂性、丰富性及其发展变化，成为世界文学人物画廊中第一流的典型。《红楼梦》文备众体，诗词歌赋，无一不工，语言炉火纯青，臻于化境。

　　《红楼梦》的版本有两大系统。一是脂评本系统，八十回，抄本，书名为《脂砚斋重评石头记》，附有脂评；二是程刻本系统，一百二十回，刻本，书名《红楼梦》。

红楼梦（宝玉挨打）

【解题】

"宝玉挨打"节选自《红楼梦》第三十三回、第三十四回，其故事情节在《红楼梦》中占有重要地位，是全书的第一个情节高潮。它在情节结构的安排、人物形象的塑造以及思想倾向的表现等方面都达到了相当的高度。全文分三部分：宝玉挨打的原因；宝玉挨打的经过；宝玉挨打的余波。宝玉挨打是贾府各种矛盾激化的结果，其根本原因是封建卫道与叛逆两条道路的矛盾，而主奴矛盾（金钏之死）、两个护官符集团之间的矛盾（忠顺亲王府来讨要戏子）、嫡庶矛盾（贾环告状），则分别是宝玉挨打的远因、近因和催化剂。小说写宝玉挨打的罪名是：流荡优伶，表赠私物，荒疏学业，淫辱母婢，分明是为了掩盖矛盾的性质，将政治斗争打上了桃色印记。打，是家长对子女采取的粗暴的教育方法，也是家长无能的表现，并不能真正解决问题；而祖母的介入，一方面消弭了家庭暴力；另一方面，也使严厉的家庭教育半途而废。其中包含对封建教育的批判，揭示了生活的哲理。这正是宝玉叛逆思想产生的土壤，也是贾府子孙不肖、后继无人的原因之一。宝玉挨打的过程，产生的余波，以及贾府内外的反映，写得十分详细，井井有条，一丝不乱，耐人寻味。这篇小说不仅突出表现了《红楼梦》封建社会必然衰败的主题，而且在人物塑造上面颇见技巧，善于通过人物的片言只语表现其性格特征，通过对比、衬托等技法，把贾母、王夫人、宝钗、黛玉、袭人等人物的不同心理状态，刻画非常传神，典型地表现了《红楼梦》的艺术性。

　　原来宝玉会过雨村回来听见了[1]，便知金钏儿含羞赌气自尽，心中早又五内摧伤[2]，进来被王夫人数落教训，也无可回说。见宝钗进来，方得便出来，茫然不知何往，背着手，低头一面感叹，一面慢慢的走着，信步来至厅上。刚转过屏门[3]，不想对面来了一人正往里走，可巧儿撞了个满怀。只听那人喝了一声"站住！"宝玉唬了一跳，抬头一看，不是别人，却是他父亲，不觉的倒抽了一口气，只得垂手一旁站了。贾政道："好端端的，你垂头丧气嗐些什么[4]？方才雨村来了要见你，叫你那半天你才出来；既出来了，全无一点慷慨挥洒谈吐[5]，仍是葳葳蕤蕤[6]。我看你脸上一团思欲愁闷气色，这会子又唉声叹气。你那些还不足，还不自在？无故这样，却是为何？"宝玉素日虽是口角伶俐，只是此时一心总为金钏儿感伤，恨不得此时也身亡命殒[7]，跟了金钏儿去。如今见了他父亲说这些话，究竟不曾听见，只是怔呵呵的站着。

贾政见他惶悚[8],应对不似往日,原本无气的,这一来倒生了三分气。方欲说话,忽有回事人来回:"忠顺亲王府里有人来[9],要见老爷。"贾政听了,心下疑惑,暗暗思忖道:"素日并不和忠顺府来往,为什么今日打发人来?"一面想,一面令"快请",急走出来看时,却是忠顺府长史官[10],忙接进厅上坐了献茶。未及叙谈,那长史官先就说道:"下官此来,并非擅造潭府[11],皆因奉王命而来,有一件事相求。看王爷面上,敢烦老大人作主,不但王爷知情,且连下官辈亦感谢不尽。"贾政听了这话,抓不住头脑,忙陪笑起身问道:"大人既奉王命而来,不知有何见谕[12],望大人宣明,学生好遵谕承办。"那长史官便冷笑道:"也不必承办,只用大人一句话就完了。我们府里有一个做小旦的琪官[13],一向好好在府里,如今竟三五日不见回去,各处去找,又摸不着他的道路[14],因此各处访察。这一城内,十停人倒有八停人都说[15],他近日和衔玉的那位令郎相与甚厚。下官辈等听了,尊府不比别家,可以擅入索取,因此启明王爷。王爷亦云:'若是别的戏子呢,一百个也罢了,只是这琪官随机应答,谨慎老诚,甚合我老人家的心,竟断断少不得此人。'故此求老大人转谕令郎,请将琪官放回,一则可慰王爷谆谆奉恳[16],二则下官辈也可免操劳求觅之苦。"说毕,忙打一躬。

贾政听了这话,又惊又气,即命唤宝玉来。宝玉也不知是何原故,忙赶来时,贾政便问:"该死的奴才!你在家不读书也罢了,怎么又做出这些无法无天的事来!那琪官现是忠顺王爷驾前承奉的人[17],你是何等草芥[18],无故引逗他出来,如今祸及于我。"宝玉听了唬了一跳,忙回道:"实在不知此事。究竟连'琪官'两个字不知为何物,岂更又加'引逗'二字!"说着便哭了。贾政未及开言,只见那长史官冷笑道:"公子也不必掩饰。或隐藏在家,或知其下落,早说了出来,我们也少受些辛苦,岂不念公子之德?"宝玉连说不知,"恐是讹传,也未见得"。那长史官冷笑道:"现有据证,何必还赖?必定当着老大人说了出来,公子岂不吃亏?既云不知此人,那红汗巾子怎么到了公子腰里[19]?"宝玉听了这话,不觉轰去魂魄,目瞪口呆,心下自思:"这话他如何得知!他既连这样机密事都知道了,大约别的瞒他不过,不如打发他去了,免的再说出别的事来。"因说道:"大人既知他的底细,如何连他置买房舍这样大事倒不晓得了?听得说他如今在东郊离城二十里有个什么紫檀堡[20],他在那里置了几亩田地几间房舍。想是在那里也未可知。"那长史官听了,笑道:"这样说,一定是在那里。我且去找一回,若有了便罢,若没有,还要来请教。"说着,便忙忙的走了。

贾政此时气的目瞪口歪,一面送那长史官,一面回头命宝玉:"不许动!

回来有话问你！"一直送那官员去了。才回身，忽见贾环带着几个小厮一阵乱跑。贾政喝令小厮："快打，快打！"贾环见了他父亲，唬的骨软筋酥，忙低头站住。贾政便问："你跑什么？带着你的那些人都不管你，不知往那里逛去，由你野马一般！"喝令叫跟上学的人来。贾环见他父亲盛怒，便乘机说道："方才原不曾跑，只因从那井边一过，那井里淹死了一个丫头，我看见人头这样大，身子这样粗，泡的实在可怕，所以才赶着跑了过来。"贾政听了惊疑，问道："好端端的，谁去跳井？我家从无这样事情，自祖宗以来，皆是宽柔以待下人。——大约我近年于家务疏懒，自然执事人操克夺之权[21]，致使生出这暴殄轻生的祸患[22]。若外人知道，祖宗颜面何在！"喝令快叫贾琏、赖大、来兴。小厮们答应了一声，方欲叫去，贾环忙上前拉住贾政的袍襟，贴膝跪下道："父亲不用生气。此事除太太房里的人，别人一点也不知道。我听见我母亲说……"说到这里，便回头四顾一看。贾政知意，将眼一看众小厮，小厮们明白，都往两边后面退去。贾环便悄悄说道："我母亲告诉我说，宝玉哥哥前日在太太屋里，拉着太太的丫头金钏儿强奸不遂，打了一顿。那金钏儿便赌气投井死了。"

话未说完，把个贾政气的面如金纸，大喝："快拿宝玉来！"一面说，一面便往里边书房里去，喝令："今日再有人劝我，我把这冠带家私一应交与他与宝玉过去[23]！我免不得做个罪人，把这几根烦恼鬓毛剃去[24]，寻个干净去处自了[25]，也免得上辱先人下生逆子之罪。"众门客仆从见贾政这个形景，便知又是为宝玉了，一个个都是咬指咬舌[26]，连忙退出。那贾政喘吁吁直挺挺坐在椅子上，满面泪痕，一迭声"拿宝玉！拿大棍！拿索子捆上！把各门都关上！有人传信往里头去，立刻打死！"众小厮们只得齐声答应，有几个来找宝玉。

那宝玉听见贾政吩咐他"不许动"，早知多凶少吉，那里承望贾环又添了许多的话[27]。正在厅上干转，怎得个人来往里头去捎信，偏生没个人，连焙茗也不知在那里。正盼望时，只见一个老嬷嬷出来。宝玉如得了珍宝，便赶上来拉他，说道："快进去告诉：老爷要打我呢！快去，快去！要紧，要紧！"宝玉一则急了，说话不明白；二则老婆子偏生又聋，竟不曾听见是什么话，把"要紧"二字只听作"跳井"二字，便笑道："跳井让他跳去，二爷怕什么？"宝玉见是个聋子，便着急道："你出去叫我的小厮来罢。"那婆子道："有什么不了的事？老早的完了。太太又赏了衣服，又赏了银子，怎么不了事的！"

宝玉急的跺脚，正没抓寻处，只见贾政的小厮走来，逼着他出去了。贾政一见，眼都红紫了，也不暇问他在外流荡优伶[28]，表赠私物，在家荒疏学业，淫辱母婢等语，只喝令："堵起嘴来，着实打死！"小厮们不敢违拗，只得将宝玉按在凳上,举起大板打了十来下。贾政犹嫌打轻了,一脚踢开掌板的,自己夺过来,咬着牙狠命盖了三四十下[29]。众门客见打的不祥了[30],忙上前夺劝。贾政那里肯听,说道:"你们问问他干的勾当可饶不可饶!素日皆是你们这些人把他酿坏了[31],到这步田地还来解劝。明日酿到他弑君杀父,你们才不劝不成!"

众人听这话不好听,知道气急了,忙又退出,只得觅人进去给信。王夫人不敢先回贾母,只得忙穿衣出来,也不顾有人没人,忙忙赶往书房中来,慌的众门客小厮等避之不及。王夫人一进房来,贾政更如火上浇油一般,那板子越发下去的又狠又快。按宝玉的两个小厮忙松了手走开,宝玉早已动弹不得了。贾政还欲打时,早被王夫人抱住板子。贾政道:"罢了,罢了!今日必定要气死我才罢!"王夫人哭道:"宝玉虽然该打,老爷也要自重。况且炎天暑日的,老太太身上也不大好,打死宝玉事小,倘或老太太一时不自在了,岂不事大!"贾政冷笑道:"倒休提这话。我养了这不肖的孽障[32],已不孝;教训他一番,又有众人护持;不如趁今日一发勒死了[33],以绝将来之患!"说着,便要绳索来勒死。

王夫人连忙抱住哭道:"老爷虽然应当管教儿子,也要看夫妻分上。我如今已将五十岁的人,只有这个孽障,必定苦苦的以他为法,我也不敢深劝。今日越发要他死,岂不是有意绝我。既要勒死他,快拿绳子来先勒死我,再勒死他。我们娘儿们不敢含怨,到底在阴司里得个依靠。"说毕,爬在宝玉身上大哭起来。贾政听了此话,不觉长叹一声,向椅上坐了,泪如雨下。王夫人抱着宝玉,只见他面白气弱,底下穿着一条绿纱小衣皆是血渍,禁不住解下汗巾看,由臀至胫[34],或青或紫,或整或破,竟无一点好处,不觉失声大哭起来,"苦命的儿吓!"因哭出"苦命儿"来,忽又想起贾珠来,便叫着贾珠哭道:"若有你活着,便死一百个我也不管了。"此时里面的人闻得王夫人出来,那李宫裁、王熙凤与迎春姊妹早已出来了。王夫人哭着贾珠的名字,别人还可,惟有宫裁禁不住也放声哭了。贾政听了,那泪珠更似滚瓜一般滚了下来。

正没开交处,忽听丫鬟来说:"老太太来了。"一句话未了,只听窗外颤巍巍的声气说道[35]:"先打死我,再打死他,岂不干净了!"贾政见他母亲来了,又急又痛,连忙迎接出来,只见贾母扶着丫头,喘吁吁的走来。

贾政上前躬身陪笑道:"大暑热天,母亲有何生气亲自走来?有话只该叫了儿子进去吩咐。"贾母听说,便止住步喘息一回,厉声说道:"你原来是和我说话!我倒有话吩咐,只是可怜我一生没养个好儿子,却教我和谁说去!"贾政听这话不像[36],忙跪下含泪说道:"为儿的教训儿子,也为的是光宗耀祖。母亲这话,我做儿的如何禁得起?"贾母听说,便啐了一口,说道:"我说一句话,你就禁不起,你那样下死手的板子,难道宝玉就禁得起了?你说教训儿子是光宗耀祖,当初你父亲怎么教训你来!"说着,不觉就滚下泪来。

贾政又赔笑道:"母亲也不必伤感,皆是作儿的一时性起,从此以后再不打他了。"贾母便冷笑道:"你也不必和我使性子赌气的。你的儿子,我也不该管你打不打。我猜着你也厌烦我们娘儿们。不如我们赶早儿离了你,大家干净!"说着便令人去看轿马[37],"我和你太太宝玉立刻回南京去!"家下人只得干答应着[38]。贾母又叫王夫人道:"你也不必哭了。如今宝玉年纪小,你疼他,他将来长大成人,为官作宰的,也未必想着你是他母亲了。你如今倒不要疼他,只怕将来还少生一口气呢。"贾政听说,忙叩头哭道:"母亲如此说,贾政无立足之地。"贾母冷笑道:"你分明使我无立足之地,你反说起你来!只是我们回去了,你心里干净,看有谁来许你打。"一面说,一面只令快打点行李车轿回去。贾政苦苦叩求认罪。贾母一面说话,一面又记挂宝玉,忙进来看时,只见今日这顿打不比往日,又是心疼,又是生气,也抱着哭个不了。王夫人与凤姐等解劝了一会,方渐渐的止住。早有丫鬟媳妇等上来,要搀宝玉,凤姐便骂道:"胡涂东西,也不睁开眼瞧瞧!打的这么个样儿,还要搀着走!还不快进去把那藤屉子春凳抬出来呢[39]。"众人听说连忙进去,果然抬出春凳来,将宝玉抬放凳上,随着贾母王夫人等进去,送至贾母房中。

彼时贾政见贾母气未全消,不敢自便,也跟了进去。看看宝玉,果然打重了。再看看王夫人,"儿"一声,"肉"一声,"你替珠儿早死了,留着珠儿,免你父亲生气,我也不白操这半世的心了。这会子你倘或有个好歹,丢下我,叫我靠那一个!"数落一场,又哭"不争气的儿"。贾政听了,也就灰心,自悔不该下毒手打到如此地步。先劝贾母,贾母含泪说道:"你不出去,还在这里做什么!难道于心不足,还要眼看着他死了才去不成!"贾政听说,方退了出来。

此时薛姨妈同宝钗、香菱、袭人、史湘云也都在这里。袭人满心委屈,只不好十分使出来,见众人围着,灌水的灌水,打扇的打扇,自己插不下手去,便越性走出来到二门前[40],令小厮们找了焙茗来细问:"方才好端端的,为什么打起来?你也不早来透个信儿!"焙茗急的说:"偏生我没在跟前,打到半中间我才听见了。忙打听原故,却是为琪官、金钏姐姐的事。"袭人道:"老爷怎么得知道的?"焙茗道:"那琪官的事,多半是薛大爷素日吃醋,没法儿出气,不知在外头唆挑了谁来,在老爷跟前下的火[41]。那金钏儿的事是三爷说的,我也是听见老爷的人说的。"袭人听了这两件事都对景[42],心中也就信了八九分。然后回来,只见众人都替宝玉疗治。调停完备,贾母令"好生抬到他房内去"。众人答应,七手八脚,忙把宝玉送入怡红院内自己床上卧好。又乱了半日,众人渐渐散去,袭人方进前来经心服侍,问他端的,且听下回分解。

话说袭人见贾母王夫人等去后,便走来宝玉身边坐下。含泪问他:"怎么就打到这步田地?"宝玉叹气说道:"不过为那些事,问他做什么!只是下半截疼的很,你瞧瞧打坏了那里。"袭人听说,便轻轻的伸手进去,将中衣褪下。宝玉略动一动,便咬着牙叫"嗳哟",袭人连忙停住手,如此三四次才褪了下来。袭人看时,只见腿上半段青紫,都有四指宽的僵痕高了起来。袭人咬着牙说道:"我的娘,怎么下这般的狠手!你但凡听我一句话,也不得到这步地位。幸而没动筋骨,倘或打出个残疾来,可叫人怎么样呢!"

正说着,只听丫鬟们说:"宝姑娘来了。"袭人听见,知道穿不及中衣,便拿了一床袷纱被替宝玉盖了[43]。只见宝钗手里托着一丸药走进来,向袭人说道:"晚上把这药用酒研开,替他敷上,把那淤血的热毒散开,可以就好了。"说毕,递与袭人,又问道:"这会子可好些?"宝玉一面道谢说:"好了。"又让坐。宝钗见他睁开眼说话,不像先时,心中也宽慰了好些,便点头叹道:"早听人一句话,也不至今日。别说老太太、太太心疼,就是我们看着,心里也疼。"刚说了半句又忙咽住,自悔说的话急了,不觉的就红了脸,低下头来。宝玉听得这话如此亲切稠密[44],大有深意,忽见他又咽住不往下说,红了脸,低下头只管弄衣带,那一种娇羞怯怯,非可形容得出者,不觉心中大畅,将疼痛早丢在九霄云外,心中自思:"我不过挨了几下打,他们一个个就有这些怜惜悲感之态露出,令人可玩可观,可怜可敬。假若我一时竟遭殃横死[45],他们还不知何等悲感呢!既是他们这样,我便一时死了,得他们如此,一生事业纵然尽付东流,亦无足叹惜,冥冥之中若不怡然自得[46],亦可谓胡涂鬼祟矣。"想着,只听宝钗问袭人道:"怎么好好的动了气,就打起来了?"袭人便把焙茗的话说了出来。

宝玉原来还不知道贾环的话,见袭人说出方才知道。因又拉上薛蟠,惟恐宝钗沉心[47]。忙又止住袭人道:"薛大哥哥从来不这样的,你们不可混猜度。"宝钗听说,便知道是怕他多心,用话相拦袭人,因心中暗暗想道:"打的这个形象,疼还顾不过来,还是这样细心,怕得罪了人,可见在我们身上也算是用心了。你既这样用心,何不在外头大事上做工夫,老爷也欢喜了,也不能吃这样亏。但你固然怕我沉心,所以拦袭人的话,难道我就不知我的哥哥素日恣心纵欲,毫无防范的那种心性。当日为一个秦锺,还闹的天翻地覆,自然如今比先又更利害了。"想毕,因笑道:"你们也不必怨这个,怨那个。据我想,到底宝兄弟素日不正,肯和那些人来往,老爷才生气。就是我哥哥说话不防头[48],一时说出宝兄弟来,也不是有心调唆:一则也是本来的实话,二则他原不理论这些防嫌小事[49]。袭姑娘从小儿只见宝兄弟这么样细心的人,你何尝见过天不怕地不怕,心里有什么口里就说什么的人。"袭人因说出薛蟠来,见宝玉拦他的话,早已明白自己说造次了[50],恐宝钗没意思,听宝钗如此说,更觉羞愧无言。宝玉又听宝钗这番话,一半是堂皇正大,一半是去己疑心,更觉比先畅快了。方欲说话时,只见宝钗起身说道:"明儿再来看你,你好生养着罢。方才我拿了药来交给袭人,晚上敷上管就好了。"说着便走出门去。袭人赶着送出院外,说:"姑娘倒费心了。改日宝二爷好了,亲自来谢。"宝钗回头笑道:"有什么谢处。你只劝他好生静养,别胡思乱想的就好了。不必惊动老太太、太太众人,倘或吹到老爷耳朵里,虽然彼时不怎么样,将来对景,终是要吃亏的。"说着,一面去了。

袭人抽身回来,心内着实感激宝钗。进来见宝玉沉思默默似睡非睡的模样,因而退出房外,自去栉沐[51]。宝玉默默的躺在床上,无奈臀上作痛,如针挑刀挖一般,更又热如火炙,略展转时[52],禁不住"嗳哟"之声。那时天色将晚,因见袭人去了,却有两三个丫鬟伺候。此时并无呼唤之事,因说道:"你们且去梳洗,等我叫时再来。"众人听了,也都退出。

这里宝玉昏昏默默,只见蒋玉菡走了进来,诉说忠顺府拿他之事,又见金钏儿进来哭说为他投井之情。宝玉半梦半醒,都不在意。忽又觉有人推他,恍恍忽忽听得有人悲戚之声。宝玉从梦中惊醒,睁眼一看,不是别人,却是林黛玉。宝玉犹恐是梦,忙又将身子欠起来,向脸上细细一认,只见两个眼睛肿的桃儿一般,满面泪光,不是黛玉,却是那个?宝玉还欲看时,怎奈下半截疼痛难忍,支援不住,便"嗳哟"一声,仍就倒下,叹了一声,说道:"你又做什么跑来!虽说太阳落下去,那地上的余热未散,走两趟又要受了暑。我虽然挨了打,并不觉疼痛。我这个样儿,只装出来哄他们,好在外头布散与老爷听,其实是假的。你不可认真。"此时林黛玉虽不是嚎啕大哭,然越是这等无声之泣,气噎喉堵,更觉得利害。听了宝玉这番话,心中虽然有万句言词,只是不能说得,半日,方抽抽噎噎的说道:"你从此可都改了罢!"宝玉听说,便长叹一声,道:"你放心,别说这样话。就便为这些人死了,也是情愿的!"

一句话未了,只见院外人说:"二奶奶来了。"林黛玉便知是凤姐来了,连忙立起身说道:"我从后院子去罢,回来再来。"宝玉一把拉住道:"这可奇了,好好的怎么怕起他来。"林黛玉急的跺脚,悄悄的说道:"你瞧瞧我的眼睛,又该他取笑开心呢。"宝玉听说赶忙的放手。黛玉三步两步转过床后,出后院而去。

人民文学出版社中国艺术研究院红楼梦研究所校注本

【注释】

[1] 雨村：贾雨村，封建官僚。本是潦倒文人，考中进士后任县官，不久因贪酷而被革职，后经贾府保荐，得以起复，升任应天府尹。小说的线索人物。 [2] 五内摧伤：内心受伤，痛苦不堪。五内，原指心、肝、脾、肺、肾，这里主要指心。摧伤，因遭破坏而受伤害。 [3] 屏门：一种像屏风一样的小门。 [4] 嗐（hài）：叹息，这里表示伤感。 [5] 慷慨挥洒：精神焕发，态度自然大方。 [6] 葳（wēi）葳蕤（ruí）蕤：形容人外貌猥琐，萎靡不振，提不起精神来的样子。葳蕤，本为草木茂盛貌。 [7] 殒（yǔn）：死亡。 [8] 惶悚（sǒng）：惶恐不安。悚，害怕，恐惧。 [9] 忠顺亲王府：与贾府所在的护官符集团根本对立的另一护官符集团的一个王府。 [10] 长史官：总管王府内部事务的官吏。 [11] 擅造潭府：擅自进入贵府的深宅大院。潭，深邃貌。深宅大院，用作对他人住宅的尊称。 [12] 见谕：告诉我。见，放在动词前，代表"我"。谕，告诉。 [13] 小旦：传统戏曲中扮演妇女的角色称旦角。扮演青年妇女的角色称小旦。琪官：名蒋玉菡，忠顺亲王府的戏子，与宝玉友善。 [14] 道路：行踪，去向。 [15] 十停人：把总数分成若干份，其中一份叫一停。 [16] 谆谆奉恳：恳切的请求。谆谆，恳切，不厌倦的样子。奉恳，请求。 [17] 承奉：当差。 [18] 草芥：野草芥菜。比喻低贱的物品。 [19] 汗巾子：系内裤用的腰巾，因近身受汗，故名。 [20] 紫檀堡（pù）：地名。 [21] 执事人：具体操办某件事务的人员。克夺之权：生杀予夺之权。 [22] 暴殄（tiǎn）：恣意糟踏。殄，灭绝。轻生：不爱惜生命。 [23] 冠带家私：官爵和家业。冠带，帽子和束带，是官服的代称，这里代指官爵、官吏。家私，财产，代指家业。 [24] 烦恼鬓毛：鬓毛，即头发，佛家称为"烦恼丝"。烦恼鬓毛剃去，指出家当和尚。 [25] 干净去处。干净，佛家以为人世污浊不净，唯有佛门才能通向清净世界，即所谓净土。寻个干净去处，与剃去烦恼鬓毛同义，是出家当和尚的意思。 [26] 唉指咬舌：着急而无奈的样子。唉指，咬指头。唉，吃。 [27] 承望：本意是指望。这里指料到。 [28] 流荡：流连、交往。 [29] 盖：用板子打。 [30] 不祥：不吉利，不行。 [31] 酿：纵容。 [32] 孽障：本文指因前世作孽而生的坏东西。孽障，本作业障，佛家谓因做坏事而造成的恶果。 [33] 一发：一下子。 [34] 臀（tún）：屁股。胫（jìng）：小腿，从膝盖到脚跟的一段。 [35] 颤巍巍：颤抖而威严。 [36] 不像：不对头，不好听。 [37] 看：料理，备办。 [38] 干答应：光口头应付而不行动。 [39] 藤屉子：凳面用藤皮编成。春凳：一种凳面较宽，可坐可卧的长凳。 [40] 越性：索性。二门：大门里的第二道门。

[41] 下的火：本意就是点的火；本文是使坏进谗的意思。　[42] 对景：对得上号，情景符合。　[43] 袷（jiá）纱被：表里两层的纱被。袷，同"夹"。　[44] 稠密：情意浓郁。　[45] 横死：不合情理的死亡。指非正常死亡。　[46] 冥冥之中：迷信的人称人死之后进入的境界。　[47] 沉心：沉积于心，多指言者无意而听者有心，陡生不快，也叫"吃心"或"嗔心"。　[48] 不防头：说话莽撞、冒失，没有关栏；不留神，不经意。　[49] 不理论：不注意，不在意。　[50] 造次：鲁莽轻率。　[51] 栉（zhì）沐：梳洗。　[52] 辗转：翻来覆去，来回转动。这里指动弹。

红　楼　梦（抄检大观园）

【解题】

　　"抄检大观园"节选自《红楼梦》第七十四回，是全书中又一个情节高潮，也是小说最精彩的篇章之一。抄检大观园的风波，本质上是封建正统卫道者与叛逆者的又一次较量，涉及荣府主子之间长房与二房的矛盾（邢夫人与王夫人）；主子与奴才的矛盾（王夫人与晴雯等人）；奴才与奴才的矛盾（王善保家的与晴雯等人）等多种矛盾。究其实质，是贾府内部各种矛盾，特别是主奴矛盾激化的结果。当然，抄检风波也是贾府由盛而衰的一个不祥征兆。学术界普遍认为，贾府的"内抄"，是嗣后不久"外抄"的一次预演，可见作者独到的艺术匠心。这次轩然大波是由一个小小的绣春囊引起的，这个男女信物不过是引发这个重大政治事件的导火线，巧妙地将政治斗争的性质打上了桃色印记，表现出小说常见的"假作真时真亦假""将真事隐去"，借爱情写政治的艺术手法。小说通过抄检大观园，"借一月以照万川"，写出了不同人物的不同态度和言行举动，表现出不同的性格特征。晴雯的光明磊落、反叛要强，探春的远见卓识、睿智强悍，迎春的忠厚懦弱，惜春的孤僻无情，司棋的敢做敢当，邢夫人的刁钻恶毒，王夫人的平庸无能，凤姐的见机行事、逢场作戏，王善保家的狗仗人势、玩火自焚，周瑞家的稳重平和、一着不让，等等，令人眼花缭乱，目不暇接。小说描写言行举止运用全景式写照，紧扣人物性格特点，没有修饰夸张，全用白描，而是通过人物符合性格逻辑的活动又自然推动了情节的发展；人物性格的特点又在情节发展中得到了更充分表现。人物性格愈鲜明、丰富，构成的情节也就愈生动感人。人物刻画达到炉火纯青的境界，堪称典范。值得注意的是，小说善于运用曲笔，用"有一个水蛇腰、削肩膀、眉眼又有些像你林妹妹的"，借黛玉写晴雯的外貌；抄检之前，约定"要抄检只抄检咱们家的人，薛大姑娘屋里，断乎检抄不得的"，而"一头说，一头到了潇湘馆内",妙用反讽手法,说明林黛玉在贾府的地位一落千丈,宝黛爱情悲剧已成定局。

  一语未了,人报:"太太来了。"凤姐听了诧异,不知为何事亲来,与平儿等忙迎出来。只见王夫人气色更变,只带一个贴己的小丫头走来,一语不发,走至里间坐下。凤姐忙奉茶,因陪笑问道:"太太今日高兴,到这里逛逛。"王夫人喝命:"平儿出去!"平儿见了这般,着慌不知怎么样了,忙应了一声,带着众小丫头一齐出去,在房门外站住,越性将房门掩了,自己坐在台矶上[1],所有的人,一个不许进去。凤姐也着了慌,不知有何等事。只见王夫人含着泪,从袖内掷出一个香袋子来,说:"你瞧。"凤姐忙拾起一看,见是十锦春意香袋[2],也吓了一跳,忙问:"太太从那里得来?"王夫人见问,越发泪如雨下[3],颤声说道:"我从那里得来!我天天坐在井里,拿你当个细心人,所以我才偷个空儿。谁知你也和我一样。这样的东西,大天白日明摆在园里山石上,被老太太的丫头拾着,不亏你婆婆遇见,早已送到老太太跟前去了。我且问你,这个东西如何遗在那里来?"凤姐听得,也更了颜色,忙问:"太太怎知是我的?"王夫人又哭又叹说道:"你反问我!你想,一家子除了你们小夫小妻,余者老婆子们,要这个何用?再女孩子们是从那里得来?自然是那琏儿不长进下流种子那里弄来[4]。你们又和气,当作一件顽意儿,年轻人儿女闺房私意是有的,你还和我赖!幸而园内上下人还不解事,尚未拣得。倘或丫头们拣着,你姊妹看见,这还了得。不然有那小丫头们拣着,出去说是园内拣着的,外人知道,这性命脸面要也不要?"凤姐听说,又急又愧,登时紫涨了面皮,便依炕沿双膝跪下,也含泪诉道:"太太说的固然有理,我也不敢辩我并无这样的东西。但其中还要求太太细详其理:那香袋是外头雇工仿着内工绣的[5],带子穗子一概是市卖货[6]。我便年轻不尊重些,也不要这劳什子[7],自然都是好的,此其一。二者这东西也不是常带着的,我纵有,也只好在家里,焉肯带在身上各处去?况且又在园里去,个个姊妹我们都肯拉拉扯扯,倘或露出来,不但在姊妹前,就是奴才看见,我有什么意思?我虽年轻不尊重,亦不能糊涂至此。三则论主子内我是年轻媳妇,算起奴才来,比我更年轻的又不止一个人了。况且他们也常进园,晚间各人家去,焉知不是他们身上的?四则除我常在园里之外,还有那边太太常带过几个小姨娘来,如嫣红、翠云等人,皆系年轻侍妾,他们更该有这个了。还有那边珍大嫂子,他不算甚老外,他也常带过佩凤等人来,焉知又不是他们的?五则园内丫头太多,保的住个个都是正经的不成?也有年纪大些的知道了人事,或者一时半刻,人查问不到偷着出去,或借着因由同二门上小么儿们打牙犯嘴,外头得了来的，也未可知。如今不但我没此事，就连平儿我也可以下保的。太太请细想。"王夫人听了这一席话，大近情理，因叹道："你起来。我也知道你是大家小姐出身，焉得轻薄至此，不过我气急了，拿了话激你。但如今却怎么处？你婆婆才打发人封了这个给我瞧，说是前日从傻大姐手里得的，把我气了个死。"凤姐道："太太快别生气。若被众人觉察了，保不定老太太不知道。且平心静气暗暗访察，才得确实；纵然访不着，外人也不能知道。这叫作'胳膊折在袖内'[8]。如今惟有趁着赌钱的因由，革了许多的人这空儿，把周瑞媳妇、旺儿媳妇等四五个贴近不能走话的人，安插在园里，以查赌为由。再如今他们的丫头也太多了，保不住人大心大，生事作耗[9]，等闹出事来，反悔之不及。如今若无故裁革，不但姑娘们委屈烦恼，就连太太和我也过不去。不如趁此机会，以后凡年纪大些的，或有些咬牙难缠的，拿个错儿撵出去配了人。一则保得住没有别的事，二则也可省些用度。太太想我这话如何？"王夫人叹道："你说的何尝不是，但从公细想，你这几个姊妹也甚可怜了。也不用远比，只说如今你林妹妹的母亲，未出阁时[10]，是何等的娇生惯养，是何等的金尊玉贵，那才像个千金小姐的体统。如今这几个姊妹，不过比人家的丫头略强些罢了。通共每人只有两三个丫头像个人样，余者纵有四五个小丫头子，竟是庙里的小鬼。如今还要裁革了去，不但于我心不忍，只怕老太太未必就依。虽然艰难，难不至此。我虽没受过大荣华富贵，比你们是强的。如今我宁可省些，别委屈了他们。以后要省俭先从我来倒使的。如今且叫人传了周瑞家的等人进来，就吩咐他们快快暗地访拿这事要紧。"凤姐听了，即唤平儿进来吩咐出去。

一时，周瑞家的与吴兴家的、郑华家的、来旺家的、来喜家的现在五家陪房进来[11]，余者皆在南方各有执事。王夫人正嫌人少不能勘察，忽见邢夫人的陪房王善保家的走来，方才正是他送香囊来的。王夫人向来看视邢夫人之得力心腹人等原无二意，今见他来打听此事，十分关切，便向他说："你去回了太太，也进园内照管照管，不比别人又强些。"这王善保家正因素日进园去那些丫鬟们不大趋奉他[12]，他心里大不自在，要寻他们的故事又寻不着，恰好生出这事来，以为得了把柄。又听王夫人委托，正撞在心坎上，说："这个容易。不是奴才多话，论理这事该早严紧的。太太也不大往园里去，这些女孩子们一个个倒像受了封诰似的[13]，他们就成了千金小姐了。闹下天来，谁敢哼一声儿。不然，就调唆姑娘的丫头们，说欺负了姑娘们了，谁还耽得起。"王夫人道："这也有的常情，跟姑娘的丫头原比别的娇贵些。你们该劝他们。连主子们的姑娘不教导尚且不堪，何况他们。"王善保家的道："别的都罢了。太太不知道，一个宝玉屋里的晴雯，那丫头仗着他生的模样儿比别人标致些，又生了一张巧嘴，天天打扮的像个西施的样子，在人跟前能说惯道，掐尖逞能[14]。一句话不投机，他就立起两个骚眼睛来骂人[15]，妖妖趫趫[16]，大不成个体统。"王夫人听了这话，猛然触动往事，便问凤姐道："上次我们跟了老太太进园逛去，有一个水蛇腰、削肩膀、眉眼又有些像你林妹妹的，正在那里骂小丫头。我的心里很看不上那狂样子，因同老太太走，我不曾说得。后来要问是谁，又偏忘了。今日对了坎儿[17]，这丫头想必就是他了。"凤姐道："若论这些丫头们，共总比起来，都没晴雯生得好。论举止言语，他原有些轻薄。方才太太说的倒很像他，我也忘了那日的事，不敢乱说。"王善保家的便道："不用这样，此刻不难叫了他来太太瞧瞧。"王夫人道："宝玉房里常见我的只有袭人、麝月，这两个笨笨的倒好。若有这个，他自不敢来见我的。我一生最嫌这样人，况且又出来这个事。好好的宝玉，倘或叫这蹄子勾引坏了[18]，那还了得。"因叫自己的丫头来，吩咐他到园里去，"只说我说有话问他们，留下袭人、麝月，伏侍宝玉不必来，有一个晴雯最伶俐，叫他即刻快来。你不许和他说什么。"

小丫头子答应了，走入怡红院，正值晴雯身上不自在，睡中觉才起来，正发闷，听如此说，只得随了他来。素日这些丫鬟皆知王夫人最嫌趫妆艳饰语薄言轻者，故晴雯不敢出头。今因连日不自在，并没有十分妆饰，自为无碍。及到了凤姐房中，王夫人一见他钗鬓鬓松[19]，衫垂带褪，有春睡捧心之遗风[20]，而且形容面貌恰是上月的那人，不觉勾起方才的火来。王夫人原是天真烂漫之人[21]，喜怒出于心臆，不比那些饰词掩意之人，今既真怒攻心，又勾起往事，便冷笑道："好个美人！真像个病西施了[22]。你天天作这轻狂样儿给谁看？你干的事，打量我不知道呢！我且放着你，自然明儿揭你的皮！宝玉今日可好些？"晴雯一听如此说，心内大异，便知有人暗算了他。虽然着恼，只不敢作声。他本是个聪敏过顶的人，见问宝玉可好些，他便不肯以实话对，只说："我不大到宝玉房里去，又不常和宝玉在一处，好歹我不能知道，只问袭人麝月两个。"王夫人道："这就该打嘴！你难道是死人，要你们作什么！"晴雯道："我原是跟老太太的人。因老太太说园里空大人少，宝玉害怕，所以拨了我去外间屋里上夜，不过看屋子。我原回过我笨，不能伏侍。老太太骂了我，说：'又不叫你管他的事，要伶俐的作什么。'我听了这话才去的。过十天半个月之内，宝玉闷了，大家顽一会子就散了。至于宝玉饮食起坐，上一层有老奶奶老妈妈们，下一层又有袭人、麝月、秋纹几个人。我闲着还要作老太太屋里的针线，所以宝玉的事竟不曾留心。太太既怪，从此后我留心就是了。"王夫人信以为实了，忙说："阿弥陀佛！你不近宝玉是我的造化，竟不劳你费心。既是老太太给宝玉的，我明儿回了老太太，再撵你。"因向王善保家的道:"你们进去,好生防他几日,不许他在宝玉房里睡觉。等我回过老太太,再处治他。"喝声:"去!站在这里,我看不上这浪样儿[23]!谁许你这样花红柳绿的妆扮!"晴雯只得出来,这气非同小可,一出门便拿手帕子握着脸,一头走,一头哭。直哭到园门内去。

这里王夫人向凤姐等自怨道:"这几年我越发精神短了,照顾不到。这样妖精似的东西竟没看见。只怕这样的还有,明日倒得查查。"凤姐见王夫人盛怒之际,又因王善保家的是邢夫人的耳目,常调唆着邢夫人生事,纵有千百样言词,此刻也不敢说,只低头答应着。王善保家的道:"太太请养息身体要紧,这些小事只交与奴才。如今要查这个主儿也极容易,等到晚上园门关了的时节,内外不通风,我们竟给他们个猛不防,带着人到各处丫头们房里搜寻。想来谁有这个,断不单只有这个,自然还有别的东西。那时翻出别的来,自然这个也是他的。"王夫人道:"这话倒是。若不如此,断不能清的清白的白。"因问凤姐如何。凤姐只得答应说:"太太说的是,就行罢了。"王夫人道:"这主意很是,不然一年也查不出来。"于是大家商议已定。

至晚饭后,待贾母安寝了,宝钗等入园时,王善保家的便请了凤姐一并入园,喝命将角门皆上锁,便从上夜的婆子处抄检起,不过抄检出些多余攒下蜡烛、灯油等物。王善保家的道:"这也是赃,不许动,等明儿回过太太再动。"于是先就到怡红院中,喝命关门。当下宝玉正因晴雯不自在,忽见这一干人来,不知为何直扑了丫头们的房门去,因迎出凤姐来,问是何故。凤姐道:"丢了一件要紧的东西,因大家混赖,恐怕有丫头们偷了,所以大家都查一查去疑。"一面说,一面坐下吃茶。王善保家的等搜了一回,又细问这几个箱子是谁的,都叫本人来亲自打开。袭人因见晴雯这样,知道必有异事。又见这番抄检,只得自己先出来打开了箱子并匣子,任其搜检一番,不过是平常动用之物。随放下又搜别人的,挨次都一一搜过。到了晴雯的箱子,因问:"是谁的,怎不开了让搜?"袭人等方欲代晴雯开时,只见晴雯挽着头发闯进来,豁一声将箱子掀开,两手捉着底子,朝天往地下尽情一倒,将所有之物尽都倒出。王善保家的也觉没趣,看了一看,也无甚私弊之物[24]。回了凤姐,要往别处去。凤姐儿道:"你们可细细的查,若这一番查不出来,难回话的。"众人都道:"都细翻看了,没什么差错东西。虽有几样男人物件,都是小孩子的东西,想是宝玉的旧物件,没甚关系的。"凤姐听了,笑道:"既如此咱们就走,再瞧别处去。"

说着,一径出来,因向王善保家的道:"我有一句话,不知是不是。要抄检只抄检咱们家的人,薛大姑娘屋里,断乎检抄不得的。"王善保家的笑道:"这个自然。岂有抄起亲戚家来?"凤姐点头道:"我也这样说呢。"一头说,一头到了潇湘馆内。黛玉已睡了，忽报这些人来，也不知为甚事。才要起来，只见凤姐已走进来，忙按住他不许起来，只说："睡罢，我们就走。"这边且说些闲话。那个王善保家的带了众人到丫鬟房中，也一一开箱倒笼抄检了一番。因从紫鹃房中抄出两副宝玉常换下来的寄名符儿[25]，一副束带上的披带[26]，两个荷包并扇套[27]，套内有扇子。打开看时，皆是宝玉往年往日手内曾拿过的。王善保家的自为得了意，遂忙请凤姐过来验视，又说："这些东西从那里来的？"凤姐笑道："宝玉和他们从小儿在一处混了几年，这自然是宝玉的旧东西。这也不算什么罕事，撂下再往别处去是正经。"紫鹃笑道："直到如今，我们两下里的东西也算不清。要问这一个，连我也忘了是那年月日有的了。"王善保家的听凤姐如此说，也只得罢了。

又到探春院内，谁知早有人报与探春了。探春也就猜着必有原故，所以引出这等丑态来，遂命众丫鬟秉烛开门而待。一时众人来了。探春故问何事。凤姐笑道："因丢了一件东西，连日访察不出人来，恐怕旁人赖这些女孩子们，所以越性大家搜一搜，使人去疑，倒是洗净他们的好法子。"探春冷笑道："我们的丫头自然都是些贼，我就是头一个窝主[28]。既如此，先来搜我的箱柜，他们所有偷了来的都交给我藏着呢。"说着便命丫头们把箱柜一齐打开，将镜奁[29]、妆盒、衾袱[30]、衣包若大若小之物一齐打开，请凤姐去抄阅。凤姐陪笑道："我不过是奉太太的命来，妹妹别错怪我。何必生气？"因命丫鬟们快快关上。平儿、丰儿等忙着替侍书等关的关，收的收。探春道："我的东西倒许你们搜阅；要想搜我的丫头，这却不能。我原比众人歹毒，凡丫头所有的东西我都知道，都在我这里间收着，一针一线他们也没的收藏，要搜所以只来搜我。你们不依，只管去回太太，只说我违背了太太，该怎么处治，我去自领。你们别忙，自然连你们抄的日子有呢！你们今日早起不曾议论甄家，自己家里好好的抄家，果然今日真抄了。咱们也渐渐的来了。可知这样大族人家，若从外头杀来，一时是杀不死的，这是古人曾说的'百足之虫，死而不僵[31]'，必须先从家里自杀自灭起来，才能一败涂地！"说着，不觉流下泪来。凤姐只看着众媳妇们。周瑞家的便道："既是女孩子的东西全在这里，奶奶且请到别处去罢，也让姑娘好安寝。"凤姐便起身告辞。探春道："可细细的搜明白了？若明日再来，我就不依了。"凤姐笑道："既然丫头们的东西都在这里，就不必搜了。"探春冷笑道："你果然倒乖。连我的包袱都打开了，还说没翻。明日敢说我护着丫头们，不许你们翻了。你趁早说明，若还要翻，不妨再翻一遍。"凤姐知道探春素日与众不同的，只得赔笑道："我已经连你的东西都搜查明白了。"探春又问众人："你们也都搜明白了不曾？"周瑞家的等都赔笑说："都翻明白了。"那王善保家的本是个心内没成算的人[32]，素日虽闻探春的名,那是为众人没眼力没胆量罢了,那里一个姑娘家就这样起来;况且又是庶出[33],他敢怎么。他自恃是邢夫人陪房,连王夫人尚另眼相看,何况别个。今见探春如此,他只当是探春认真单恼凤姐,与他们无干。他便要趁势作脸献好,因越众向前拉起探春的衣襟,故意一掀,嘻嘻笑道:"连姑娘身上我都翻了,果然没有什么。"凤姐见他这样,忙说:"妈妈走罢,别疯疯颠颠的。"一语未了,只听"拍"的一声,王家的脸上早着了探春一掌。探春登时大怒,指着王家的问道:"你是什么东西,敢来拉扯我的衣裳!我不过看着太太的面上,你又有年纪,叫你一声妈妈,你就狗仗人势,天天作耗,专管生事。如今越性了不得了。你打谅我是同你们姑娘那样好性儿,由着你们欺负他,就错了主意!你搜检东西我不恼,你不该拿我取笑。"说着,便亲自解衣卸裙,拉着凤姐儿细细的翻。又说:"省得叫奴才来翻我身上。"凤姐、平儿等忙与探春束裙整袂,口内喝着王善保家的说:"妈妈吃两口酒,就疯疯颠颠起来。前儿把太太也冲撞了。快出去,不要提起了。"又劝探春休得生气。探春冷笑道:"我但凡有气性,早一头碰死了!不然,岂许奴才来我身上翻贼赃了。明儿一早,我先回过老太太、太太,然后过去给大娘陪礼,该怎么,我就领。"那王善保家的讨了个没意思,在窗外只说:"罢了,罢了,这也是头一遭挨打。我明儿回了太太,仍回老娘家去罢。这个老命还要他做什么!"探春喝命丫鬟道:"你们听他说的这话,还等我和他对嘴去不成。"侍书等听说,便出去说道:"你果然回老娘家去,倒是我们的造化了[34]。只怕舍不得去。"凤姐笑道:"好丫头,真是有其主必有其仆。"探春冷笑道:"我们作贼的人,嘴里都有三言两语的。这还算笨的,背地里就只不会调唆主子。"平儿忙也陪笑解劝,一面又拉了侍书进来。周瑞家的等人劝了一番。凤姐直待伏侍探春睡下,方带着人往对过暖香坞来。

彼时李纨犹病在床上,他与惜春是紧邻,又与探春相近,故顺路先到这两处。因李纨才吃了药睡着,不好惊动,只到丫鬟们房中一一的搜了一遍,也没有什么东西,遂到惜春房中来。因惜春年少,尚未识事,吓的不知当有什么事,故凤姐也少不得安慰他。谁知竟在入画箱中寻出一大包金银锞子来[35],约共三四十个,又有一副玉带板子并一包男人的靴袜等物[36]。入画也黄了脸。因问是那里来的,入画只得跪下哭诉真情,说:"这是珍大爷赏我哥哥的。因我们老子娘都在南方,如今只跟着叔叔过日子。我叔叔婶子只要吃酒赌钱,我哥哥怕交给他们又花了,所以每常得了,悄悄的烦了老妈妈带进来叫我收着的。"惜春胆小,见了这个也害怕,说:"我竟不知道。这还了得!二嫂子,你要打他,好歹带他出去打罢,我听不惯的。"凤姐笑道:"这话若果真呢,也倒可恕,只是不该私自传送进来。这个可以传递,什么不可以传递。这倒是传递人的不是了。若这话不真,倘是偷来的,你可就别想活了。"入画跪着哭道:"我不敢扯谎。奶奶只管明日问我们奶奶和大爷去,若说不是赏的,就拿我和我哥哥一同打死无怨。"凤姐道:"这个自然要问的,只是真赏的也有不是。谁许你私自传送东西的!你且说是谁作接应,我便饶你。下次万万不可。"惜春道:"嫂子别饶他这次方可。这里人多,若不拿一个人作法,那些大的听见了,又不知怎样呢。嫂子若饶他,我也不依。"凤姐道:"素日我看他还好。谁没一个错,只这一次。二次犯下,二罪俱罚。但不知传递是谁?"惜春道:"若说传递,再无别个,必是后门上的张妈。他常肯和这些丫头们鬼鬼祟祟的,这些丫头们也都肯照顾他。"凤姐听说,便命人记下,将东西且交给周瑞家的暂拿着,等明日对明再议。于是别了惜春,方往迎春房内来。

　　迎春已经睡着了,丫鬟们也才要睡,众人叩门半日才开。凤姐吩咐:"不必惊动小姐。"遂往丫鬟们房里来。因司棋是王善保的外孙女儿,凤姐倒要看看王家的可藏私不藏,遂留神看他搜检。先从别人箱子搜起,皆无别物。及到了司棋箱子中搜了一回,王善保家的说:"也没有什么东西。"才要盖箱时,周瑞家的道:"且住,这是什么?"说着,便伸手掣出一双男子的锦带袜并一双缎鞋来。又有一个小包袱,打开看时,里面有一个同心如意并一个字帖儿[37]。一总递与凤姐。凤姐因当家理事,每每看开帖并账目[38],也颇识得几个字了。便看那帖子是大红双喜笺帖,上面写道:"上月你来家后,父母已觉察你我之意。但姑娘未出阁,尚不能完你我之心愿。若园内可以相见,你可托张妈给一信息。若得在园内一见,倒比来家得说话。千万,千万。再所赐香袋二个,今已查收外,特寄香珠一串,略表我心。千万收好。表弟潘又安拜具。"凤姐看罢,不怒而反乐。别人并不识字。王家的素日并不知道他姑表姊弟有这一节风流故事,见了这鞋袜,心内已是有些毛病,又见有一红帖,凤姐又看着笑,他便说道:"必是他们胡写的账目,不成个字,所以奶奶见笑。"凤姐笑道:"正是这个账竟算不过来。你是司棋的老娘[39],他的表弟也该姓王,怎么又姓潘呢?"王善保家的见问的奇怪,只得勉强告道:"司棋的姑妈给了潘家,所以他姑表兄弟姓潘。上次逃走了的潘又安就是他表弟。"凤姐笑道:"这就是了。"因道:"我念给你听听。"说着,从头念了一遍,大家都唬了一跳。这王家的一心只要拿人的错儿,不想反拿住了他外孙女儿,又气又臊。周瑞家的四人又都问着他:"你老可听见了?明明白白,再没的话说了。如今据你老人家,该怎么样?"这王家的只恨没地缝儿钻进去。凤姐只瞅着他嘻嘻的笑,向周瑞家的笑道:"这倒也好。不用你们作老娘的操一点儿心,他鸦雀不闻的给你们弄了一个好女婿来,大家倒省心。"周瑞家的也笑着凑趣儿。王家的气无处泄,便自己回手打着自己的脸,骂道:"老不死的娼妇,怎么造下孽了！说嘴打嘴，现世现报在人眼里。"众人见这般，俱笑个不住，又半劝半讽的。凤姐见司棋低头不语，也并无畏惧惭愧之意，倒觉可异。料此时夜深，且不必盘问，只怕他夜间自愧去寻拙志[40]，遂唤两个婆子监守起他来。带了人，拿了赃证回来，且自安歇，等待明日料理。

人民文学出版社中国艺术研究院红楼梦研究所校注本

【注释】

[1] 台矶：用石板、石块砌成的台阶。 [2] 十锦春意香袋：又称绣春囊，用五彩丝线绣有春宫画、秘戏图之类的香袋。香袋，盛有香料的小袋，佩戴在身上，或悬于帐子，以为饰物，散发香气，用来驱除异味。 [3] 越发：索性。 [4] 不长进：不上进，没出息。 [5] 内工：皇家的工匠。 [6] 市卖货：普通市场上买的东西。 [7] 劳什子：犹言"东西""玩意儿"，含有轻蔑、厌恶的意味。 [8] 胳膊折在袖内：胳膊断在衣袖内，别人不知道。喻家丑不可外扬。 [9] 作耗：作祟，作怪。 [10] 出阁：走出闺阁。这里指出嫁。 [11] 陪房：就是富贵人家陪嫁的女仆人。 [12] 趋奉：趋附奉承。 [13] 封诰：妇女因丈夫或子孙做官而得到的皇帝赐予的封号。 [14] 掐尖逞能：出风头。 [15] 骚：风骚。骂人语，指媚人，不安分。 [16] 妖妖翘翘（qiáo）：娇艳美好。一作妖妖调调，妖妖娆娆。 [17] 对了坎儿：双方情况恰巧相符。 [18] 蹄子：骂女人的话。 [19] 钗軃（duǒ）：发髻上的钗饰将要脱落。軃，下垂的样子。 [20] 春睡捧心之遗风：指西施蹙眉捧心之美，这里讥讽女子的娇慵病弱。春睡，喻杨贵妃之醉态。遗风，即余风，前人遗留下来的风韵、风致。 [21] 天真烂漫：自然纯真，不虚伪。 [22] 西施：春秋末越国人，古代四大美女之一。 [23] 浪：轻狂，令人讨厌。 [24] 私弊：徇私舞弊。 [25] 寄名符儿：为了防止夭折，让儿童拜僧道为师，做寄名弟子，并领取符箓佩戴在身上以消灾除祟。这种符叫寄名符。 [26] 束带：腰带。披带：腰带上附加的挂在肩背上的带子。 [27] 荷包：扁圆形的绣花小口袋，可放置小对象，多作为礼服佩饰。 [28] 窝主：窝藏罪犯或赃物的人。 [29] 镜奁：女子梳妆的镜盒子。 [30] 衾袱：包装被子的包裹或布单。 [31] 百足之虫，死而不僵：本意是多足动物虽然死了，但不会肚皮向上。僵，仰卧，肚皮朝上。比喻贵族家庭虽然败落，但不会马上一败涂地，还能维持一段时间。 [32] 成算：算计；早已做好的打算。 [33] 庶出：旧社会一夫多妻制度下，正妻生的孩子称正出；小妾生的孩子为庶出。 [34] 造化：这里指福气、运气。 [35] 金银锞（kè）子：当时作为货币用的小金锭或银锭，也用作赏赐的礼品。 [36] 玉带板子：古代腰带

上所嵌的装饰玉版。玉带，古代官员所用的玉饰腰带；贵族妇女亦用之。
[37] 同心如意：旧时的一种定情信物。如意，一种长形微曲有头，柄端作芝形或云形的器物。既是可供摆设或观赏的工艺品，又是高级礼品，以骨、木、玉、石、金、银等制成，象征吉祥如意。此物系由僧人的搔痒工具演化而来。
[38] 开帖：帖子，指收支财物的登记单子。　[39] 老娘：外婆。　[40] 拙志：笨拙的主意。指寻短见，自杀。

李 宝 嘉

李宝嘉（1867—1906），晚清著名小说家。又名宝凯，字伯元，别号南亭亭长，笔名游戏主人、讴歌变俗人等。祖籍江苏武进（今属江苏常州）。咸丰年间，迁居山东。他三岁丧父，随堂伯父李翼清宦游山东。李翼清历任知县、同知、知府等职。受堂伯父抚养教育，擅长八股诗赋，能书画篆刻，多才多艺，且熟悉官场情弊。光绪十八年（1892），因李翼清辞官归籍，遂随从返回常州。乡居期间，曾从传教士学习英文；并以第一名考中秀才。光绪二十二年（1896）到上海，先编撰《指南报》，次年五月创办《游戏报》，并设"文社"。光绪二十七年（1901），他将《游戏报》转让，另办《世界繁华报》。这些报纸堪称中国小报的鼻祖。其"假游戏之说，以隐寓劝惩"（《论〈游戏报〉之本意》），虽然谈风月，说勾栏，载社会新闻，但也批判官僚买办，暴露社会黑暗，为创作谴责小说积累了丰富的素材。光绪二十九年（1903），应商务印书馆之聘，主编《绣像小说》半月刊。上海十年，他不满于清王朝的腐败，帝国主义的侵略，以痛哭之笔，写嬉笑怒骂之文，一面办报，一面从事小说创作。他创作小说的目的在于揭露时弊，洗刷污浊，改进政治，推动社会进步。他希望学习西方的文明与进步，不赞成激进的改革，至于民主革命更被斥为"破坏天理国法人情"（《文明小史》），这种思想给他的创作带来了局限。他的小说还有《文明小史》《活地狱》《中国现在记》《海天鸿雪记》等，均有可观。

官场现形记（制台见洋人）

【解题】

《官场现形记》六十回，是李宝嘉的代表作，为晚清"四大谴责小说"之一；也是最早、最具代表性的谴责小说。它是我国第一部在报刊上连载，直面社会，并取得轰动效应的小说。首开近代小说批判现实的风气，是专门暴露官场黑暗的力作，对中国封建社会崩溃时期的官僚政治进行了全方位的深层次的解剖。作品由许多相对独立的短篇故事连缀而成，以官场人物为描写对象，矛头直指官场，着重揭露形形色色的各种大小官僚的"龌龊卑鄙""昏聩胡涂"，集中暴露晚清官场的污浊，吏治的败坏，统治集团的腐朽，展示了清末官吏百丑图。对于上至军机大臣，下到胥吏走卒，进行了全面扫描，并由司空见惯的现象深入本质，指出官吏的升官发财，必然导致祸国殃民的结果。可谓字字见血，入木三分。应该指出，作者虽然批判现实，但根本上还是主张改良，反对革命的。小说称太平天国起义军的队伍和领袖为"长毛""洪匪"，正说明作者的局限性。小说继承《儒林外史》的传统和方法，作品人物多以真人真事为蓝本，虽然"臆说颇多，难云实录"（鲁迅语），但其形象惟妙惟肖，给人似曾相识的感觉，趣味盎然，加强了可读性。小说用若干相对独立的小故事连缀成篇，"虽云长篇，颇同短制"（鲁迅语）。写人擅长白描手法，注意细节的刻画，笔触切入灵魂深处；夸张、扭曲的漫画喜剧笔法，随处可见。作品塑造了一些栩栩如生的人物形象，在近代文学人物画廊中引人注目。作品的缺陷是冗长、拖沓，情节偶见雷同。

本文选自《官场现形记》第五十三回，是小说最精彩的篇章之一。鸦片战争以后，旧中国开始沦陷为半殖民地半封建社会，面对帝国主义列强妄图瓜分中国的迷梦，腐败无能的满清政府一味退让，期望以割地赔款来求得一时苟安。对内则变本加厉，加剧对劳动人民的镇压和剥削，甚至以镇压人民的反帝斗争来换取帝国主义列强的欢心。本文中的制台，就是这样一个满清统治阶级的典型代表，他崇洋媚外，刚愎自用，巧言令色，信口雌黄。他对属下颐使气指，穷凶极恶，甚至草菅人命；对洋人则媚颜奴骨，谈虎色变，丑态百出。他吃饭时不许任何人打扰，一位洋人来求见，回话的巡捕遭到毒打；后来巡捕说明求见的是洋人，再次遭到一顿毒打。前后两相对照，褒贬自寓，令人捧腹，更令人发指。行文多用白描，不加评说，全靠自身的语言、行动描写，揭示人物性格和灵魂，可谓"不着一字，尽得风流"。作品擅长对比手法，将制台对下属与对洋人的迥然不同的态度进行对比；而讽刺手法的运用，则直接借鉴了清代讽刺小说《儒林外史》的艺术经验。叙事语言质朴本色，娓娓道来，显得特别客观真实，耐人寻味。

且说这位制台本是个有脾气的[1]，无论见了什么人，只要官比他小一级，是他管得到的，不论你是实缺藩台[2]，他见了面，一言不合，就拿顶子给人碰，也不管人家脸上过得去过不去。藩台尚且如此，道、府是不消说了[3]；州、县以下更不用说了[4]，至于在他手下当差的人甚多，巡捕、戈什，喝了去[5]，骂了来，轻则脚踢，重则马棒，越发不必问的了。

且说有天为了一件甚么公事，藩台开了一个手折拿上来给他看[6]。他接过手折，顺手往桌上一撩，说道："我兄弟一个人管了这三省事情，那里还有工夫看这些东西呢！你有什么事情，直截痛快的说两句罢。"藩台无法，只得捺定性子，按照手折上的情节约略择要陈说一遍。无如头绪太多，断非几句话所能了事，制台听到一半，又听得不耐烦了，发狠说道："你这人真正麻烦！兄弟虽然是三省之主，大小事情都照你这样子要我兄弟管起来，我就是三头六臂也来不及！"说着，掉过头去同别位道台说话，藩台再要分辨两句他也不听了。藩台下来，气的要告病，幸亏被朋友们劝住的。

后来不多两日，又有淮安府知府上省禀见。这位淮安府乃是翰林出身[7]，放过一任学台[8]，后来又考取御史[9]，补授御史，京察一等放出来的[10]。到任还不到一年，齐巧地方上出了两件交涉案件，特地上省见制台请示。恐怕说的不能详细，亦就写了两个节略[11]，预备面递。等到见了面，同制台谈过两句，便将开的手折恭恭敬敬递了上去。制台一看是手折，上面写的都是黄豆大的小字，便觉心上几个不高兴，又明欺他的官不过是个四品职分，比起藩台差远了，索性把手折往地下一摔，说道："你们晓得我年纪大，眼睛花，故意写了这小字来蒙我！"那淮安府知府受了他这个瘪子[12]，一声也不响。等他把话说完，不慌不忙，从从容容的从地下把那个手折拾了起来。一头拾，一头嘴里说："卑府自从殿试，朝考以及考差[13]，考御史，一直是恪遵功令[14]，写的小字，皇上取的亦就是这个小字。如今做了外官，倒不晓得大帅是同皇上相反，一个个是要看大字的，这个只好等卑府慢慢学起来。但是今时这两件事情都是刻不可缓的，所以卑府才赶到省里来面回大帅，若等卑府把大字学好了，那可来不及了。"制台一听这话，便问："是两件什么公事！你先说个大概。"淮安府回道："一件为了地方上的坏人卖了块地基给洋人，开什么玻璃公司。一桩是一个包讨债的洋人到乡下去恐吓百姓，现在闹出人命来了。"

制台一听，大惊失色道："这两桩都是个关系洋人的，你为什么不早说呢？快把节略拿来我看！"淮安府只得又把手折呈上。制台把老花眼镜带上，看了一遍。淮安府又说道："卑职因为其中头绪繁多，恐怕说不清楚，所以写好了节略来的。况且洋人在内地开设行栈[15]，有背约章；就是包讨帐，亦是不应该的，况且还有人命在里头。所以卑府特地上来请大帅的示，总得禁阻他来才好。"

制台不等他说完，便把手折一放，说："老哥，你还不晓得外国人的事情是不好弄的么？地方上百姓不拿地卖给他，请问他的公司到那里去开呢？就是包讨帐，他要的钱，并非要的是命。他自己寻死，与洋人何干呢？你老兄做知府，既然晓得地方有这些坏人，就该预先禁止他们，拿地不准卖给外国人才是。至于那个欠帐的，他那张借纸怎么会到外国人手里？其中必定有个缘故。外国人顶讲情理，决不会凭空诈人的。而且欠钱还债本是分内之事，难道不是外国人来讨，他就赖着不还不成？既然如此，也不是什么好百姓了。现在凡百事情，总是我们自己的官同百姓都不好，所以才会被人家欺负。等到事情闹糟了，然后往我身上一推，你们算没有事了。好主意！"

原来这制台的意思是："洋人开公司，等他来开；洋人来讨帐，随他来讨。总之：在我手里，决计不肯为了这些小事同他失和的。你们既做我的属员，说不得都要就我范围[16]，断断乎不准多事。"所以他看了淮安府的手折，一直只怪地方官同百姓不好，决不肯批评洋人一个字的。淮安府见他如此，就是再要分辨两句，也气得开不出口了。制台把手折看完，仍旧摔还给他。淮安府拾了，禀辞出去，一肚皮没好气。

正走出来，忽见巡捕拿了一张大字的片子[17]，远望上去，还疑心是位新科的翰林。只听那巡捕嘴里叽哩咕噜的说道："我的爷！早不来，晚不来，偏偏这时候他老人家吃着饭他来了。到底上去回的好，还是不上去回的好？"旁边一个号房道[18]："淮安府才见了下来，只怕还在签押房里换衣服[19]，没有进去也论不定。你要回，赶紧上去还来得及。别的客你好叫他在外头等等，这个客是怠慢不得的！"那巡捕听了，拿了片子，飞跑的进去了。这时淮安府自回公馆不题。

且说那巡捕赶到签押房，跟班的说："大人没有换衣服就往上房去了。"巡捕连连跺脚道："糟了！糟了！"立刻拿了片子又赶到上房。才走到廊下，只见打杂的正端了饭菜上来。屋里正是文制台一迭连声的骂人，问为什么不开饭。巡捕一听这个声口，只得在廊檐底下站住。心上想回，因为文制台一到任，就有过吩咐的，凡是吃饭的时候，无论什么客人来拜，或是下属禀见，统通不准巡捕上来回，总要等到吃过饭，擦过脸再说。无奈这位客人既非过路官员，亦非本省属员，平时制台见了他还要让他三分，如今叫他在外面老等起来，决计不是道理。但是违了制台的号令，倘若老头子一翻脸，又不是玩的，因此拿了名帖，只在廊下盘旋，要进又不敢进，要退又不敢退。

正在为难的时候，文制台早已瞧见了，忙问一声："什么事？"巡捕见问，立刻趋前一步，说了声"回大帅的话，有客来拜。"话言未了，只见拍的一声响，那巡捕脸上早被大帅打了一个耳刮子[20]。接着听制台骂道："混帐王八蛋！我当初怎么吩咐的！凡是我吃着饭，无论什么客来，不准上来回。你没有耳朵,没有听见!"说着,举起腿来又是一脚。

那巡捕挨了这顿打骂,索性泼出胆子来,说道:"因为这个客是要紧的,与别的客不同。"制台道:"他要紧,我不要紧!你说他与别的客不同,随你是谁,总不能盖过我!"巡捕道:"回大帅:来的不是别人,是洋人。"那制台一听"洋人"二字,不知为何,顿时气焰矮了大半截,怔在那里半天。后首想了一想[21],蓦地起来,拍挞一声响,举起手来又打了巡捕一个耳刮子;接着骂道:"混帐王八蛋!我当是谁!原来是洋人!洋人来了,为什么不早回,叫他在外头等了这半天?"巡捕道:"原本赶着上来回,因见大帅吃饭,所以在廊下等了一回。"制台听了,举起腿来又是一脚,说道:"别的客不准回,洋人来,是有外国公事的,怎么好叫他在外头老等?胡涂混帐!还不快请进来!"

那巡捕得了这句话,立刻三步并做二步,急忙跑了出来。走到外头,拿帽子探了下来,往桌子上一摔,道:"回又不好,不回又不好!不说人头,谁亦没有他大;只要听见'洋人'两个字,一样吓的六神无主[22]!但是我们何苦来呢?掉过去,一个巴掌!翻过来,又是一个巴掌!东边一条腿,西边一条腿!老老实实不干了!"正说着,忽然里头又有人赶出来一迭连声的叫唤,说:"怎么还不请进来!……"那巡捕至此方才回醒过来,不由的仍旧拿大帽子合在头上,拿了片子,把洋人引进大厅。此时制台早已穿好衣帽,站在滴水檐前预备迎接了[23]。

原来来拜的洋人非是别人,乃是那一国的领事[24]。你道这领事来拜制台为的什么事?原来制台新近正法了一名亲兵小队[25]。制台杀名兵丁,本不算得大不了的事情,况且那亲兵亦必有可杀之道,所以制台才拿他如此的严办。谁知这一杀,杀的地方不对:既不是在校场上杀的[26],亦不是在辕门外杀的[27],偏偏走到这位领事公馆旁边就拿他宰了[28]。所以领事大不答应,前来问罪。

当下见了面,领事气愤愤的把前言述了一遍,问制台为什么在他公馆旁边杀人,是个什么缘故。幸亏制台年纪虽老,阅历却很深,颇有随机应变的本领。当下想了一想,说道:"贵领事不是来问我兄弟杀的那个亲兵?他本不是个好人,他原是'拳匪'一党[29]。那年北京'拳匪'闹乱子,同贵国及各国为难,他都有分的。兄弟如今拿他查实在了,所以才拿他正法的。"领事道:"他既然通'拳匪',拿他正法亦不冤枉。但是何必一定要杀在我的公馆旁边呢?"制台想了一想,道:"有个原故,不如此,不足以震服人心。贵领事不晓得这'拳匪'乃是扶清灭洋的,将来闹出点子事情来,一定先同各国人及贵国人为难,就是于贵领事亦有所不利。所以兄弟特地想出一条计来,拿这人杀在贵衙署旁边，好教他们同党瞧着或者有些怕惧。俗语说得好，叫做'杀鸡骇猴'，拿鸡子宰了，那猴儿自然害怕。兄弟虽然只杀得一名亲兵，然而所有的'拳匪'见了这个榜样，一定解散，将来自不敢再与贵领及贵国人为难了。"领事听他如此一番说话，不由得哈哈大笑，奖他有经济，办得好，随又闲谈了几句，告辞而去。

　　制台送客回来，连要了几把手巾，把脸上、身上擦了好几把，说道："我可被他骇得我一身大汗了！"坐定之后，又把巡捕、号房统通叫上来，吩咐道："我吃着饭，不准你们来打岔，原说的是中国人。至于外国人，无论什么时候，就是半夜里我睡了觉，亦得喊醒了我，我决计不怪你们的。你们没瞧见刚才领事进来的神气，赛如马上就要同我翻脸的[30]，若不是我这老手三言两语拿他降伏住。还不晓得闹点什么事情出来哩。还搁得住你们再替我得罪人吗！以后凡是洋人来拜，随到随请！记着！"巡捕、号房统通应了一声"是"。

　　制台正要进去，只见淮安府又拿着手本来禀见，说有要紧公事面回，并有刚刚接到淮安来的电报，须得当面呈看。制台想了想，肚皮里说道："一定仍旧是那两件事。但不知这个电报来，又出了点什么岔子？"本来是懒怠见他的，不过因内中牵涉了洋人，实在委决不下，只得吩咐说"请"。

　　霎时，淮安府进来，制台气吁吁的问道："你老哥又来见我做什么？你说有什么电报，一定是那班不肖地方官又闹了点什么乱子[31]，可是不是？"淮安府道："回大帅的话：这个电报却是个喜信。"制台一听"喜信"二字，立刻气色舒展许多，忙问道："什么喜信？"淮安府道："卑府刚才蒙大人教训，卑府下去回到寓处，原想照着大人的吩咐，马上打个电报给清河县黄令，谁知他倒先有一个电报给卑府，说玻璃公司一事，外国人虽有此议，但是一时股份不齐[32]，不会成功。现在那洋人接到外洋的电报，想先回本国一走，等到回来再议。"制台道："很好！他这一去，至少一年半载。我们现在的事情，过一天是一天，但愿他一直耽误下去，不要在我手里他出难题目给我做，我就感激他了。那一桩呢？"

　　淮安府道："那一桩原是洋人的不是，不合到内地来包讨帐。"制台一听他说"洋人不是"，口虽不言，心下却老大不以为然，说："你有多大能耐，就敢排揎起洋人来[33]！"于是又听他往下讲道："地方上百姓动了公愤，一哄而起，究竟洋人势孤，……"制台听到这里，急的把桌子一拍道："糟了！一定是把外国人打死了！中国人死了一百个也不要紧；如今打死了外国人，这个处分谁耽得起！前年为了'拳匪'杀了多少官，你们还不害怕吗？"

淮安府道:"回大帅的话:卑府的话还未说完。"制台道:"你快说!"淮安府道:"百姓虽然起了一个哄,并没有动手,那洋人自己就软下来了。"

　　制台皱着眉头,又把头摇了两摇说道:"你们欺负他单身人,他怕吃眼前亏,暂时服软,回去告诉了领事,或者进京告诉了公使,将来仍旧要找咱们倒蛋的[34]。不妥!不妥!"淮安府道:"实实在在是他自己晓得自己的错处,所以才肯服软的。"制台道:"何以见得?"淮安府道:"因为本地有两个出过洋的学生[35],是他俩听了不服,哄动了许多人,同洋人讲理,洋人说他不过,所以才服软的。"

　　制台又摇头道:"更不妥!这些出洋回来的学生真不安分!于他毫不相干,就出来多事。地方官是昏蛋!难道就随他们吗?"淮安府道:"他俩不过找着洋人讲理,并没有滋事[36]。虽然哄动了许多人跟着去看,并非他二人招来的。"制台道:"你老哥真不愧为民之父母[37]!你总帮好了百姓,把自己百姓竟看得没有一个不好的,都是他们洋人不好。我生平最恨的就是这班刁民[38]!动不动聚众滋事,挟制官长[39]!如今同洋人也是这样,若不趁早整顿整顿,将来有得缠不清楚哩!你且说那洋人服软之后怎么样?"淮安府道:"洋人被那两个学生一顿批驳,说他不该包讨帐,于条约大有违背。如今又逼死了人命,我们一定要到贵国领事那里去告的。"

　　制台听了,点了点头道:"驳虽驳得有理,难道洋人怕他们告吗?就是告了,外国领事岂有不帮自己人的道理。"淮安府道:"谁知就此三言两语,那洋人竟其顿口无言[40],反倒托他通事同那苦主讲说[41],欠的帐也不要了,还肯拿出几百银子来抚恤死者的家属[42],叫他们不要告罢。"制台道:"咦!这也奇了!我只晓得中国人出钱给外国人是出惯的,那里见过外国人出钱给中国人。这话恐拍不确罢?"淮安府道:"卑府不但接着电报是如此说,并有详信亦是刚才到的。"制台道:"奇怪!奇怪!他们肯服软认错,已经是难得了;如今还肯抚恤银子,尤其难得。真正意想不到之事!我看很应该就此同他了结。你马上打个电报回去,叫他们赶紧收篷[43],千万不可再同他争论别的。所谓'得风便转'。他们既肯陪话,又肯化钱,已是莫大的面子。我办交涉也办老了,从没有办到这个样子。如今虽然被他们争回这个脸来,然而我心上倒反害起怕来。我总恐怕地方上的百姓不知进退,再有什么话说,弄恼了那洋人,那可万万使不得!俗语说得好,叫做'得意不可再往'。这个事可得责成你老哥身上。你老哥省里也不必耽搁了,赶紧连夜回去,第一弹压住百姓[44]。还有那什么出洋回来的学生,千万不可再生事端。二则洋人走的时候,仍是好好的护送他出境。他一时为理所屈,不能拿我们怎样,终究是记恨在心的。拿他周旋好了,或者可以解释解释。我说的乃是金玉之言[45],外交秘诀。老哥，你千万不要当做耳旁风！你可晓得你们在那里得意，我正在这里提心吊胆呢！"淮安府只得连连答应了几声"是"。然后端茶送客。

人民文学出版社 1985 年版

【注释】

　　[1] 制台：总督的别称，管辖一省或几省的最高长官，与巡抚平行，偏重于军权，也称制军。　[2] 藩台：也称藩司、方伯，就是布政使司布政使，明代为一省最高行政长官；清代为专管一省财富和人事的官员。　[3] 道、府：道，清代界于省和府、州之间的行政区划；另有管理某一专业的，如盐道、粮道等，主管官员叫道台，别称观察；府，清代行政区划名称，在道和县之间，主官叫府尹。　[4] 州、县：州，清代行政区划名称，在府以下，长官为知州，其辖区比县大；县，清代基层行政区划名称，长官为知县。　[5] 巡捕、戈什：巡捕，清代各省督、抚、将军官署里设置文巡抚和武巡抚，分别负责传宣和警卫。戈什，戈什哈的省称，清代督抚等高级官员的侍从护卫。戈什，满语，意为护卫。　[6] 手折：即手本，旧时属员拜见上峰时专用的名帖，上书姓名、籍贯、官阶、履历等。　[7] 翰林：翰林院的简称，通常也指进士被选拔翰林院担任职务的人。殿试一甲的进士，按例授翰林院修撰或编修，以下名次也可以授翰林院检讨、庶吉士。　[8] 学台：即学政，也称学道、学院，是主持一省学校和考试的官员。　[9] 御史：官名，春秋战国已置御史，司文书、记事；秦置御史大夫，有监郡之权。明清置监察御史，分道行使监察权。　[10] 京察：明清时，定期对在京官吏的政绩进行考察，叫京察。明代六年一次，清代三年一次。　[11] 节略：本是一种文体，内容为事主的生平大略，提供给正式撰写传记的作者参考。这里指简明扼要的梗概。[12] 瘪子：令人丧气，使人难堪的批评话语。方言，瘪子本指收获的不饱满的稻麦等庄稼果实的颗粒，这里是比喻不满意的话。　[13] 殿试：科举制度中最高一级的考试，在皇宫内大殿上举行，由皇帝亲自主持的考试，中式者称进士。朝考：清朝新科进士取得出身后，由礼部将名册送翰林院掌院学士，奏请皇帝再试于保和殿，并特派大臣阅卷，称为朝考。考差：清代制度，翰林和进士出身的各部院官员，具有乡试主考官资格的，必须经过一次考试，叫考差。乡试的正副主考官、各省的学政和会试的同考官，由皇帝从考试合格的名单中圈选派用。　[14] 恪（kè）遵：恭敬谨慎地遵守。　[15] 行栈：储存货物的房屋。　[16] 范围：规定，约束。　[17] 片子：名片。　[18] 号房：接待外来人员，登记挂号的地方，相当于后来的传达室。这里指号房的接待人员。　[19] 签押房：官员批阅公文签名画押的地方，相当于后来的办公

室。［20］耳刮子：耳光。［21］后首：后来。［22］六神无主：神思恍惚，没有主张。［23］滴水檐：由房顶向下伸出的防滴水的屋檐。［24］领事：外国大使馆派驻各大城市的主要官员。［25］正法：明正法典，指杀人。亲兵：嫡系亲随的士兵。［26］校（jiào）场：旧时演习武术的地方。［27］辕门：旧时军营的大门；亦引申为军政要员的衙门。［28］宰：杀。［29］拳匪：即义和拳，又称义和团，又称庚子事变，指19世纪末中国发生的一场以"扶清灭洋"为口号，针对西方在华人士，包括在华传教士及中国基督徒所进行的大规模的群众暴力运动。［30］赛如：超过，胜过。翻脸，反脸。［31］不肖：不贤，不好。［32］股份：集合资金的一份。［33］排揎：责备，责难。［34］倒蛋：扰乱，报复。［35］出过洋：指到外国去留过学。［36］滋事：生事，寻事，闹事。［37］民之父母：指地方官。古代官吏讲究爱民如子，地方官则为民之父母，称父母官；百姓视地方官则为父母。这里是讽刺淮安府为百姓讲话。［38］刁民：狡猾无赖、不讲理的百姓。［39］挟（xié）制：倚仗势力，或抓住人的弱点，强迫别人服从。［40］顿口无言：即哑口无言，方言。［41］通事：翻译官。苦主：受害者或死难者家属。［42］抚恤（xù）：抚慰，救济。恤，对别人表示同情、怜悯和救济。［43］收篷：收场，休兵。方言。篷，本是木船上的风帆，拉满篷，船就借风力前行。收篷，船则停止前进。［44］弹压：压制，镇压。［45］金玉之言：像黄金白玉一样的好话，比喻宝贵而有裨益的劝告或教诲。

【选评】

鲁迅《中国小说史略·清末之谴责小说》：其在小说，则揭发伏藏，显其弊恶，而于时政，严加纠弹，或更扩充，并及风俗。虽命意在于匡世，似与讽刺小说同伦，而辞气浮露，笔无藏锋，甚且过甚其词，以合时人嗜好，则其度量技术之相去亦远矣。

鲁迅又云：故凡所叙述，皆迎合、钻营、蒙混、罗掘、倾轧等故事，兼及士人之热心于作吏，及官吏闺中之隐情。头绪既繁，脚色复夥，其记事遂率与一人俱起，亦即与其人俱讫，若断若续，与《儒林外史》略同。然臆说颇多，难云实录。……况所搜罗，又仅"话柄"，连缀此等，以成类书；官场伎俩，本小异大同，汇为长篇，即千篇一律。

刘 鹗

刘鹗（1857—1909），原名孟鹏，字云抟，后字铁云，又号蝶云。清末江苏丹徒（今镇江）人。其父是一个出生于书香门第的封建官僚。他从小颖悟过人，颇有奇气，性格豪放，不拘小节，善词令。喜杂学旁收，兴趣广泛。光绪二年（1876），赴南京乡试，不果而归。光绪六年，师事太谷学派传人李龙川，弘扬儒家思想，以养民为本。光绪十四年指挥黄河决口合龙成功，以知府任用。时值帝国主义入侵，农民起义蜂起，他主张实业救国。曾先后与德国联合开采山西矿产；平卖大米，解决粮荒；买土地，辟商埠，竭忠尽智，造福国民。光绪三十四年袁世凯强加罪名，逮捕刘鹗。次年病死于迪化（今乌鲁木齐）。

刘鹗著述颇丰，有小说《老残游记》续集及外编，诗词《铁云诗存》四卷，学术专著有《铁云藏龟》《铁云藏陶》《铁云泥封》《勾股天元章》《弧角三术》《铁云藏印》《要药分剂补正》《人命安和集》等。

《老残游记》是作者为助友解决经济困难的"游戏"之作，署名鸿都百炼生。小说主人公老残是作者自寓。通过老残的种种经历见闻，抒写了自己对家世、社会、国家等各方面的感受和体会，其中主要塑造了晚清社会上层封建官僚的群像和一些社会下层的小人物，反映了当时的政治、经济和生活状况。小说着力刻画了号称"清官"的酷吏形象，鞭挞了"以不要钱便可任性妄为"的官吏，表现了作者鲜明的爱憎感情。小说精心设计了"老残"这个人物，以其游历顺序为线索，来展开情节；以其耳闻目睹的事实为题材，加强了故事的真实性。小说中人物大多实有其人，一些人、物有所影射。尤以"老残"着墨最多，开辟了小说创作中表现自我形象的新路子。小说写景状物，细致入微，别开生面，颇为传神。要之，这是一部忧国伤时、悲天悯人的"哭泣"之书，是处于封建末世而又无力回天的有识之士的感慨之书。其中的《王小玉说书》《游大名湖》《黄河打冰》等都是脍炙人口的名篇。

老残游记（明湖居听说书）

【解题】

本文选自《老残游记》第二回，"王小玉说书，为声色绝调"。本文主要不以情节取胜，而以音乐描写动人。作家调动了各种艺术手段，描写民间艺人王小玉说大鼓书所达到的极高的艺术境界和神奇的演唱效果,令人叹为观止。由于作者深谙乐律,精通乐理,又擅长文字表达,才气横溢,善于巧妙地运用对比、衬托,以及各种奇妙比喻,生动形象地再现了民间说唱艺术中音乐形象不同层次的美感,出神入化,达到极致,遂成为千古绝唱。与白居易的七言古诗《琵琶行》堪称古代文学作品中描绘音乐艺术的双璧。语言生动、形象、流畅,琅琅上口,读来自有一种美的享受。

老残从鹊华桥往南,缓缓向小布政司街走去。一抬头,见那墙上贴了一张黄纸,有一尺长,七八寸宽的光景。居中写着"说鼓书"三个大字[1];旁边一行小字是"二十四日明湖居[2]"。那纸还未十分干,心知是方才贴的,只不知道这是甚么事情,别处也没有见过这样招子[3]。一路走着,一路盘算,只听得耳边有两个挑担子的说道:"明儿白妞说书,我们可以不必做生意,来听书罢。"又走到街上,听铺子里柜台上有人说道:"前次白妞说书是你告假的,明儿的书,应该我告假了。"一路行来,街谈巷议,大半都是这话,心里诧异道:"白妞是何许人?说的是何等样书,为甚一纸招贴,便举国若狂如此?"信步走来,不知不觉已到高升店口。

进得店去,茶房便来回道:"客人,用什么夜膳?"老残一一说过,就顺便问道:"你们此地说鼓书是个什么顽意儿?何以惊动这么许多的人?"茶房说:"客人,你不知道。这说鼓书本是山东乡下的土调,用一面鼓,两片梨花简[4],名叫'梨花大鼓',演说些前人的故事,本也没甚稀奇。自从王家出了这个白妞、黑妞姊妹两个,这白妞名字叫做王小玉,此人是天生的怪物!他十二三岁时就学会了这说书的本事。他却嫌这乡下的调儿没什么出奇,他就常到戏园里看戏,所有甚么西皮、二簧、梆子腔等唱[5],一听就会;甚么余三胜、程长庚、张二奎等人的调子[6],他一听也就会唱。仗着他的喉咙,要多高有多高;他的中气[7],要多长有多长。他又把那南方的甚么昆腔、小曲[8],种种的腔调,他都拿来装在这大鼓书的调儿里面。不过二三年工夫,创出这个调儿,竟至无论南北高下的人,听了他唱书,无不神魂颠倒。现在已有招子,明儿就唱。你不信,去听一听就知道了。只是要听还要早去,他虽是一点钟开唱,若到十点钟去,便没有坐位的。"老残听了,也不甚相信。

次日六点钟起,先到南门内看了舜井[9]。又出南门,到历山脚下[10],看看相传大舜昔日耕田的地方。及至回店,已有九点钟的光景,赶忙吃了饭,走到明湖居,才不过十点钟时候。那明湖居本是个大戏园子,戏台前有一百多张桌子。那知进了园门,园子里面已经坐的满满的了,只有中间七八张桌子还无人坐,桌子却都贴着"抚院定""学院定"等类红纸条儿[11]。老残看了半天，无处落脚，只好袖子里送了看坐儿的二百个钱[12]，才弄了一张短板凳，在人缝里坐下。看那戏台上，只摆了一张半桌[13]，桌子上放了一面板鼓，鼓上放了两个铁片儿，心里知道这就是所谓梨花简了，旁边放了一个三弦子，半桌后面放了两张椅子，并无一个人在台上。偌大的个戏台，空空洞洞，别无他物，看了不觉有些好笑。园子里面，顶着篮子卖烧饼，油条的有一二十个，都是为那不吃饭来的人买了充饥的。

到了十一点钟，只见门口轿子渐渐拥挤，许多官员都着了便衣，带着家人，陆续进来。不到十二点钟，前面几张空桌俱已满了，不断还有人来，看坐儿的也只是搬张短凳，在夹缝中安插。这一群人来了，彼此招呼，有打千儿的，有作揖的，大半打千儿的多[14]。高谈阔论，说笑自如。这十几张桌子外，看来都是做生意的人；又有些像是本地读书人的样子；大家都喊喊喳喳的在那里说闲话。因为人太多了，所以说的甚么话都听不清楚，也不去管他。

到了十二点半钟，看那台上，从后台帘子里面，出来一个男人：穿了一件蓝布长衫，长长的脸儿，一脸疙瘩，仿佛风干福橘皮似的[15]，甚为丑陋，但觉得那人气味到还沉静。出得台来，并无一语，就往半桌后面左手一张椅子上坐下。慢慢的将三弦子取来，随便和了和弦[16]，弹了一两个小调，人也不甚留神去听。后来弹了一支大调，也不知道叫什么牌子。只是到后来，全用轮指[17]，那抑扬顿挫，入耳动心，恍若有几十根弦，几百个指头，在那里弹似的。这时台下叫好的声音不绝于耳，却也压不下那弦子去，这曲弹罢，就歇了手，旁边有人送上茶来。

停了数分钟时，帘子里面出来一个姑娘，约有十六七岁，长长鸭蛋脸儿，梳了一个抓髻[18]，戴了一副银耳环，穿了一件蓝布外褂儿，一条蓝布裤子，都是黑布镶滚的。虽是粗布衣裳，到十分洁净。来到半桌后面右手椅子上坐下。那弹弦子的便取了弦子，铮铮鈠鈠弹起[19]。这姑娘便立起身来，左手取了梨花简，夹在指头缝里，便丁丁当当的敲，与那弦子声音相应；右手持了鼓捶子，凝神听那弦子的节奏。忽羯鼓一声[20]，歌喉遽发，字字清脆，声声宛转，如新莺出谷，乳燕归巢，每句七字，每段数十句，或缓或急，忽高忽低；其中转腔换调之处，百变不穷，觉一切歌曲腔调俱出其下，以为观止矣[21]。

旁坐有两人，其一人低声问那人道："此想必是白妞了罢？"其一人道："不是。这人叫黑妞，是白妞的妹子。她的调门儿都是白妞教的，若比白妞，还不晓得差多远呢！她的好处人说得出，白妞的好处人说不出；她的好处人学的到，白妞的好处人学不到。你想，这几年来，好顽耍的谁不学她们的调儿呢？就是窑子里的姑娘，也人人都学。只是顶多有一两句到黑妞的地步。若白妞的好处,从没有一个人能及她十分里的一分的。"说着的时候,黑妞早唱完,后面去了。这时满园子里的人,谈心的谈心,说笑的说笑。卖瓜子、落花生、山里红、核桃仁的[22],高声喊叫着卖,满园子里听来都是人声。

正在热闹哄哄的时节,只见那后台里,又出来了一位姑娘,年纪约十八九岁,装束与前一个毫无分别,瓜子脸儿,白净面皮,相貌不过中人以上之姿,只觉得秀而不媚,清而不寒,半低着头出来,立在半桌后面,把梨花简丁当了几声,煞是奇怪:只是两片顽铁,到他手里,便有了五音十二律似的[23]。又将鼓捶子轻轻的点了两下,方抬起头来,向台下一盼。那双眼睛,如秋水,如寒星,如宝珠,如白水银里头养着两丸黑水银,左右一顾一看,连那坐在远远墙角子里的人,都觉得王小玉看见我了;那坐得近的,更不必说。就这一眼,满园子里便鸦雀无声,比皇帝出来还要静悄得多呢,连一根针掉在地下都听得见响!

王小玉便启朱唇,发皓齿,唱了几句书儿。声音初不甚大,只觉入耳有说不出来的妙境:五脏六腑里,像熨斗熨过,无一处不伏贴;三万六千个毛孔,像吃了人参果,无一个毛孔不畅快。唱了十数句之后,渐渐的越唱越高,忽然拔了一个尖儿,像一线钢丝抛入天际,不禁暗暗叫绝。那知他于那极高的地方,尚能回环转折。几啭之后,又高一层,接连有三四叠,节节高起。恍如由傲来峰西面攀登泰山的景象[24]:初看傲来峰削壁千仞,以为上与天通;及至翻到傲来峰顶,才见扇子崖更在傲来峰上;及至翻到扇子崖[25],又见南天门更在扇子崖上[26]:愈翻愈险,愈险愈奇。那王小玉唱到极高的三四迭后,陡然一落,又极力骋其千回百折的精神[27],如一条飞蛇在黄山三十六峰半中腰里盘旋穿插。顷刻之间,周匝数遍[28]。从此以后,愈唱愈低,愈低愈细,那声音渐渐的就听不见了。满园子的人都屏气凝神[29],不敢少动。约有两三分钟之久,仿佛有一点声音从地底下发出。这一出之后,忽又扬起,像放那东洋烟火[30],一个弹子上天,随化作千百道五色火光,纵横散乱。这一声飞起,即有无限声音俱来并发。那弹弦子的亦全用轮指,忽大忽小,同他那声音相和相合,有如花坞春晓,好鸟乱鸣。耳朵忙不过来,不晓得听那一声的为是。正在撩乱之际,忽听霍然一声,人弦俱寂。这时台下叫好之声,轰然雷动。

停了一会,闹声稍定,只听那台下正座上,有一个少年人,不到三十岁光景,是湖南口音,说道:"当年读书,见古人形容歌声的好处,有那'余音绕梁,三日不绝'的话,我总不懂。空中设想,余音怎样会得绕梁呢?又怎会三日不绝呢?及至听了小玉先生说书,才知古人措辞之妙。每次听他说书之后,总有好几天耳朵里无非都是他的书,无论做什么事,总不入神,反觉得'三日不绝',这'三日'二字下得太少,还是孔子'三月不知肉味,'[31],

'三月'二字形容得透彻些!"旁边人都说道:"梦湘先生论得透辟极了!'于我心有戚戚焉,'[32]!"

　　说着,那黑妞又上来说了一段,底下便又是白妞上场。这一段,闻旁边人说,叫做"黑驴段"。听了去,不过是一个士子见一个美人,骑了一个黑驴走过去的故事。将形容那美人,先形容那黑驴怎样怎样好法,待铺叙到美人的好处,不过数语,这段书也就完了。其音节全是快板,越说越快。白香山诗云[33]:"大珠小珠落玉盘[34]。"可以尽之。其妙处,在说得极快的时候,听的人仿佛都赶不上听,他却字字清楚,无一字不送到人耳轮深处。这是他的独到,然比着前一段却未免逊了一筹了。

人民文学出版社1982年版

【注释】

　　[1] 鼓书:曲艺中大鼓书的省称,也称大鼓。 [2] 明湖居:原址在大明湖正门以西。 [3] 招子:广告。 [4] 梨花简:一种打击乐器,用两块铁片撞击发音。 [5] 西皮、二簧:戏曲腔调,西皮源于秦腔;二黄由吹腔等腔调演变而来。梆子腔:清初地方戏曲三大唱腔之一,陕西、河南、山东等各路梆子戏属于梆子腔系统。 [6] 余三胜、程长庚、张二奎:清末著名京剧演员,号称京剧老生三杰。余三胜,湖北人,善唱西皮;程长庚,安徽人,同行尊为大老板;张二奎,北京人,唱腔醇厚有力,人称奎派。 [7] 中气:丹田之气,指肺活量。 [8] 昆腔:昆山腔,明代南戏四大声腔之一,曲调婉转细腻,用笛子、箫、笙、琵琶等伴奏。 [9] 舜井:相传大舜所开凿的井。 [10] 历山:即舜山,相传大舜曾在山下耕田。 [11] 抚院:巡抚,省级最高军事长官。学院:学政,掌管一省的文教及生员考试、考核等。 [12] 袖子里:不让人看见,偷偷从袖子里塞过去。 [13] 半桌:大小相当于方桌的一半,用于旧式舞台。 [14] 打千儿:请安,行礼。 [15] 福橘:福建出产的橘子。 [16] 和弦:调弦。 [17] 轮指:一只手五个指头轮流使用,周而复始,弹奏乐器的一种指法。 [18] 抓髻:未婚女子的发型,先梳成辫子,后盘在头上。 [19] 铮铮鏦鏦(cōng):金属撞击声,这里形容弦声。 [20] 羯鼓:乐器,形如腰鼓,两头可以敲击。用于打拍子。 [21] 观止:至今所看到的最好的。 [22] 山里红:山楂。 [23] 五音:也叫五声,古代五声音阶的宫、商、角、徵、羽。十二律:古代分一个读音为十二个从低到高的半音的一种律制。 [24] 傲来峰:在泰山西路,长寿桥西北。 [25] 扇子崖:在傲来峰下,形状如扇,故名。 [26] 南天门:又名三天门,为从泰山南面到岱顶的必经之路。 [27] 骋:原意奔跑,这里意为发挥。 [28] 周